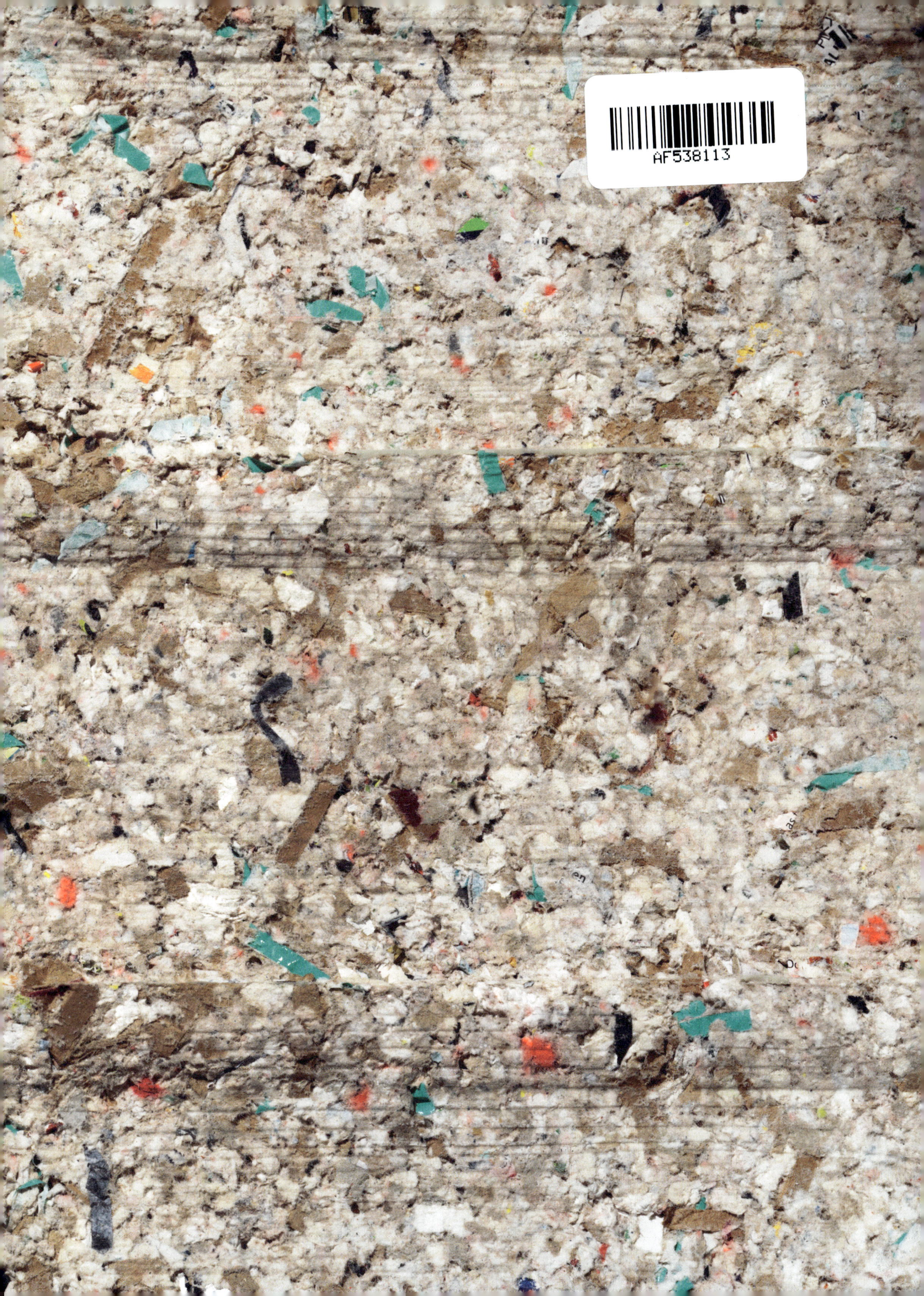

Rachel Whiteread

Herausgegeben von Ann Gallagher und Molly Donovan

HIRMER

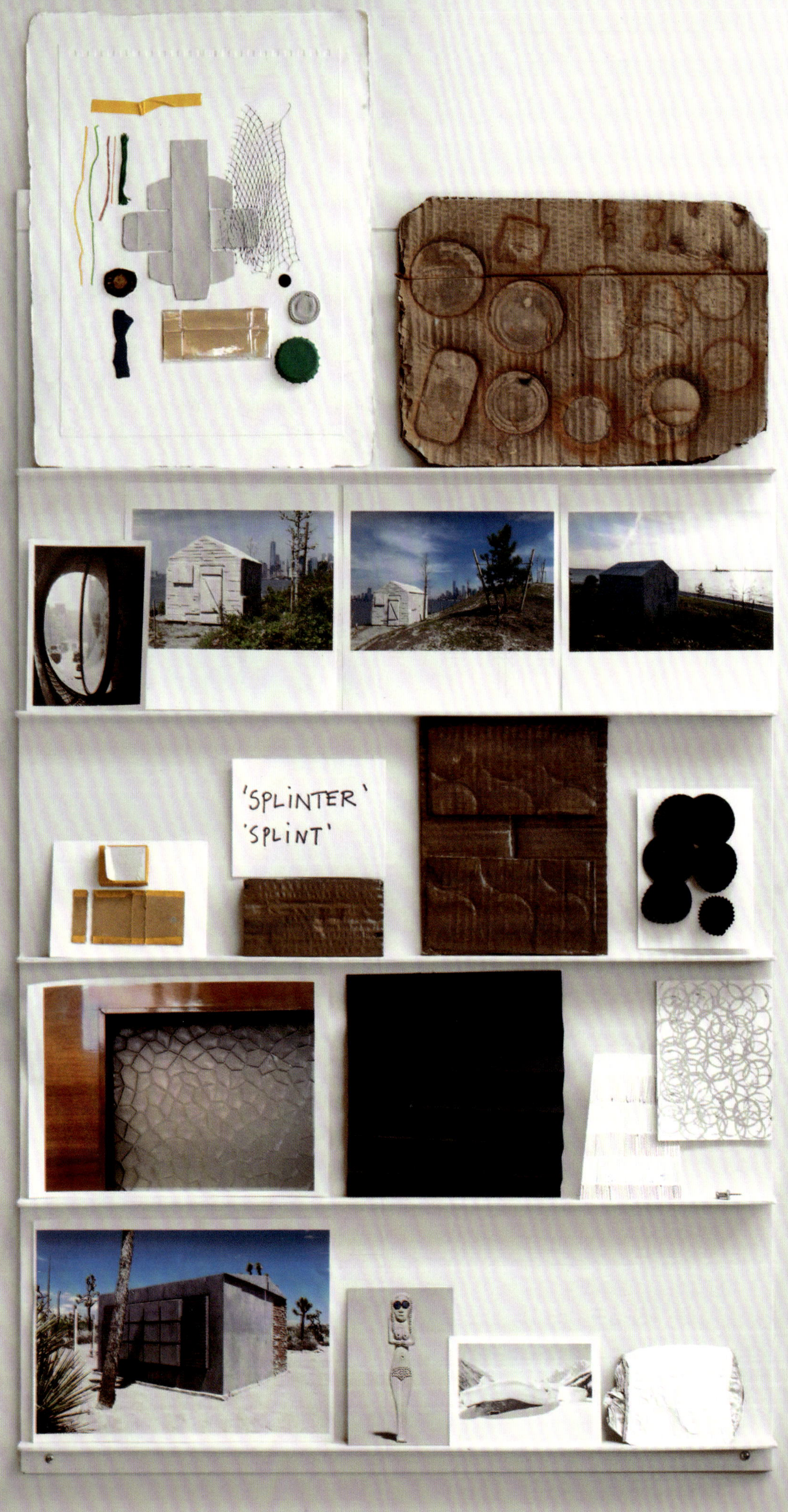
'SPLINTER'
'SPLINT'

In Rachel Whitereads Atelier
2017

Vorwort der Direktoren

Seit drei Jahrzehnten bieten Rachel Whitereads sparsame, eindringliche Plastiken, die von Räumen in oder um vertraute Gegenstände und Bauten abgeformt sind, neue Perspektiven, um Spuren des Menschen in unserer Alltagsumgebung zu betrachten. Whiteread hat der Bildhauerei neue Bereiche erschlossen, indem sie die Form seit den 1970er-Jahren im persönlichen Bezugsfeld einer kritischen Betrachtung unterzieht und zur Reflexion unserer kollektiven und individuellen Geschichten auffordert. Als Künstlerin ist sie bekannt für ihren konsequenten Einsatz von Gießverfahren und ein sorgfältig gewähltes Werkstoffrepertoire, und trotzdem ist die Bandbreite ihres Schaffens umfassend und oft überraschend. Schauen wir nur auf die ersten fünf Jahre ihrer Ausstellungstätigkeit: Nach *Torso* (1988), hergeleitet von einer simplen Wärmflasche, formte sie für *Ghost* (1990) das Innere eines viktorianischen Salons ähnlich dem in ihrem Elternhaus ab und dann ein vollständiges, zum Abriss bestimmtes Reihenhaus. Ihre erste temporäre Arbeit im öffentlichen Raum, *House* (1993), dokumentierte nicht nur die archetypische Bauform eines britischen Wohnhauses, sondern auch das Leben von Generationen seiner Bewohner und löste eine breite öffentliche Debatte aus. Die Rolle der zeitgenössischen Skulptur als verkörperte Erinnerung wurde im Zusammenhang mit Whitereads Schaffen immer wieder thematisiert.

Wie viele britische Künstler ihrer Generation trat sie schon früh ins Licht der Öffentlichkeit – als 30-Jährige erhielt sie als erste weibliche Kunstschaffende den Turner Prize der Tate Gallery –, und ihr Werk bewahrt sich eine stille, eindringliche Präsenz. Sie stellt regelmäßig in internationalen Museen und Galerien aus und hat eine eindrucksvolle Reihe bedeutender öffentlicher Aufträge ausgeführt. Bei ihrer Arbeit in vielfältigen Maßstäben, vom bescheidenen bis zum monumentalen, bedient sie sich ebenso vertrauter wie irritierender Ausgangsquellen. In jeder ihrer Plastiken findet sich ein Element der Umkehrung oder Inversion, ein Spiel von Positiv und Negativ, sodass nichts ganz so ist, wie es scheint.

Es ist der geeignete Zeitpunkt, um auf das Spektrum ihres mehr als 30 Jahre umspannenden Œuvres zurückzublicken. Die vier Museen, die an dieser Überblicksausstellung zusammengearbeitet haben, sind in der glücklichen Lage, eine der angesehensten Künstlerinnen in der Mitte ihrer Karriere präsentieren zu können. Neben einer Dokumentation von Whitereads Projekten im öffentlichen Raum wird auch eine Auswahl ihrer Zeichnungen zu sehen sein. Im Fokus stehen indessen Plastiken, Werkreihen und Typologien, die nach und nach Eingang in ihre Formensprache gefunden haben. Ein zentraler Werkkorpus wird an allen vier Stationen der Ausstellung zu sehen sein und jeweils durch zusätzliche Objekte aus allen wichtigen Werkserien der Künstlerin ergänzt.

Die Ausstellung wurde von der Tate Britain in London und der National Gallery of Art in Washington initiiert und gemeinsam organisiert. Von Beginn an waren Ann Gallagher, Sammlungsleiterin für britische Kunst an der Tate, und Molly Donovan, Kuratorin für Kunst seit 1975 an der National Gallery of Art, federführend und koordinierten die mehrjährigen Recherche und die Auswahl der Werke. In allen kuratorischen Fragen standen ihnen Linsey Young, Kuratorin für britische Gegenwartskunst und Kokuratorin für die Tate Britain, und die kuratorischen Assistentinnen Helen Delaney und Hattie Spires an der Tate Britain sowie Paige Rozanski an der National Gallery of Art zur Seite. Von London reist die Ausstellung weiter nach Wien in das 21er Haus des Belvedere, wo Harald Krejci, Kurator für die Kunst des 20. Jahrhunderts, die kuratorische Leitung innehatte und von Véronique Abpurg und Vasilena Stoyanova unterstützt wurde. Nach Washington ist die letzte Station im Frühjahr 2019 das Saint Louis Art Museum mit Simon Kelly als Kurator und Leiter der Abteilung für moderne und zeitgenössische Kunst, unterstützt von der kuratorischen Assistentin Hannah Klemm. Außerdem danken wir Lizzie Carey-Thomas und Mario Codognato für ihre vorausgehenden kuratorischen Beiträge zu der Ausstellung. Carolyn Kerr, leitende Projektmanagerin an der Tate Britain, und Jennifer Cipriano, Ausstellungsreferentin an der National Gallery of Art, haben mit ihren Teams die Organisation des Projekts übernommen. Wir freuen uns sehr über die Kataloggestaltung von Sara De Bondt und danken ihr und der Projektleiterin Alice Chasey bei Tate Publishing. Auch an Deborah Metherell und Bill Jones geht unser Dank.

Ohne die Großzügigkeit vieler privater und institutioneller Leihgeber, die bereit waren, sich vorübergehend von ihren Kunstwerken zu trennen, wäre diese Ausstellung undenkbar. Ihnen möchte wir unseren tief empfundenen Dank dafür aussprechen, dass sie die Präsentation des Werks von Rachel Whiteread ermöglicht haben. Die Ausstellung in der Tate Britain wurde möglich durch die Versicherung im Rahmen des Government Indemnity Scheme. Für Bereitstellung und Abschluss der Versicherung dankt Tate Britain der Regierung Ihrer Majestät, dem Department for Culture, Media and Sport und dem Arts Council England.

Die beteiligten Museen konnten die Ausstellung in ihren Räumen durch Unterstützung verschiedener Einzelpersonen und Stiftungen realisieren. Die Tate freut sich über die Förderung von RSM, die uns diese außergewöhnliche Präsentation ermöglicht hat. Die Tate und die National Gallery of Art sind außerordentlich dankbar für die Unterstützung von Amanda und Glenn Fuhrman sowie der FLAG Art Foundation, die uns geholfen haben, unsere Ziele zu erreichen. Außerdem dankt die Tate den Mitgliedern ihres Rachel Whiteread Exhibition Supporters Circle, darunter der Gagosian Gallery, der Luhring Augustine Gallery, David und Rose Cholmondeley, der Galleria Lorcan O'Neill und Dasha Shenkman. Besonderer Dank geht an die Tate Americas Foundation, den Tate International Council, die Tate Patrons und Tate Members für ihre Unterstützung. Die National Gallery of Art dankt außerdem dem Exhibition Circle der National Gallery of Art für seine Förderung der Ausstellung in Washington sowie der Tate Americas Foundation für ihre Mithilfe bei dem Projekt.

Die Galerien der Künstlerin in London, New York und Rom haben uns kontinuierlich unterstützt, und unser besonderer Dank gilt Roland Augustine, Laura Chiari, Cristina Colomar, Larry Gagosian, Lawrence Luhring, Lorcan O'Neill und Lisa Kohli.

Vor allem aber möchten wir Rachel Whiteread danken, deren Großzügigkeit in jedem Aspekt ihrer Arbeit deutlich wird. Für die enge Zusammenarbeit in der sich über viele Jahre hinziehenden Planungsphase, vor allem an der Auswahl für die vier Museen und an allen Aspekten des Kataloges sind wir ihr zu großem Dank verpflichtet. Auch ihrem Mann, Marcus Taylor, und ihrer Ateliermanagerin, Hazel Willis, gilt unser Dank.

Alex Farquharson, Direktor, Tate Britain
Earl A. Powell III, Direktor, National Gallery of Art, Washington

Danksagung der Kuratorinnen

Frank Adams, Gordon Anson, David Batchelor, Jenny Batchelor, Theresa Beall, Helen Beeckmans, Polly Bidgood, Erica Bolton, Caroline Bourgeois, Emily Bowen, Lauren Boyle, Nancy Breuer, Judith Brodie, Phil Brown, Isabella Bulkeley, Gillian Buttimer, Carl Campioli, Cecily Carbone, Kate Conrad, Lynne Cooke, Harry Cooper, Virginia Cowles Schroth, Simona Cristanetti, Marko Daniels, Jonny Dawe, Cristina Del Sesto, Emma Dexter, Patty Donovan, Sionaigh Durrant, Kay Eliasson, Lee Ewing, Flora Fairbain, Alex Farquharson, Freddie Feilden, Lehua Fisher, Michelle Fondas, Marion Freeman, Tony Ganz, Juleigh Gordon-Orr, Noam Gottesman, Melanie Greenwood, Anabeth Guthrie, Mikei Hall, Richard Hamilton, Linsey Hanlon, Tanya Hudson, Robert Innes, Susie Innes, Madeleine Keep, Frank Kelly, Donna Kirk, Mario Kojetinsky, Kwai Lau, Mark Leithauser, Marie-Louise Laband, Abi Laughton, Hillary Lord, Emily Magnuson, Alan Marriott, Penny Martin, Lynn Matheny, Caroline McCune, James Meyer, Emma Mills, Frances Morris, Jennifer Mundy, Chris Myers, Anthony d'Offay, Sally O'Reilly, Judy Ozone, Nathan Peek, Colin Perry, Rusty Powell, Stephan Pumberger, Mitch Rales, Pete Reynolds, Mervin Richard, Jennifer Roberts, Kerry Rose, Aisling Roycroft, Julian Saenz, Rachel Schechtman, Cathie Scoville, Piers Secunda, Brian Sentman, Nicholas Serota, Dasha Shenkman, Andy Shiel, Joanne Smith, Gates Sofer, Nathan Stazicker, Shelley Sturman, Liam Tebbs, Dodge Thompson, Morag Tinto, Marjorie Trusted, Clarrie Wallis, Alan Yentob, Andrew Watt, Jeffrey Weiss, Graham Whatley, William Whitaker, Zachery Willis, Andrew Wilson, Dirk Young.

Ann Gallagher, Sammlungsleiterin für britische Kunst, Tate
Molly Donovan, Kuratorin für Kunst 1975 – Gegenwart, National Gallery of Art

Danksagung der Künstlerin

Blickt man auf die letzten 30 Jahre zurück, so sind viele Menschen diesen weiten Weg mitgegangen – Ärzte, Autoren, Dichter, Drucker, Fotografen, Gießer, Grafiker, Heiler, Hersteller, Köche, Kuratoren, Metallarbeiter, Rahmenbauer, Schlaufüchse, Schreiner, Vergolder, Winzer und Wortschmiede. Es ist unmöglich, hier alle namentlich aufzuführen, aber mit den meisten habe ich viele Jahre zusammengearbeitet, und sie wissen, wer gemeint ist.

Die rund um die Ausstellung geführten Gespräche mit Ann und Molly erstreckten sich über fünf Jahre. Ich schulde ihnen Dank für ihre Sorgfalt, Klugheit, Begeisterung, Geduld und ihren Sinn für Humor – es war ein langer Weg. Auch Nick Serota bin ich dankbar, der seit Jahrzehnten ein beständiger Förderer meiner Arbeit ist. Und schließlich danke ich von Herzen meinen Jungs – Marcus, Connor und Tommy – für ihre Geduld, ihren Humor und ihre Unterstützung.

Rachel Whiteread, London, Juli 2017

Vorwort

Die Retrospektive von Rachel Whiteread im 21er Haus bringt dem Wiener Publikum erstmals umfassend Hauptwerke aus den verschiedenen Schaffensperioden der Künstlerin näher. Mit über siebzig Werken – darunter der für die Ausstellung zentrale *Untitled (Room 101)* – spannt die Schau einen Bogen von den frühen Abgüssen von Wärmflaschen, Möbeln und Architekturelementen bis zu neuesten Reliefs aus Papiermaschee und ist somit die erste umfassende Präsentation Rachel Whitereads in Wien.

Im Verlauf von drei Jahren wurde diese von der Künstlerin, der Tate Britain und dem National Museum in Washington konzipierte Ausstellung für die Wiener Station adaptiert. Eine besondere Motivation ging dabei vom *Denkmal für die österreichischen jüdischen Opfer der Shoah* am Wiener Judenplatz aus, das im Jahr 2000 enthüllt wurde. Das von Simon Wiesenthal initiierte Projekt war mit dem vehementen Widerstand rechter und rechtskonservativer Politikerinnen und Politiker konfrontiert sowie fortwährenden Versuchen, seine Umsetzung zu verhindern. Diese Querelen waren symptomatisch für die vollkommen unzureichende Aufarbeitung der politischen Vergangenheit in Österreich. Nur dank der Beharrlichkeit der Künstlerin und vieler Unterstützer konnte das Monument als Metapher für das jüdische Volk als »Volk des Buches« letztendlich errichtet werden.

Die Kunst Rachel Whitereads fungiert als Erinnerungsträgerin und verkörpert das Verschwinden im mehrfachen Sinn. Das Wiener Mahnmal birgt das Potenzial, die sozialen, politischen und moralischen Defizite der Gesellschaft ins Bewusstsein zu rufen. Die Ausstrahlung dieser Kunst hatte mit Sicherheit einen Anteil daran, dass die Enthüllung des Denkmals in bedrückender Ruhe und Andacht stattfinden konnte, obwohl im selben Jahr extrem rechte Kräfte in die Regierungskoalition gelangt waren. Vor diesem Hintergrund und in Anbetracht der aktuellen politischen Entwicklungen in Österreich ist es uns ein Anliegen, den Bezug der Ausstellung Rachel Whitereads zum Mahnmal am Judenplatz zu unterstreichen und mit der Künstlerin Position zu beziehen gegenüber den kulturpolitischen wie auch den ernsten humanitären Herausforderungen der Gegenwart. Daher freut es mich sehr, dass die Direktorin von Belvedere und 21er Haus Stella Rollig dieses Vorhaben immer voll unterstützt hat.

Untitled (Room 101) wurde vom Pariser Centre Pompidou als Leihgabe zur Verfügung gestellt und bildet neben dem Modell zum Mahnmal das inhaltliche Herzstück der Präsentation. Es handelt sich um den Abguss des Raums 101 im ehemaligen Gebäude des britischen Senders BBC, vermutlich die Vorlage George Orwells für »Room 101«, die Folterkammer in seinem dystopischen Roman *1984*, der als Warnung vor Totalitarismus und dem Verlust der Menschlichkeit höchst aktuell ist. Sieht man Whitereads *Untitled (Room 101)* im Zusammenhang ihrer anderen monumentalen Werke, wie *Ghost*, *House* oder dem Wiener Mahnmal, so eröffnen sich in ganzer Schärfe die politischen, sozialen, biografischen und ethischen Dimensionen ihrer Kunst. Es ist eine Kunst, die still und sensibel, wuchtig und laut sein kann und so zur richtigen Zeit und im Rahmen einer wichtigen Wiener Kunstinstitution an unsere moralische Verantwortung im sozialen und politischen Miteinander appelliert.

Harald Krejci, Kurator Belvedere / 21er Haus

Ann Gallagher

Materielle Kultur

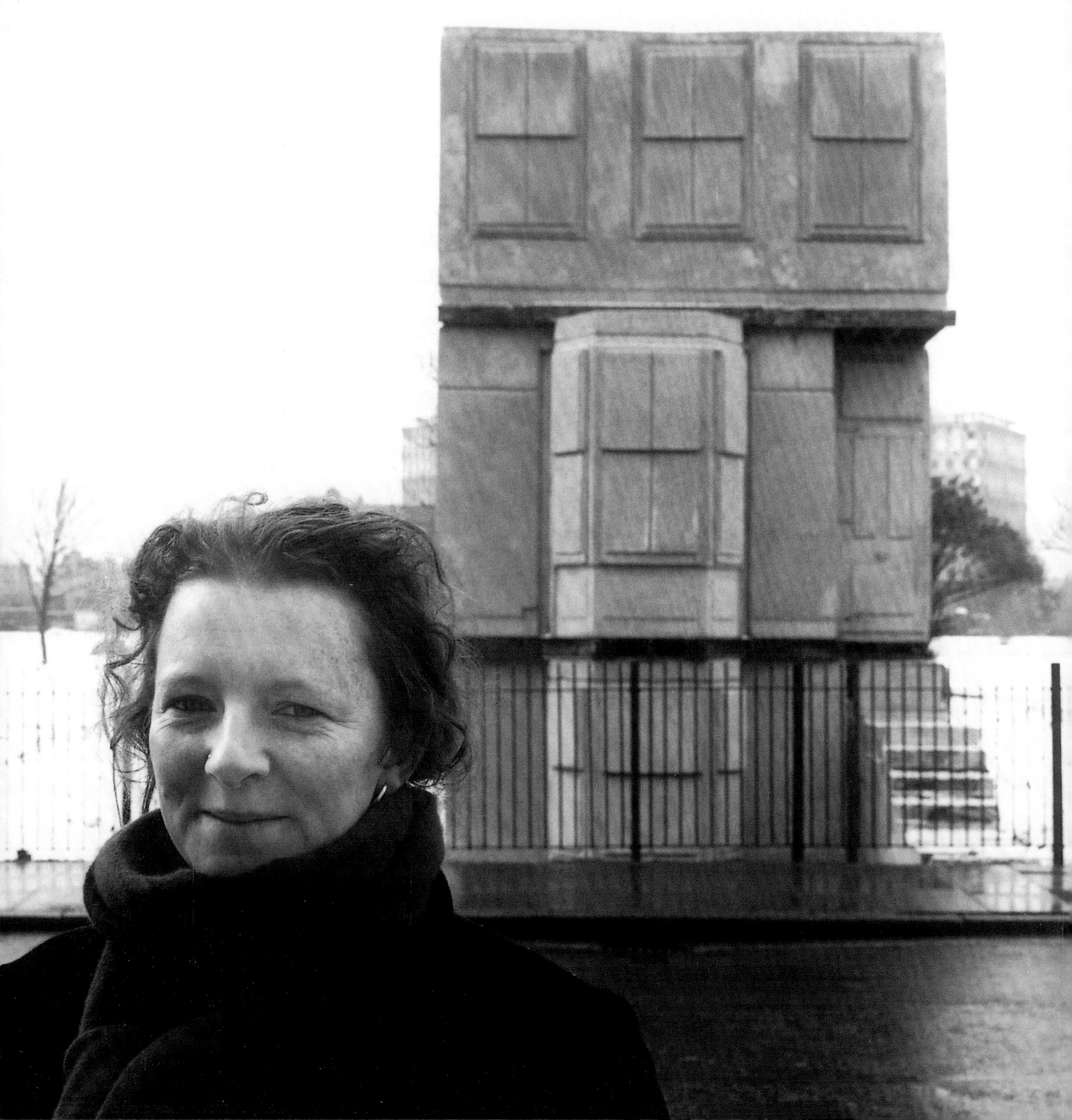

In einem kleinen Park in East London markieren ein Baum und zwei Holzbänke den Ort, an dem einmal das Gebäude mit der Adresse 193 Grove Road gestanden hat. Ein Schild nahebei erklärt, dass Wennington Green im Stadtteil Mile End Park »auf einem im Zweiten Weltkrieg zerbombten Areal entstand« und »Teil eines Masterplans zur Schaffung von Grünzügen zwischen der Londoner Innenstadt und den Außenbezirken« war. Einige Reihenhäuser hatten die Bombenangriffe überdauert, und auch die Zeile, zu der Nr. 193 gehörte, stand noch, als die Londoner Kunstorganisation Artangel im Jahr 1993, vor dem geplanten Abriss des Hauses, das einem Grünkorridor weichen sollte, Antrag auf eine befristete Pachtung des Grundstücks stellte. Artangel handelte im Auftrag von Rachel Whiteread, einer 30-jährigen Künstlerin mit wachsender internationaler Bekanntheit. 1991 hatte diese sich an den letzten Mieter, den pensionierten Hafenarbeiter Sydney Gale, gewandt und ihm erklärt, sie wolle aus den Umrissen des zum Abriss vorgesehenen Hauses ein Kunstwerk gestalten. Sowie sie Zugang zu dem leer stehenden Gebäude erhalten hatte, nutzte sie das typisch viktorianische Haus als Gussform und spritzte seine Innenwände mit Beton aus – schuf Abdrücke von Kaminen und verrußten Feuerrosten, von Fenstern, Schranktüren, Zierprofilen, Tapeten und Lichtschaltern –, sodass nach Ablösung der umschließenden Hauswände eine höchst auratische Plastik zutage trat.

House (1993; S. 77–79) wurde am 25. Oktober 1993 enthüllt. Am 23. November wurde Rachel Whiteread als erste Frau und bis dahin jüngste Kunstschaffende mit dem Turner Prize ausgezeichnet, für den sie bereits zum zweiten Mal nominiert war.[1] Am selben Tag lehnte der Bezirksrat von Bow eine Pachtverlängerung ab, und trotz aller Vollstreckungsaufschübe, Unterschriftenaktionen, Aufrufe für und gegen sein Fortbestehen als Denkmal (einschließlich eines Parlamentsantrags auf Verlängerung) wurde *House* am 11. Januar 1994 abgerissen.

Während der 80 Tage seiner Existenz war *House* Gegenstand hitziger öffentlicher Debatten, angefacht von einem medialen Interesse, dessen Intensität weder Whiteread noch Artangel so vorhergesehen hatten. Die darauf angebrachten Graffiti – »WOT FOR?«, »WHY NOT«, »THIS HOUSE IS A NICE HOME« und

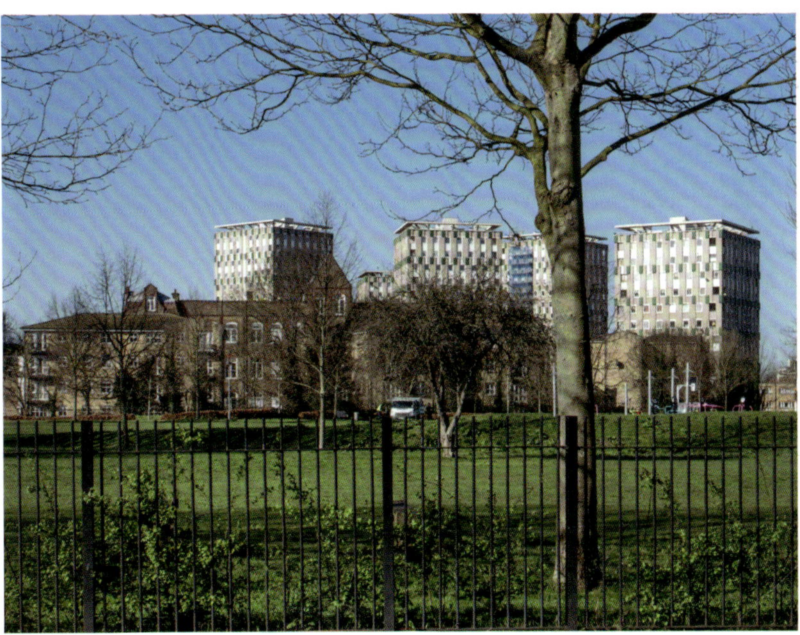

Grove Road, der Standort von *House*, 2017

LINKE SEITE:
Rachel Whiteread vor *House*, 1993

»HOMES FOR ALL BLACK + WHITE« – bezeugten das ganze Spektrum von Streitfragen, die sich an der Plastik entzündeten. Während Kritiker an der »Modernität« der Arbeit Anstoß nahmen, an ihrer überdeutlichen Konkretheit und der Anmaßung, so groß wie ein ganzes Haus zu sein, sahen andere darin ein Sinnbild für die aus dem East End verschwindenden Arbeiterviertel oder ein berührendes Denkmal für das Heim und alles, wofür es in unserem kollektiven Bewusstsein steht. Heute ist *House* vielen in Erinnerung als eine der ungewöhnlichsten Arbeiten im öffentlichen Raum, die London kurz besessen und dann verloren hat.

Als – wenn auch temporäres – Wahrzeichen und öffentliche Plastik wurde *House* zum Inbegriff dessen, was seit jeher Whitereads künstlerisches Anliegen ist: ein Zusammenführen ortstypischer, aus dem Alltag vertrauter Formen mit persönlichen und allgemein menschlichen Erfahrungen und Erinnerungen. Dies geschieht mittels einer radikalen Unmittelbarkeit. Alex Potts bemerkt zu Whitereads Plastiken: »Oberflächen realer Dinge werden ehrlich und direkt nachgebildet, ohne jede psychologisch-intellektuelle Verarbeitung«,[2] und vermutet bei ihr eine größere Affinität zu den brutalistischen Architekten Alison und Peter Smithson als zu Künstlern der eigenen oder älterer Generationen. Ungeachtet aller Unmittelbarkeit sind ihre Werke schwer fassbar und bedürfen stiller Betrachtung. Durch konsequente Anwendung des Gussverfahrens hat sie die Grenzen dieser bildnerischen Technik verschoben und eine Wahrnehmung für ihr Potenzial jenseits reiner Reproduktion geschaffen. Sie arbeitet mit klassischen Werkstoffen – Gips, Beton, Kunstharz, Gummi, Wachs, Metall, Papier und diverse Verbundstoffe –, entscheidet über die Eignung jeweils experimentell und vor allem anhand des thematischen Bezugs. Mit *House* führte Whiteread das Spektrum ihrer plastischen Formensprache vor, das nach wie vor das Monumentale ebenso wie das Häusliche oder Intime umfasst, und demonstrierte, dass ihre Werke in einem Umfeld jenseits der Galerie, im öffentlichen Raum, Bestand haben.

Whiteread wurde am 20. April 1963 in Ilford, Essex, geboren und zog im Alter von sieben Jahren mit ihrer Familie nach London. Ihre Mutter, Patricia Whiteread (1931–2003), war Künstlerin und ko-kuratierte 1980 die wegweisenden feministischen Ausstellungen *Women's Images of Men* und *About Time* im ICA in London. Mit ihren älteren Schwestern, den Zwillingen Karen und Lynne, wuchs Rachel umgeben von Kunstwerken und -materialien auf und wurde häufig in Galerien mitgenommen. Ihr Vater, Thomas (1928–1988), unterstützte die Karriere seiner Frau tatkräftig und baute den Keller ihres Wohnhauses zu einem Atelier aus. Die junge Rachel half ihm beim Betonieren des Fußbodens. Als Dozent für Geografie unternahm er mit der Familie häufig Ausflüge zu Gletscherformationen, anderen Naturerscheinungen und Fossilienfundorten. Beide Eltern waren politisch aktiv und an Umweltfragen interessiert. Die Mutter engagierte sich für Feminismus und linke Politik, der Vater war zeitlebens Mitglied der Labour Party. Whiteread hat den Einfluss ihrer persönlichen Lebensgeschichte auf ihr Schaffen stets ausdrücklich betont und widmete den Begleitband zu *Water Tower* (1998), ihrem ersten öffentlichen Auftrag in New York, dem Vater, »dessen Interesse an Industriearchäologie mich lehrte, nach oben zu schauen«.[3] Nach dem durch experimentelle Verfahren charakterisierten Kunstunterricht, wie er an der staatlichen Schule in den 1960er-Jahren üblich war, absolvierte Whiteread ein Grundstudium in bildender Kunst, studierte anschließend Malerei am Brighton Polytechnic und erwarb ihren Master of Arts in Bildhauerei an der Slade School of Fine Art des University College London.

Rachel Whiteread in Moskau, Januar 1983

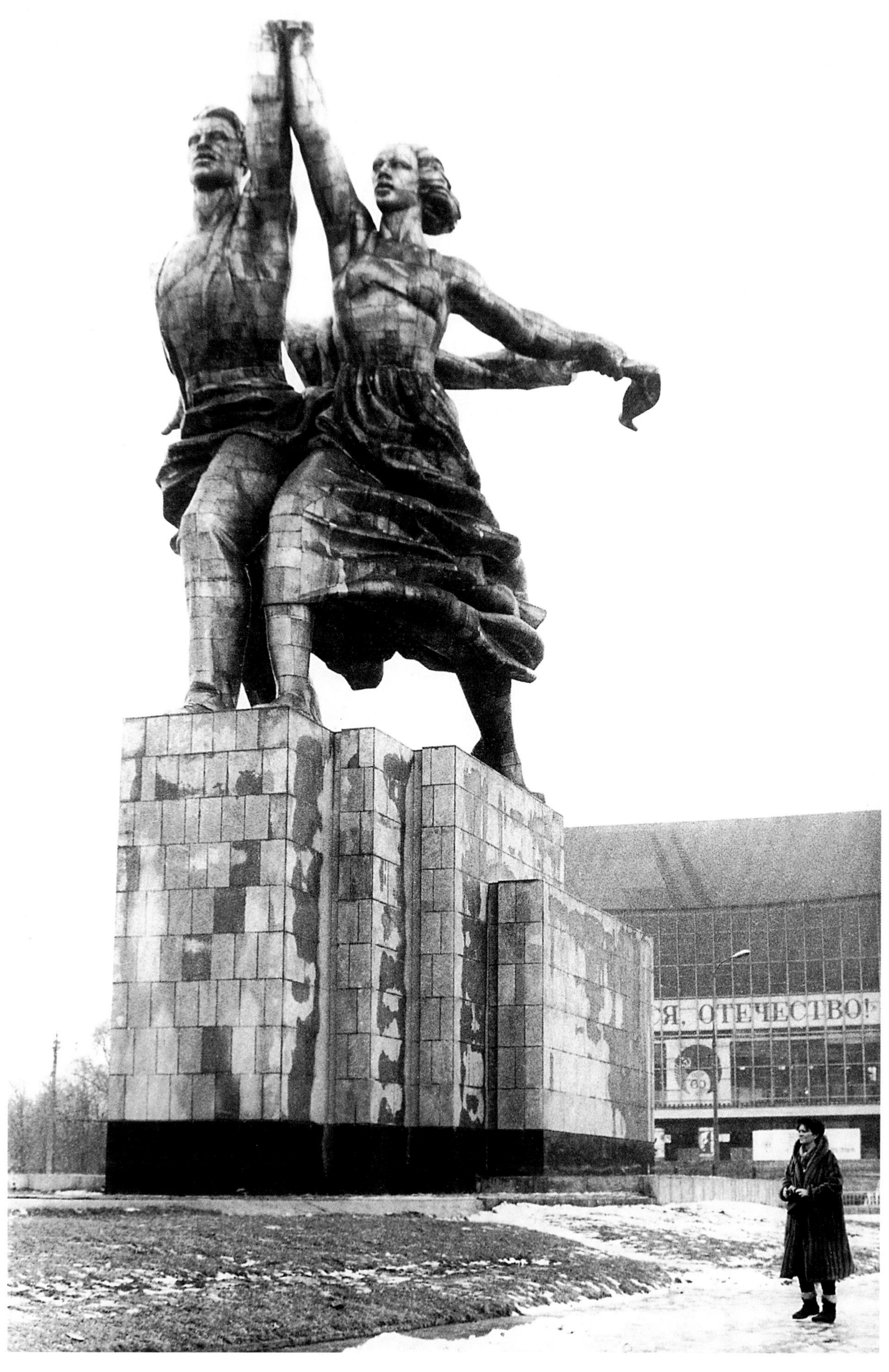
ОТЕЧЕСТВО!

Den Wechsel von der Malerei zur Bildhauerei vollzog sie im Laufe der Jahre in Brighton, als sie von dem Künstler Richard Wilson in Gießverfahren unterrichtet wurde. Den Bachelor of Arts erhielt sie mit der Abschlussausstellung einer Installation aus schwarzen skulpturalen Reliefs. An der Slade School of Fine Art entwickelte sie mit wesentlichen Impulsen von Edward Allington, Phyllida Barlow, Alison Wilding und anderen Lehrern eine eigene bildhauerische Sprache. Die Zeichnung ist für Whiteread seit jeher ein zentrales Element, für das Durchdenken von Ideen, aber auch als eigenständige künstlerische Praxis. Sie fertigte ihre ersten experimentellen Abdrücke aus Papiermaschee und setzte für die endgültige Form dann traditionelle Gussmaterialien wie Gips, Kunstharz, Wachs und Gummi ein. Schrittweise erweiterte sich die Auswahl an Werkstoffen um Beton, Glas und verschiedene Metalle. Anders als bei herkömmlichen Gussverfahren sind aber Whitereads Abdrücke nicht als Kopien der Ausgangsgegenstände gedacht, sie sollen vielmehr Oberflächen und Innen- oder Umraum wiedergeben. Dabei sind die Parameter der Plastik häufig durch das Innenvolumen vorgegeben, und die frühesten Abgüsse folgten einem Standardverfahren, bei dem die Hohlform mit Gips ausgefüllt und der Gussmantel anschließend abgelöst wurde. Doch dann ging es um Entscheidungen darüber, wo die Erfassung des Raums und der Abmessungen der Form enden sollten, später über die Ausführung als Negativ- oder Positivabguss. Von Experimenten mit kleinen Behältnissen und Gegenständen wie Türgriffen richtete Whiteread ihren Blick auf Fundstücke aus dem Atelier oder häuslichen Umfeld, insbesondere Möbel. Ihre frühen Plastiken kombinierte sie oft mit vom Originalgegenstand verbliebenen Materialien oder Elementen, etwa ein Stück eines Holztischs. Auch wenn diese Werke skulpturale Formen scheinbar abstrahieren, bleiben die Ausgangsobjekte doch anhand von vertrauten Formen und Merkmalen, an Spuren auf ihren Oberflächen erkennbar.

Im Jahr nach dem Studienabschluss zeigte Whiteread ihre erste Ausstellung in einer kleinen Wohnungsgalerie im Norden Londons,[4] in der nur vier Werke zu sehen waren: Gipsabgüsse von Gegenständen, wie man sie in einem kleinen Schlafzimmer oder Einzimmerapartment findet. Die früheste der Arbeiten, *Closet* (1988; S. 26), war mit schwarzem Filz überzogen, was daran erinnerte, dass

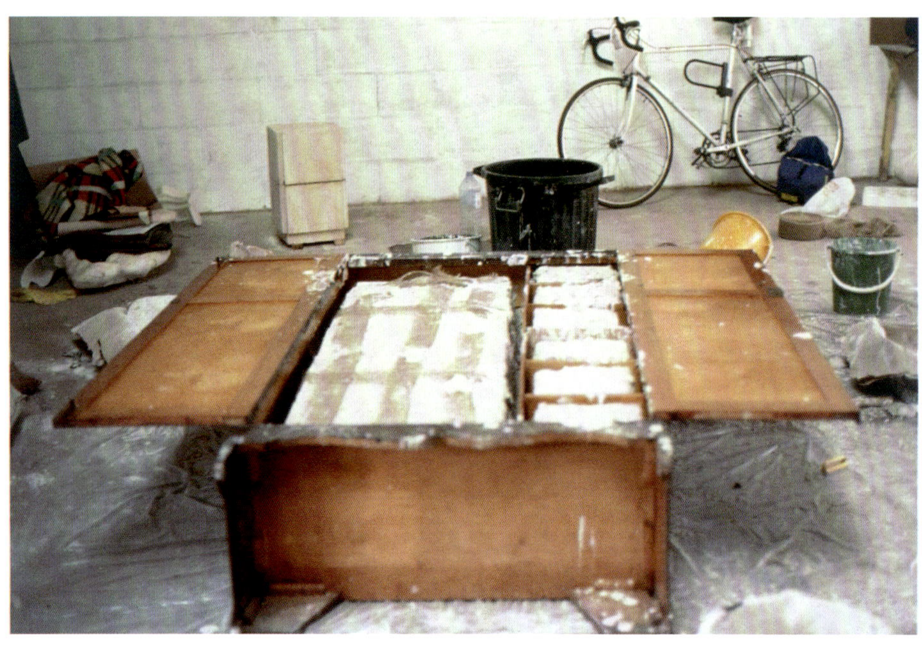

Anfertigung von *Closet*, London 1988

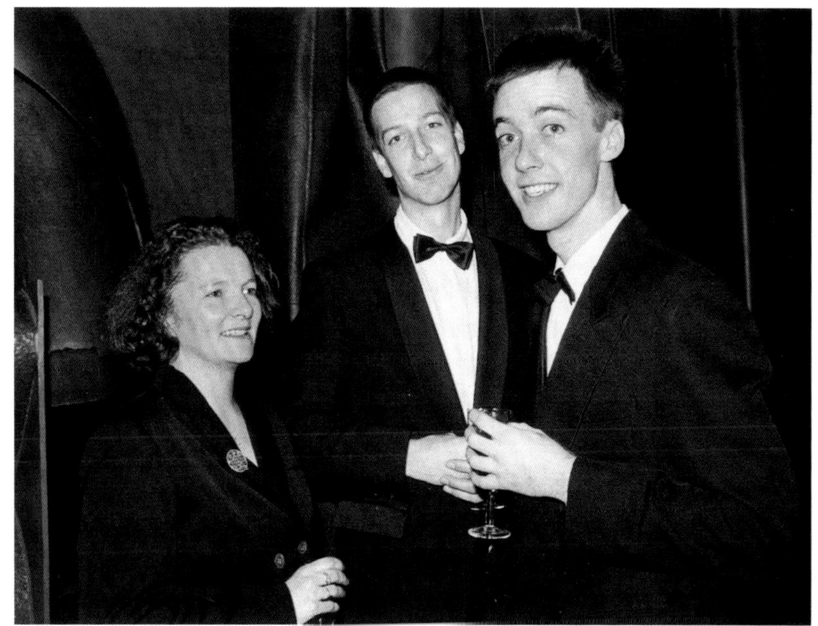

Rachel Whiteread, Alex Hartley und Marcus Taylor bei der Turner-Prize-Ausstellung, Tate Gallery, London 1991

es sich um den Abdruck eines Hohlraums handelte, des dunklen Inneren eines Kleiderschranks, in dem die Künstlerin sich als Kind zu verstecken pflegte. *Shallow Breath* (1988; S. 28), abgeformt von der Unterseite eines Schlafsofas, gehört zu den ersten Werken, in denen sie mit Betten und Matratzen arbeitete. An die Galeriewände gelehnt, wirkten einige davon wie »Atelierunfälle«, erinnerten aber auch an Sperrmüll auf Bürgersteigen und am Straßenrand. Betten werden mit einer Vielzahl menschlicher Aktivitäten und Zustände assoziiert. Diese Arbeit indessen entstand kurz nach dem Tod von Whitereads Vater, und im Werktitel (dt. flacher Atem) klingt ihr Status als erste den Tod thematisierende Plastik der Künstlerin an – ein Thema, das in ihrem Schaffen immer wieder ausgemacht wurde. So verglich man das Gussverfahren mit dem Akt der Mumifizierung, und Gips findet traditionell bei der Herstellung von Totenmasken Verwendung. Auch Whitereads Abformungen von Seziertischen lassen diesen Zusammenhang sehr deutlich werden. Hingegen verweist *Mantle* (1988; S. 27) auf ein Möbelstück, das heute wie ein kurioser Anachronismus anmutet – einen glamourösen, mit Rüschenbehängen und Glasplatte versehenen Frisiertisch, wie ihn sich junge Mädchen im Großbritannien der Jahrhundertmitte erträumt haben mögen. Hier steht er solide und unbewegt, sein Stoffbehang nur im Werktitel präsent, doch die Glasablage ruht noch auf der Gipsform. *Torso* (1988; S. 29) ist der erste in einer Serie von Abdrücken von Wärmflaschen – einem jener kleinen Objekte, die über Jahre im Repertoire der Künstlerin wiederkehrten, in einer Vielzahl von Farben und Werkstoffen, von reinweißem und rosa Dentalgips über uringelben Kunstharz bis zu goldfarbenem Gummi und grauem Beton. Sie sind die berührendsten unter Whitereads plastischen Formen und weisen die Größe eines kleinen Torsos oder, in ihren eigenen Worten, eines »kopf- und gliederlosen Babys« auf; es sind die einzigen Arbeiten mit einem erkennbaren anthropomorphen Bezug.

Diese vier in der gegenwärtigen Ausstellung wieder zusammengeführten Plastiken entstanden zu Beginn ihrer Auseinandersetzung mit den künstlerischen Möglichkeiten, die Möbel und andere Objekte im Haushalt bieten, wiedererkennbare Elemente unserer Alltagsexistenz in der westlichen Kultur. Ihr Fokus erfasste nun auch das Umfeld dieser Objekte, Architekturelemente wie Kamin oder Feuerrost, und so erschien es nur folgerichtig, dass ihre erste Großplastik, *Ghost* (1990; S. 49), der Abguss eines vollständigen Raums, solche Alltagsgegenstände enthielt. Bei ihrer Ausstellung in der Londoner Chisenhale Gallery, nur einen Steinwurf vom späteren Standort von *House* entfernt, stand die undurchdringliche, nüchtern weiße Plastik im Mittelpunkt eines ansonsten leeren Raums. Das sichtbare Fugenraster der Blöcke im menschlichen Maßstab suggerierte eine Anfertigung von Hand. Schon die Abmessungen der Arbeit waren imponierend, noch bemerkenswerter aber war, wie sie den Betrachter zwang, sich die Konturen lesend zu erschließen, und dabei ihre Herkunft durch einen Prozess allmählichen Erkennens preisgab. Dieser Vorgang war so wie bei den Möbelabformungen ein zweifacher: zum einen in Bezug auf den Archetyp, den aus etlichen viktorianischen Häusern bekannten Salon, der die Künstlerin an ihr Elternhaus in Muswell Hill erinnerte; und zum anderen in Bezug auf einen spezifischen Raum mit den verschiedensten Bewohnern, die Feuer im Kamin entzündet, Fußleisten und Tür verkratzt, den Türknauf gedreht hatten und deren Gegenwart sich in den Abguss eingeschrieben hat. *Ghost* fungierte als eine Form des Memento mori. Es war die erste von Whitereads Raumplastiken und weckte in ihr den Wunsch, den Maßstab durch Abgießen eines gesamten Hausinneren noch zu vergrößern. Dieses Vorhaben konnte sie dank der Einladung von Artangel zur Kooperation an einem ambitionierten Projekt weiterverfolgen.

Gleichzeitig wurde das Potenzial einzelner architektonischer Elemente in einem gewöhnlichen Raum oder Haus immer wichtiger für die Künstlerin. Neben Abformungen von Möbeln traten nun solche von Decken und Fußböden, ausgeführt in Gips, Wachs und Kunstharz. Ein von Dielenbrettern abgegossener Gipsboden, *Untitled (Floor)* (1992; unten), wurde für die von Jan Hoet kuratierte documenta IX ausgewählt; auf der 47. Biennale von Venedig zierte ein wässrig blaugrüner Harzfußboden, *Untitled (Resin Corridor)* (1995), einen Raum im britischen Pavillon mit einer auf den Kanal ausgerichteten Glaswand; ebenfalls 1995 entstanden zahlreiche Zeichnungen von Treppen, einer Form, die sie später wieder aufgreifen sollte; Gipstüren tauchten erstmals 2003/04 auf, gefolgt von Türen sowie Fenstern aus transparentem und opakem Kunstharz.

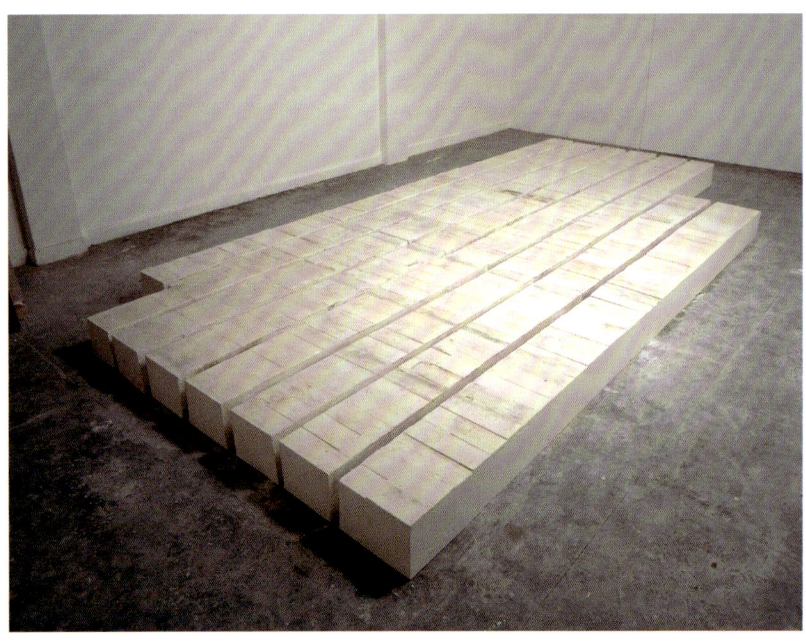

Untitled (Floor) 1992
Gips
24,1 × 280,7 × 622,3 cm
Privatbesitz

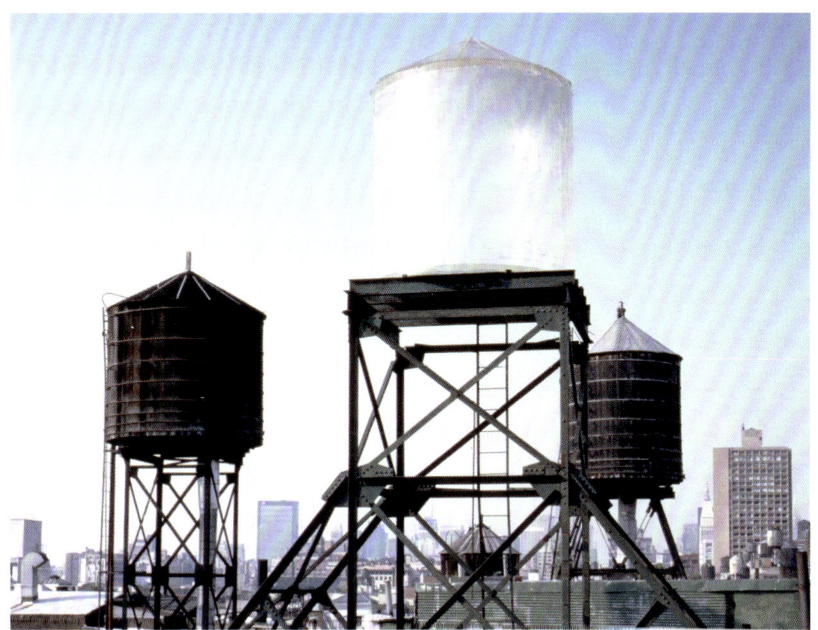

Water Tower
New York 1998

Seit *House* hat Whiteread zahlreiche monumentale Auftragsarbeiten und von der öffentlichen Hand geförderte Projekte realisiert: *Water Tower* (1998; oben) und *Cabin* (2016; S. 194, 210) in New York, das *Holocaust-Mahnmal* (2000; S. 103) in Wien, *Monument* (2001; S. 114) für den vierten Sockel auf dem Trafalgar Square, *Embankment* (2005; S. 122/123) für die Turbinenhalle der Tate Modern, *Tree of Life* (2012; S. 202) für die Fassade der Whitechapel Gallery in London und *Boathouse* (2010; S. 201) im norwegischen Gran. Jedes dieser sehr unterschiedlichen Projekte markiert einen Richtungswechsel, eine Ausweitung des Fokus in Whitereads Œuvre, das auch durch die Flexibilität hinsichtlich des Maßstabs charakterisiert ist. Diese Wendepunkte erscheinen oft als Höhepunkte des bis zu dessen völliger Beherrschung eingeübten, jahrelangen Umgangs mit einem für eine bestimmte Plastik besonders geeigneten Material, etwa dem transluzenten Kunstharz, den die Künstlerin erstmals bei dem vom Public Art Fund in New York in Auftrag gegeben *Water Tower* einsetzte. Zunächst hoch über den Straßen von Lower Manhattan montiert, war der Wasserspeicher fast unsichtbar, so nahtlos fügte er sich in die Skyline ein. Diese Wirkung bewahrte er auch an seinem neuen Standort in Uptown über der Terrasse des Museum of Modern Art. Das gleiche Material kam auch bei dem Sockel in London zum Einsatz, der die Vorstellung von einem Denkmal drei Monate lang buchstäblich auf den Kopf stellte: *Monument* erschien als eine geisterhafte Präsenz, denn es übernahm die Dimensionen des Originalsockels in Umkehrung. Mit ihrer unerwarteten Reaktion auf den – inzwischen regelmäßig vergebenen – öffentlichen Auftrag bewirkte die Künstlerin gezielt ein »Innehalten« mitten auf einem der bekanntesten Plätze Londons.

Für jedes Projekt im öffentlichen Raum beschäftigt sich Whiteread mit der spezifischen Thematik des Standorts. »Wenn ich kein unmittelbares Verhältnis zum Ort habe und seine Geschichte nicht kenne, finde ich keinen Einstieg in die Arbeit. Ich kann nur Werke schaffen, die irgendeinen Bezug zu meinen persönlichen Erfahrungen haben.«[5] Vor der Enthüllung des *Holocaust-Mahnmals* 2000 auf dem Judenplatz in Wien, einer Auftragsarbeit zum Gedenken an die österreichischen jüdischen Opfer der Shoah, reiste Whiteread jahrelang durch Deutschland und Osteuropa und besuchte Schauplätze der Nazi-Gräueltaten, Soldatenfriedhöfe in der Normandie und auch andere Gedenkstätten wie das *Vietnam Veterans Memorial* von Maya Lin in Washington D.C. Das *Holocaust-Mahnmal* unterscheidet sich grundlegend von allen bisherigen Werken Whitereads, auch wenn es ebenfalls ein durch den hellen Beton noch betontes, nüchtern minimalistisches Erscheinungsbild aufweist. Adrian Forty hat sich mit der paradoxen Wahl von Beton als Gedenkmaterial befasst, einem unbewegten und unzerstörbaren Werkstoff, der, abgesehen vom Bezug zur Moderne, ohne inhärente Bedeutung ist, aber im Lauf der Zeit »eine politische, mit Erinnerung behaftete Ikonografie ausgebildet hat«.[6] Maßstab und architektonische Merkmale übernahm das würdevoll schlichte Werk von Räumen der Nachbarhäuser – Gesims, die Deckenrosette im Dach, die versperrten Kassettentüren. Bestimmendes Element sind die rasterartigen Reihen gleich großer Bücher, die den unvorstellbaren Verlust von 65 000 Menschenleben sowie die Symbolkraft von Buch und Gelehrsamkeit für das jüdische Volk versinnbildlichen. Eine in Hebräisch, Deutsch und Englisch verfasste Inschrift und eine Auflistung der Orte der Ermordung tragen zur kraftvoll stillen Ausstrahlung bei.

Aus dem langwierigen Planungs- und Herstellungsprozess dieses Mahnmals gingen zwei Werkkomplexe hervor: zum einen jener ausgehend von den Büchern der invertierten Bibliothek aus Beton, zum anderen der von den Tischgruppen

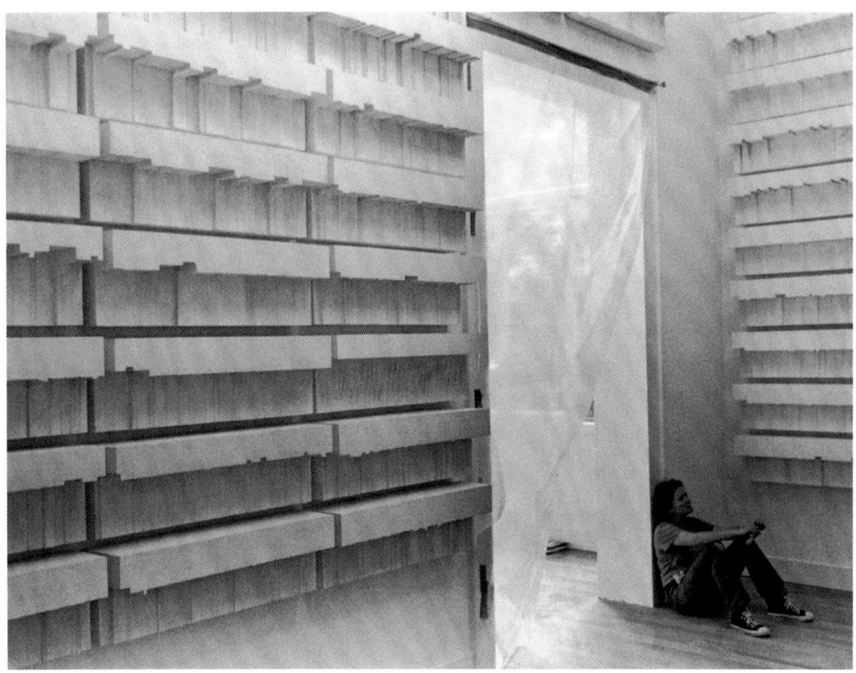

Rachel Whiteread und *Untitled (Paperbacks)*, Britischer Pavillon, Biennale von Venedig 1997

hergeleitete, an denen die Sitzungen zum Standort des Mahnmals stattgefunden hatten. Die Buchplastiken bestanden aus Bücherregalen wie in *Untitled (Book Corridors)* (1997; S. 112), einem Bibliothekssaal wie bei *Untitled (Paperbacks)* (1997; oben), Wandregalen oder einzelnen Borden. Oft hatten die Schmuckfarben des Buchschnitts auf die Gips-Buchkanten abgefärbt und führten so eine bis dahin seltene farbige Komponente in die Abdrücke ein. *Untitled (Ten Tables)* (1996), erstmals in der Eingangsgalerie des von Whiteread gestalteten britischen Pavillons der 47. Biennale von Venedig zu sehen, war die größte in einer Reihe ein- und mehrteiliger Tischplastiken, die die Künstlerin während der fünfjährigen Arbeit an dem Mahnmal beschäftigten. Zur seriellen Wiederholung bei einem Einzelwerk kam es erstmals, als sie eine Gruppe mehrteiliger Kunstharzabdrücke von dem

Raumvolumen unter Stühlen schuf, beginnend mit *Untitled (Six Spaces)* (1994). Es folgten 16- und 25-teilige Gruppen sowie die umfassendste, *Untitled (One Hundred Spaces)* (1995; S. 104/105), alle in rasterförmiger Anordnung, einem Format, das sie bei *Untitled (Nine Tables)* (1998; S. 126) erneut aufgriff.

Whiteread gehört einer Generation an, für die Kunstrichtungen der jüngsten Vergangenheit wie der Minimalismus »ein neu verfügbares Archiv von Formen und Elementen für unterschiedliche Arten der Aneignung in der Gegenwart konstituierten«.[7] Ihre ersten Kunstharzabformungen von dem Raum zwischen den Stuhlbeinen, wie *Table and Chair (Clear)* (1994; S. 94), werden auch als Hommage an Bruce Naumans Beitrag zum Minimalismus, *A cast of the space under my chair* (1965–1968; S. 133), tituliert. Trotz vieler Parallelen zu Künstlern wie Carl Andre, Donald Judd oder Sol LeWitt, etwa im Gebrauch von geometrischen Formen, Serialität und Rasterstrukturen, unterscheidet sich Whiteread doch grundlegend von diesen. Die Plastiken der Künstlerin legen entschlossen die eigenen Konstruktionsprozesse offen, registrieren auch sehr bewusst Spuren des Ausgangsobjekts und evozieren so Erzählungen und Erinnerungen. Mehrteilige Gruppen werden in gleichmäßigen Reihen angeordnet, doch fehlt Whitereads »primary structures« (Grundstrukturen) jede Einförmigkeit der amerikanischen Minimalisten. Stets sind sie mit Makeln behaftet, unregelmäßig geformt. Sie verleihen dem »Negativraum«, der Leere in oder um Objekte und Bauten, materielle Präsenz und wirken gänzlich abstrakt. Doch sie leiten sich von bestehenden Formen her, die gemeinsame Erfahrungswelten ansprechen, und enthalten spezifische Verweise.

Wie Whiteread soll auch George Orwell eine Abneigung gegen institutionelle Sitzungen empfunden haben, in seinem Fall bei der Arbeit für die BBC in London. Als Vorbild für Zimmer 101 in seinem 1949 erschienenen, dystopischen Roman *1984* – die Schreckenskammer im Ministerium für Liebe, in der Gefangene mit ihrer größten Angst konfrontiert werden – soll ihm ein Raum im Rundfunkgebäude (Broadcasting House) der BBC gedient haben. Das Ministerium für Liebe des totalitären Staates Ozeanien beschrieb Orwell als »riesiges, pyramidales Gebilde aus schimmernd-weißem Beton«[8] und als fensterlos. Anlässlich des Umbaus des Broadcasting House Anfang der 2000er-Jahre wurde Whiteread eingeladen, sich mit dem als Besprechungsraum längst aufgegebenen Zimmer 101 auseinanderzusetzen. Vor seiner Zerstörung ließ sie Lüftungskanäle und Rohrleitungen entfernen und hielt die physischen Merkmale des Raums, seine Vorgeschichte und seine in ihm mitschwingende fiktionale Inkarnation in einem Abguss fest. *Untitled (Room 101)* (2003; S. 18, 142/143) wurde 2003 zu Ehren von Orwells 100. Geburtstag im Saal der Abgüsse des Victoria and Albert Museum enthüllt, im Kreis ausgewählter Repliken italienischer Renaissanceplastiken, darunter Michelangelos *David* und die Kanzel Giovanni Pisanos aus dem Dom von Pisa. Die einst so populären Abgusssammlungen der viktorianischen Zeit waren im 20. Jahrhundert in Verruf geraten und galten als unkünstlerische Faksimiles echter Artefakte, obschon so manche Gipskopie heute einzig verbliebenes Zeugnis des Originals ist. So dokumentiert auch *Untitled (Room 101)*, inzwischen in der Sammlung des Centre Georges Pompidou in Paris verwahrt, ein verlorenes kulturelles Artefakt und ist ein außergewöhnliches Beispiel für die Raumplastiken der Künstlerin.

1999 erwarben Whiteread und ihr Lebensgefährte, der Künstler Marcus Taylor, eine ehemalige Synagoge, die zuletzt als Textillager gedient hatte, in Bethnal Green im Londoner East End. Der Bau war in den 1950er-Jahren als Ersatz für eine während eines Bombenangriffs im Zweiten Weltkrieg zerstörte Synagoge von

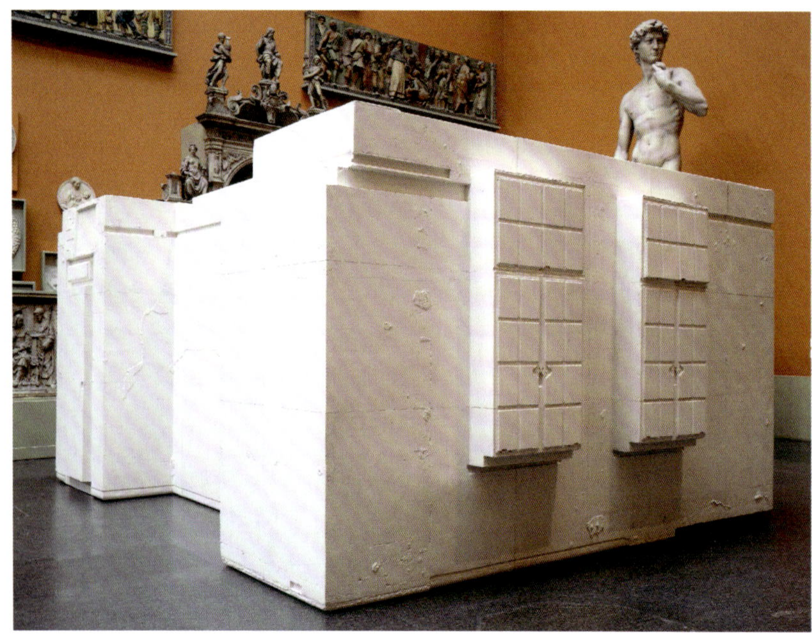

Untitled (Room 101), Abgusssaal, Victoria & Albert Museum, London 2003

1906 errichtet worden, die sich wiederum am ehemaligen Standort einer Baptistenkirche erhoben hatte. Das Viertel, seit jeher ein Anlaufpunkt für Einwanderer, hat im Lauf der Jahrhunderte ein buntes Völkergemisch aufgenommen – Hugenotten, Iren, Juden, Bengalen und Somalier. Vor dem Umbau der Synagoge in Ateliers und eine Wohnung verbrachte Whiteread mehrere Monate damit, »den Raum kennenzulernen«, durch Abgießen des Inneren, unter anderem in einer Serie von Aluminium- und Stahlabdrücken des Fußbodens, die unmittelbar auf Carl Andres quadratische Metall-Bodenskulpturen verweisen. Sie fertigte auch Gipsabformungen ganzer Raumfolgen und sämtlicher Treppen. Mit fortschreitender Verfeinerung ihres Verfahrens hat Whiteread Methoden entwickelt, umfangreichere Plastiken von allen vier Seiten abzugießen, was ihr ein Experimentieren mit der Ausrichtung erlaubte. *Untitled (Upstairs)* (2001), der Abguss des Raumvolumens um eine der Treppen, wurde in London und Edinburgh jeweils mit einer anderen Seite als Grundfläche ausgestellt, was der abstrahierten Form neues Leben verlieh, ohne deshalb ihre Wiedererkennbarkeit und Verbindung zum Ausgangsgegenstand zu beeinträchtigen. Lange schon, seit *House*, wollte Whiteread mit Treppenhäusern arbeiten, doch standen technische Schwierigkeiten im Weg. Die drei Betontreppen der Synagoge waren stabil genug für den Gipsguss und besitzen als Plastik eine Monumentalität, die sie durch die monolithische Turmform von Whitereads anderen architektonischen Großplastiken unterscheidet.

Angesichts ihrer Fähigkeit, auf Situation und Standort so innovativ zu reagieren, überrascht es nicht, dass Whiteread um die Jahrtausendwende so viele öffentliche Aufträge anvertraut wurden. Darauf folgte aber eine Phase, in der sie wieder an eigenen, kleineren generischen Objekten arbeitete, die mit einer Zeit wichtiger Veränderungen in ihrem Privatleben zusammenfiel. Sechs Monate vor der Geburt ihres ersten Sohns, Connor, als sie gerade für eine 2003 geplante Ausstellung ihrer Arbeiten nach Brasilien fliegen wollte, starb ihre Mutter Pat nach einem Routineeingriff.

Ein Jahr verging, bis sie und ihre Schwestern sich überwinden konnten, das Haus der Mutter zu sichten – ein Prozess mit tiefgreifenden Auswirkungen auf die Künstlerin. Erst beim Umbau der Synagoge war sie von Umzugskisten umgeben gewesen und sah sich nun, im Haus ihrer Mutter, erneut Kartons gegenüber, die teils noch aus ihren eigenen Kindertagen stammten. Dies führte zu Erkundungen im Atelier und war der Beginn einer neuen, produktiven Schaffenszeit, in der sie zunächst Gipsabgüsse von Pappkartons in kleinen Gruppen oder Assemblagen arrangierte und diese später mit Möbeln kombinierte oder auf Regalen und Paletten stapelte. Es waren Arbeiten, die das skulpturale Potenzial einer gern übersehenen, jedoch grundlegenden Form der Verpackung ausloteten. Whiteread entwickelte einen weniger strukturbetonten, informelleren Ansatz für die mehrteiligen Kompositionen, eine Lockerung des Rasters, die größere Flexibilität und Variationsbreite mit sich brachte. Dies prägte unverkennbar auch *Embankment*, eine riesige, für die Turbinenhalle der Tate Modern bestimmte Auftragsarbeit. Ihre 14 000 Elemente bestanden aus feiner, von Pappkartons unterschiedlicher Größe abgeformter Polyethylenmembran. Wer die immersive Installation erlebte, fühlte sich an Aspekte früherer Werke erinnert, etwa die Lichtdurchlässigkeit von *Water Tower* und *Monument*, sah aber auch etwas Neues, deutlich Organischeres: Gletscherformationen vielleicht, inspiriert durch eine Reise der Künstlerin in die Arktis. Sie selbst hat die Turbinenhalle mit einem Lagerhaus verglichen und mittels mehrteiliger Elemente im Maßstab des menschlichen Körpers zu einem Umgang mit ihrem gewaltigen Volumen gefunden. In Stapeln oder Blöcken aufeinandergetürmt, waren die Quader für Besucher bis zum Betreten der labyrinthartig verschachtelten Anordnung nur teilweise sichtbar.

Um 2007, nach der Geburt ihres zweiten Sohns, Tommy, wurde die vornehmlich weiße Palette in Whitereads Werken von einer bislang ungekannten Farbenvielfalt abgelöst. Frühe Kunstharz- und Gummiplastiken hatte sie in den vom Hersteller vorgegebenen Farben gefertigt oder wegen ihres Bezugs zu Körperflüssigkeiten wie Urin ausgewählt, sie beschränkten sich meist auf eine organische, fein abgestufte Palette transluzenter oder halb opaker Grün-, Ocker- und Olivtöne. Einzige Ausnahme bislang waren die völlig schwarzen Plastiken und die auf Büchern basierenden Arbeiten mit den matt abgefärbten Schmuckfarben des Buchschnitts. Nun aber entstand eine neue Werkreihe kleiner opaker Gipsarbeiten in Primär- und Pastellfarben, kombiniert mit Kunstharz- und Bronze-

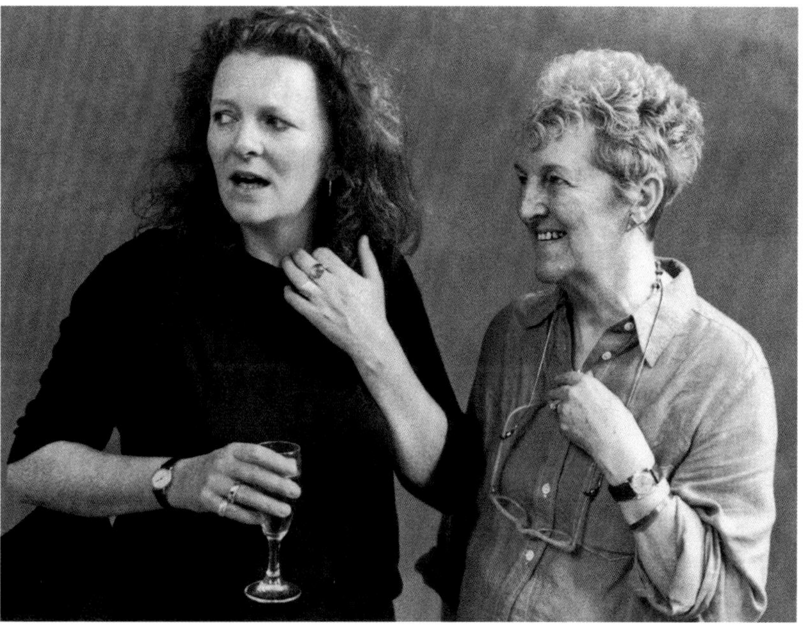

Rachel und Pat Whiteread, Venedig 1997

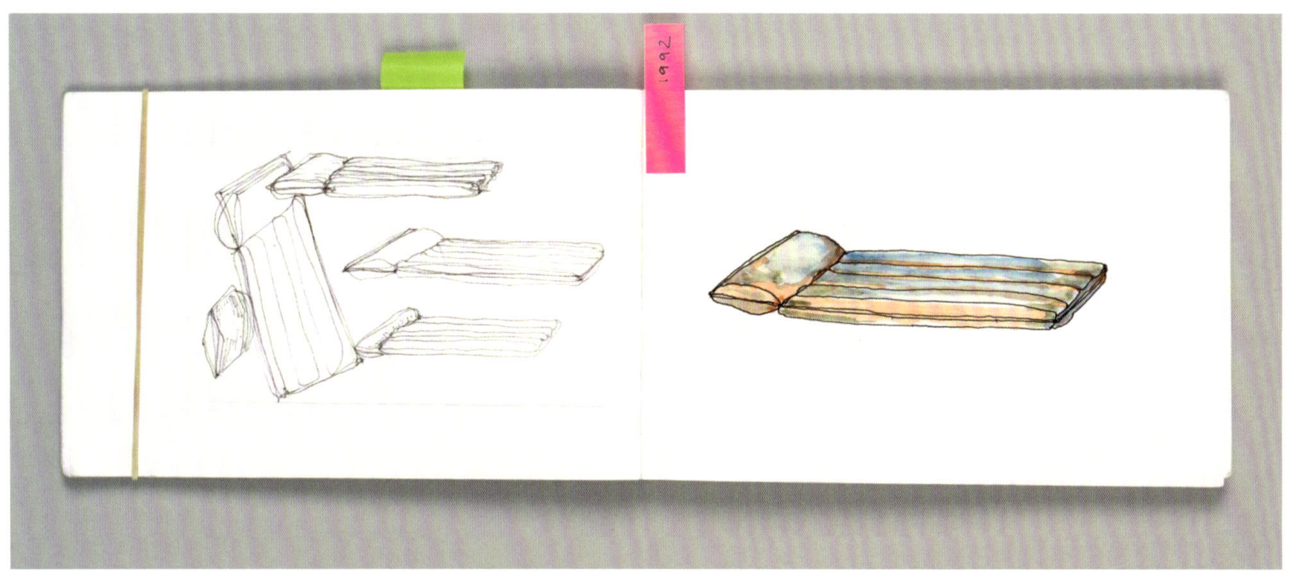

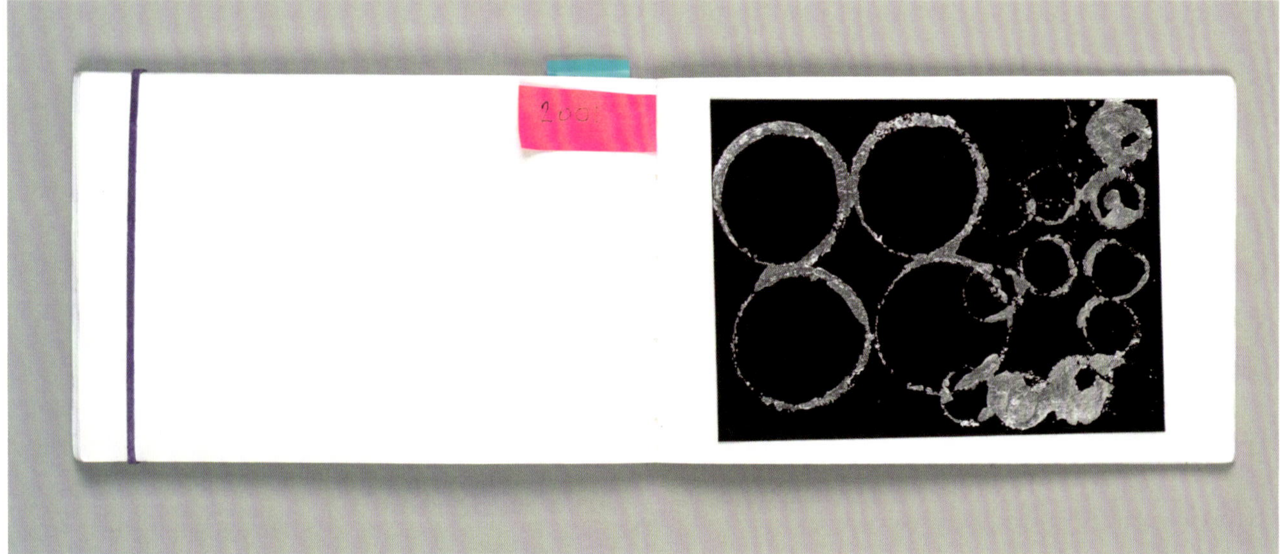

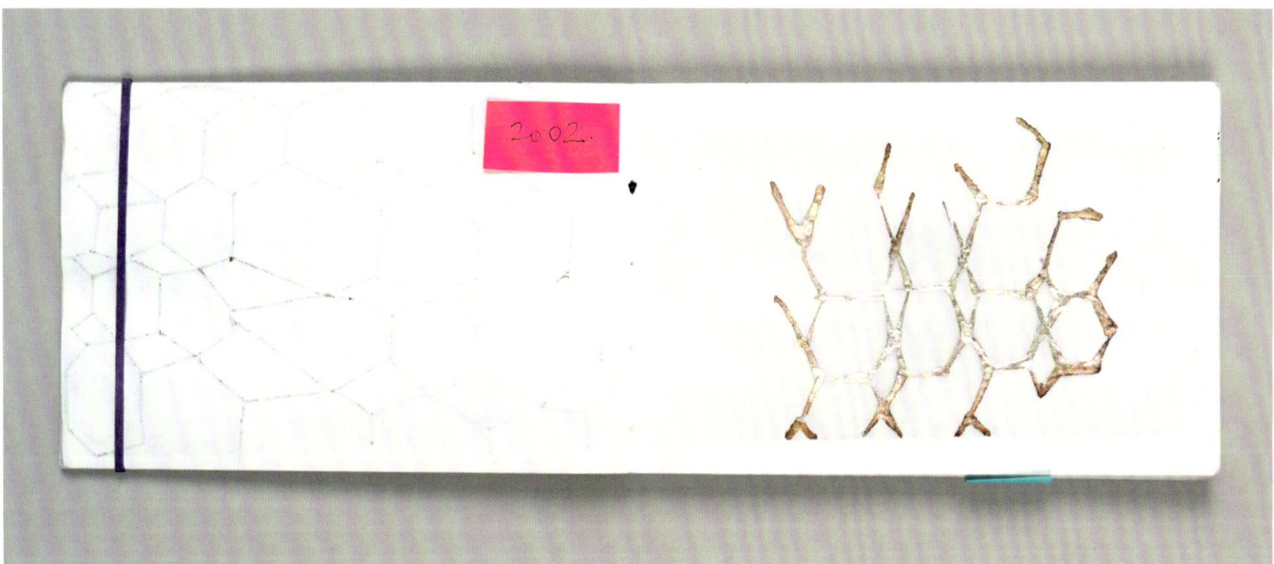

Skizzenbücher der Künstlerin aus dem Zeitraum 1989–2011

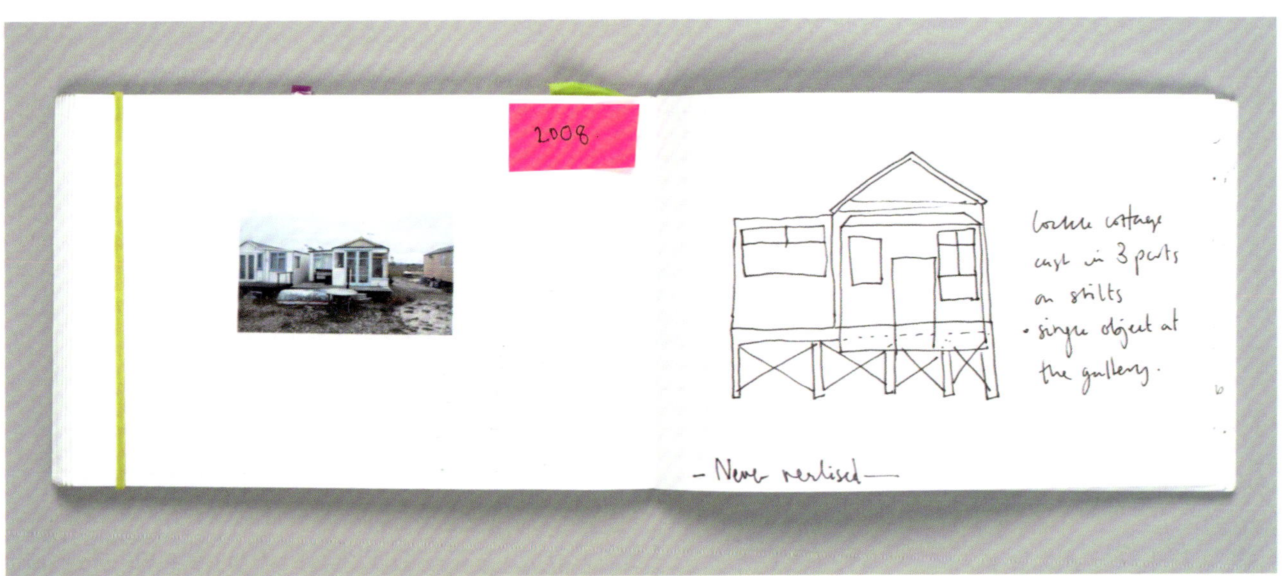
2008.
cottage
cast in 3 parts
on stilts
• single object at
the gallery.
– Never realised –

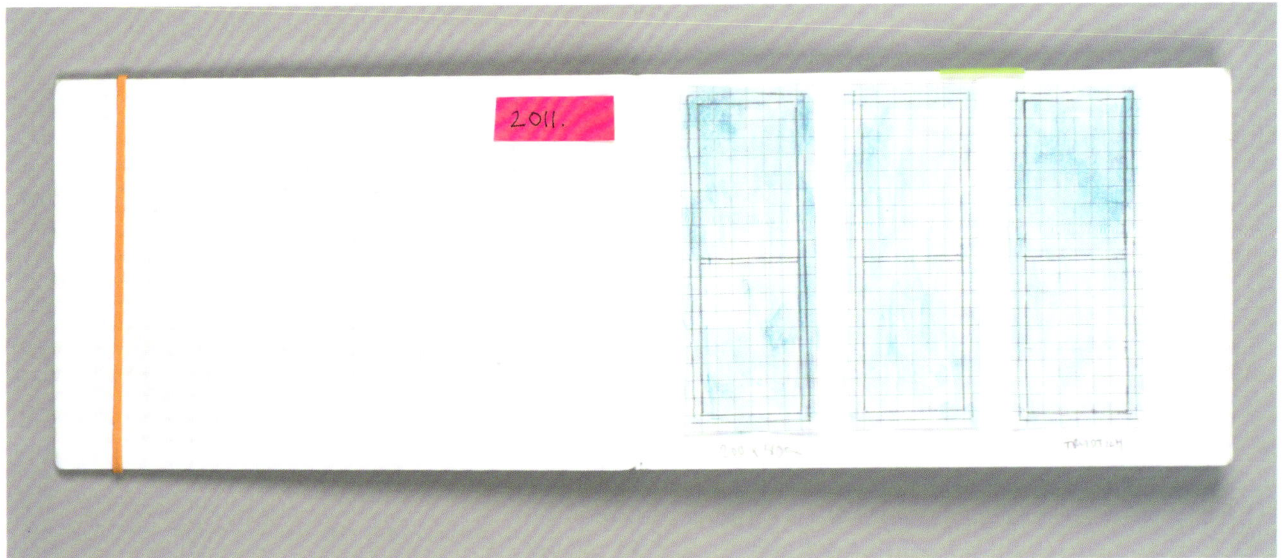
2011.

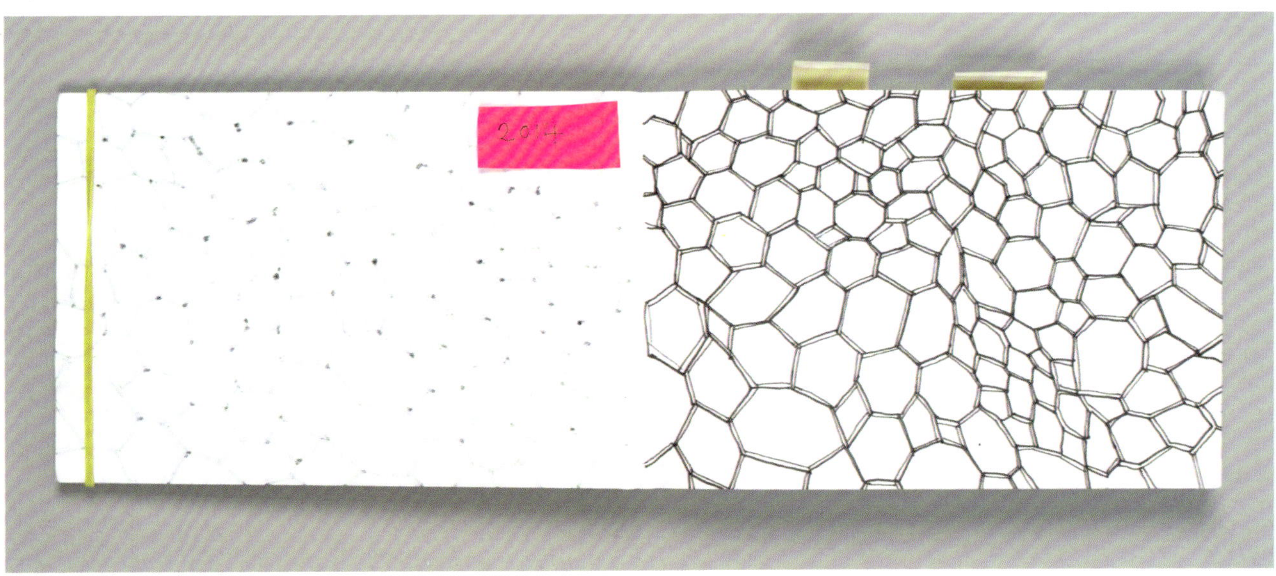
2014

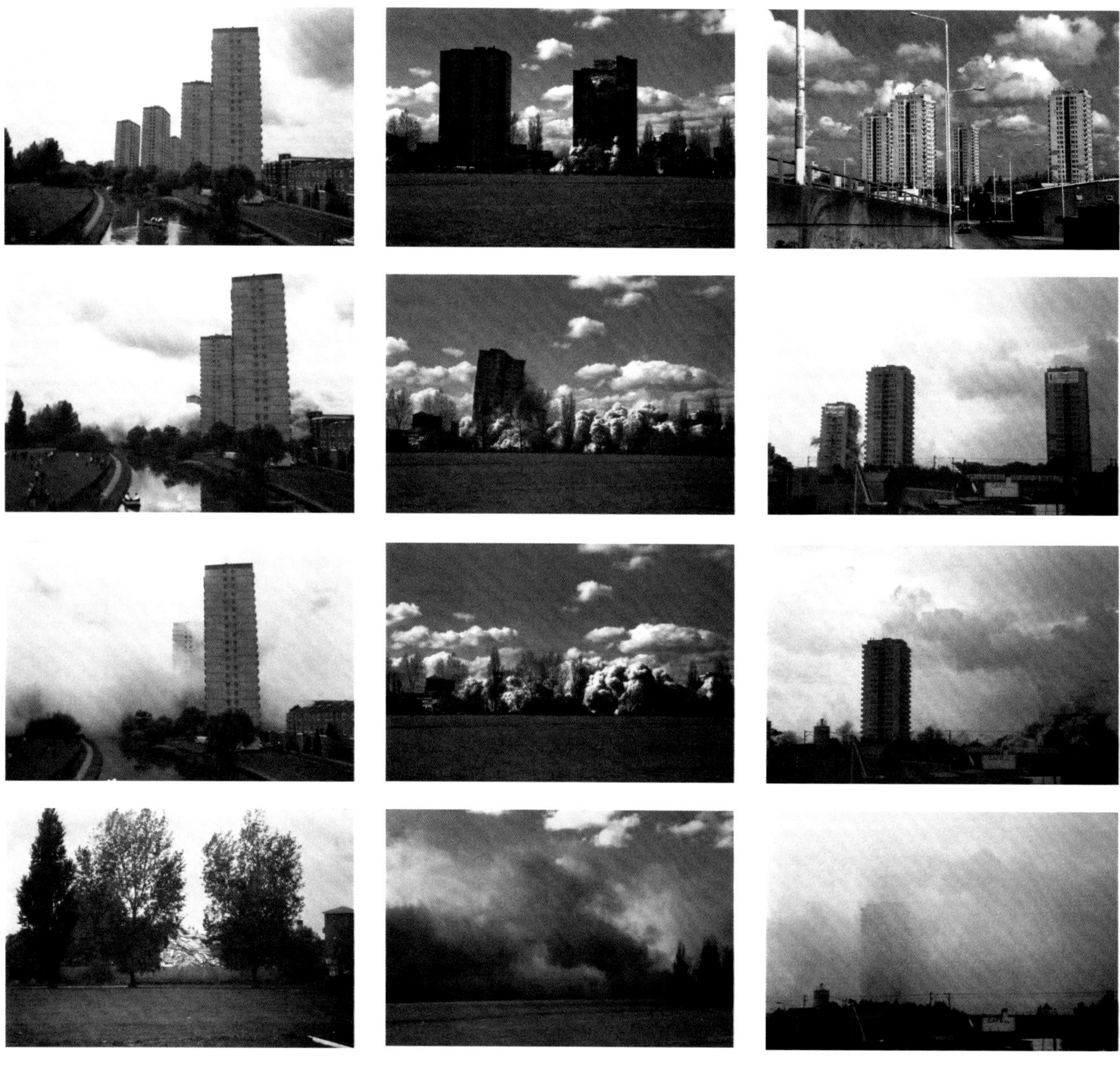

Demolished 1996

abgüssen. Zu den Abdrücken kleiner Kartons gesellten sich zylindrische und unregelmäßige Abformungen von Toilettenpapier- und Plakatrollen, Glas- und Kunststoffbehältern, Karton- und Styroporverpackungen. In Regalen aufgereiht, wie in den Gemälden von Giorgio Morandi vor einer weißen Wand oder auf Möbeln gruppiert, ergänzten sie die vorhergehenden, weißen Werkserien. Zur selben Zeit kehrte die Hausform in kleinen Kunstharzplastiken wieder: honigfarbene Abgüsse eines Bienenstocks wie *Untitled (Hive) II* (2007/08; S. 171) und durchscheinende Puppenhäuser, gegossen in farblosem oder lavendelfarben getöntem Kunstharz wie *Ghost, Ghost II* (2009; S. 179). Über Jahre sammelte Whiteread alte Puppenhäuser, die sie in Zeitungen und online auftat und die mehrheitlich ihren Weg – ungegossen – in die raumfüllende Installation *Place (Village)* (2008) fanden, inzwischen im zauberhaften V&A Museum of Childhood in Bethnal Green zu sehen.

Zeichnungen waren schon immer ein wesentlicher Bestandteil von Whitereads künstlerischer Praxis, als eigenständiges Medium neben der Plastik, aber auch als Mittel, um Ideen für dreidimensionale Werke durchzuspielen. Die Beschäftigung mit spezifischen Arbeiten bezeugen auch die zahlreichen Skizzenbücher zu Skulpturprojekten, die häufig – ebenso wie ihre Zeichnungen – bereits fertiggestellte Plastiken weiterdachten. Die Arbeiten auf Papier variieren stark in Maßstab und Methode – das Material reicht von handgeschöpftem Künstlerpapier bis zu Millimeterpapier, das künstlerische Medium von Grafit, Gouache und Tinte bis zu Korrekturflüssigkeit, Foto- und anderen collagierten Materialien. Während Farbe, Dichte oder Transparenz ihrer Plastiken experimentell aus den Werkstoffen hervorgehen, dienen in den grafischen Arbeiten Textur, Konsistenz, Opazität und Farbigkeit dazu, den Eindruck von Materialität und Volumen zu erzeugen. Einige Motive wirken vollkommen abstrakt – vor allem in frühen Zeichnungen und in der Berliner Serie von Bodenarbeiten mit Fischgrätmuster (S. 56/57) –, bewahren aber Hinweise auf die Alltagsformen, die sie ins Leben riefen. Andere geben ihre Bezugnahmen deutlicher zu erkennen. Whiteread stellte ihre Zeichnungen, die sie zunächst als private Studien erachtete, erstmals 1993 in der Berliner DAAD-Galerie aus, nachdem ein Aufenthalt in der Stadt eine intensive Phase des Zeichnens ausgelöst hatte. Einen umfassenderen Überblick über ihr zeichnerisches Œuvre bot später eine Ausstellung, die 2010 im Hammer Museum in Los Angeles ihre erste Station hatte. Auf eine Künstlerin, die ihre Werkstoffe danach auswählt, ob sich damit Formen und Oberflächen festhalten lassen, üben die mnemonischen Eigenschaften von Fotografien große Anziehungskraft aus, und so erscheinen sie auch als vorgefundene Elemente in ihren Zeichnungen. Whitereads eigene Fotografien haben meist diaristischen Charakter und wurden in Katalogen abgebildet, aber kaum ausgestellt. Eine Ausnahme bildet die Mappe *Demolished* (1996; S. 22) mit zwölf Siebdrucken von Fotos, die die sukzessive Sprengung einer Gruppe Londoner Hochhäuser zeigen – eine klare Ausweitung von Whitereads Interesse an urbanen Wohnsituationen. Die eindringlichen Bilder gescheiterter Wohnbau-Utopien dokumentieren einen besonderen Augenblick in der Geschichte des Städtebaus.

Im selben Zeitraum, in dem die Künstlerin an weißen Kartonassemblagen und kleinformatigen farbigen Plastiken arbeitete, entstand auch eine große Anzahl von Arbeiten auf Papier. Oft waren es Collagen aus vorgefundenen Bildern von Kartons und Verpackungen, teils ergänzt durch Korrekturflüssigkeit und mit architektonischen Elementen im Hintergrund. Hinzu kamen flachgedrückte, auf Papier geklebte Objekte. Kleine, flache Kartons wurden silberfarben bemalt

Untitled (Violet) 2012
Untitled (Blue) 2012
Untitled (Green) 2012

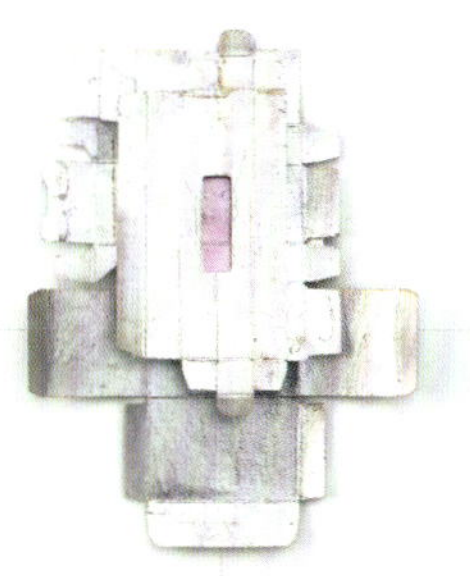

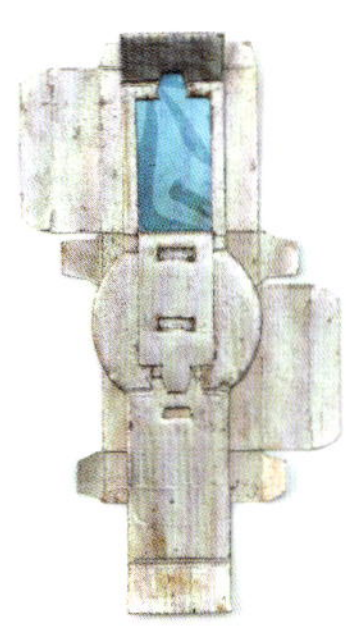

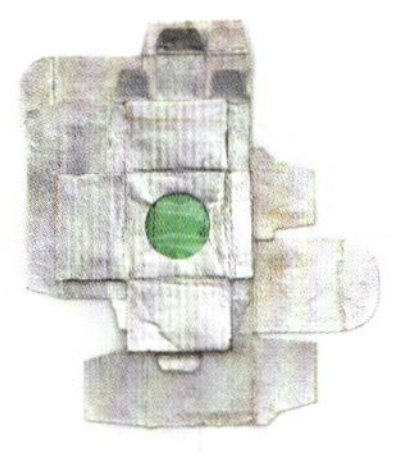

und transparente farbige Acrylelemente addiert. Die Abgrenzung zwischen den Arbeitsprozessen von Collage und Plastik verwischte, silberne Assemblagen aus Dosen, Kartons und disparaten Gegenständen, intakt, verbeult oder flachgepresst, wurden in Vitrinen platziert und signalisierten eine erneute Hinwendung zu Kleinobjekten, wie sie zu Beginn von Whitereads Laufbahn entstanden oder als Experimente im Atelier verblieben waren.

Zugleich belebte die vielfältigere Farbpalette wieder die Auseinandersetzung mit Architekturelementen wie Türen und Fenstern. Eine umfangreiche Serie von Türabgüssen aus weißem Gips, *IN OUT* (2004/05; S. 144–147), wurde einzeln oder in Gruppen ausgestellt, und auch als rosa, blaue, graue, türkise oder farblos durchscheinende Kunstharzplastik kehrte die Türform wieder. Das Spektrum der Gussmodelle erweiterte sich ebenfalls, von der vertrauten kassettierten Haustür bis zu schlichteren oder aufwendigeren Typen wie dem zweiflügeligen *Untitled (Curtains)* (2015; S. 192) und *Due Porte* (2016; S. 193). Whiteread schuf Kunstharzfenster in verschiedenen Farben, als viktorianische Vertikalschiebefenster oder zu Kleingruppen arrangierte Formen in reduzierterer Ausführung wie *LOOK, LOOK, LOOK* (2012; S. 189) und *Ocular (I)* (2013). Hinzu kam eine wachsende Anzahl glänzend schwarzer Fenster.

Aufträge für Kunst im öffentlichen Raum brachten eine neue Werkreihe von Bauten in Originalgröße hervor: Abgüsse von Schuppen, von der Künstlerin »shy sculptures« (scheue Plastiken) genannt. Sie stehen an entlegenen Orten, nicht im städtischen Umfeld, das wir sonst mit Whitereads Schaffen verbinden:

Wall (Door) 2017

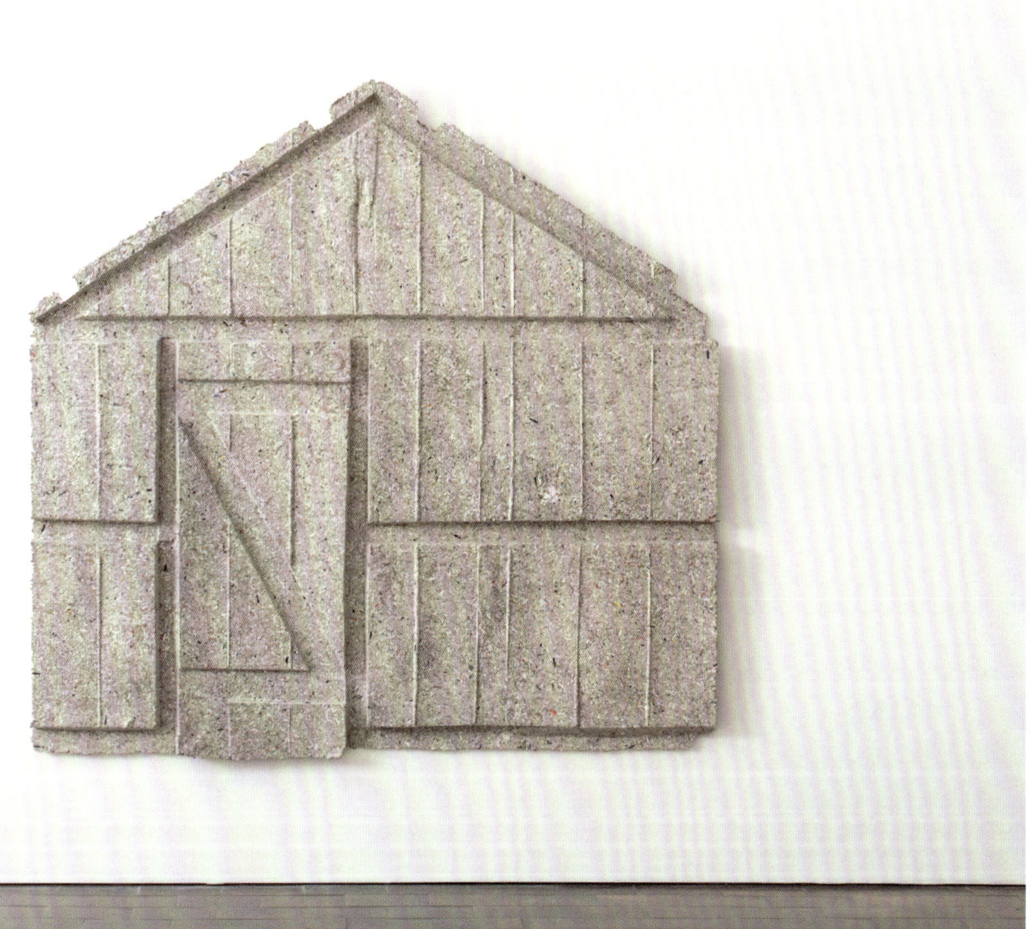

Boathouse (2010; S. 201) an einem Fjordufer im norwegischen Røykenvik, *Houghton Hut* (2012; S. 206) in Houghton Hall in der Grafschaft Norfolk, *Shack I* (2014; S. 208) und *Shack II* (2016; S. 209) in der Mojavewüste. Die einfachste Form eines Dachs über dem Kopf – Hütte, Schuppen oder Verschlag – dient als Behausung, Zufluchtsort oder auch als Lagerraum für Vorräte und Gerätschaften. Diesen eher unbeachteten, allein stehenden Bautypus erhob Whiteread zu ihrem Thema und goss ihn in Beton – ein Material, das schon den Römern bekannt war, aber erst im 19. Jahrhundert in industriellem Maßstab hergestellt wurde und heute das meistverwendete Material im Wohnungsbau weltweit ist. Whitereads jüngst enthüllte »shy sculpture«, *Cabin* (2016; S. 194, 210), den Abguss einer Holzhütte am Discovery Hill auf Governors Island in New York, umgeben kleine Bronzegussobjekte von Abfall. Die der Spitze von Lower Manhattan vorgelagerte Insel, von der ursprünglichen indigenen Bevölkerung wegen ihrer Hickorybäume, Eichen und Kastanien auch »Pagganuck« oder »Nussinsel« genannt, wurde von den ersten niederländischen Kolonisten besiedelt und erhielt ihren heutigen Namen in der britischen Kolonialzeit. Von 1794 bis 1996 diente sie als strategisches Hauptquartier der US-Armee und -Küstenwache, wurde aber wieder der zivilen Nutzung zugeführt und ist heute ein historisches Areal mit einer Mischung aus Küstenbefestigungen und Kommunalbauten, Kultur- und Erholungspark. *Cabin* entstand *in situ* an diesem geschichtsträchtigen Ort, in Sichtweite der Freiheitsstatue und der Skyline von Manhattan, in der die Twin Towers für immer fehlen. Für Whiteread, die »sich vorzustellen versuchte, was dort mit einer gewissen Würde hingestellt werden könnte, um einen Ort des Gedenkens zu schaffen«, lag die besondere Anziehungskraft des Projekts in der Nähe der Stadt, aber auch in der langsamen Annäherung per Fähre, mit der man dorthin übersetzt. Es vermittelt sich der Eindruck, dass diese Serie einfacher Strukturen weiter wachsen wird.

Rachel Whiteread gelangte über das Medium Papier von der Malerei zur Plastik. Ihre ersten Abgüsse formte sie während des Studiums in Brighton aus Papiermaschee, einem Material, das traditionell der Anfertigung von Modellen (Bozzetti) dient, aber auch kulturübergreifend der von Behältern, Dekorobjekten und Spielzeug. Seine Handhabung ist so einfach, dass auch Kinder gerne damit werken. Kürzlich hat sich Whiteread wieder diesem »niederen« Material zugewandt, um Reliefs anzufertigen. Wie so häufig bei ihr, wurde auch in diesem Fall ein Auftrag zum Auslöser für eine neue Werkreihe. *Flat Pack House* (2017) entstand zeitgleich mit ihren »shy sculptures« als skulpturaler Betonfries für die Eingangswand der neu erbauten US-Botschaft in London. Angeregt ist er vom Pioniergeist der frühen amerikanischen Siedler und ihren rasch oder temporär auf Brachland oder in ersten Ansiedlungen errichteten Häusern in Selbstbauweise. Zugleich verweist er auf improvisierte Unterkünfte, wie sie Armenviertel in der ganzen Welt prägen. Aus flachen, in Papiermaschee abgeformten Schuppenwandteilen ging eine Serie von Papierabformungen hervor, teils mit bemalten Ergänzungen. Papier bleibt ein grundlegender Werkstoff der Künstlerin, ein Medium, das sie weiter erkundet und in neuen Weisen einsetzt, so wie sie auch zu einem neuen Umgang mit Gips, Beton, Kunstharz und Metall findet, vertrauten Formen und Motiven, Sujets und Themen neues Leben verleiht. Seit 30 Jahren zeichnet sich Whitereads Kunst durch ihren Ideenreichtum, durch eine immer weiter ausgreifende Variationsbreite, aber auch durch ihre Beständigkeit von Form und Prozess aus und ist zugleich eine ganz einzigartige Reflexion über die materielle Kultur, die uns umgibt.

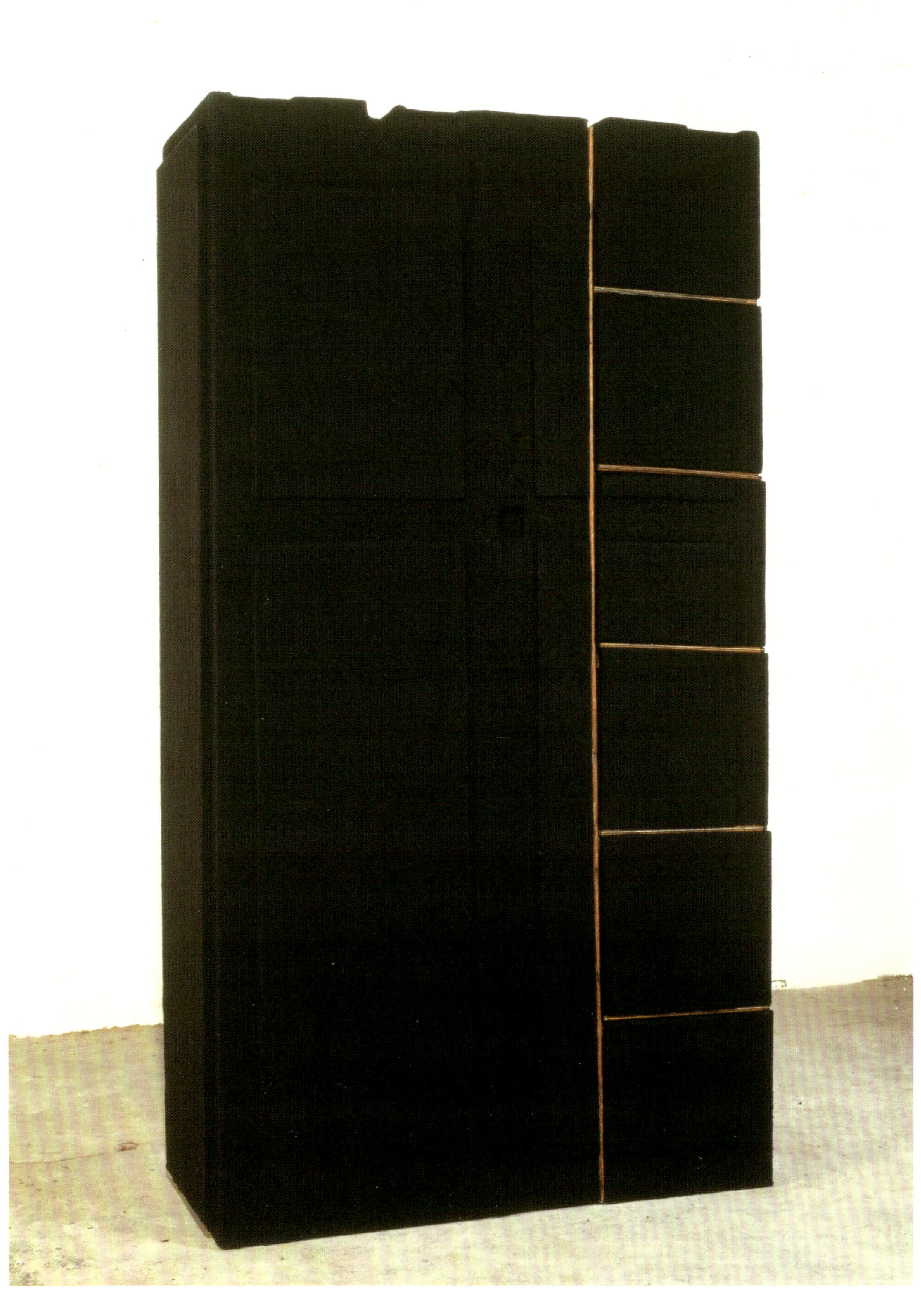

Closet 1988

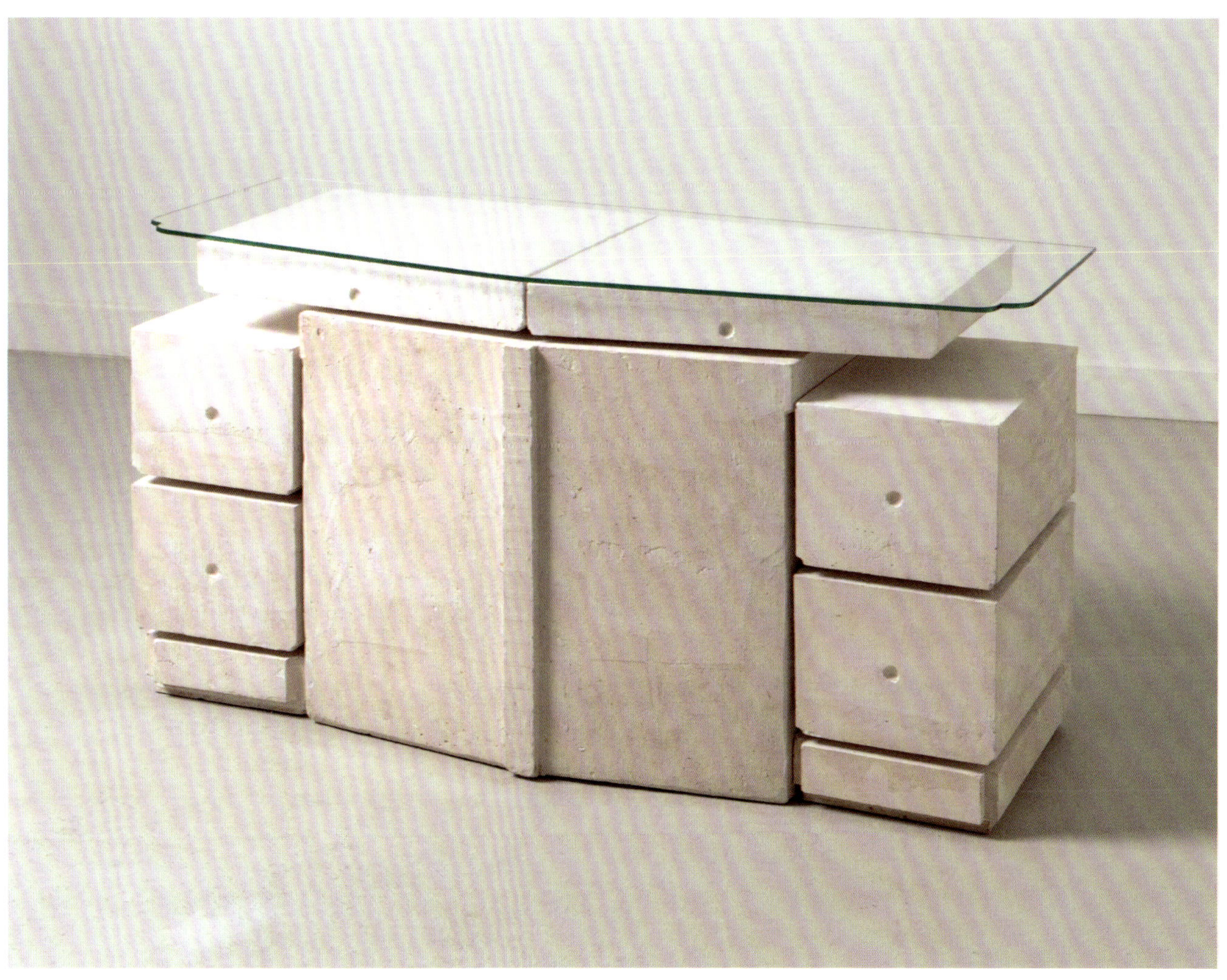

Mantle 1988

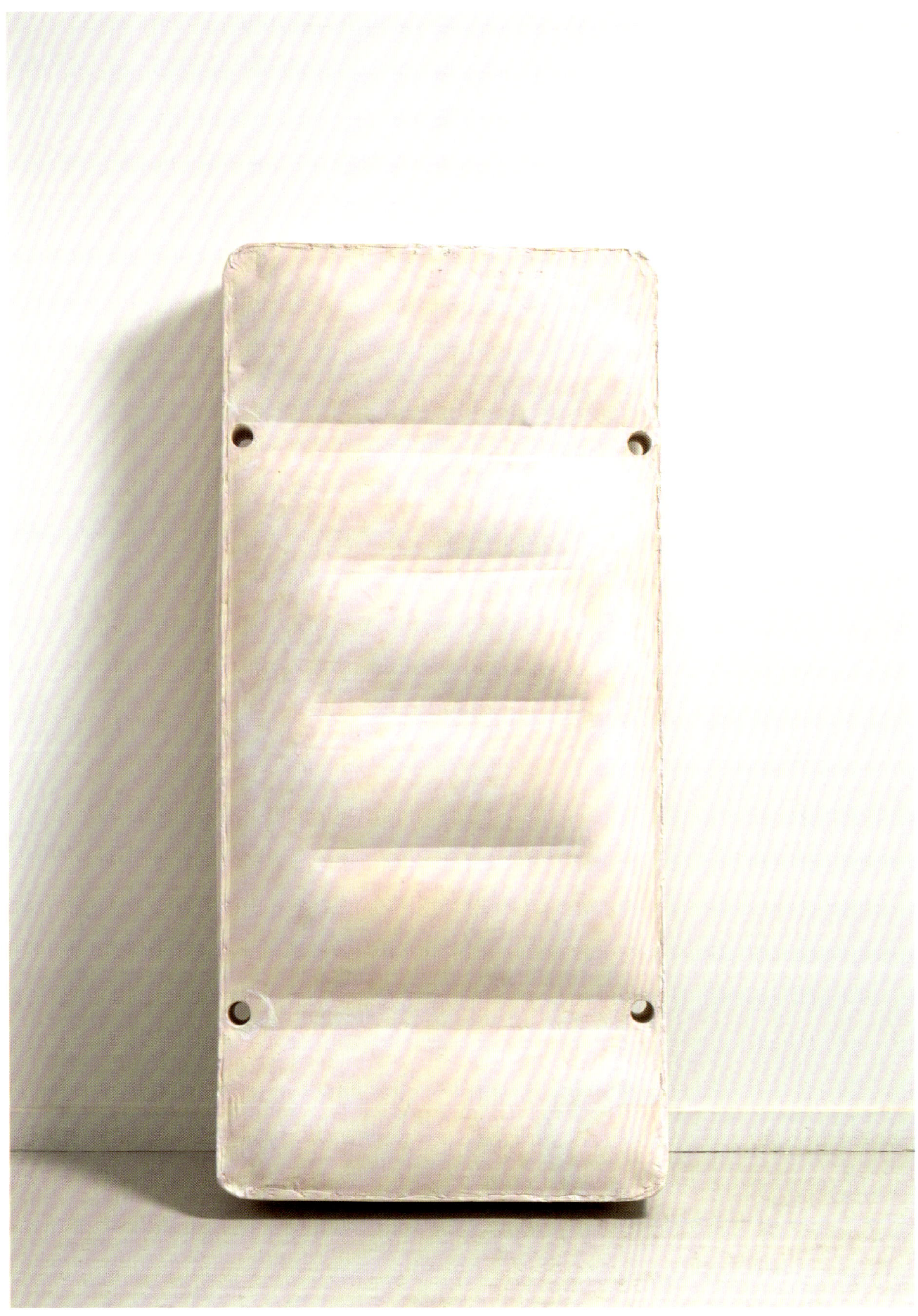

Shallow Breath 1988

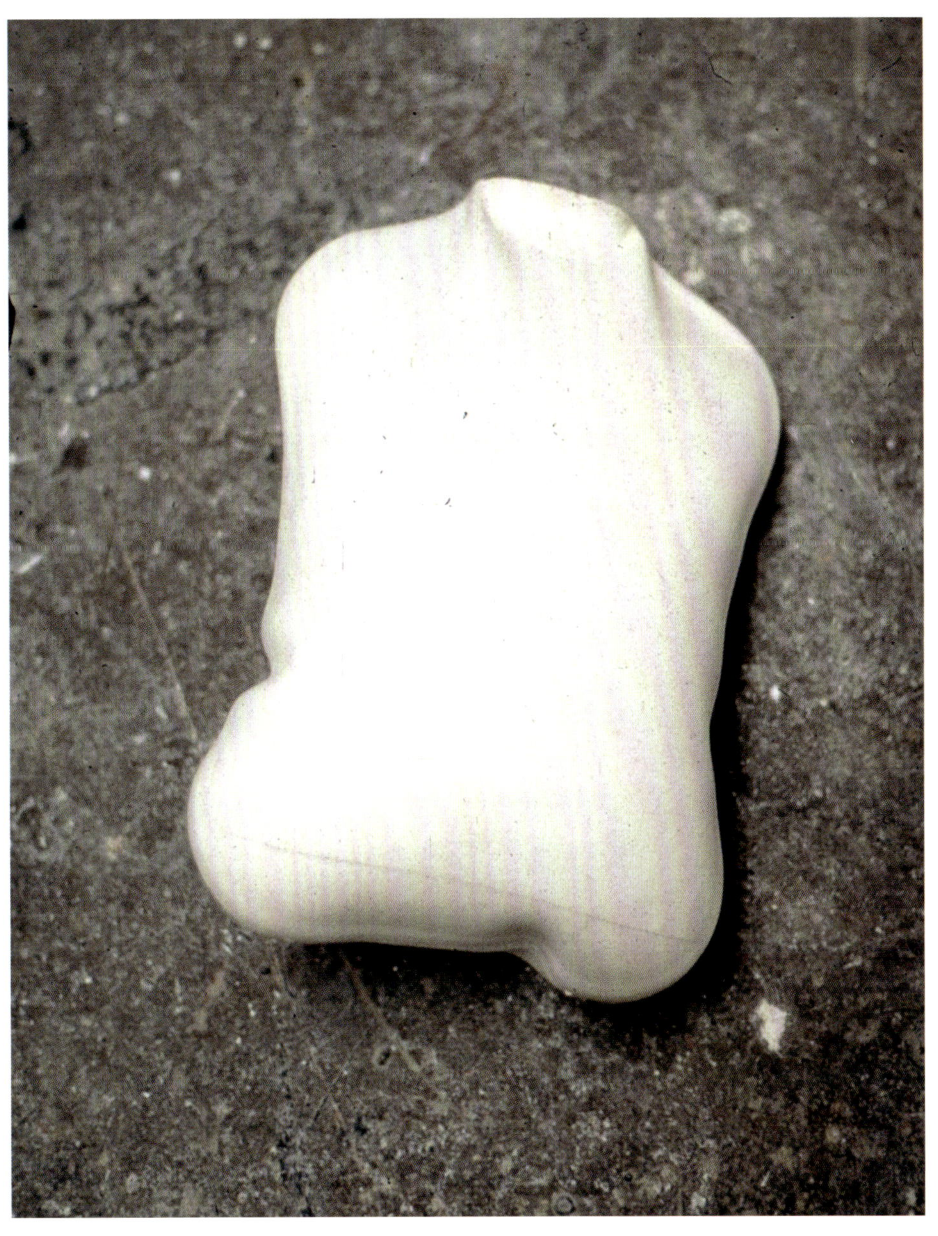

Torso 1988

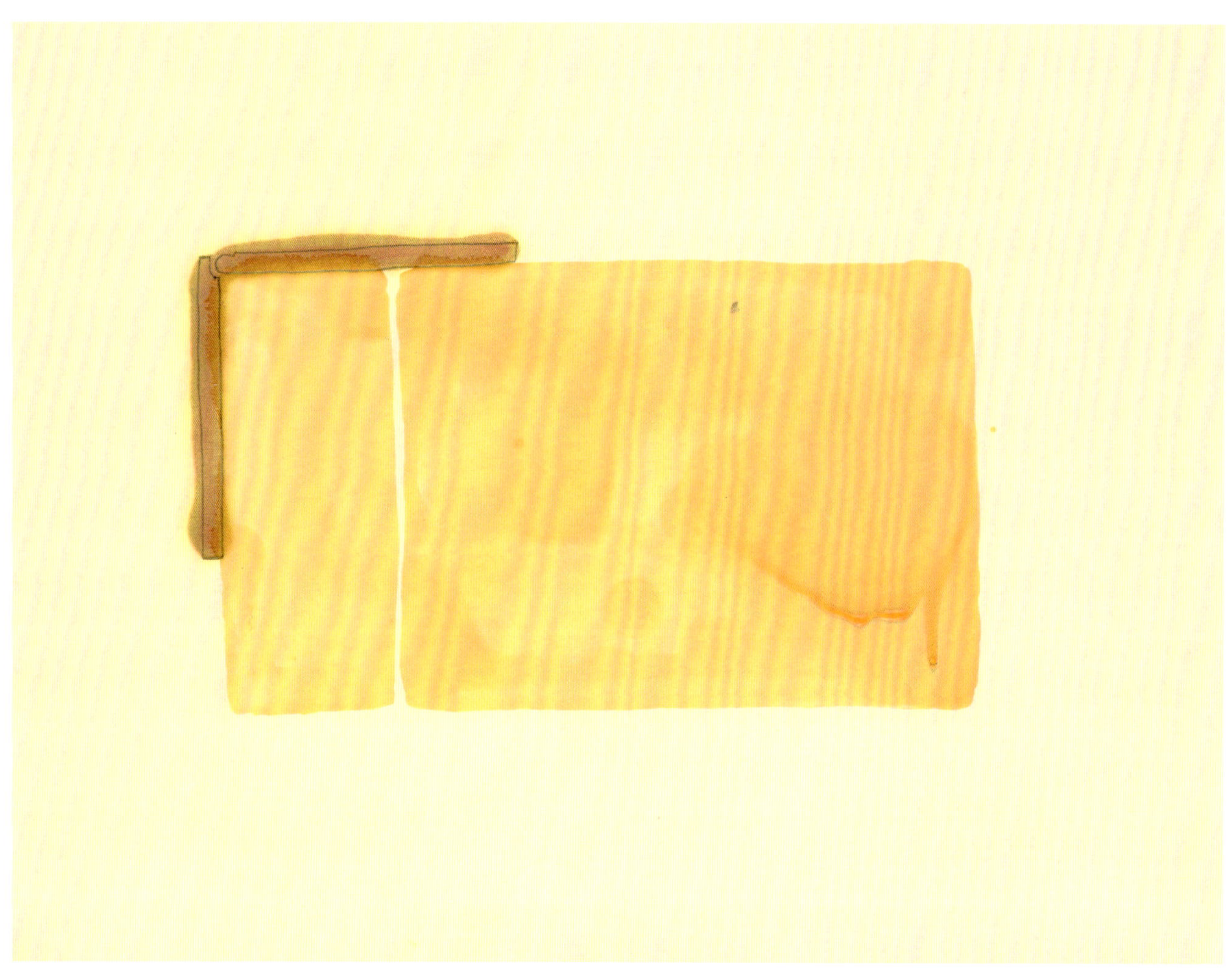

Flap 1989

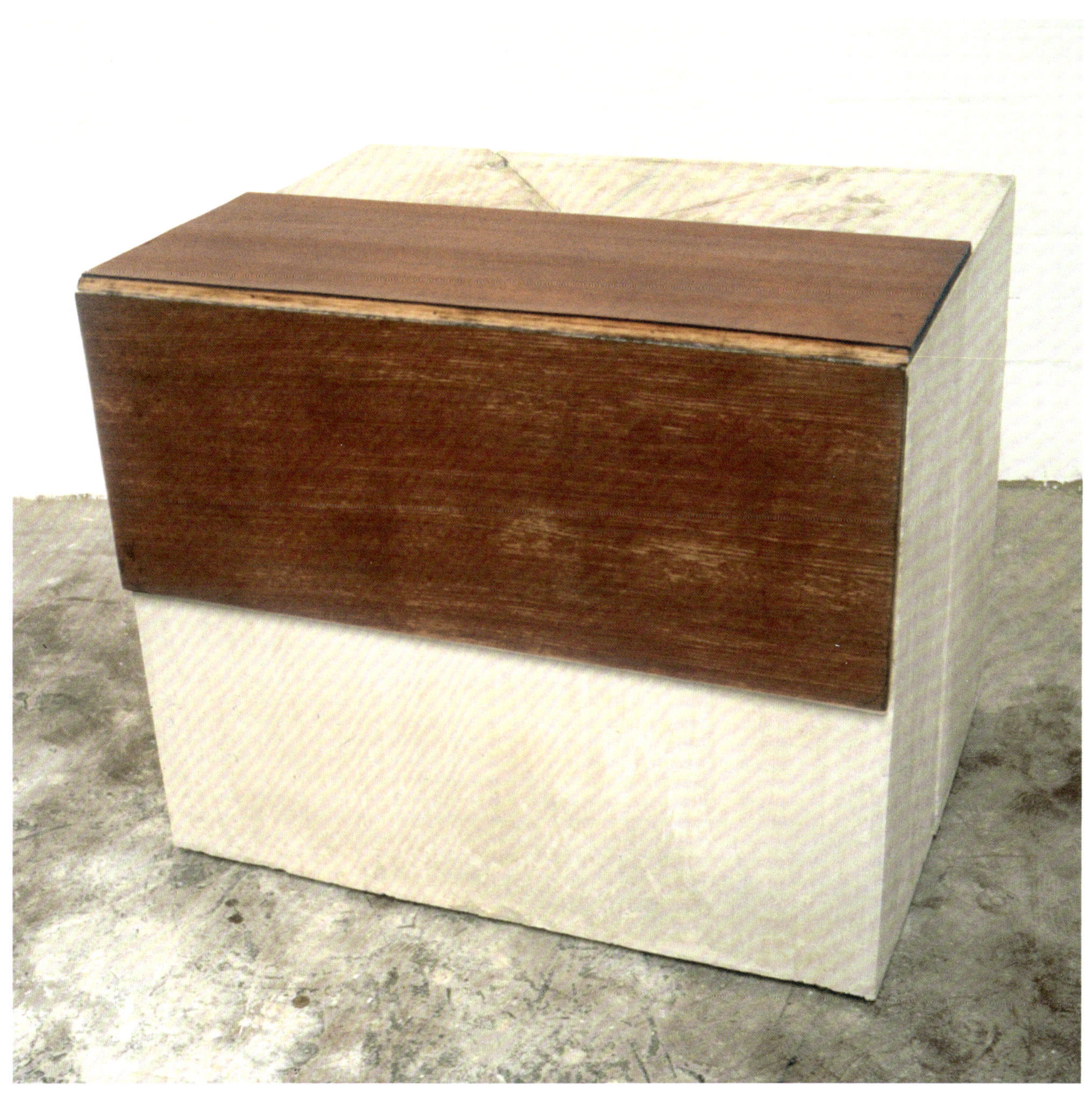

Flap 1989

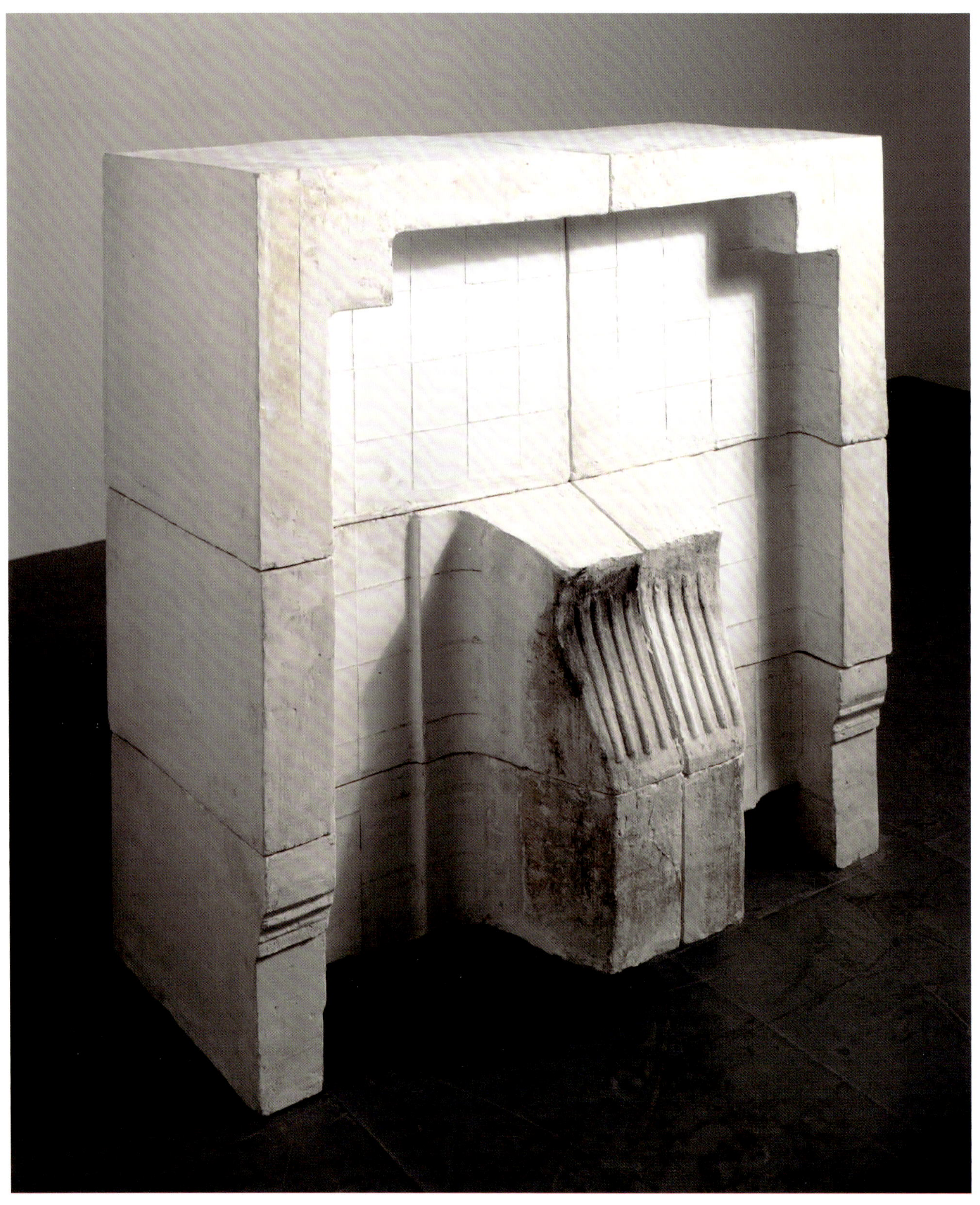

Cell 1990

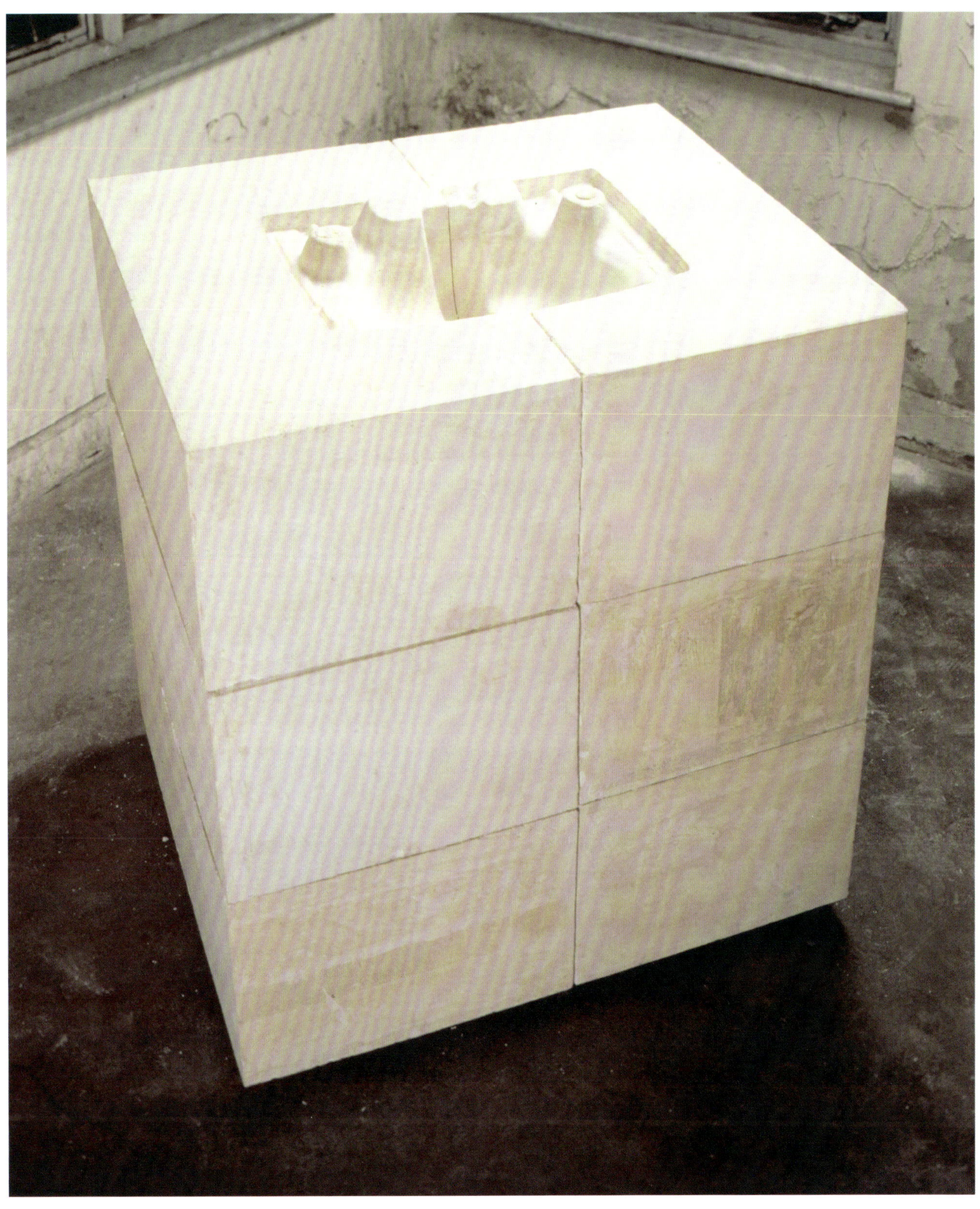

Untitled (Square Sink) 1990

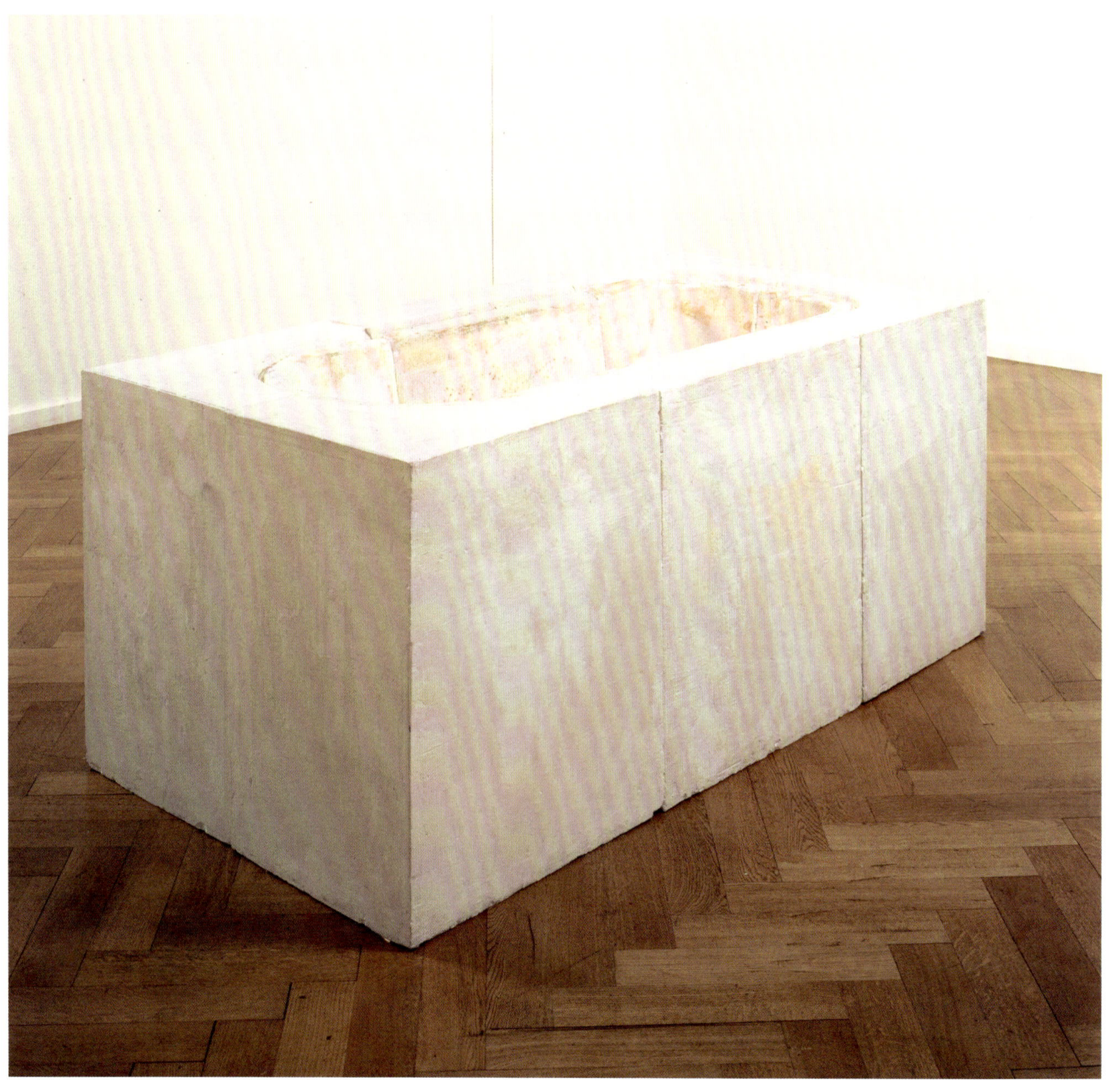

Ether 1990

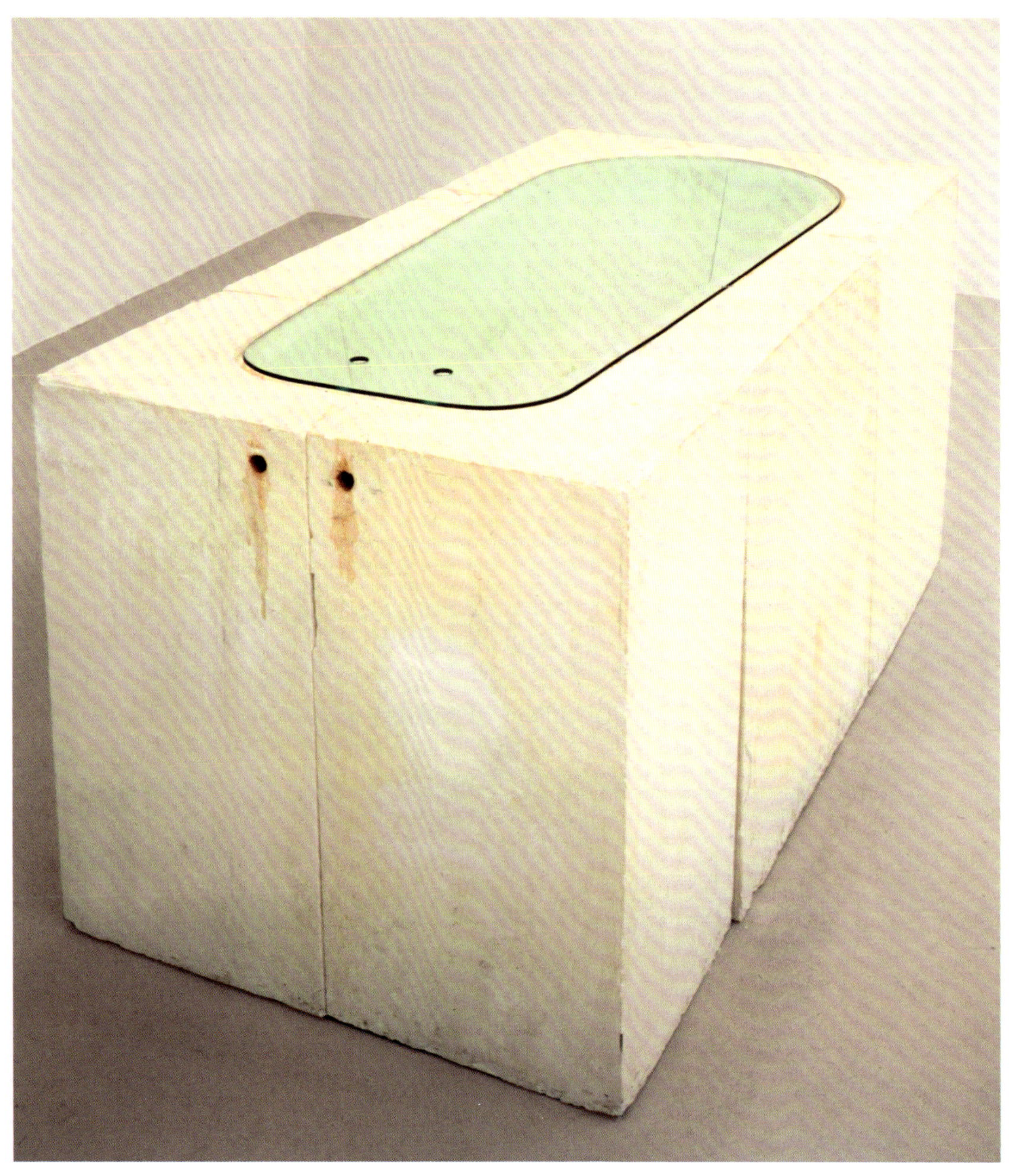

Untitled (Bath) 1990

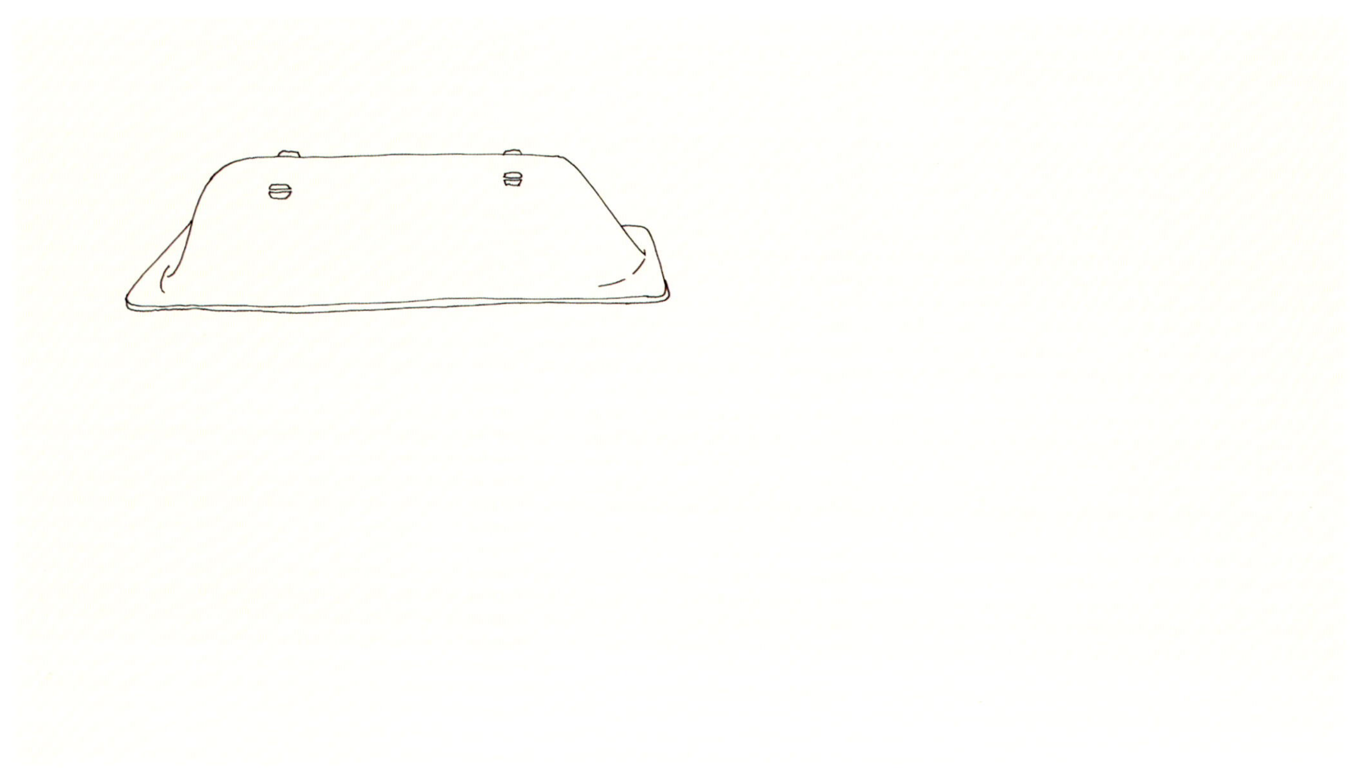

Studie für *Ether* 1990

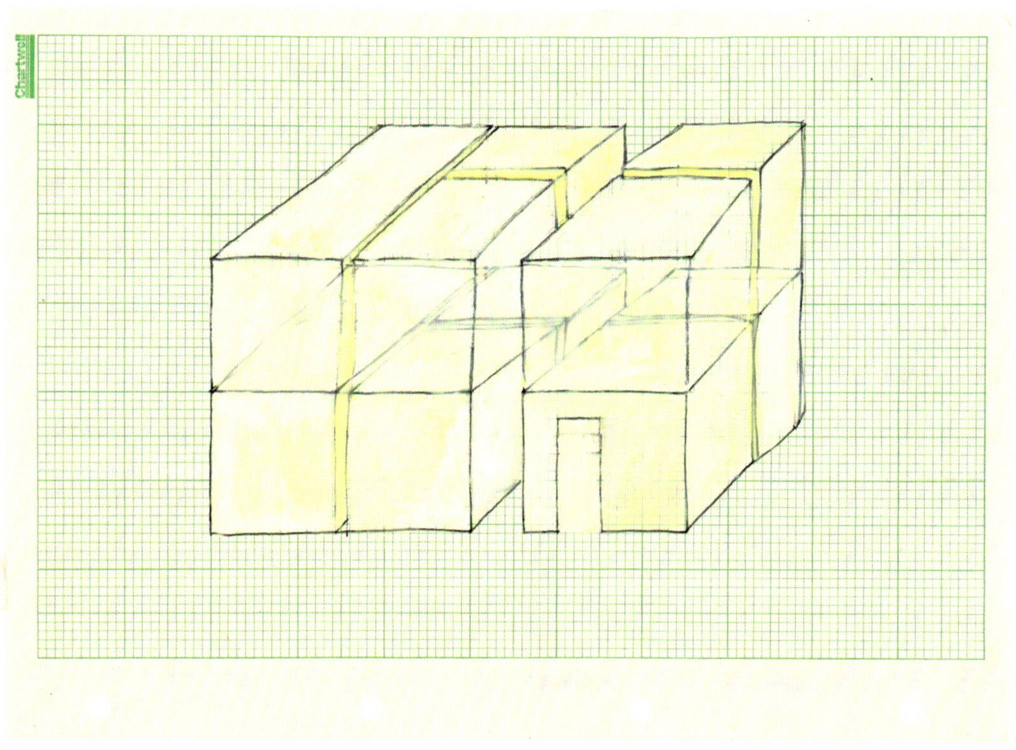

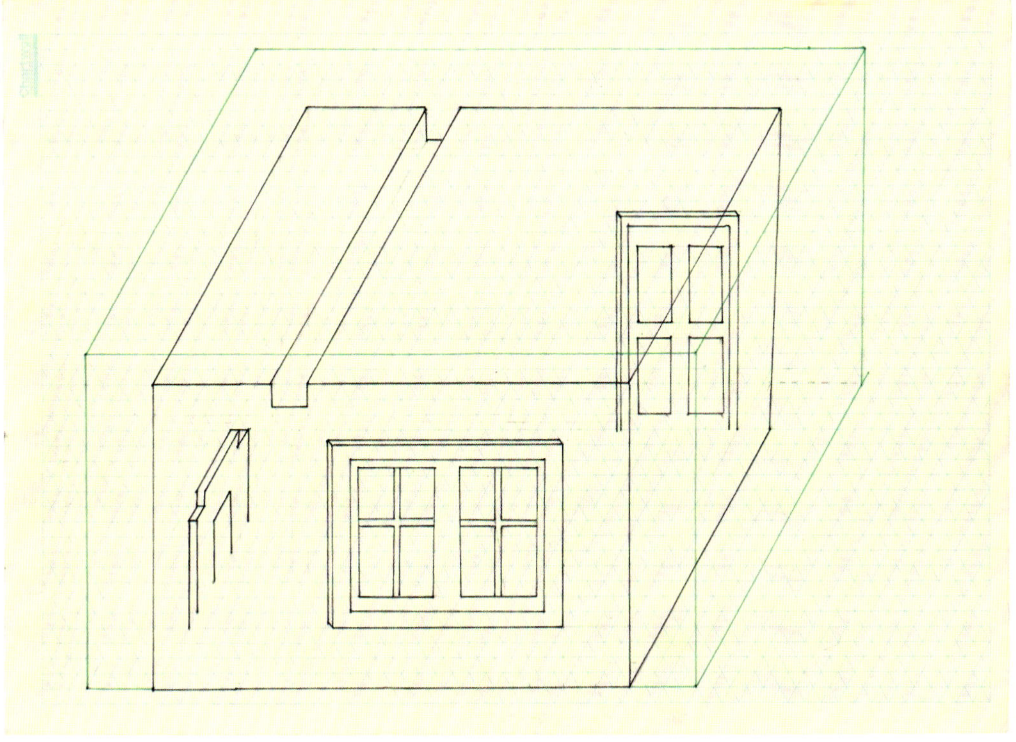

Ghost 1990

Ghost 1990

Molly Donovan

Vies Trouvées (Vorgefundene Leben)

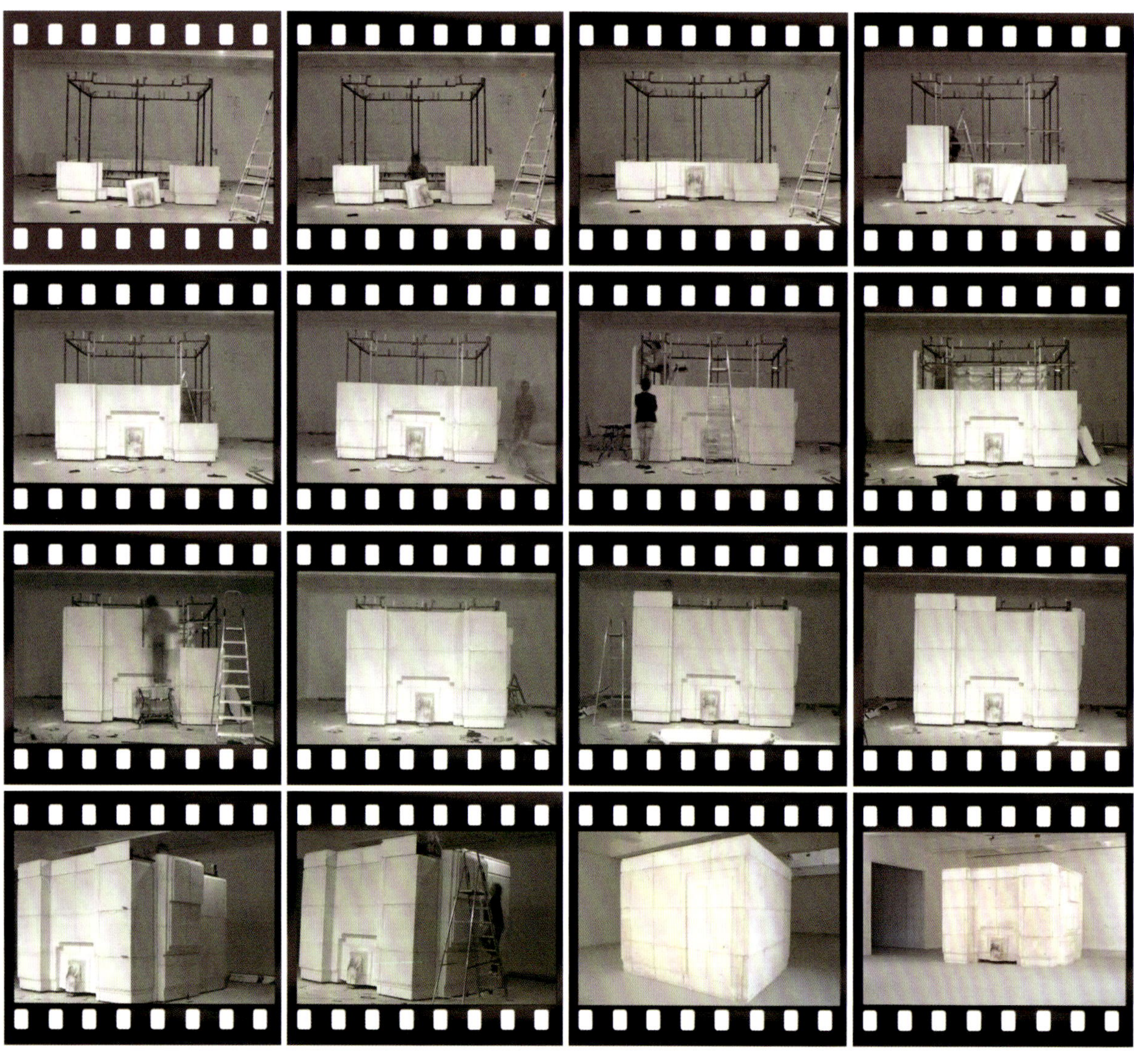

Ein unverlangt eingegangenes Schreiben erschien wie aus dem Nichts und enthüllte diffuse Erinnerungen an einen Ort, an dem Generationen einer Familie gelebt hatten. Das hört sich an wie ein Traum, ist aber so geschehen. 2013 erhielt die National Gallery of Art in Washington eine E-Mail von Graham Whatley aus Kentucky, der von seinem Elternhaus in 486 Archway Road in Nord-London erzählte – genau dort, wo 1990 Rachel Whitereads *Ghost* entstanden war (S. 49). Das Werk gelangte 2004 in die National Gallery, die die Geschichte seiner Entstehung ins Netz stellte, und darauf stieß Graham Whatley bei der Suche nach seiner alten Adresse. In seiner Begeisterung schrieb er eine E-Mail, die so begann:

> Beim Herumgoogeln suchte ich nach unserem früheren Haus in London und stieß dabei auf das Kunstwerk im Besitz der National Gallery, das anscheinend ein Abguss von einem ganzen Raum in dem Haus ist. Ich habe das Werk noch nie in echt gesehen und entdeckte diese Information erst letztes Wochenende.
> Ich heiße Graham Whatley und lebe in Louisville, Kentucky, so wie auch meine über 80-jährigen Eltern, meine Brüder und meine Schwester, wir sind alle über 50. Im Jahr 1963 wanderten wir in die USA aus und zogen als Einwandererfamilie nach Kentucky.
> Früher wohnten wir in dem Haus, das Rachel Whiteread für *Ghost* benutzte, mit der Adresse 486 Archway Road, Highgate, London, England N.6.[1]

Im Zuge seiner Google-Recherche hatte Whatley weitaus mehr entdeckt als erwartet: den Gipsabguss der britischen Künstlerin Rachel Whiteread vom gesamten im Erdgeschoss gelegenen Salon des Hauses. Das kastenförmige Objekt besteht aus Platten, die an einer Regalträgerkonstruktion montiert sind und Negativabdrücke von Oberflächen des Raums zeigen; ihre Schauseite bildet somit eine Positivform von einem Negativraum. Mit der Arbeit kam die Künstlerin 1991 auf die Shortlist für den Turner Prize, als sie gerade einmal 27 Jahre alt war.[2] Whatley entdeckte dies im Internet, und so kam es, dass die National Gallery und die Künstlerin die ehemaligen Bewohner fanden, ohne sie überhaupt gesucht zu haben. Die Frage nach der Rolle des Zufalls drängt sich hier auf, so unausweichlich erscheinen die verschlungenen Wege, auf denen das frühere Leben des im Originalformat abgegossenen Raums in diesen zurückkehrte.

Whatley berichtet über die Zeit seiner Familie in dem Haus, die mit dessen Errichtung begann:

> Ein Blick in öffentliche Londoner Register und Grundbücher würde ergeben, dass mein Großvater, Thomas Whatley, das Haus (ab der Zeit der Errichtung, glaube ich) bis zu seinem Tod um 1940 besaß. Meines Wissens war er Schreiner. Das Haus erbte seine Frau, die 1968 verstarb. Daraufhin ging es an meine Tante Lily Whatley (ebenfalls verstorben), und sie lebte dort bis in die frühen 1980er, als die Bezirksverwaltung es im Zuge des Straßenausbaus kaufte.

Installierung von *Ghost* (1990) in der Chisenhale Gallery, London 1990

Der Abschnitt der Archway Road, auf dem sich die Nr. 486 befindet, geht über in die stark befahrene, aus North London herausführende Durchgangsstraße A1. Als Entlastung wurde in den 1980er-Jahren eine Verbreiterung der Archway Road mit beidseitigem Abriss der Wohnbebauung geplant. Die Kommune erwarb das

Haus von Whatleys Tante Lily, die in die Eastern Avenue in Ilford umzog, östlich von Highgate, an der Peripherie von Greater London, das Gebiet, in dem Rachel Whiteread 1963 geboren wurde. In einer interessanten Gegenbewegung zog Whitereads Familie wiederum später nach Muswell Hill, unweit des Whatley-Hauses. Dort, in North London mit seiner sehr durchmischten Einwohnerschaft aus unterer Mittelschicht, Boheme und Arbeitern, verbrachte Whiteread den Großteil ihrer Kindheit, zusammen mit ihren älteren Zwillingsschwestern, der Mutter, die Künstlerin war, und dem Vater, einem Geografielehrer.

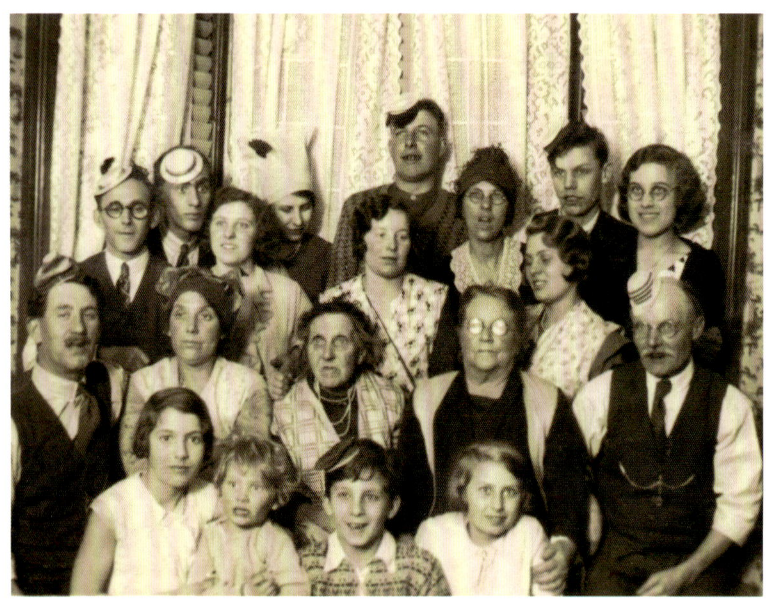

Familie Whatley in den 1930er-Jahren in 486 Archway Road, London, in dem Raum, der später für *Ghost* abgeformt wurde.

Spulen wir einige Jahre vor in die Zeit nach Whitereads Studienabschluss, eine schwierige Existenz als junge Künstlerin. Während die Planungen für die A1 voranschritten, stand 486 Archway Road leer. Whiteread wollte für eine bevorstehende Ausstellung in der Chisenhale Gallery einen ganzen Raum daraus abformen und mietete das Haus 1990 von ACME, einer Non-Profit-Organisation, die erschwingliche Atelierräume zur Verfügung stellte und die Immobilie von der Kommune gepachtet hatte. Auch das Atelier in der Carpenter's Road hatte die Organisation ihr damals besorgt.[3]

Dass Whiteread beschloss, *Ghost* von einem Raum ganz ähnlicher Größe (»nicht groß, nicht klein«) und ähnlicher Ausstattung (»mit einer Tür, einem Fenster und einem Kamin«) wie in ihrem Elternhaus abzuformen, stellt einen Bezug zwischen dem Werk und ihrem persönlichem Leben her.[4] Die Künstlerin fertigte *Ghost* fast vollständig selbst von Hand, transportierte unter großer Mühe die benötigten Gipssäcke auf ihrem Fahrrad die steile Archway Road hinauf.[5] Systematisch bedeckte sie die Wände des viktorianischen Salons, in dem sich Generationen der erweiterten Whatley-Familie versammelt hatten, in durchgerasterten Abschnitten mit feuchtem Gips.

Der Fertigungsprozess von *Ghost* und die mit abgeformte Vorgeschichte lassen sich an der Außenhaut ablesen, den fleckigen Fehlstellen und vereinzelten Luftblasen. Das Kreideweiß der Gipsoberfläche legt eine staubige Patina der Vergänglichkeit über hier verewigte fragile Überreste menschlicher Aktivität. Vor der Ausführung nahm Whiteread zahlreiche Reparaturen am Wandputz vor, denn, wie Whatley schreibt, das Haus hatte »im Zweiten Weltkrieg leichte Bombenschäden

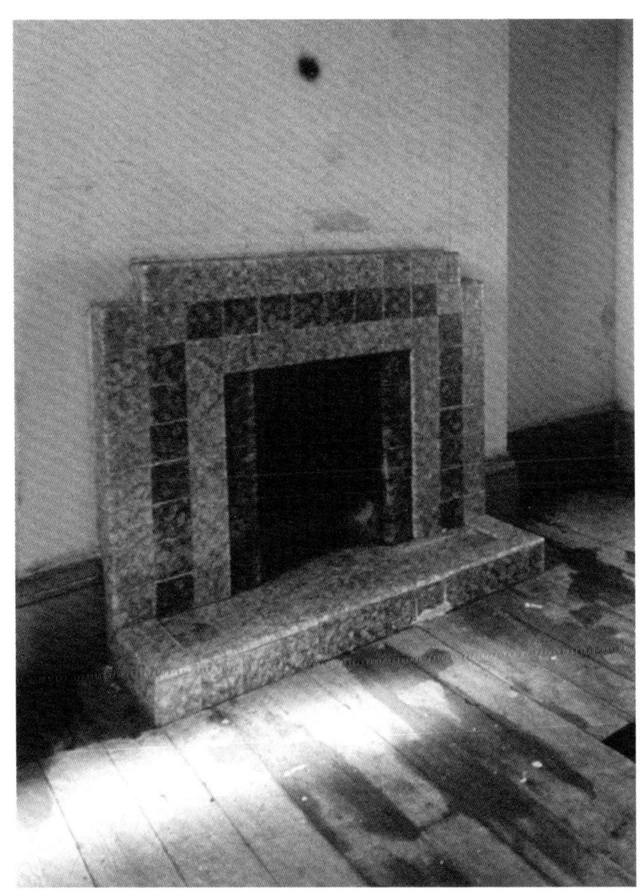
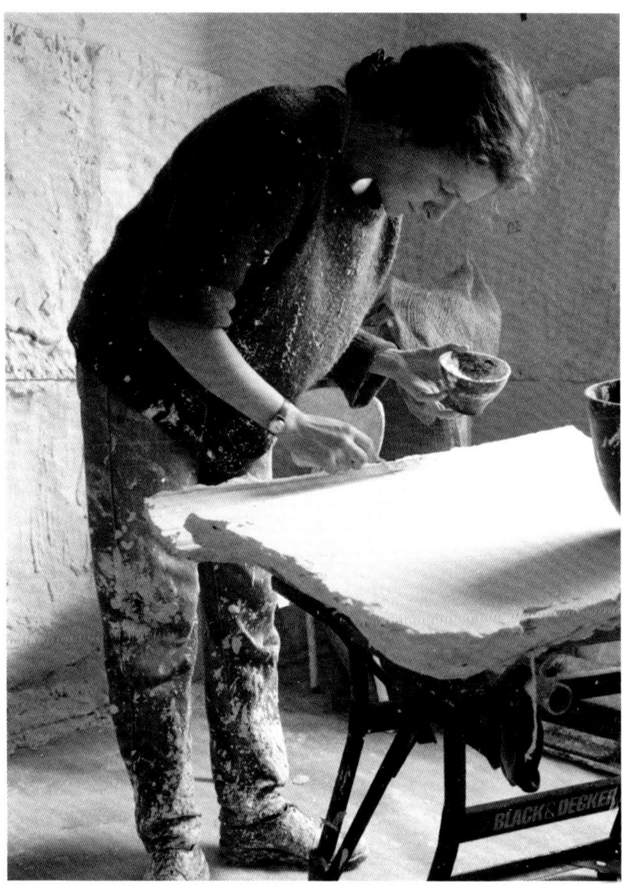

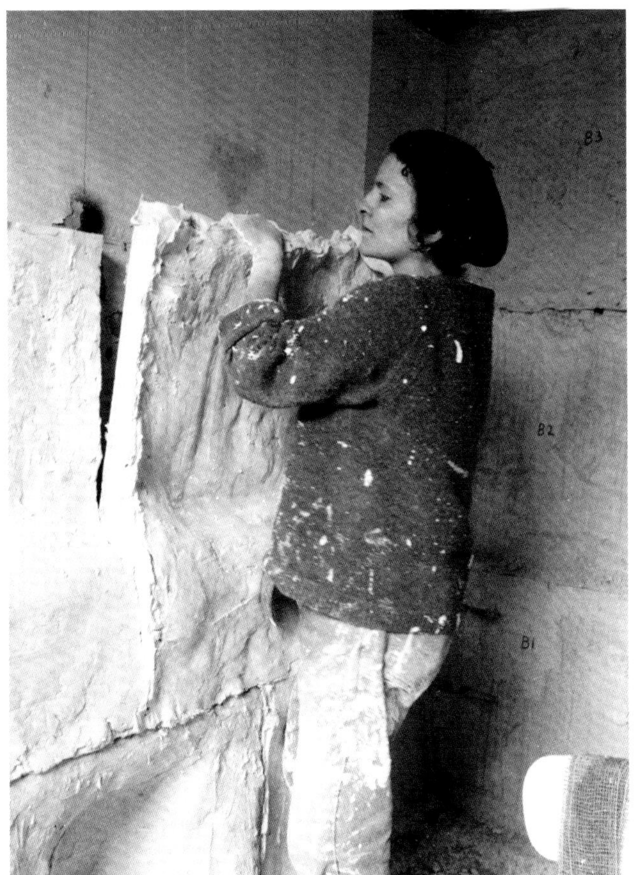

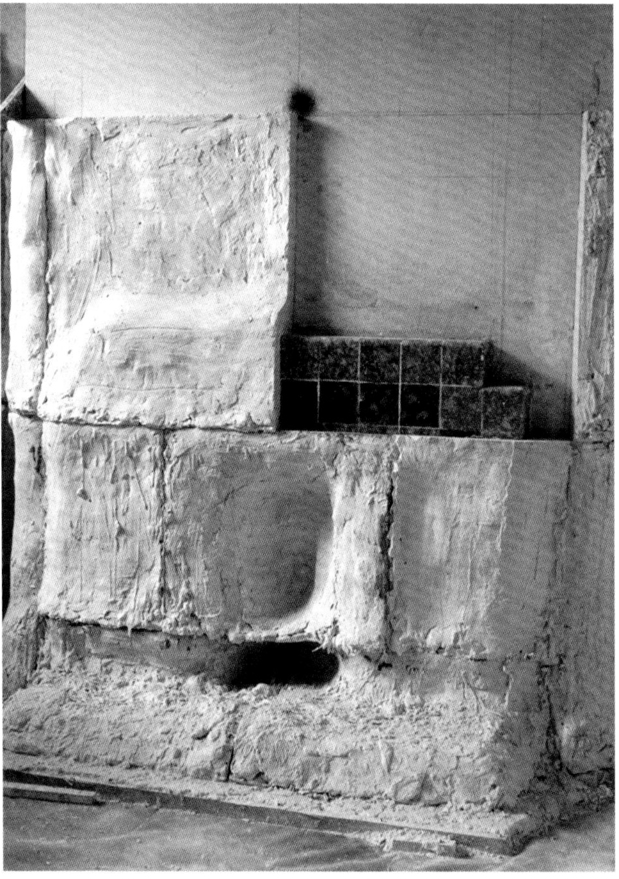

Rachel Whiteread bei der Arbeit an Raumdetails für *Ghost* 1990

bekommen, und nach dem Krieg war das Obergeschoss, der erste Stock, eine Zeit lang nicht bewohnbar. Sicherlich war die Eisenbahnstrecke hinter dem Haus gezielt bombardiert worden.«[6]

Ghost war nicht Whitereads erstes Abgussobjekt, aber ihr bis dahin ambitioniertestes. Ihm vorausgegangen waren Abdrücke von Einrichtungsgegenständen, die an der Wand lehnten, wie *Shallow Breath* (1988; S. 28), oder die Raummitte einnahmen, wie *Closet* (1988; S. 26). Ebenso wie die Wärmflasche und ein Frisiertisch – abgeformt in Whitereads erstem *Torso* (1988; S. 29) bzw. *Mantle* (1988; S. 27) – bildeten diese Dinge Grundannehmlichkeiten für die Bewohnerin eines Reihenhauses im Norden Londons,[7] eine Hochschulabsolventin und vor allem eine junge Künstlerin, die sich mit mehreren Jobs über Wasser hielt und ihr Atelier finanzierte.[8] Mit *Ghost* verwirklichte Whiteread in harter Arbeit ihren Wunsch, ein potenzielles Behältnis für die vier angeführten Gegenstände abzugießen. Der Umfang und die Komplexität ihres Vorhabens machten umfassende Planungen und Logistik erforderlich, bevor der eigentliche Gießvorgang beginnen konnte. Auch konzeptuell war es ihr bis dahin anspruchsvollstes Projekt und wurde zum groben Modell für künftige Werke in architektonischem Maßstab.

Mit *Ghost* hatte Whiteread einen neuen Werktypus erfunden, eine an sich unmögliche Form, indem sie mit Luft gefüllten bewohnbaren Raum in undurchdringbare Masse verwandelte, um – so hieß es in den Förderanträgen – »die Luft im Raum zu mumifizieren«.[9] *Ghost* wird zum Vexierspiel für den Betrachter, sowie er erkennt, dass hier anderes am Werk ist als ein bloßes Umstülpen des Raums.

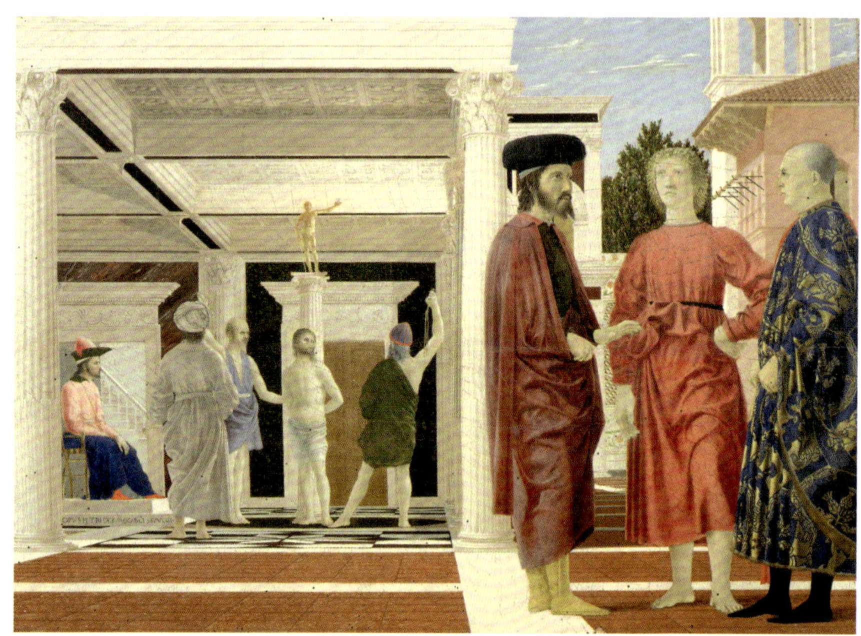

Piero della Francesca
Geißelung Christi um 1455/1465
Öl und Tempera auf Holz
58,4 × 81,5 cm
Galleria Nazionale delle Marche, Urbino

Betrachtet man *Ghost* im Kontext herkömmlicher Gießverfahren, tritt seine Rätselhaftigkeit deutlich hervor. Zur Herstellung einer Bronzeskulptur wird zunächst ein Positivmodell, das oft aus Wachs besteht, mit den gewünschten Oberflächendetails angefertigt. Durch anschließende Ummantelung mit Gips entsteht eine Gussform, die mit Bronze ausgegossen und beim Herauslösen meist zerstört wird. Bei *Ghost* indessen bilden die Wände selbst das Modell, und die endgültige Skulptur ist die Gipsform, es handelt sich dabei gewissermaßen um eine Form »in medias res«.

In dem Monat, den Whiteread zu Planungszwecken in 486 Archway Road verbrachte, ließ sie sich von Renaissancegemälden Piero della Francescas zu den Proportionen der blanken Platten anregen; mit Maßen von je etwa 76,2 × 76,2 Zentimetern und einer Dicke von 5,1–7,6 Zentimetern sind sie so bemessen, dass sie durch die Tür passte. Das quadratische Rastermuster, das sie bewirken, wird von der Gitterstruktur des in den Gips eingelegten Sackleinens noch unterstrichen und offenbart Whitereads Vorliebe für Ordnungsstrukturen und Kartierungen, erinnert aber auch an ihren Vater, den Erdkundelehrer, und die Bezeichnung der Künstlerin als »Geografin verborgener Räume«. Das Raster sollte noch in anderen Werkstoffen erscheinen: als Millimeterpapier in Zeichnungen, in Textilien mit Gitterstruktur, als gestapelte, ineinander verschachtelte Kartons, in Sprossenfenstern und kassettierten Türen. Es dient als Grundlage für vielfältige Spannungspole in Whitereads Schaffen, für Gegensätze zwischen innen und außen, privat und öffentlich, negativ und positiv. Rosalind Krauss merkt dazu an: »Whiteread bearbeitet kontinuierlich das Bedeutungsraster«; ihre Abgüsse, auch wenn sie meist nach dem Leben entstanden, vergleicht Krauss mit der Fotografie »als einer Art traumatischer Totenmaske« im Sinne von Roland Barthes.[10] Tatsächlich ist das »Bedeutungsraster« in *Ghost* vielfältig, offen und umfassend, auch aufgrund seiner anthropometrischen Dimensionen, die den Betrachter einbeziehen und auf Aspekte von Ordnung und Unordnung (Leben und Tod) verweisen.

Im kunsthistorischen »Bedeutungsraster« gehört zu den Ahnen von *Ghost* auch Tony Smiths Gussstahlkubus *Die* (Modell 1962, ausgeführt 1968; S. 43).[11] Das protominimalistische Werk beruht so wie *Ghost* auf der Quadratform. Angesichts des architektonischen Maßstabs könnte Whiteread auch für sich in Anspruch nehmen, was Smith gegenüber Robert Morris äußerte: »Ich habe kein Monument gemacht […] Ich habe kein Objekt gemacht.«[12] Der Betrachter ist aufgefordert, um die Werke herumzugehen, sie im Ganzen zu sehen und zu erleben, die scheinbar unbewegten Gegenstände mit Leben zu füllen. Dabei spielt Smiths Werktitel mit drei Bedeutungen des englischen Wortes *die*: die für den Bronzeguss verwendete Matritze, der Würfel (so kommt der Zufall ins Spiel) und vor allem der Tod. Letztere Bedeutung betonte der Künstler noch, indem er die Ausführung in

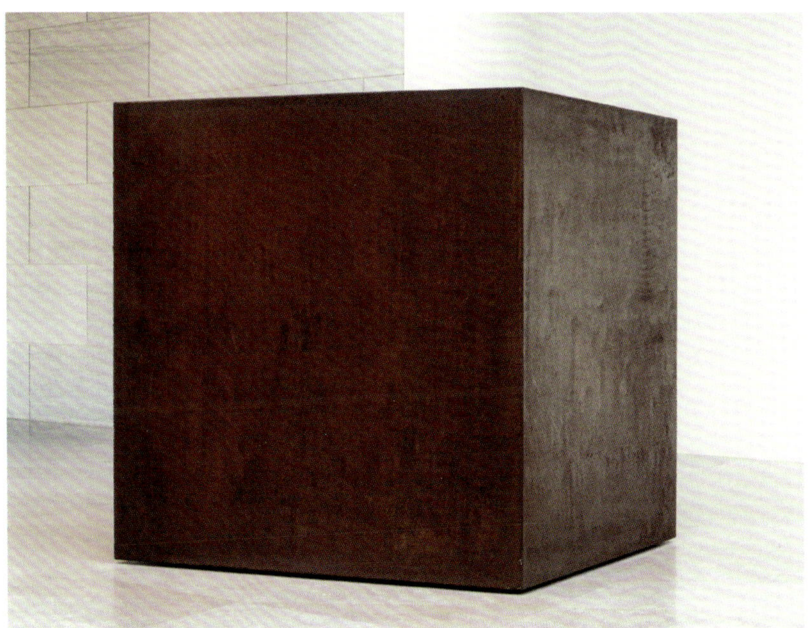

Tony Smith *Die*
Modell 1962, ausgeführt 1968
Stahl mit Ölfirnis
182,9 × 182,9 × 182,9 cm
National Gallery of Art, Washington D.C., Gift of the Collectors Committee

einer Seitenlänge von 182,9 Zentimetern (6 Fuß) bestellte und seinen berühmten Ausspruch tat: »Bei sechs Fuß denkt man an ein Grab. Eine sechs Fuß lange Kiste. Sechs Fuß unter der Erde.«[13]

Das Unbewusste spielt in *Die* und *Ghost* verschiedene Rollen. Smith behauptete: »Alle meine Skulpturen sind am Rand der Träume angesiedelt«, wobei dies der geölten Stahloberfläche von *Die* nicht sofort anzusehen ist.[14] Smiths Geometrien, die rätselhafte Tiefen bergen, sind abstrakt, Whitereads Plastiken hingegen erkennbaren Formen verhaftet, die, trotz alles Traumhaften, den Blick auf die Wirklichkeit freigeben. Die Werktitel von *Die* und *Ghost* verweisen auf Entropie, wobei *Ghost* den Schimmer von etwas Jenseitigem offenbart oder von, wie die abstrakte Malerei der 1980er-Jahre zuletzt bezeichnet wurde, etwas »Untotem«.[15] *Ghost* gab der postminimalistischen Plastik neue Impulse, erweiterte ihre Beziehung zur häuslichen Sphäre und zum Körper durch einen realen architektonischen Raum mit spezifischen soziopolitischen Implikationen.[16]

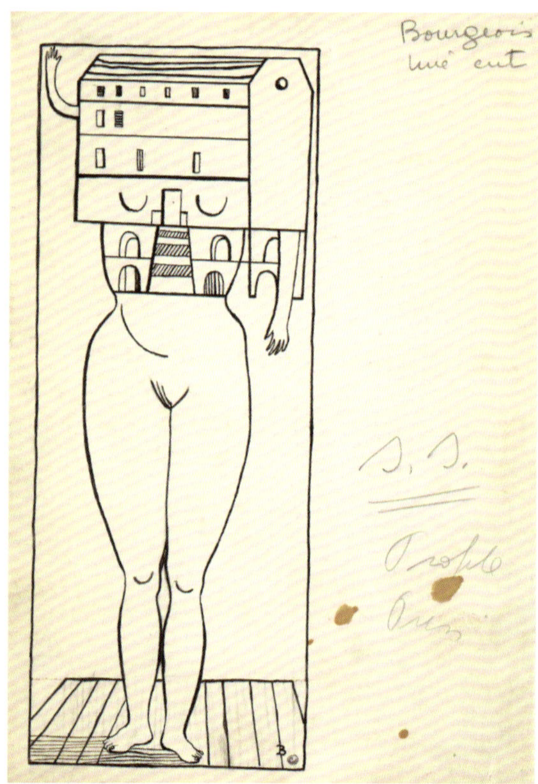

Louise Bourgeois
Femme Maison 1947
Tinte und Grafit auf Papier
25,2 × 18 cm
Solomon R. Guggenheim Museum, New York

Wenn Whiteread den Körper mit alltäglicher Wohnarchitektur gleichsetzt, so erinnert dies an einen weiteren wichtigen Einfluss, der noch vor den Minimalismus der 1960er-Jahre zurückreicht – die surrealistischen Werke von Louise Bourgeois, etwa fragmentierte Bilder, die eine weibliche Figur von den Zehen bis zur Taille zeigen, mit einem Haus als Oberkörper und Kopf, wie in Bourgeois' Zeichnung *Femme Maison* (1947; oben). Auch Whiteread anthropomorphisiert den Kamin von *Ghost* – beim Abformen der Tür hatte sie sich vorübergehend eingemauert. Diese Situation erinnert sie so: »Damit verbunden war das Gefühl, mich in den Raum hineinzumauern oder in ihn einzubauen, und irgendwie wurde der Kamin zur Lunge, zur Nase oder zumindest einem Ort, wo man Luft holen konnte.«[17] Die Formen der künstlerischen Vorgänger sind wiedererkennbar, doch ihr architektonischer Maßstab versetzt uns und unser Unbewusstes an einen physisch beunruhigenden Ort.

Durch die starke Identifizierung mit dem Inneren von 486 Archway Road konnte Whiteread eine vertraute Form aufzeigen, eine Form, die die von Sigmund Freud 1919 formulierte Definition des »Heimlichen« als des »Behaglichen« und des »Versteckten« erfüllte.[18] In einer von der Künstlerin vorgenommenen Umkehrung wenden sich die Eintiefungen des Innenraums nach außen, weisen dem Betrachter einen neuen Standort zu, konfrontieren ihn mit etwas nicht ganz Vertrautem. So lässt *Ghost* das »Unheimliche« als ein behagliches Wiedererkennen und seine gleichzeitige dissonante Verkehrung ins Gegenteil entstehen.

Ihr Aha-Erlebnis hatte Whiteread, als sie erkannte, dass der Abdruck desorientierend wirkte. Nach der Montage der Platten an der Trägerkonstruktion kam sie eines Morgens ins Atelier, sah, wie das Tageslicht auf den umgestülpten Lichtschalter von *Ghost* fiel, und begriff, dass sie als Betrachterin »zur Wand geworden« war, dass sie »etwas Außergewöhnliches geschaffen hatte«.[19] Dies erinnert an das Offenbarungserlebnis des Surrealisten André Breton nach einem Ausflug, den er im Frühjahr 1934 mit dem Bildhauer Alberto Giacometti zum Flohmarkt von Saint-Ouen bei Paris unternommen hatte. Giacometti hatte dort eine Metallmaske erworben, die ihm half, eine kompositorische Lösung für seine Plastik *L'oggetto invisibile (mani che sostengono il vuoto) (Der unsichtbare Gegenstand [Hände, die Leere haltend]*; 1934) zu finden. Auch Breton fand sein *objet trouvé* – einen Holzlöffel mit einem geschnitzten Frauenschuh am Stielende. Er erkannte, dass er unbewusst einen Gegenstand gewählt hatte, der seine ursprünglichen Erwartungen noch übertraf, und gestaltete aus ihm einen Aschenbecher, wie er ihn bei Giacometti in Auftrag gegeben hatte. Über eine Assoziationsfolge verglich er sein Fundstück mit Cinderellas gläsernem Schuh: »Es stellte sich heraus, daß der Gegenstand, den ich ehemals zu betrachten gewünscht hatte, sich außerhalb meiner gebildet hatte, sehr verschieden, weit über meine möglichen Vorstellungen hinaus.«[20] Es gibt weitere Verbindungen zwischen Whiteread und Breton: Ihr erster, an der Slade School gefertigter Abguss war die Laffe eines Löffels (S. 46); der Erzähler in Bretons *Nadja*, der die Anfangssätze des Romans spricht – »Wer bin ich? [...] Warum sollte tatsächlich nicht alles darauf hinauslaufen, zu wissen, mit wem ich ›umgehe‹« –, ist ein Gespenst.[21] Anspielungen auf Gespenster gibt es im Surrealismus zuhauf, als Verweis auf das *objet perdu*, das, wie Hal Foster schreibt, »geisterhaft im surrealistischen Gegenstand mit enthalten ist«.[22]

Wie bei Bretons *La Grande cuiller (Der große Schuh)* spielte der Zufall auch bei Whitereads *Ghost* eine entscheidende Rolle. Die Künstlerin beantragte bei mehreren Organisationen Fördergelder, sah sich nach einem geeigneten Ort für

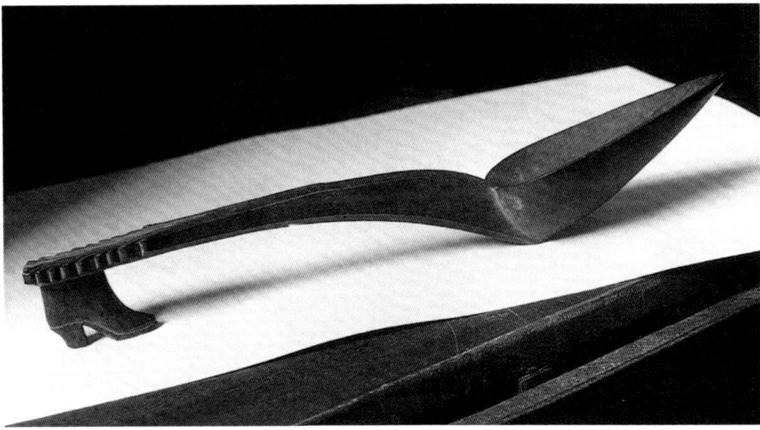

André Breton
La Grande cuiller 1934
Fotografie Man Ray

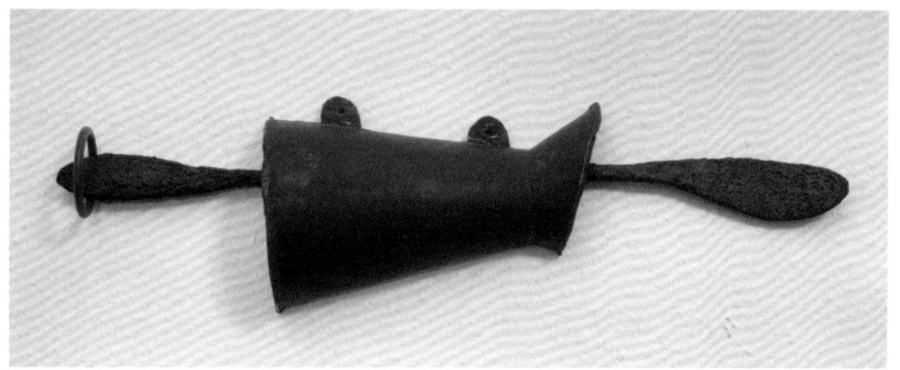

Jug and Spoon
1984
Mischtechnik
Courtesy die Künstlerin

den Abguss um und hielt »mehrere Bälle in der Luft«, bevor sich alles fügte.[23] So wie Bretons *objet trouvé* beinhaltet auch *Ghost* die zufallsbedingten »visuellen Reste«[24] menschlicher Leben, die sich durch das Unbewusste erschließen. Whitereads Material der Wahl – der Gips, den sie bereits vor und noch einige Jahre nach der Entstehung von *Ghost* verwendete – hält die Spuren des Vergangenen durch detailgetreue Abformung der gewählten Bereiche und ihrer reichen, fragilen Texturen fest – im Fall von *Ghost* etwa die Maserung der Fußleisten, die glatte Oberfläche der Fensterscheibe und besonders die Grisailletöne vom Ruß des letzten Kaminfeuers, die sich auf den weißen Gips übertragen haben und mit ihm kontrastieren. Die Ablesbarkeit menschlicher Spuren an der Oberfläche beschrieb der Künstler und Schriftsteller Liam Gillick in dem von ihm verfassten Begleittext zur ersten Präsentation von *Ghost* 1990 in der Chisenhale Gallery in London:

> Je näher man herantritt, desto mehr lässt sich ablesen. Dinge und Orte wecken Assoziationen, die oftmals schwer zu fassen sind […] Räume bringen ganz verschiedene Spuren mit, physische und geistige, zusammen mit Versuchen, sie zu übermalen und abzuwaschen. Das Werk verströmt eine eigentümliche Pedanterie, die neben dem besteht, was eigentlich in Form gepresstes Zeugnis der Vergangenheit und Gegenwart ist.[25]

Ghost knüpft eng an Bretons Surrealismus, an die nach 1960 entstandenen, handgefertigten Abgüsse Duchamps sowie an Elemente seiner Dada-Werke an.[26] Der Ort, den Whiteread für die Ausführung wählte, kann als ein »Rendezvous« im duchampschen Sinne gelten, »indem man sich für einen Moment der Zukunft (den und den Tag, Datum, Minute), ›ein Readymade vormerkt‹«.[27] Sie hatte kein Interesse an der Geschichte und den Bewohnern des Hauses und legte damit eine duchampsche Distanziertheit an den Tag, die für die Herkulesaufgabe wohl nötig war. Das Biografische kann Klarheit schaffen, aber auch eine Last sein, wie der britische Psychoanalytiker Adam Phillips schreibt:

> Eine Biographie als parodierendes Monument der von uns ersehnten Beziehung zu den Toten wie zu den Lebenden. Es ist, als würde Freud sagen: So weit kann uns die Illusion, wir würden einen anderen Menschen kennen, verführen; so sieht unser Sehnen, anderen näher zu kommen, dann aus, vor allem, wenn sie nicht anwesend sind.[28]

Gänzlich unbeabsichtigt kehrten aber bei *Ghost* die Biografien (über die Anschrift des Hauses) wieder – dank Whatley.

Die teils diamentral entgegengesetzten Aspekte von *Ghost* – Whitereads Desinteresse an den Bewohnerbiografien und das Biografische, das wieder hervortrat, soziohistorische Besonderheiten und die Zufallsumstände der Entstehung, die logische Autonomie des minimalistischen Objekts und die offenen Assoziationen des surrealistischen Objekts – wirken hier zusammen, um wichtige Anliegen der Kunst des späten 20. Jahrhunderts herauszustellen und voranzutreiben, ohne dabei die Vergangenheit aus dem Blick zu verlieren.

Als eine Zeitmaschine verweist gerade der Kamin auf Epoche und Ort seiner Benutzung. Whatley beschreibt seine Geschichte und die des Kamins im darunterliegenden Geschoss, der als Modell für Whitereads *Cell* (1990; S. 32) diente:

> Die Kamine heizten damals mit Kohle […] Alle Räume waren daher mit einer Tür zu schließen und wurden nach Bedarf einzeln geheizt […] Die Keramiköfen waren nicht original und wurden laut Aussage meiner Mutter nach dem [Zweiten Weltkrieg] installiert, bei Instandsetzungsarbeiten der Bombenschäden am Haus. Die Arbeiten führte übrigens der Vater des Popsängers Rod Stewart aus. Rod wurde in 507 Archway Road geboren oder wuchs dort auf. Mein Vater und Donnie Stewart, Rods Bruder, waren als Jugendliche eng befreundet und spielten Fußball für die Highgate Red Wings, den örtlichen Fußballverein, im Park oben auf dem Hügel.[29]

Whiteread erinnert sich, wie Rod Stewart mit seinem Bruder und Freunden im Highgate Park Fußball spielte. Whatley merkte an: »Rod beschreibt ein ähnliches Ambiente wie dieses Haus in seiner kürzlich erschienenen Autobiografie«:[30]

> Die Archway Road war eine laute, verkehrsreiche Durchfahrtsstraße mit lauter kleinen Läden. Sie lag in einem Arbeiterviertel – das vornehmere Highgate befand sich weiter nördlich […] Lange Zeit, nachdem wir weggezogen waren, wurde das Haus abgerissen, damit die Straße verbreitert werden konnte – der Gemeinderat schaffte, was Hitler nicht gelungen war. Als es noch stand, war es ein ziemlich stattliches Haus für die Familie eines Klempners.[31]

Die Geschichte von *Ghost* liest sich wie das Drehbuch zu einem epischen Kinofilm, es erzählt von einer herzlichen Familie aus dem Arbeitermilieu, die zwei Weltkriege überlebte, von nachbarschaftlicher Verbundenheit und von einem, der zum internationalen Rockstar aufstieg. Die Protagonisten sind ein von Leben beseelter Raum und eine junge Künstlerin, die ihren Durchbruch erlebte, indem sie ihn zum Denkmal erhob und so als einen Index historischen Wandels bewahrte, erfüllt von Nostalgie, aber ohne spezifischen biografischen Gehalt. Mit *Ghost* gab sie dem Gehalt einen neuen Ort und ließ die Elemente der Geschichte sich selbst rekonstruieren.

In der stillen, mausoleumsartigen Ausstrahlung von *Ghost* drückt sich das Unsagbare des abwesenden Körpers aus. Die Verbindung zu menschlichem Leben erfüllt es mit roher, stummer Emotion, mit Kraft und Verletzlichkeit, macht es zu einem lebendigen, atmenden Werk. Es lebt fort, obwohl die Künstlerin vermutet hatte, nach der Chisenhale-Ausstellung würde es »im Container landen«. 2004 wurde es wegen seines geplanten Ankaufs verlagert und entging so knapp dem Brand im Momart-Kunstdepot. Bei einem Erdbeben in Washington D.C. im Jahr

2011 erlitt es aber Schäden, die umfassender Reparaturarbeiten bedurften. Auch 486 Archway Road steht noch, denn die Straßenverbreiterung betraf letzten Endes nur die gegenüberliegende Häuserzeile, zu der auch das Haus der Stewarts gehörte. 486 Archway Road wurde saniert, veräußert und neu bezogen, und so lebt das Modell für *Ghost* weiter. *Ghost* ist nicht tot. Es steht für das Leben oder für gelebte Leben, die die Künstlerin gefunden hat und die wiederum sie fanden.

Post Scriptum: Vies perdues (Verlorene Leben)

Untitled (Room 101) (2003; S. 18, 142/143), der Innenabguss eines Raums in der British Broadcasting Company (BBC), entstand im Rahmen des Broadcasting House Public Art Programme.[32] Es war Whitereads dritte Arbeit im Raumformat nach *Ghost* und *Untitled (Room)* (1993). Wieder ist es ein Raum in London, der sich aber grundlegend von vergleichbaren Werken unterscheidet: Während *Ghost* eine Metapher für zurückgewonnene Menschlichkeit ist, repräsentiert *Untitled (Room 101)* das Gegenstück hierzu: den Verlust von Humanität, zumindest an der Oberfläche.

Nach einer Begehung des BBC-Gebäudes wählte Whiteread 2003 einen Raum aus, um ihn vor seiner Zerstörung noch abzuformen: den legendären Raum, der George Orwell vermutlich als Vorbild für Zimmer 101 diente, die Folterkammer in seinem dystopischen Roman *1984*. Im Jahr 1949 erschienen, avancierte diese prophetische Warnung vor menschenverachtendem Totalitarismus zum Klassiker, der auch 70 Jahre später nichts von seiner Faszinationskraft verloren hat.[33] Die Hauptfigur Winston wird in Zimmer 101 gefoltert und entmenschlicht. Winston erscheint als »einsame Spukgestalt, die eine Wahrheit verkündete, die niemand jemals hören würde«.[34] Nach dieser Wahrheit handelt er, stillt seine Sehnsucht nach Freiheit, Würde und Liebe, indem er eine Affäre beginnt und hierfür ein Zimmer über einem Trödelladen anmietet. Das Zimmer und der Laden – so wie das Internet für Whatley, der Pariser Flohmarkt für Breton – werden zu Orten, an denen Winston durch die Beziehung zu seiner Geliebten und den Antiquitäten, die verborgene Erinnerungen wecken, seine Menschlichkeit wiedererlangt. Orwell schreibt: »Das Zimmer war eine Welt, ein Einschluß der Vergangenheit, wo ausgestorbene Tiere umgehen konnten. […] Dorthin zu gelangen war schwierig und gefährlich, aber das Zimmer selbst bildete eine Freistatt.«[35] Als Winston Zimmer 101 verlässt, sind alle menschlichen Wünsche in ihm abgetötet; aber für kurze Zeit hatte er sich in dem Zimmer über dem Trödelladen selbst gefunden und gelebt, wohlwissend, dass er sich wieder verlieren würde.

Nach seiner Fertigstellung wurde *Untitled (Room 101)* im Saal der Abgüsse des Victoria and Albert Museum ausgestellt, wo Repliken der Kulturgeschichte versammelt sind. Ob als Mahnung vor einer Kommerzialisierung der Kultur oder als Zeichen der Wertschätzung im musealen Kontext – die umstehenden Werke wurden zum Dialog mit dem raumgreifenden Eindringling herausgefordert. Das Museum tritt neben Flohmarkt und Trödelladen als ein Raum, in dem Objekte als Erinnerungsträger fungieren. Whitereads Abformungen architektonischer Räume blicken auf die Geschichte und Kultur Londons zurück, bewahren und begründen die Humanität der Stadt in einer Zeit tief greifender sozialpolitischer Umbrüche neu. In *Ghost* und *Untitled (Room 101)* eingebettete Erinnerungen, reale wie imaginäre, wecken Empathie, Achtung und Achtsamkeit für zivilisatorische Räume und Werke, schlagen Brücken zwischen dem 20. und dem 21. Jahrhundert.

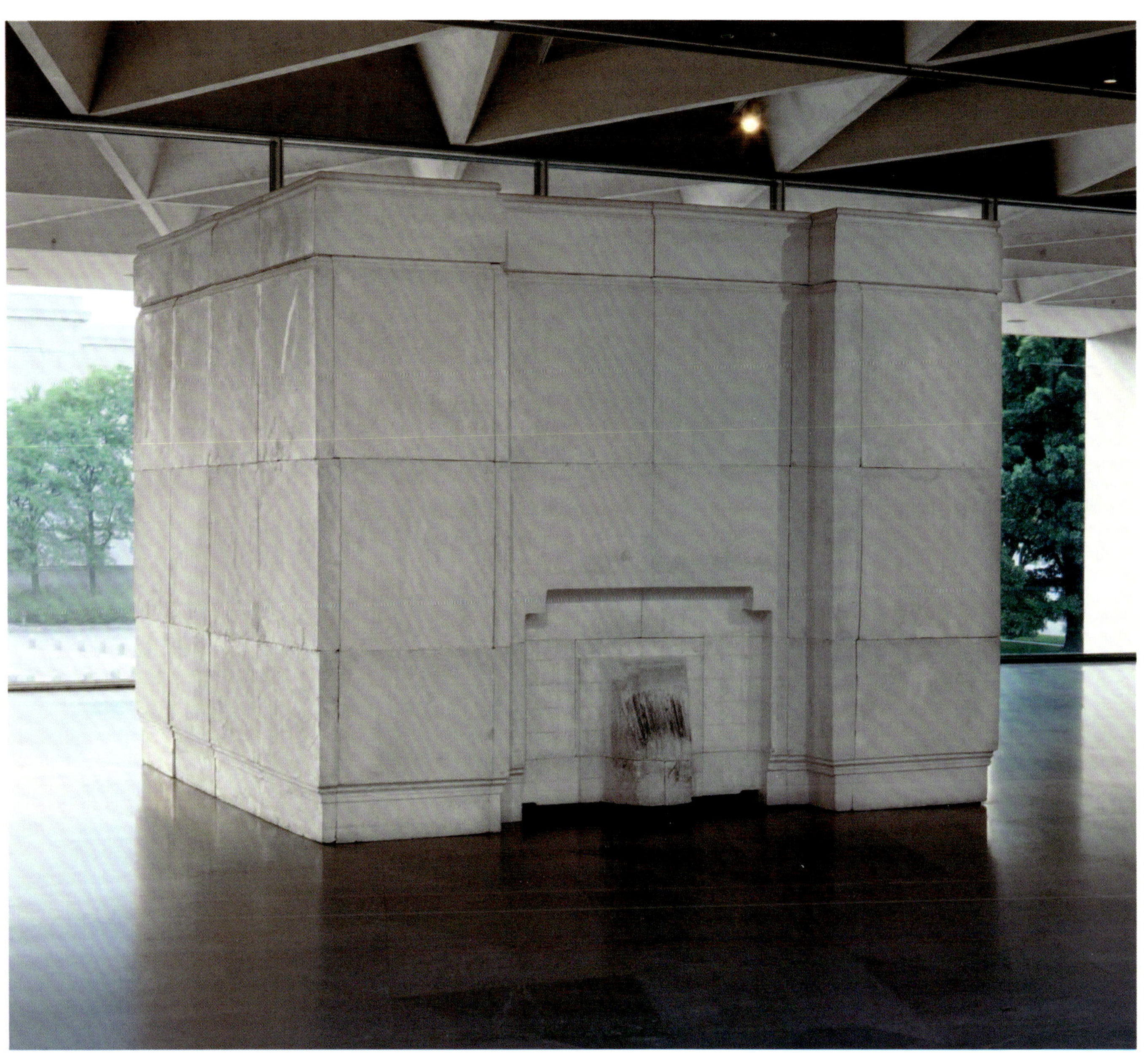

Ghost 1990, aufgestellt in der National Gallery of Art, Washington, East Building 2004

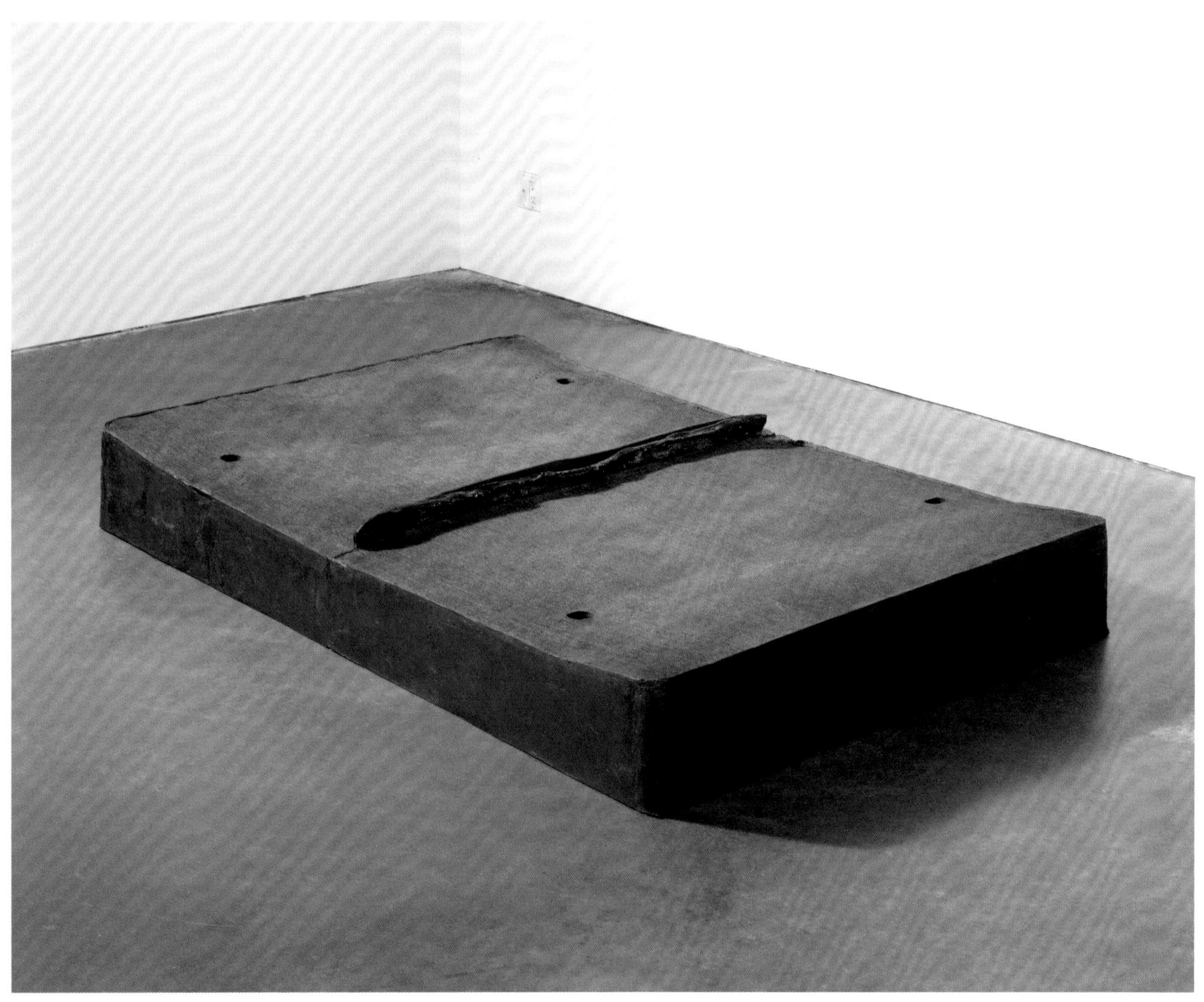

Untitled (Black Bed) 1991

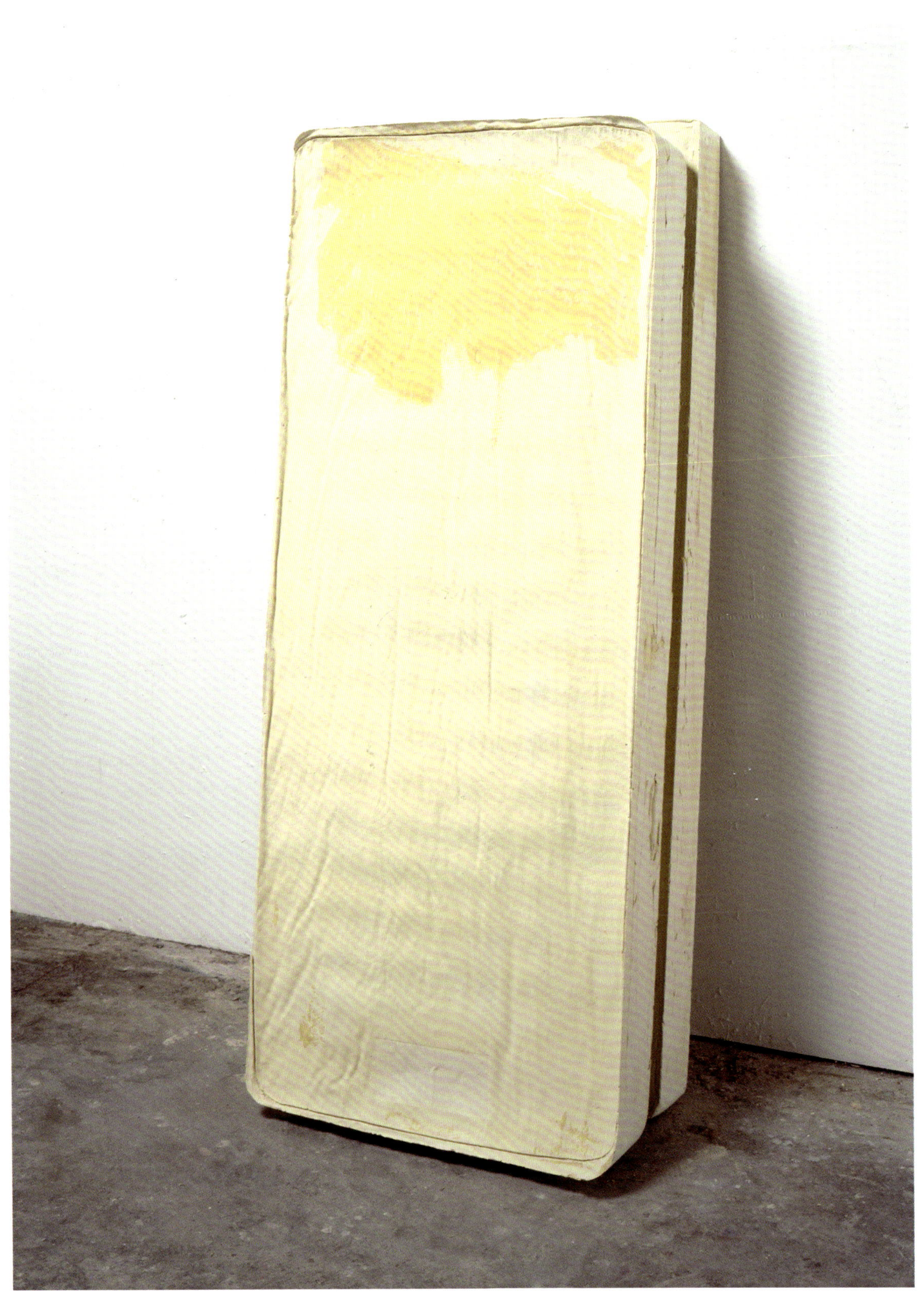

Untitled (Yellow Bed, Two Parts) 1991

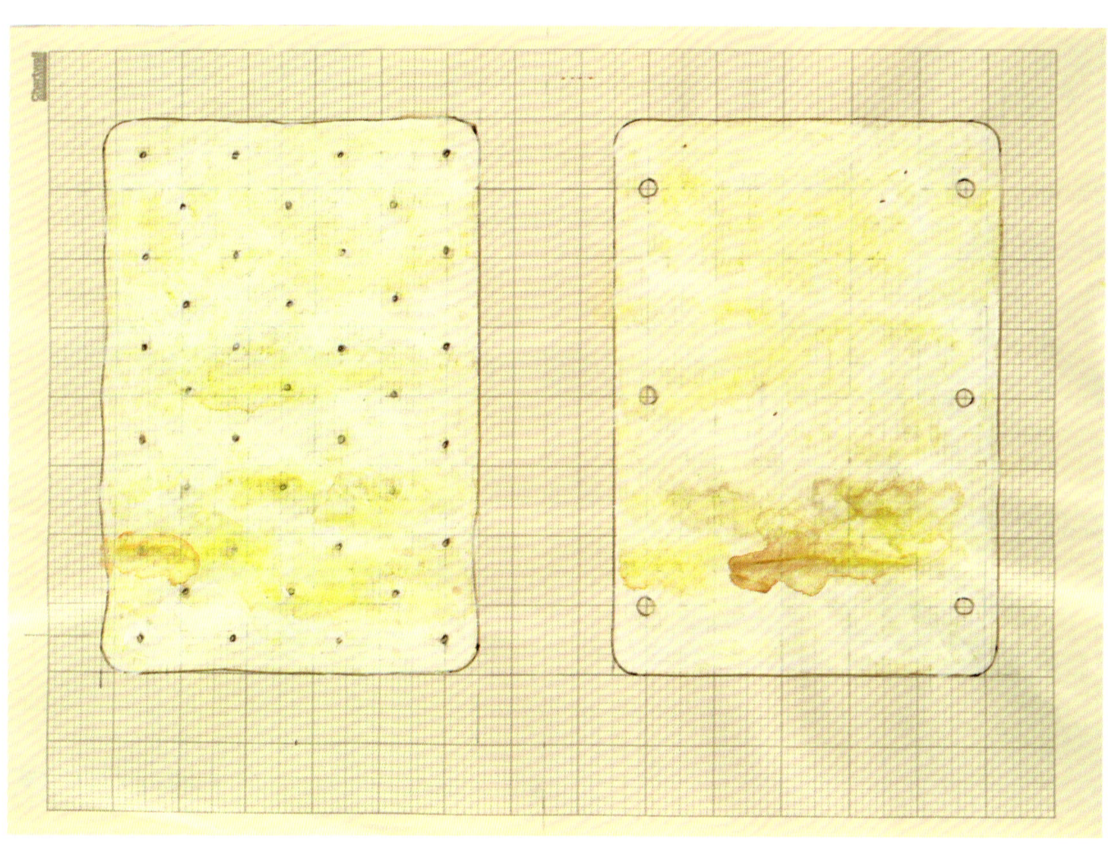

Untitled (Double Mattress Yellow) 1991

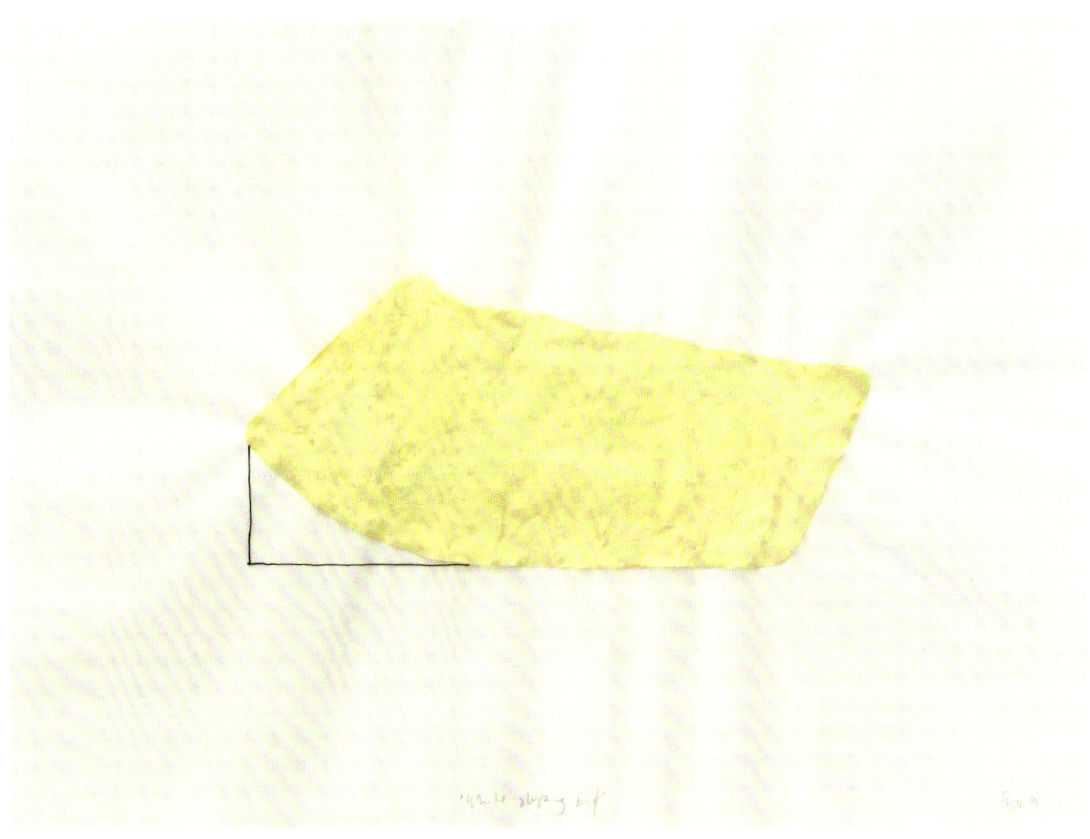

Studie für *Sloping Bed* 1991

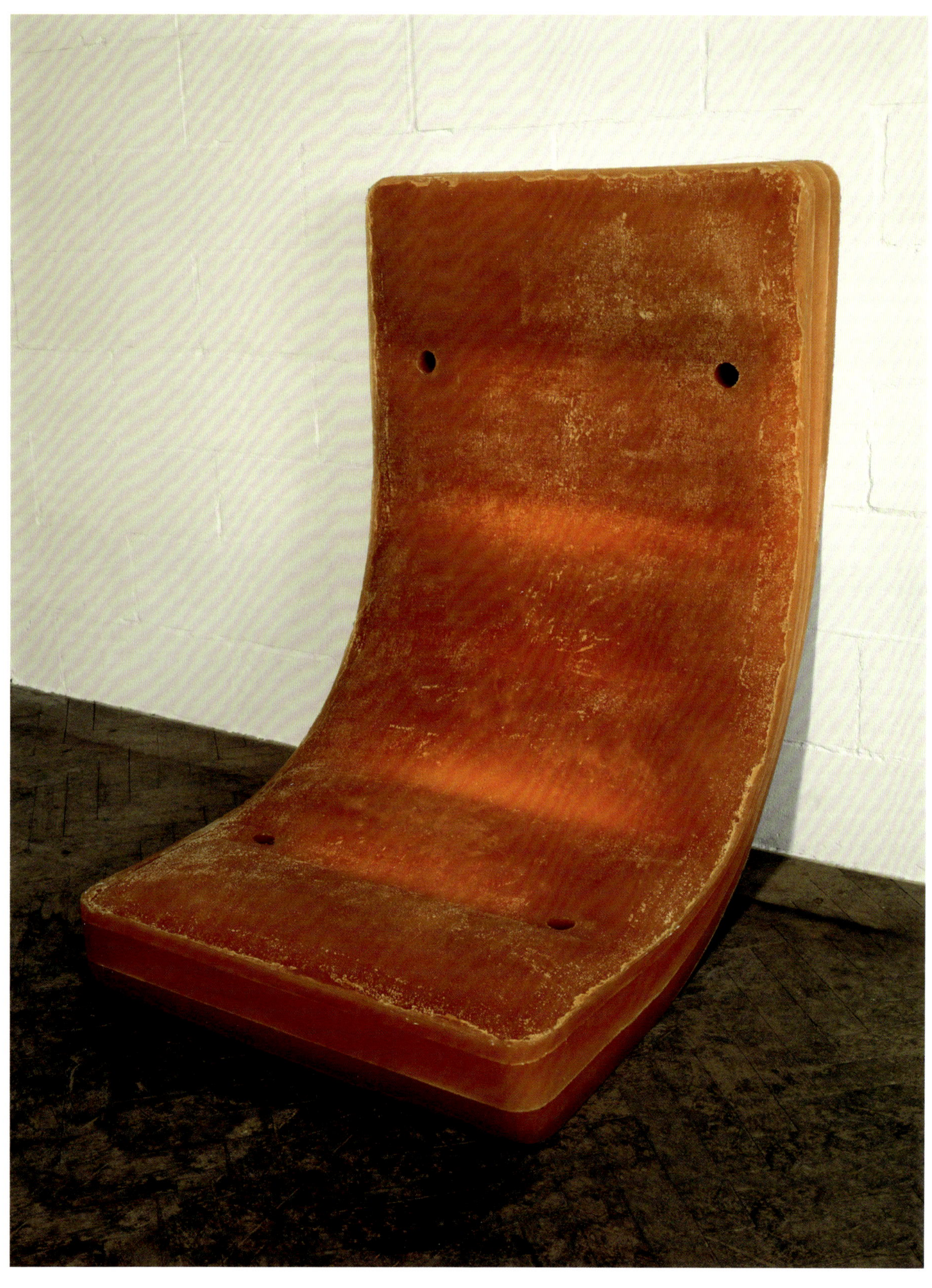

Untitled (Amber Bed) 1991

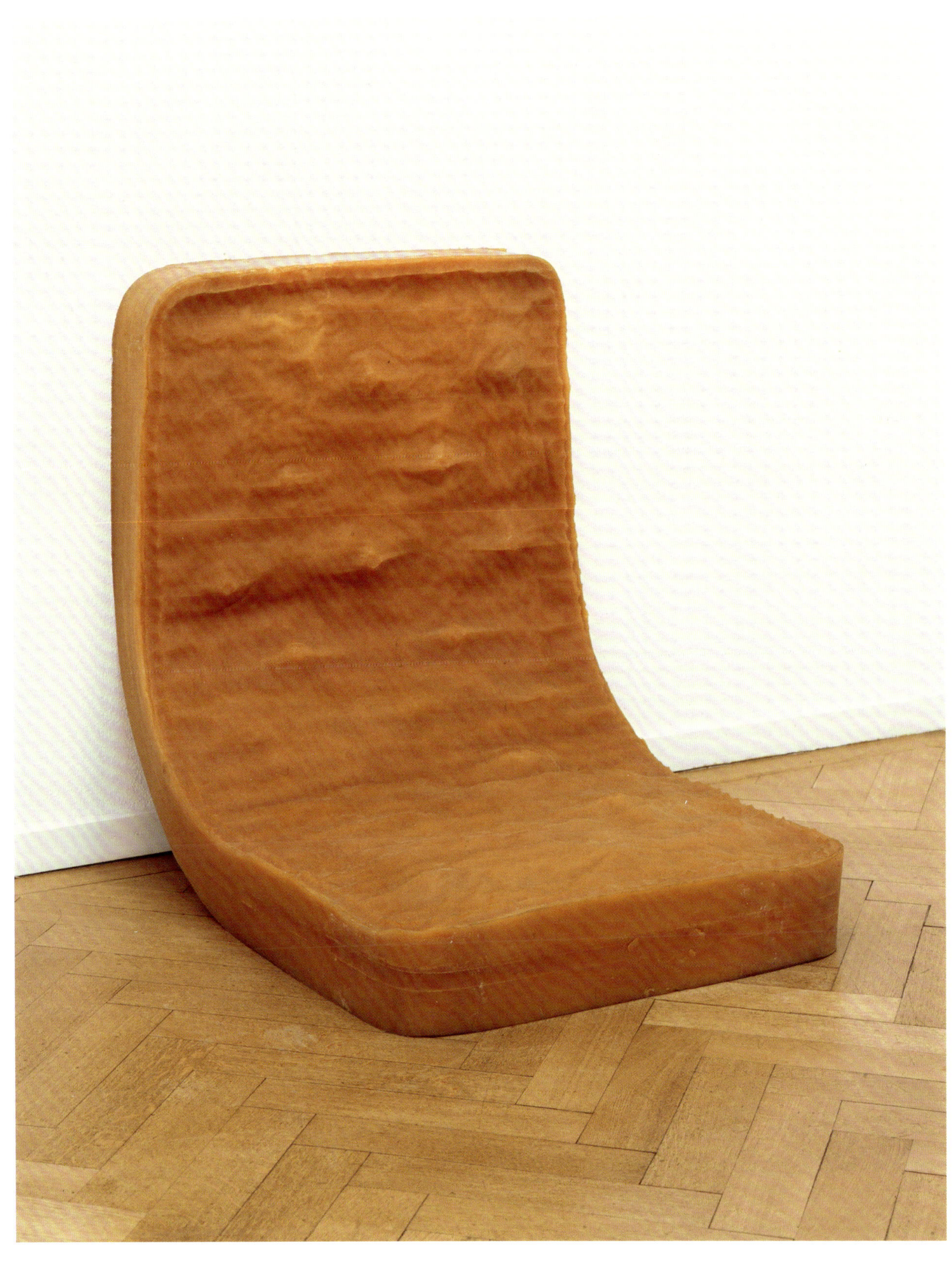

Untitled (Amber Mattress) 1992

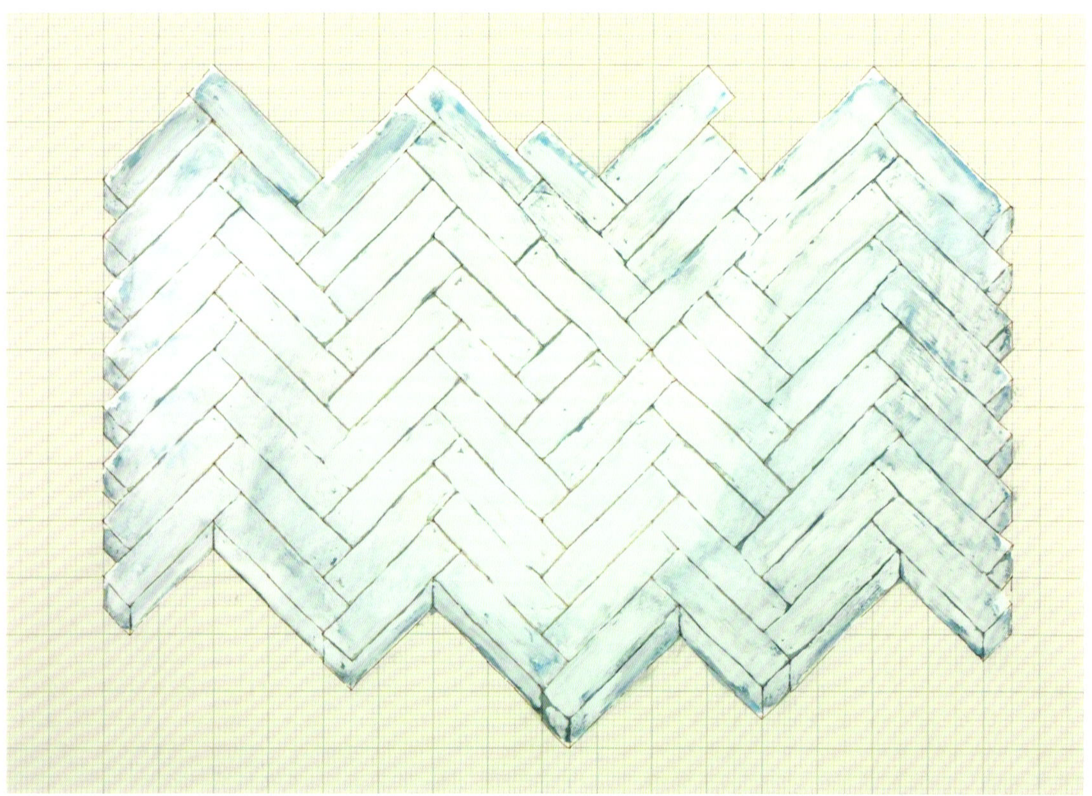

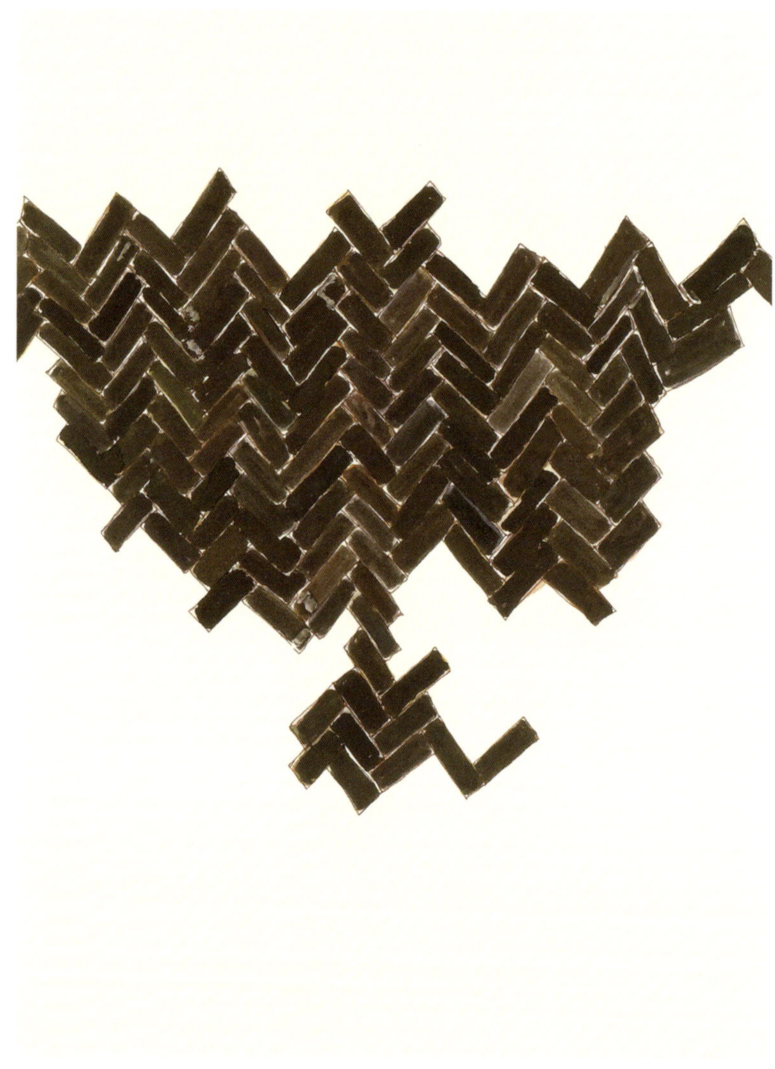

Studie (Blau) für *Floor* 1992

Studie für *Floor* (Braun/Schwarz), 1993

RECHTE SEITE: *Untitled* 1992 (Detail)

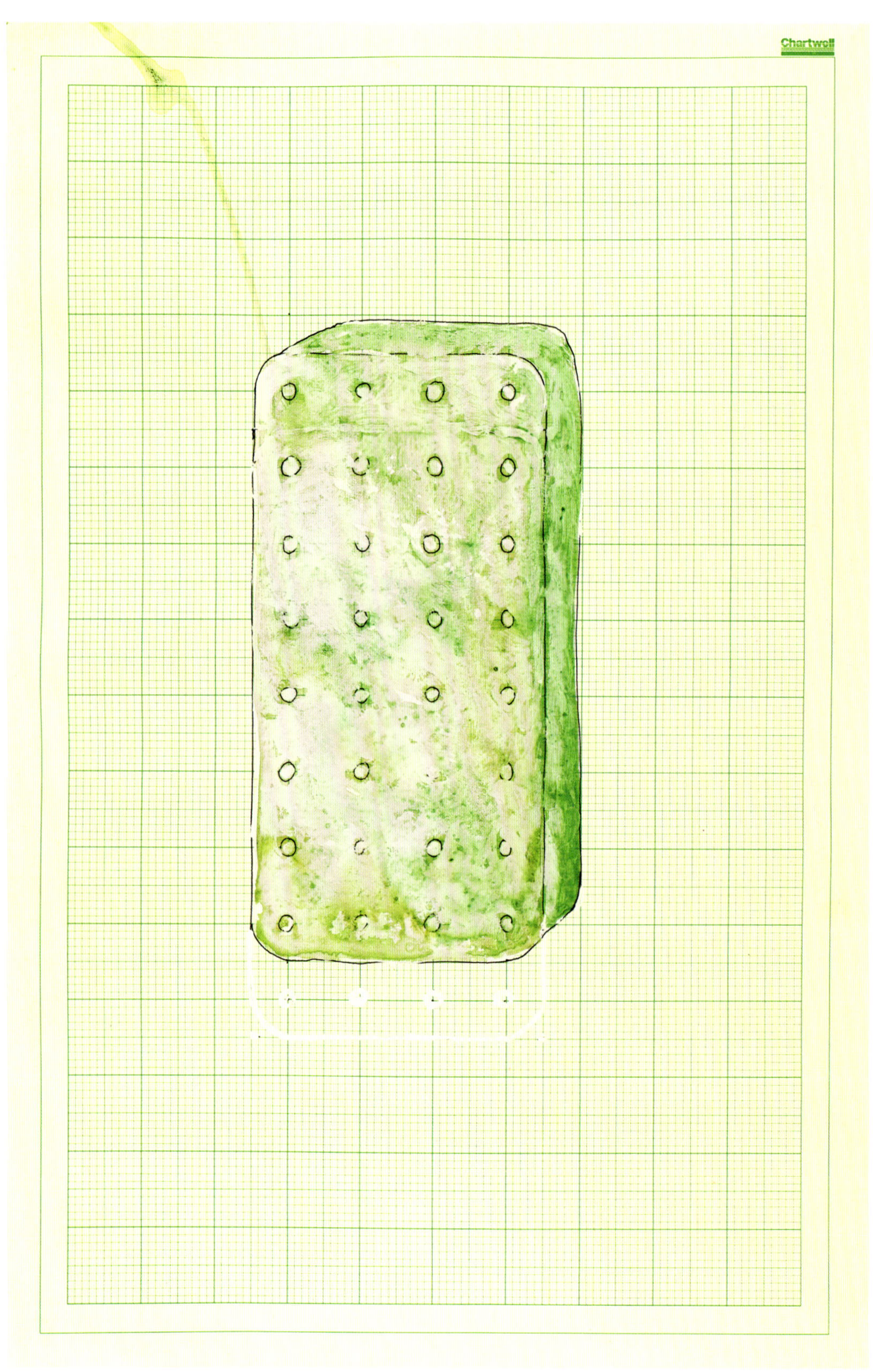

Green Bed 1992

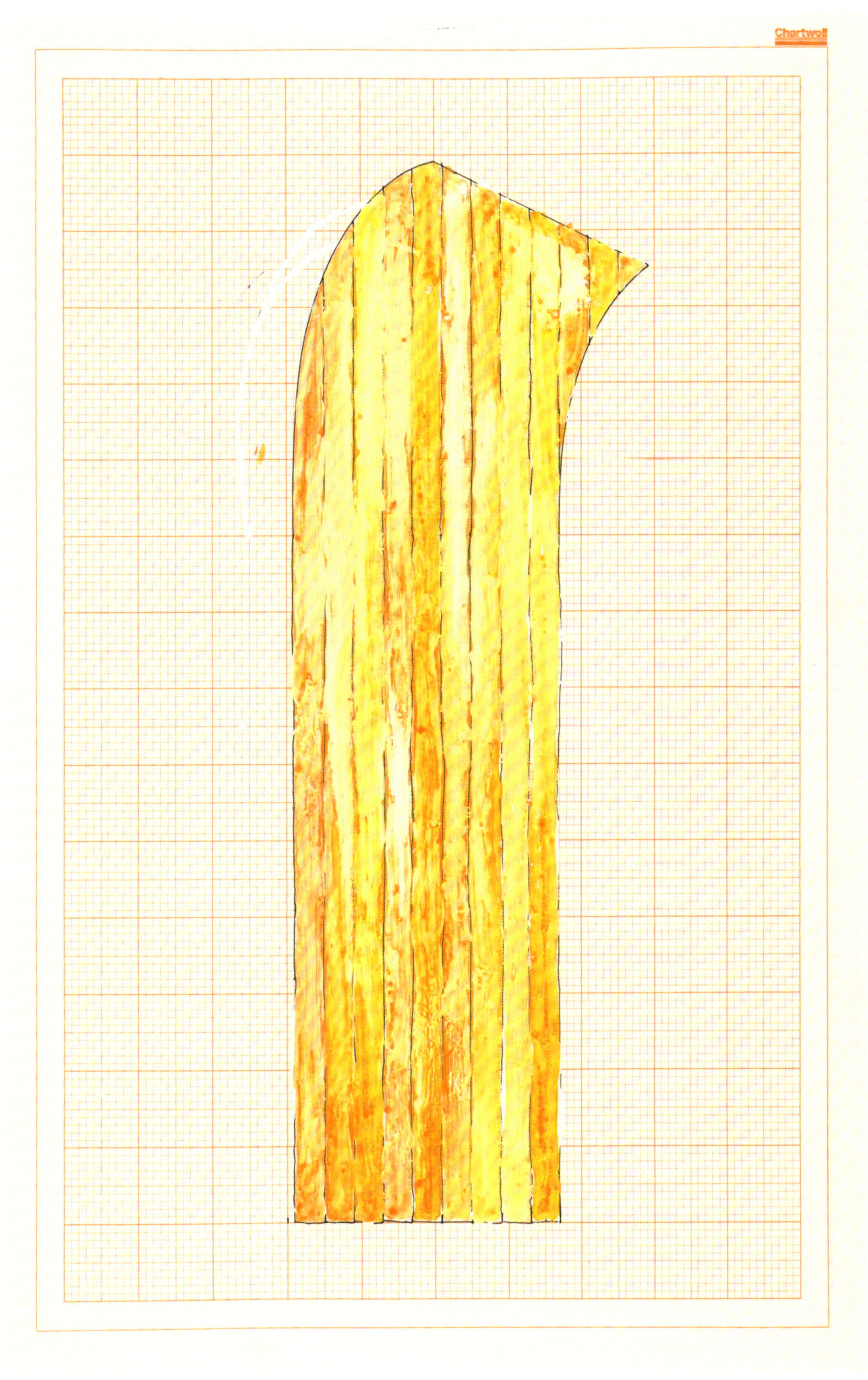

Studie für *Wax Floor* 1992

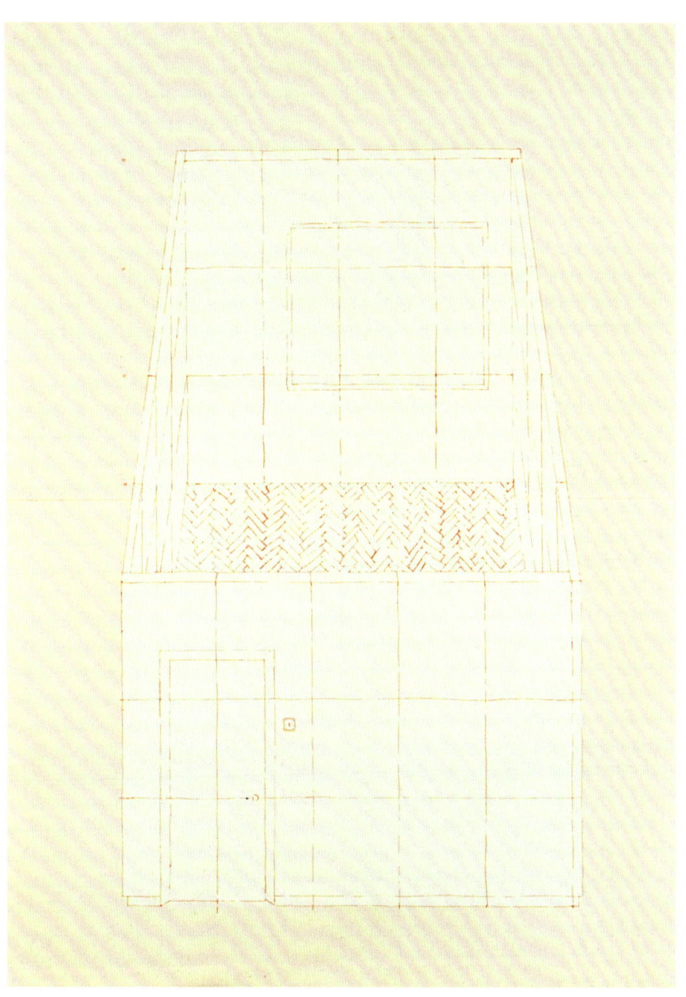

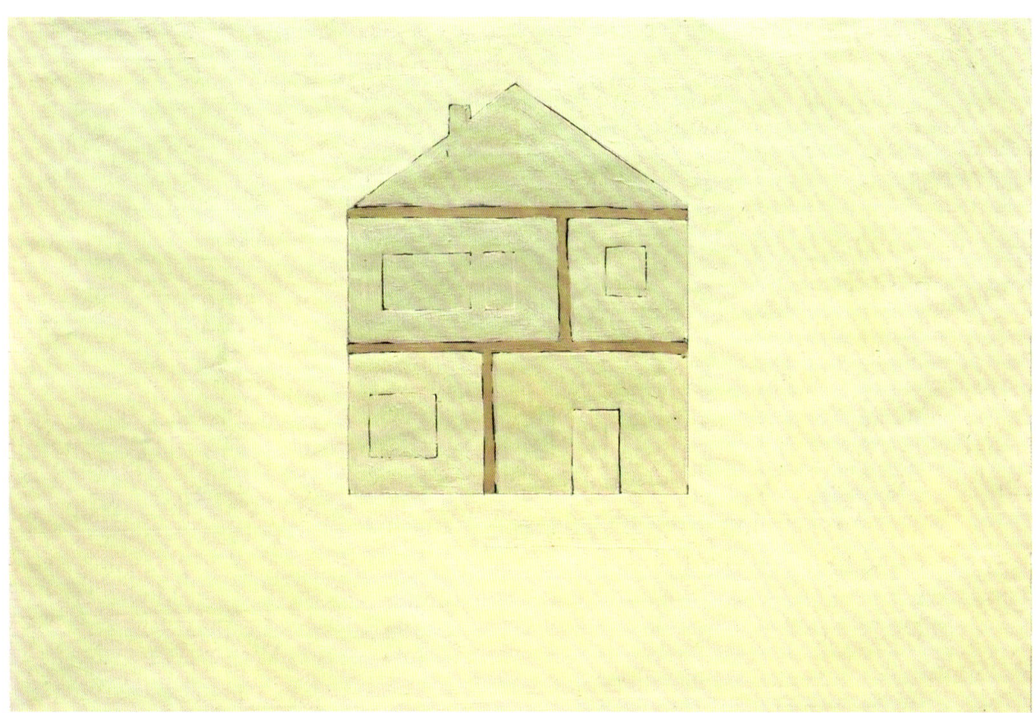

Studie für *Room* 1993

Studie für *House* 1991

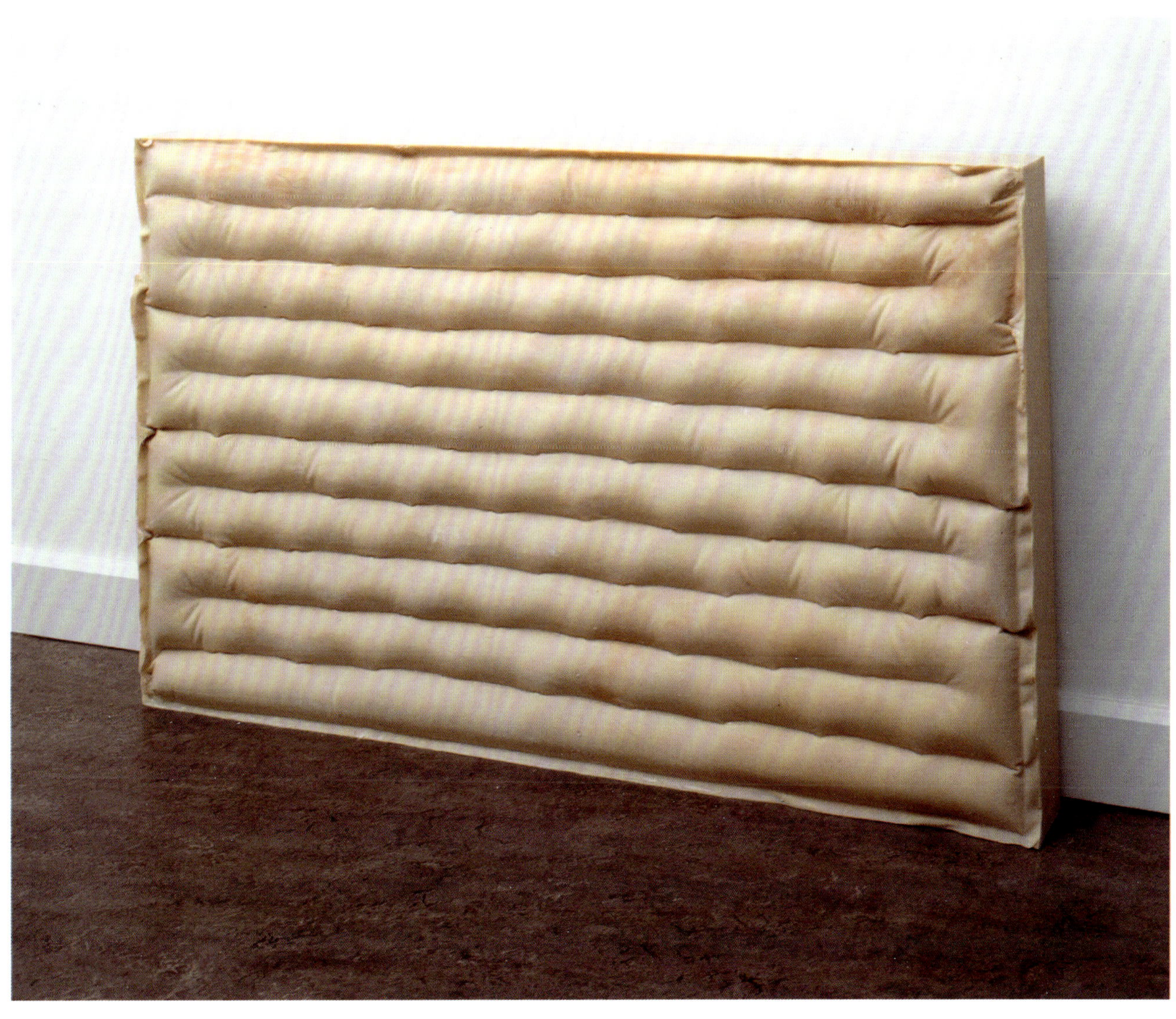

Untitled (Air Bed II) 1992

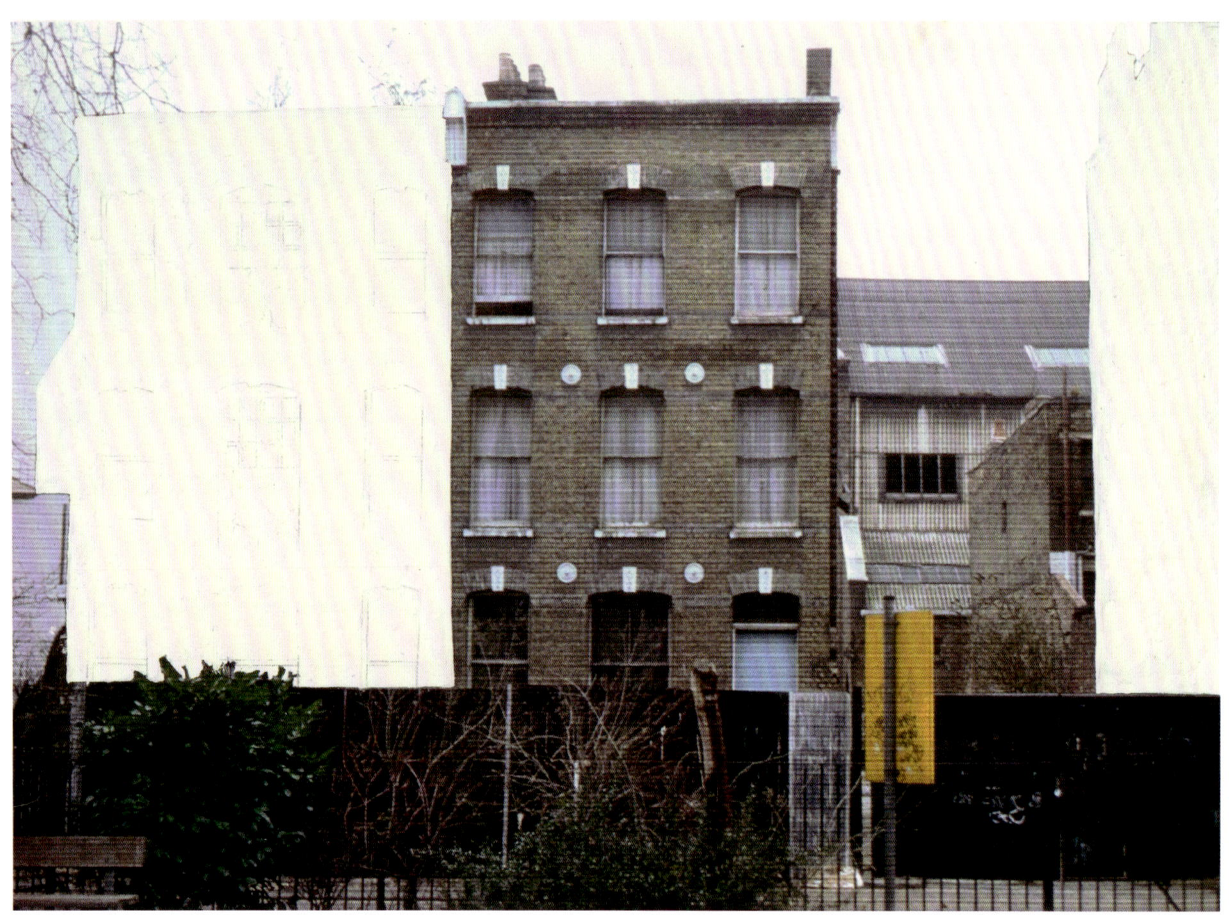

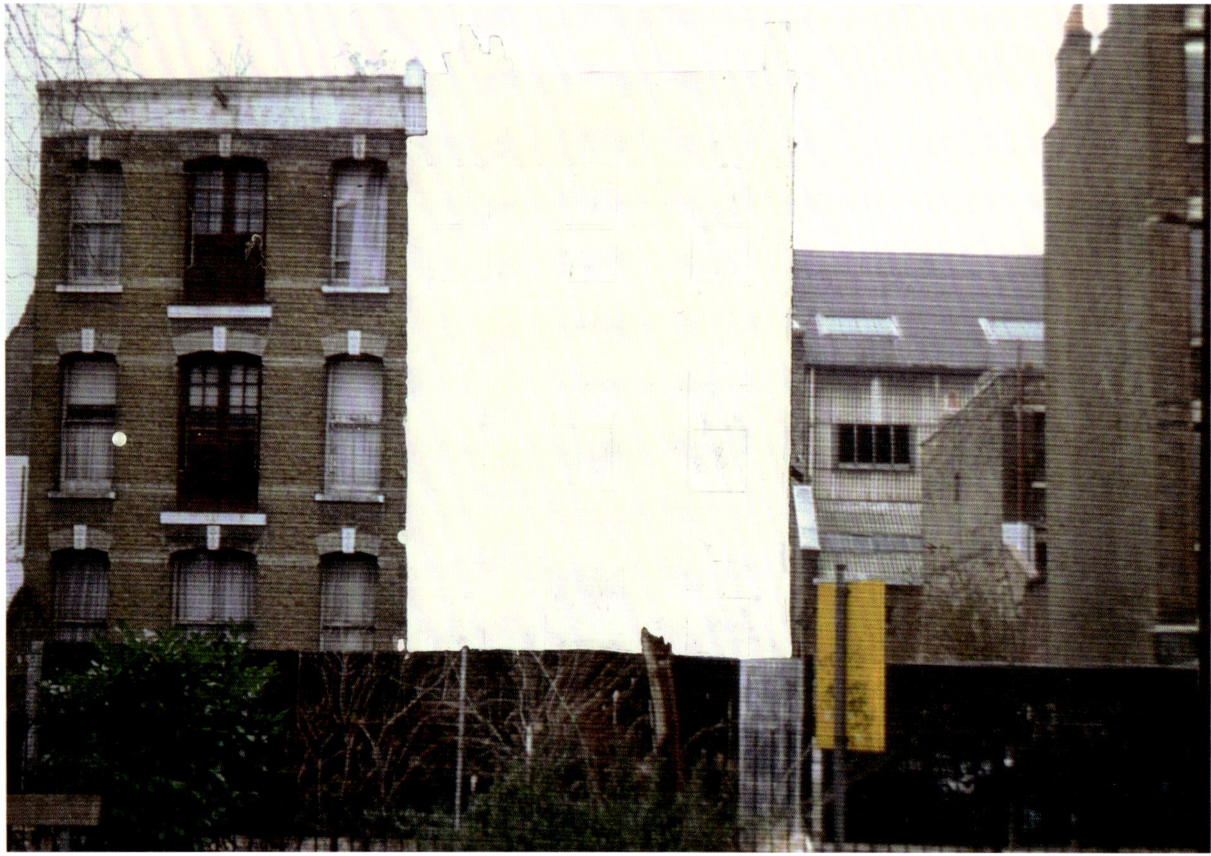

Studie für *House* 1992

Das Haus meiner Großmutter – Ilford

Ein Bungalow, mit Tomatenpflanzen im Gewächshaus
Eine tickende Uhr, ein helles Vorderzimmer
Der Geruch gekochter Kartoffeln und Fleisch mit Soße
Bourneville-Schokolade und Whist-Runden, seltsam anmutende
Strickpuppen für Toilettenpapierrollen
Terrakottafliesen
Marienkäfer
Geranien
Spielkarten
Rauer Sofabezug
Zitronengelber Badvorleger
Blaues Badezimmer
Kochtöpfe aus Aluminium
Karierte Tischdecke auf blauem Resopaltisch
Kieselrauputz an den Wänden
Farbige Bleiglasfenster in der Haustür

Rachel Whiteread
2007

Rachel Whiteread und James Lingwood
im Gespräch mit Ann Gallagher

House

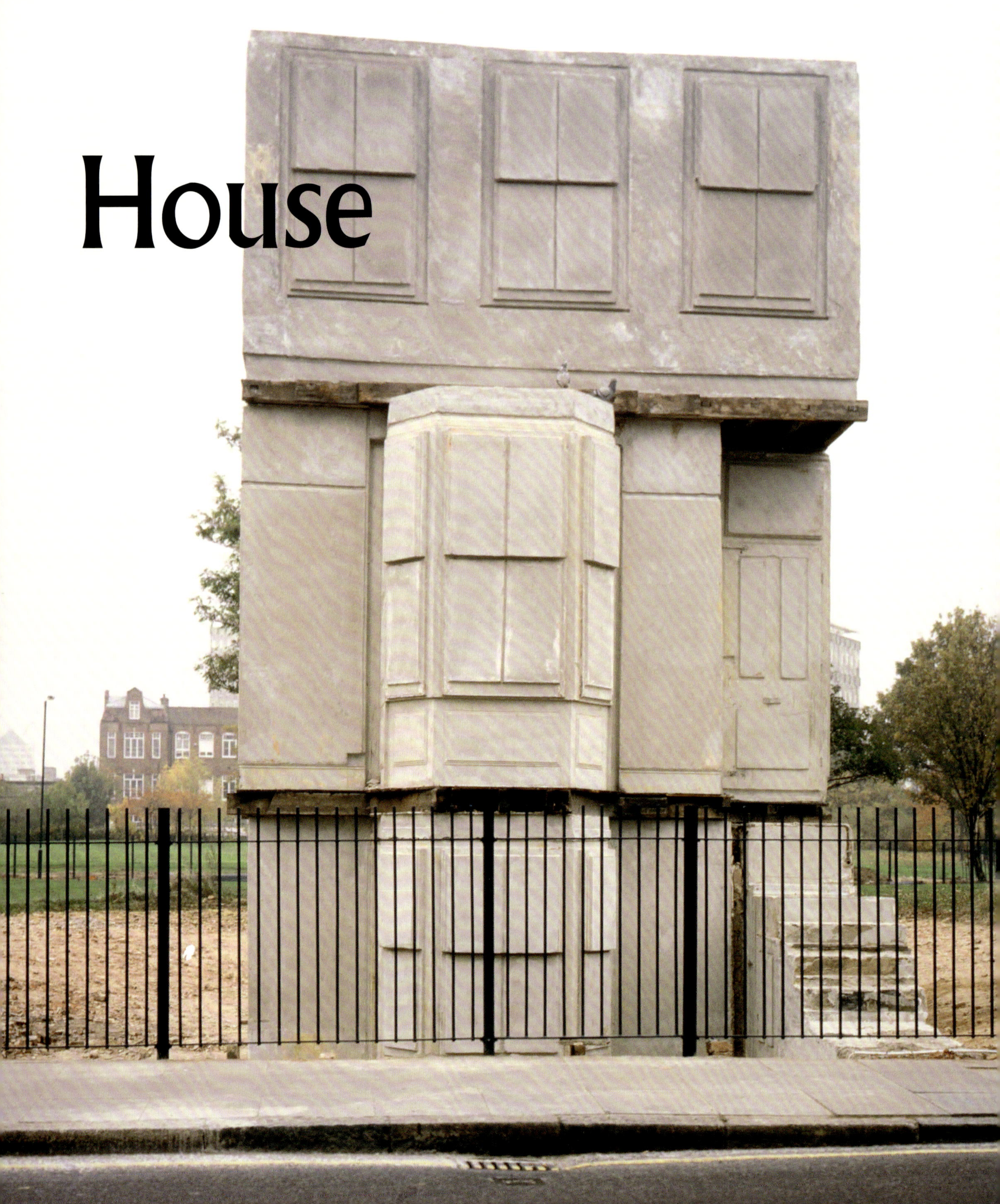

Rachel, zunächst möchte ich Sie nach dem Atelierbesuch fragen, den James Ihnen 1991 abgestattet hat.

RW: Ich erinnere mich noch ganz deutlich daran. James kam in die Carpenter's Road, in einen fantastischen Atelierkomplex im East End, der nicht mehr besteht. Die Gegend ist heute Teil des Olympiaparks. James landete also bei mir, wir tranken Tee, sprachen über dies und jenes. Und dann fragte er ganz beiläufig: »Also, gibt es da etwas, woran Du gern arbeiten würdest?« Und ich meinte: »Ja, eigentlich schon – ich würde wirklich gern ein ganzes Haus abgießen.« Da sagte er mit leuchtenden Augen: »Toll, das machen wir.« So war das. Wir mussten nur noch überlegen wie.

Und war das etwas, womit Sie in Gedanken schon gespielt hatten, ohne aber zu wissen, wie man es realisieren könnte?

RW: Die Ausführung von *Ghost* [S. 49] hat mich sicher drei- oder viertausend Pfund gekostet, und Geld hatte ich damals wirklich nicht – ich lebte vom Enterprise Allowance Scheme[1] und bekam Fördergelder von einigen Stellen. Beim Abformen musste ich damals immer wieder an die Verbindung der Räume untereinander denken und wie großartig es wäre, einmal ein ganzes Haus zu gießen. Aber ich hatte keine Ahnung, ob ich mir das jemals würde leisten können. Als James dann dazu bereit war, war das wie ein Geschenk.

JL: Michael [Morris] und ich hatten Anfang des Jahres unsere Zusammenarbeit an Artangel begonnen. Wir nahmen uns etwas Zeit, um konkret über die Aufgaben von Artangel nachzudenken, und dazu gehörte es auch, Gespräche mit Künstlern zu führen.

Ist die Idee zu *House* zeitgleich mit jener zu den Plastiken gereift, an denen Sie, Rachel, in den späten 1980er-Jahren gearbeitet haben? Als Sie damals kleinere Räume etwa für *Closet* [S. 26] abformten, hatten Sie da schon *House* im Sinn? Oder war es eher ein organischer Prozess, in dem ein Werk nahtlos zum nächsten führte?

RW: Mit der Zeit wuchs mein Selbstvertrauen in Bezug auf den Schaffensprozess, auf den Maßstab und so fort. Jedenfalls dachte ich schon während der Arbeit an *Ghost* daran, etwas noch Größeres zu machen. Und das ist heute noch so …

JL: Nach *House* schickte mir Rachel eine Postkarte mit einem Hochhaus darauf und schrieb: »Wie wär's damit?«

Da dachten Sie sicherlich: »Das ist ja wohl nicht ihr Ernst!«?

JL: Ich dachte: »Eine fantastische Idee.« Und das denke ich noch immer.

RW: Man spielt ja in Gedanken durch, was realisierbar ist, aber die nötigen Werkzeuge, die muss man erst finden. Ich hatte also schon daran gedacht – eben als eine Hoffnung und ein Traum.

House 1993

Es gehört doch auch ein gewisses Vertrauen dazu, wenn man bei der Ausführung eines derart komplizierten Projekts die Hilfe anderer in Anspruch nehmen muss, nicht wahr?

RW: Unbedingt. Es war ein wenig, wie wenn der Blinde den Blinden führt [lacht]. Wir hangelten uns gemeinsam den Weg entlang. Und schon in einer frühen Phase sprachen wir mit Fachleuten, vor allem mit dem genialen Bauingenieur Neil Thomas, der sofort meinte: »Das ist ganz einfach, du legst da ein neues Fundament, und hier …« Als er es mir auf einem Briefumschlag aufzeichnete, dachte ich: »Klar, so klappt das.« Aber natürlich war es viel komplizierter – wir mussten die richtigen Werkstoffe auftreiben, den richtigen Bauunternehmer für die Zusammenarbeit finden, hinzu kam der Umgang mit den Bauarbeitern und all das.

JL: Mir war klar, dass Rachel sich schon eine Weile mit der Idee befasst haben musste – wie lange, wusste ich zwar nicht, aber die Klarheit, mit der sie darüber sprach, ließ erkennen, dass es nicht nur so dahingesagt war. Unser Gespräch war sehr konkret, und schon bald begannen wir, über das Wie nachzudenken und auch über das Wo.

Über den Baustil …

JL: Ja. Welche Art von Gebäude, in welchem Stadtteil von London. Es war klar, dass es irgendwo in einem Abrissgebiet sein musste.

RW: Mir war sehr wichtig, dass es kein Haus war, in dem noch jemand wohnen konnte.

JL: Ein weiterer Aspekt war, dass es ein Haus sein sollte, das von allen Seiten einsehbar war, das nicht nur eine Vorder- und eine Rückseite hatte. Es sollte so dreidimensional sein wie *Ghost*.

RW: Oder ein Reihenendhaus. Meine Freundin Rachel Wyndham suchte nach infrage kommenden Gebäuden und machte Vorschläge für potenzielle Standorte.

JL: Ja, sie leistete Detektivarbeit vor Ort, sah sich Bauanträge an, zum Abriss bestimmte Areale, kommunale Bauvorhaben. Ich glaube, auf den Norden und Nordosten Londons haben wir uns vor allem deshalb konzentriert, weil du dort aufgewachsen und mit dem Gebiet vertraut bist, Rachel …

RW: Und zwischenzeitlich ging ich als DAAD-Stipendiatin nach Berlin. Allerdings schickte man mir Unterlagen, und ich kam auch ab und an nach London, um mir Häuser anzusehen. Sie waren aber aus dem einen oder anderen Grund nicht richtig oder kamen nicht infrage. Dann stießen wir auf die Grove Road in Bow. Der Großteil der Reihenhäuser war schon abgerissen, als wir dorthin kamen, aber einige standen noch, darunter auch eines, das noch bewohnt war.

Und das war das Haus von Mr. Gale?

RW: Ja. Alle anderen waren schon in Sozialwohnungen übergesiedelt worden, aber Mr. Gale blieb, weil er ein eigenes Haus haben wollte, keine enge Wohnung. Letztlich setzte er sich durch und zog in ein Haus um die Ecke. Er war einverstanden mit dem Abgießen seines alten Hauses, in gewisser Weise fühlte er sich geehrt, und seine Tochter, die bei ihm lebte, war ganz begeistert.

Sie haben ihn also besucht und Ihr Vorhaben genau erklärt?

JL: Ja. Wir führten etliche Gespräche mit Mr Gale. Gleichzeitig sprachen wir auch mit Vertretern des Neighbourhood Council (Bezirksrat) von Bow und einigen Leuten aus dem Planungsteam für Tower Hamlets. Natürlich war Mr. Gales Zustimmung erforderlich.

War es interessant, die Familie kennenzulernen, die bis unmittelbar vor der Räumung in dem Haus gewohnt hatte?

JL: Du durftest doch im Haus fotografieren, nicht wahr?

RW: Ja. Es war ein echtes Heimwerker-Juwel der 1960er und 1970er. Er hatte sich richtig ausgetobt, eine Cocktailbar ins Wohnzimmer gesetzt, überall Einbauten und Verblendungen, so wie bei Modernisierungsarbeiten in der Zeit üblich. Dazu alle möglichen Tapeten von anno dazumal, es war ja ein viktorianisches Haus. Und bei den Räumarbeiten im Vorfeld des Gießvorgangs entdeckte ich in einem Schuppen hinten im Garten viele Medaillen und andere Dinge, die er im Lauf der Jahre verloren geglaubt hatte; als ich sie ihm gab, war er hocherfreut. Wir hatten also ein sehr gutes Verhältnis, erst später, in der Presse, da wurde es absurd, da hat man ihm Worte in den Mund gelegt … Was sagte er noch?

JL: Ich erinnere mich an die Schlagzeile: »Wenn das Kunst ist, dann bin ich Leonardo da Vinci.« Aber das war später. Die ganze Medienaufmerksamkeit, das war sehr schwer für ihn. Ein Umzug ist ohnehin eine Strapaze, da war es kaum verwunderlich, dass ihm der ganze Trubel gegen den Strich ging. Es macht einem sicher auch zu schaffen, wenn man zusehen muss, wie die komplette Häuserzeile verschwindet, während man weiter da wohnt. Im Grunde war er unzufrieden mit dem Council, wie der mit ihm umgesprungen war.

Die Erstgenehmigung kam also vom Neighbourhood Council von Bow?

JL: Ja, ein kleiner Kreis von sechs oder sieben Leuten als Vertreter der örtlichen Bezirksverwaltung. Es gab keine Einstimmigkeit, nur eine knappe Mehrheit zugunsten der Genehmigung. Wir fanden auch Unterstützung und echtes Interesse bei einigen Teamleitern in der Planungsgruppe von Tower Hamlets. Die Baugenehmigung sah eine Dreimonatsfrist für die Ausführung der Plastik, ihre Präsentation und anschließende

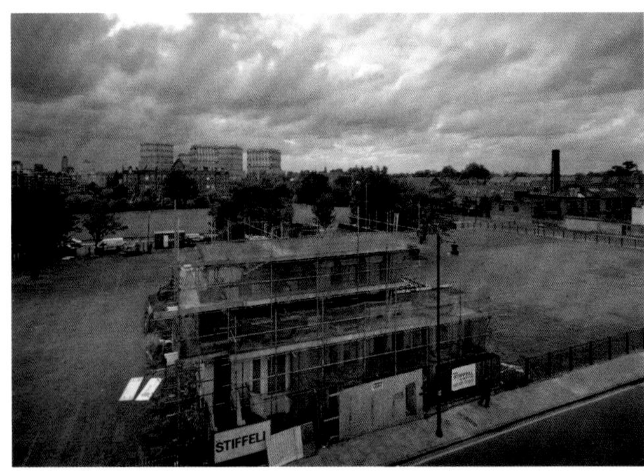

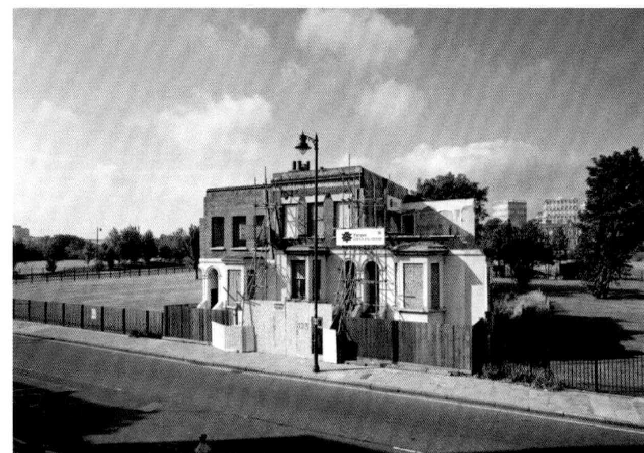

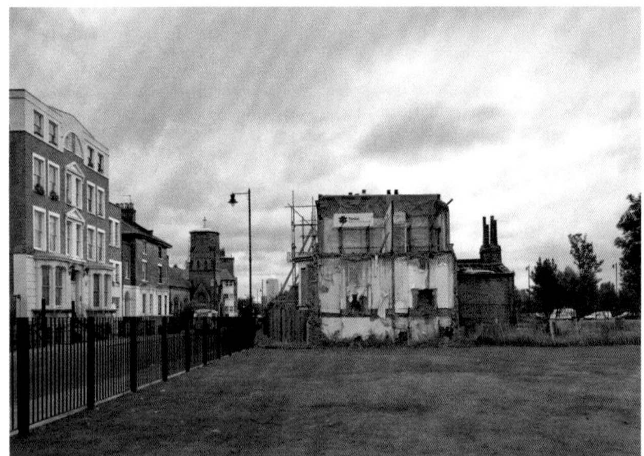

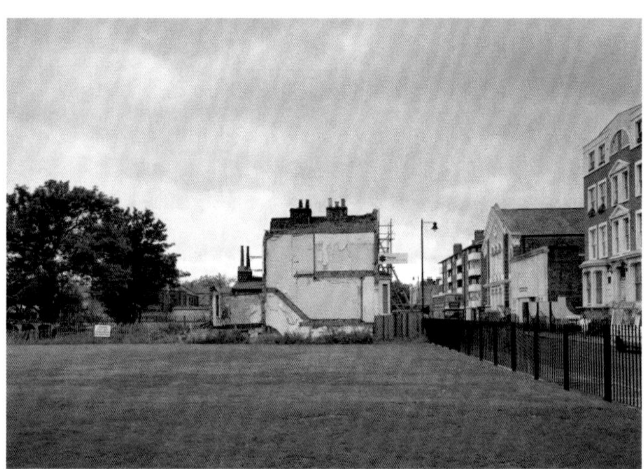

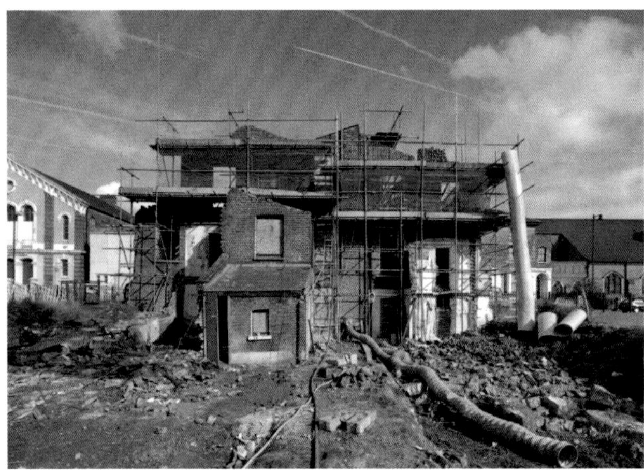

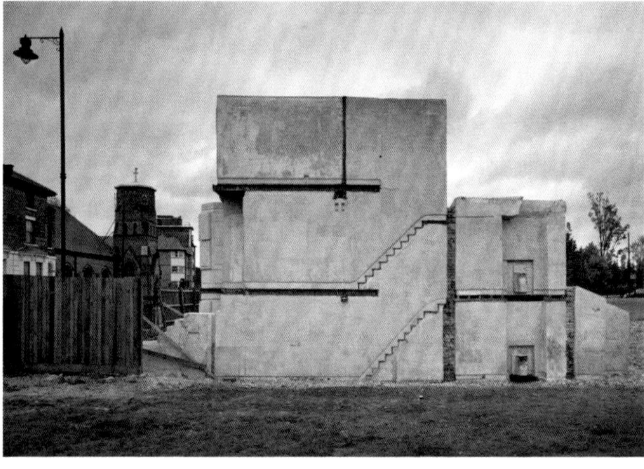

Fotografien von *House*, aufgenommen von John Davies (1993)

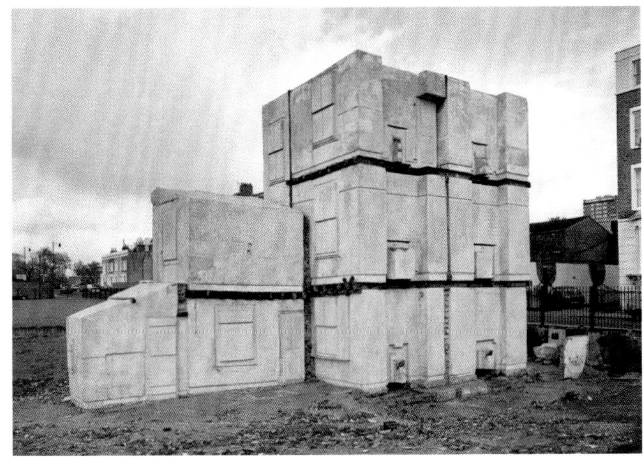
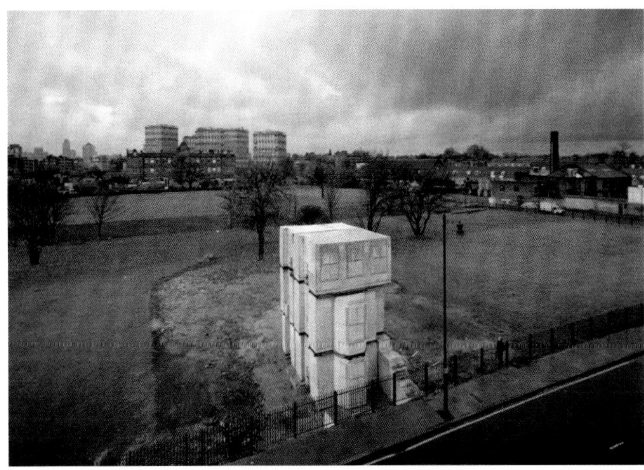
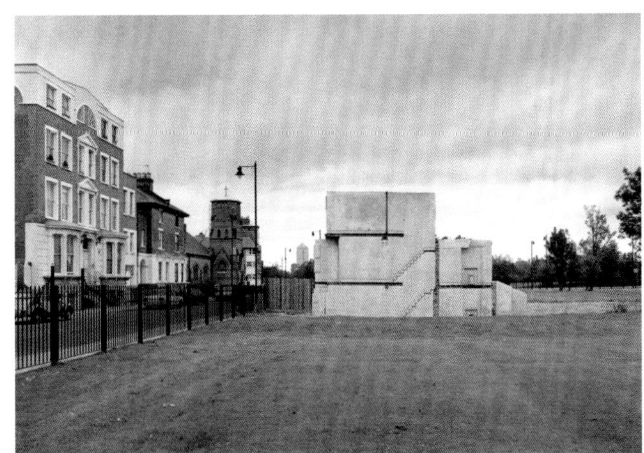
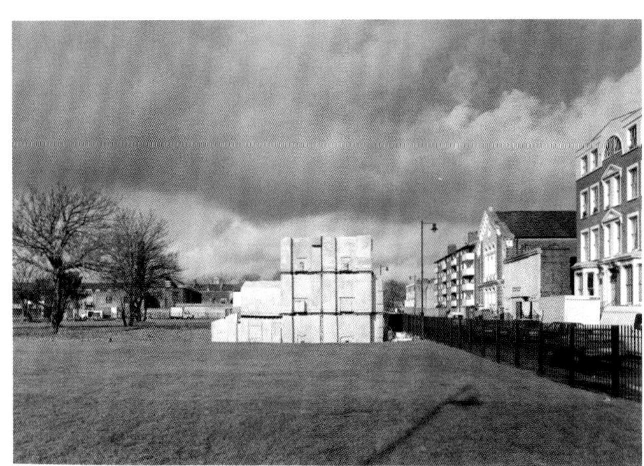
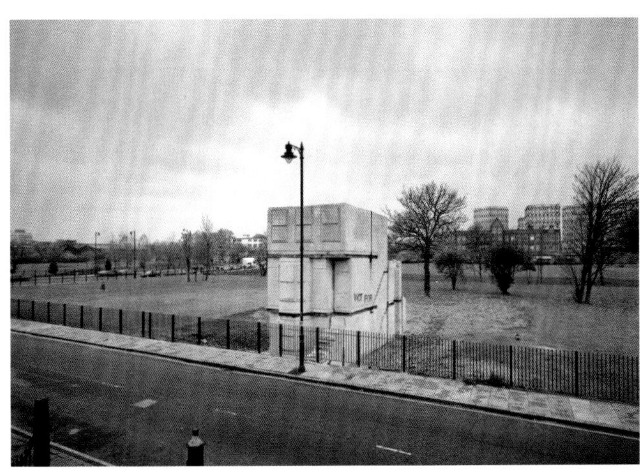
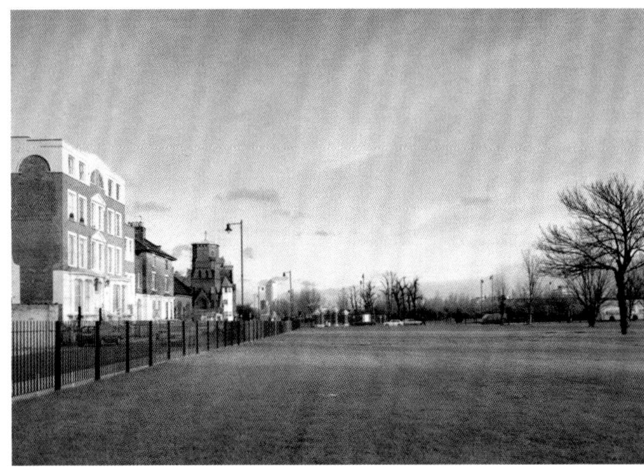

Beseitigung vor. Lächerlich kurz, aber für eine längere Frist wäre ein deutlich aufwendigeres Genehmigungsverfahren erforderlich gewesen.

Und der Abriss der Häuser stand ja bereits fest, sie sollten einem Park weichen.

RW: In diesem Abschnitt der Grove Road standen einmal etwa zwanzig Häuser, sie wurden abgerissen, um Platz für Thatchers »grünen Korridor« zu schaffen, der sich in Richtung Canary Wharf erstrecken sollte – ein angeblich für alle positives Planungsvorhaben. Zwar gab es durchaus Begeisterung für die Errichtung der Plastik, aber gleichzeitig auch so einen seltsamen Widerstand, das war schon aufreibend.

JL: Ich denke, das politische Umfeld vor Ort war sehr prekär.

Inwiefern?

JL: Die British National Party[2] war damals sehr präsent in Tower Hamlets, und 1993 zog sie bei Nachwahlen in den Bezirksrat der Isle of Dogs ein. Außerdem war das Verhältnis zwischen den örtlichen Vertretern der Labour Party und den Liberal Democrats äußerst angespannt. Die Liberal Democrats dominierten im Rat, und ihr Parteichef war von Anfang an entschieden gegen das Projekt. Ich weiß nicht, ob er darin eine Chance sah, eine gewisse Wählerschaft zu mobilisieren, oder ob ihm die Idee grundsätzlich missfiel – jedenfalls war er aufgebracht darüber, dass der Neighbourhood Council seine Zustimmung erteilt hatte. Defizite in der Wohnraumversorgung waren ein heißes Thema damals, und es herrschte der Eindruck, dass einige Kreise der Gesellschaft bevorzugt behandelt wurden. In diesem emotional so stark aufgeladenen Gesprächsklima wurde Rachels Projekt zum Blitzableiter.

Die Gentrifizierung – hatte sie dort schon eingesetzt? Thatchers Politik des »Right to Buy«, des Verkaufs kommunaler Wohnbestände, wirkte sich doch sicherlich bereits aus.

JL: Den Zuzug aus anderen Londoner Stadtbezirken oder von weiter außerhalb gab es schon seit längerer Zeit, mindestens zehn Jahre. In den 1980ern hat sich das East End völlig gewandelt. Der Stadtteil zog alle möglichen Leute an, die nach Atelierraum suchten, nach günstigem Wohnungen oder heruntergekommenen Häusern, die sie renovieren konnten. In den Jahrzehnten davor waren es eher Einwanderer, die ins East End zogen, vor allem aus Bangladesch, aber in den 1980ern kamen hauptsächlich Studenten, Künstler, Yuppies. Man darf nicht vergessen, in den späten 1980ern und frühen 1990ern gab es eine schwere Rezession. Es herrschte damals große Armut in dem Viertel, es kam zu Spannungen und Konflikten. Ich fand immer, dass der Blick auf *House*, mit Canary Wharf im Hintergrund, zwei oder drei Kilometer entfernt, als Gegenüberstellung ungeheuer bezeichnend war.

RW: Wobei sich die Feindseligkeit damals wohl eher gegen die Regierung richtete, wegen der Diskrepanz zwischen dem Versprechen, für bessere Wohnverhältnisse zu sorgen, und dem, was tatsächlich geschah.

Als Sie dann die Genehmigung hatten, war die relativ kurze Zeit, in der die Arbeit realisiert wurde, sorgenfrei? Konnten Sie sie genießen?

JL: Unser Vorhaben hatte ein formales Verfahren auf lokaler Ebene durchlaufen. Es äußerten sich dann verschiedene Personen, die interessiert, besorgt oder dagegen waren. Aber das spielte sich damals nicht in der Öffentlichkeit ab. Nachdem der Council seine Genehmigung erteilt hatte, hörten wir eine ganze Weile nichts mehr.

RW: Wir haben einfach weitergemacht, im Haus gearbeitet. Ganz zu Anfang ist jemand dort eingedrungen und hat zwei der originalen Kaminöfen gestohlen, das war wirklich sehr ärgerlich. Daraufhin mussten wir nachts dort Wachpersonal aufstellen – ziemlich unangenehm für den armen Kerl, der da im Feuchten sitzen musste. Aber als die Arbeiten so richtig in Gang kamen, dachten alle, es wäre eine Baustelle, und wir konnten in Ruhe weiterschuften.

JL: Zu dem Zeitpunkt waren die Sorgen vor allem technischer, logistischer und finanzieller Natur. Neil Thomas hatte uns bereits großartig beraten, trotzdem hatten wir Bedenken, ob das Vorgehen so umzusetzen sein würde wie geplant. Die Technik war ja ganz anders als bei Rachels bisherigen Abformungen, denn es ging nicht darum, Gips in aller Ruhe von Hand im Atelier aufzubringen, sondern es wurde Beton mit hohem Druck verspritzt, und das im Innenraum. Das Ganze war physisch extrem fordernd.

RW: Unsere Arbeitsumgebung war sehr unangenehm. Zuerst wurde Trennmittel auf die Wände aufgebracht, dann musste der Bewehrungsstahl eingebunden, eine erste, sehr dünne Schicht Beton aufgetragen werden, dann die Hinterfüllung. Wir waren von Kopf bis Fuß mit dem Zeug bedeckt, trugen Masken, und von außen wurde Atemluft in den Anzug geblasen. Es war wirklich furchtbar.

Innenansichten von *House* 1993

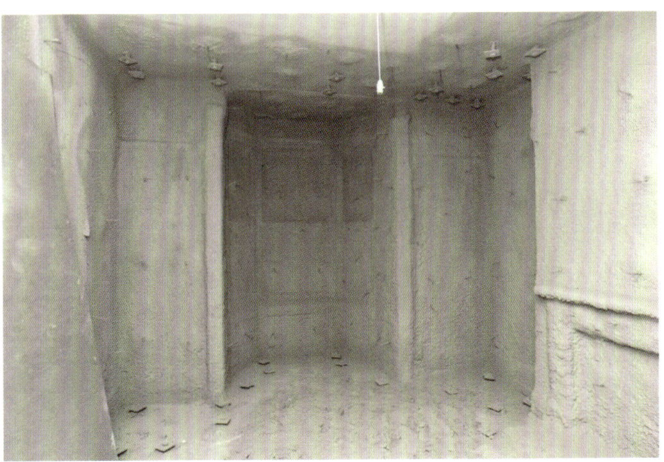

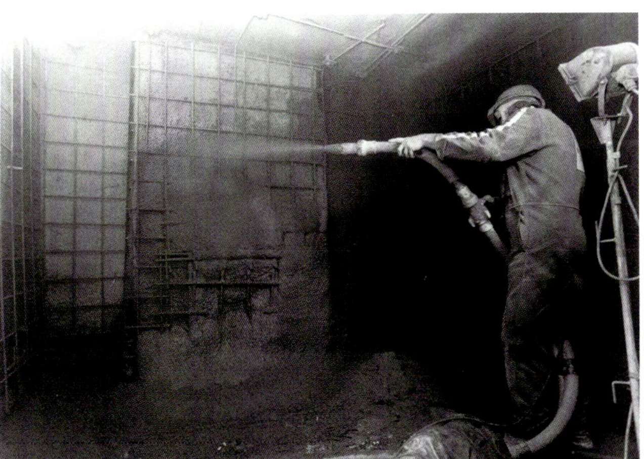

JL: Es war dasselbe Verfahren, mit dem Spritzbeton auf die Innenwände des Eurotunnels aufgebracht wurde, natürlich im Mikromaßstab. Aber die erfolgreiche Realisierung der Plastik stand und fiel damit, dass das Trennmittel richtig funktionierte.

Da waren Sie sich nicht sicher, bevor die Wände abgenommen werden sollten?

RW: Wir hatten zwar Tests durchgeführt, aber das war nun die Realität. Der Betonkern musste lange ruhen, bevor die Gussform entfernt werden konnte, denn wir hatten das gesamte Gebäude ausgegossen. Also musste es eigentlich klappen, aber man weiß ja nie …

JL: Jedenfalls hatten wir nur einen Versuch.

RW: Die Lage war wirklich sehr angespannt. Als wir dann den letzten Rest verfüllt hatten und über das Dach ausstiegen, meinten die Bauarbeiter: »Komm schon, Rach, können wir es nicht einfach so lassen, mit einem Loch im Dach?«

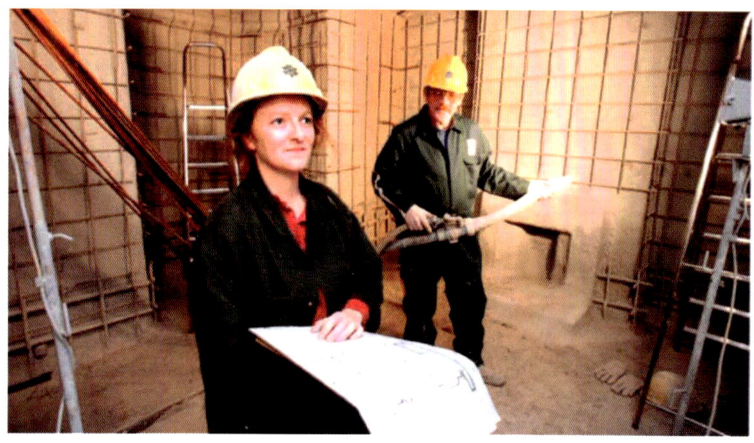

Im Inneren von *House* 1993

Und ich sagte: »Ausgeschlossen! Es muss ganz ausgefüllt sein – ohne einen Weg hinein oder hinaus.« Also verfüllten wir schließlich noch das Loch, und dann musste der Beton sich zwei Wochen lang setzen und aushärten. Als wir dann begannen, die Wände zu entfernen, stellten wir fest, dass das Trennmittel funktioniert hatte, das war eine große Erleichterung. Das Ablösen ging dann zügig. Es war richtig spannend, als der Betonkern hervorkam.

JL: In dieser letzten Phase, dem Herauslösen der fertigen Form, da war das Haus vollständig von Baugerüsten und Netzen verdeckt, sodass es von außen nicht einsehbar war. Wir konnten zwar schon erkennen, dass die Details – Fenster, Türen usw. – den Abdruck hinterlassen hatten, so wie wir es uns erhofft hatten, aber es war noch nicht so weit, dass wir zurücktreten und das Ganze in den Blick nehmen konnten.

Und ab da setzte dann der Presserummel ein?

JL: Wir hatten ganz bewusst keine Pressemitteilung herausgegeben. Wir mussten alle unsere Kräfte auf die Arbeit richten und konnten keine

Ablenkung durch Diskussionen gebrauchen über etwas, das noch nicht einmal zu sehen war. Aber als das Baugerüst abmontiert war und die Arbeit zum Vorschein kam, da war es, als hätte man einen Schalter umgelegt.

Sie müssen beide überrascht gewesen sein von dem Aufruhr, der sofort losbrach?

RW: Völlig. Ich war körperlich und geistig noch ausgelaugt von den Anstrengungen.

JL: Das Planen, Ausführen, Abwarten, Freilegen – das alles war ungeheuer aufreibend. Es war ein einziger langer Kampf, das Ganze auf die Beine zu stellen. All dies nahm uns völlig in Anspruch, und wir waren gar nicht darauf vorbereitet, was da noch auf uns zukommen sollte. Das übertraf alles, was wir bis dahin kannten.

RW: Und man muss auch bedenken, dass es damals anders war, Kunst hatte noch nicht dieses Rock-'n'-Roll-Image in den Medien.

Es war eher ungewöhnlich, dass die Presse sich für ein Kunstwerk interessierte.

RW: Die letzte echte Kontroverse, an die ich mich erinnern konnte, war der Ankauf von [Carl Andres] Ziegelsteinen durch die Tate. Insofern waren das echte, ehrliche Interesse und die intellektuelle Auseinandersetzung mit unserem Werk schon überraschend. Aber parallel geschah auch anderes. Wir mussten ein Gleichgewicht zwischen den Extremen finden, uns eine dicke Haut zulegen, und zwar schnell. Die Verleihung des Turner Prize stand an – ich war nominiert –, und dann hat mich The KLF (K Foundation) auch noch zur weltschlechtesten Künstlerin gekürt.

Wann ging Ihnen auf, dass es vielleicht möglich wäre, *House* länger stehen zu lassen? Dass ein permanentes Werk daraus werden könnte?

JL: Also, das sind zwei verschiedene Fragen. Ich glaube, eher unbewusst – oder vielleicht doch bewusst – hatten wir gehofft, nach der Enthüllung würde die Plastik für sich sprechen und von selbst überzeugende Argumente für eine längere Lebensdauer liefern. Um die Baugenehmigung überhaupt zu bekommen, hatten wir nur diese kurze Frist aushandeln können, sonst wäre der Anforderungskatalog ein ganz anderer geworden, und wir hätten ihn nie erfüllen können. Es war wohl in den ersten zwei Wochen, in denen die Plastik dort stand und so großes Interesse bei Presse und Fernsehen weckte, als wir begannen, darüber nachzudenken, ob *House* länger stehen bleiben sollte, aber immer noch als temporäre Lösung. Ich war entschieden gegen eine dauerhafte Aufstellung – so war meine Haltung. Damals fand ich, dass ein Projekt, das sich mit dem Thema Erinnerung befasst, interessanter ist, wenn es selbst zu einer Erinnerung wird. Außerdem war ich mir darüber im

Klaren, dass eine Fristverlängerung vielleicht machbar, eine permante Aufstellung, rein pragmatisch gesehen, aber ausgeschlossen war.

RW: Wir waren wohl beide immer davon ausgegangen, dass das Werk nicht permanent sein sollte. Aber es gab die Forderung – und jedenfalls bei mir auch den Wunsch – nach einer Verlängerung, wenigstens um eine kurze Zeit. Dies auch, weil die Errichtung sechs Wochen länger gedauert hatte als geplant, also blieben nur sechs Wochen für die Präsentation, und das schien unverhältnismäßig für ein Projekt, dessen Realisierung zwei Jahre in Anspruch genommen hatte.

Was wäre für Sie die ideale Dauer gewesen?

RW: Wenn es ein Jahr hätte stehen können, das wäre wirklich schön gewesen. Am Ende waren es nur knapp drei Monate.

JL: 80 Tage. Die beiden Extrempositionen – »das gehört sofort abgerissen, ein echter Schandfleck«, und »dieses Meisterwerk sollte auf Dauer dort stehen« – passten genau zum Geist der damals kontrovers geführten Debatte. Insofern war der etwas differenziertere Vorschlag einer vorübergehenden Fristverlängerung etwas zu komplex für den verkürzten Diskussionsstil der damaligen Zeit.

RW: Charles Saatchi, seinerzeit eine sehr mächtige Figur im Kunstbetrieb … ich weiß nicht, ob er Kaufinteresse hatte, aber er bot an, *House* umsetzen zu lassen, es anzuheben und in die [Galerie in der] Boundary Road zu überführen.

JL: Und es kam noch eine weitere Anfrage, ob man es nach Milton Keynes versetzen könnte.

RW: Aber ich hatte kein Interesse an einer Umsetzung. Ich fand das in dem Fall nicht richtig. Der Standort hatte besondere Bedeutung.

JL: Die Arbeit war nicht daraufhin konzipiert worden, ortlos und nomadisch zu sein. Die meisten anderen Plastiken von Rachel waren das ja, und darin lag ein wesentlicher Unterschied. Im Atelier hätte die Arbeit eine ganz andere Gestalt angenommen. Alle Texturen, alle Unwägbarkeiten des Prozesses waren, so scheint mir, an diesem Ort besonders sinnfällig, hatten eine spezifische Bedeutung in der Grove Road. Wir wissen natürlich nicht, wie sich eine Umsetzung auf das Werk ausgewirkt hätte, aber das interessierte uns nicht.

An dem Tag, an dem Rachel den Turner Prize erhielt, mussten Sie, James, ihr die Nachricht von der Ablehnung einer Fristverlängerung für *House* überbringen. Sie haben diesen Tag einmal als den schlimmsten Ihres Lebens bezeichnet.

JL: Natürlich war es ein schlimmer Tag, und der Überbringer schlechter Nachrichten zu sein, ist immer unangenehm! Vor allem in der fieberhaften Atmosphäre der Preisverleihung. Man darf nicht vergessen, welche

Rolle der Turner Prize damals im Bewusstsein der Öffentlichkeit spielte, jeder hatte eine Meinung dazu – und nur selten war diese Meinung uneingeschränkt positiv.

Drei Dinge geschahen an dem Tag für Rachel. Zunächst die K Foundation – ich glaube, das war der Tiefschlag am Mittag, nicht wahr? Dann kam ich von der Sitzung mit der Mitteilung, dass der Neighbourhood Council eine Verlängerung abgelehnt hatte. Das war am frühen Abend, und mit der Nachricht fuhr ich von Bow zur Tate Gallery in Pimlico. Ich musste es Rachel in einem denkbar schlechten Ambiente mitteilen. Es gab keine Privatsphäre, keine Zeit zum Nachdenken. Wir mussten uns Rachels Dankesworte überlegen, für den Fall, dass sie den Preis erhalten würde, und als es dann so kam, löste das eine neue Lawine von Meinungsäußerungen aus.

Man muss aber sagen, dass *House* neben den Anfeindungen auch sehr viel Wohlwollen erfahren hat. Die Leute boten großzügig alle möglichen Hilfeleistungen an – moralische Unterstützung, finanzielle Hilfe, politische Ratschläge. Einmal kam ein Anruf von einem hohen Tier aus der Parteizentrale der Liberal Democrats, weil sie sich wegen ihrer Ortsgruppe in Tower Hamlets schämten. Wir fühlten uns nicht alleingelassen.

RW: *House* weckte großes Interesse, viel guten Willen. Ich glaube, die Leute fühlten sich wirklich als Teil von etwas. Vielleicht weil es ein Haus war, jeder weiß ja, was das ist, und verbindet etwas mit seinem Zuhause. Es ging etwas sehr Verbindendes davon aus, die Leute wollten mit dabeisein. Ich erinnere mich an unsere Party – da herrschte tolle Stimmung, alle waren sehr kollegial und solidarisch.

JL: Es gab viele positive Stimmen in der Presse und Unterstützung durch Autoren, Künstler, Architekten. Natürlich aus der Generation von Rachels Künstlerfreunden, aber ich erinnere mich auch an Unterstützung von Bildhauern wie Anthony Caro oder der Generation, die zehn Jahre früher hervorgetreten war, etwa Anish Kapoor, Antony Gormley, Richard Deacon, Bill Woodrow. Das hat uns viel bedeutet.

RW: Sehr viele Schriftsteller konnte ich später wieder ansprechen – Leute wie A. M. Homes. Ich habe auch versucht, Paul Auster zu einem gemeinsamen Projekt zu bewegen, aber er lehnte ab! Ich glaube, *House* hat auch deshalb so viel Aufmerksamkeit bekommen, weil es im öffentlichen Raum stand, in der Stadtlandschaft, jeder konnte es sehen, hatte davon gehört – es stand nicht abgeschieden hinter den Wänden einer Galerie oder eines Museums. Das war aber noch in der Zeit vor Antony [Gormleys] *Angel* – bevor eine Skulptur zu einem ikonischen Statement für den ganzen englischen Norden wurde, bevor Kunst so populär war!

JL: Du hast eben zu recht die Kontroverse um Carl Andres Ziegelsteine erwähnt, Rachel. Wann war das, Mitte der 1970er?

Das war damals fast zwanzig Jahre her.

JL: Es bestanden durchaus einige Parallelen zu der Ziegelstein-Kontroverse. Manche Aspekte waren identisch, das Thema Baustoffe, die vorgebliche Kunstlosigkeit und so weiter. Auch die Geldfrage natürlich. Teils holte die Boulevardpresse damals alte Feindbilder aus der Schublade, aber dann zeigte sich unangenehmerweise, dass die keine adäquate Erklärung bieten konnten. »Wir« gegen »die da« funktionierte nicht, denn ganz so einfach ließen sich die Fronten dann doch nicht ziehen. Die Meinungsbilder, lokale wie nationale, waren zu komplex, um sie so simpel herunterzubrechen. Mehrere Parteien und ihre Anhänger haben immer wieder für sich in Anspruch genommen, mit ihrer Haltung eine Art Konsens zu vertreten, das galt für die Befürworter genauso wie für die Gegner. Bei *House* dagegen kam es nie zu einem Konsens, jedenfalls nicht in den gut zwölf Wochen, die es dort stand.

Jeder hatte eine Meinung zu dem Thema.

JL: Wo man hinsah, wurden Meinungsverschiedenheiten ausgetragen, in der direkten Nachbarschaft, in Tower Hamlets, in ganz London, in den Zeitungen. Wir bekamen Unterstützung auf der Straße, von Leuten gegenüber, in dem Viertel; genauso gab es aber auch Widerstand bei den Leuten vor Ort, und dann ärgerten sich die einen über den Ärger der anderen. Dieses stumme Objekt – es war eher klein im Verhältnis zu dem ganzen Drumherum – stand einfach still und leise da, und die Leute projizierten ihre eigenen Interessen, die eigenen Erinnerungen darauf.

RW: Darum ging es wohl vor allem. *House* war etwas, wozu die Leute eine Meinung hatten, sich ein Urteil bilden konnten. Und das lag zum Teil daran, dass es draußen auf der Straße stand, und vielleicht auch daran, dass es nur für so kurze Zeit dort war. Heute sagen die Leute: »Ach, das habe ich gesehen. War das Ende der 1990er?« Und wenn ich sage: »Nein, Anfang der 1990er!«, dann überlegen sie: »Vielleicht habe ich es ja doch nicht gesehen?«

Es was so vertraut, dass man meinte, es gesehen zu haben.

RW: Genau. In Heathrow stiegen Amerikaner aus dem Flieger und fragten die Taxifahrer: »Können Sie mich zu diesem Haus fahren?«, und die Taxis brachten sie direkt dorthin, ganz ohne Adresse. Jeder Taxifahrer kannte es, und sie erinnern sich bis heute daran. Wenn mich Taxifahrer fragen, was ich beruflich mache und ich davon erzähle, dann sagen sie: »Ach ja, das kenne ich noch …« Das ist sehr berührend. Es erfüllt mich mit großem Stolz, dass ich die Arbeit geschaffen habe.

London, 7. Februar 2017

RECHTE SEITE UND S. 78/79:
House 1993

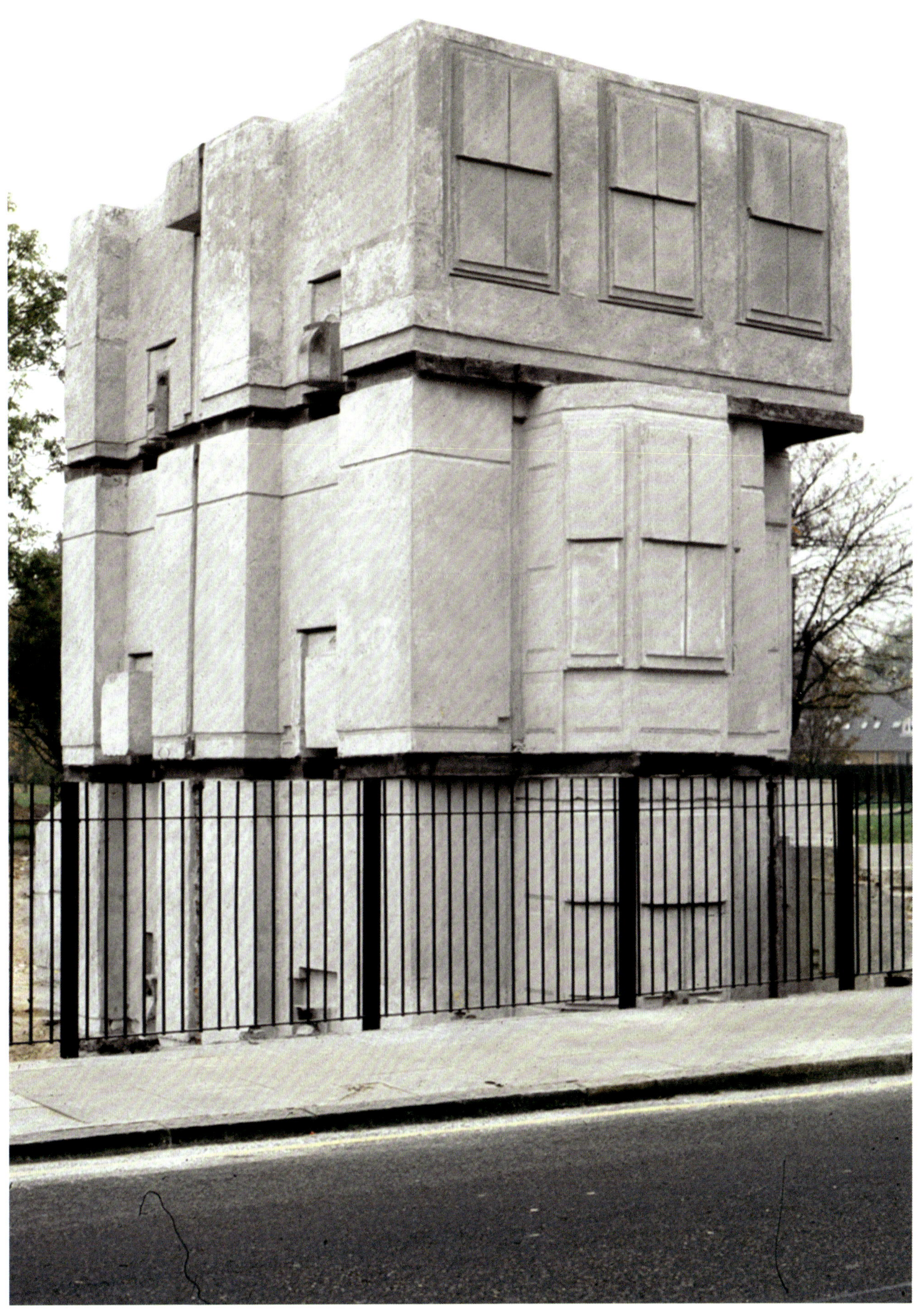

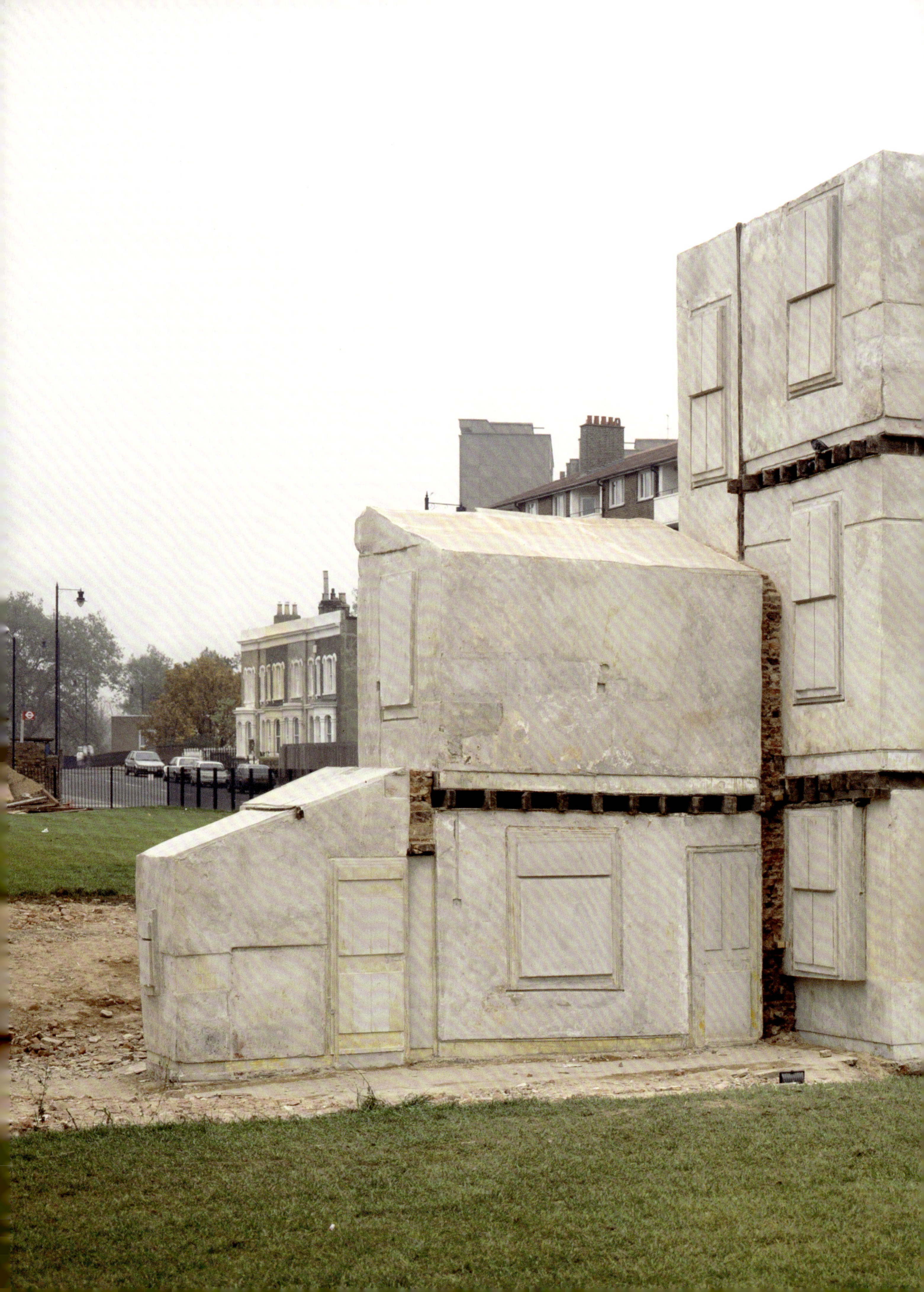

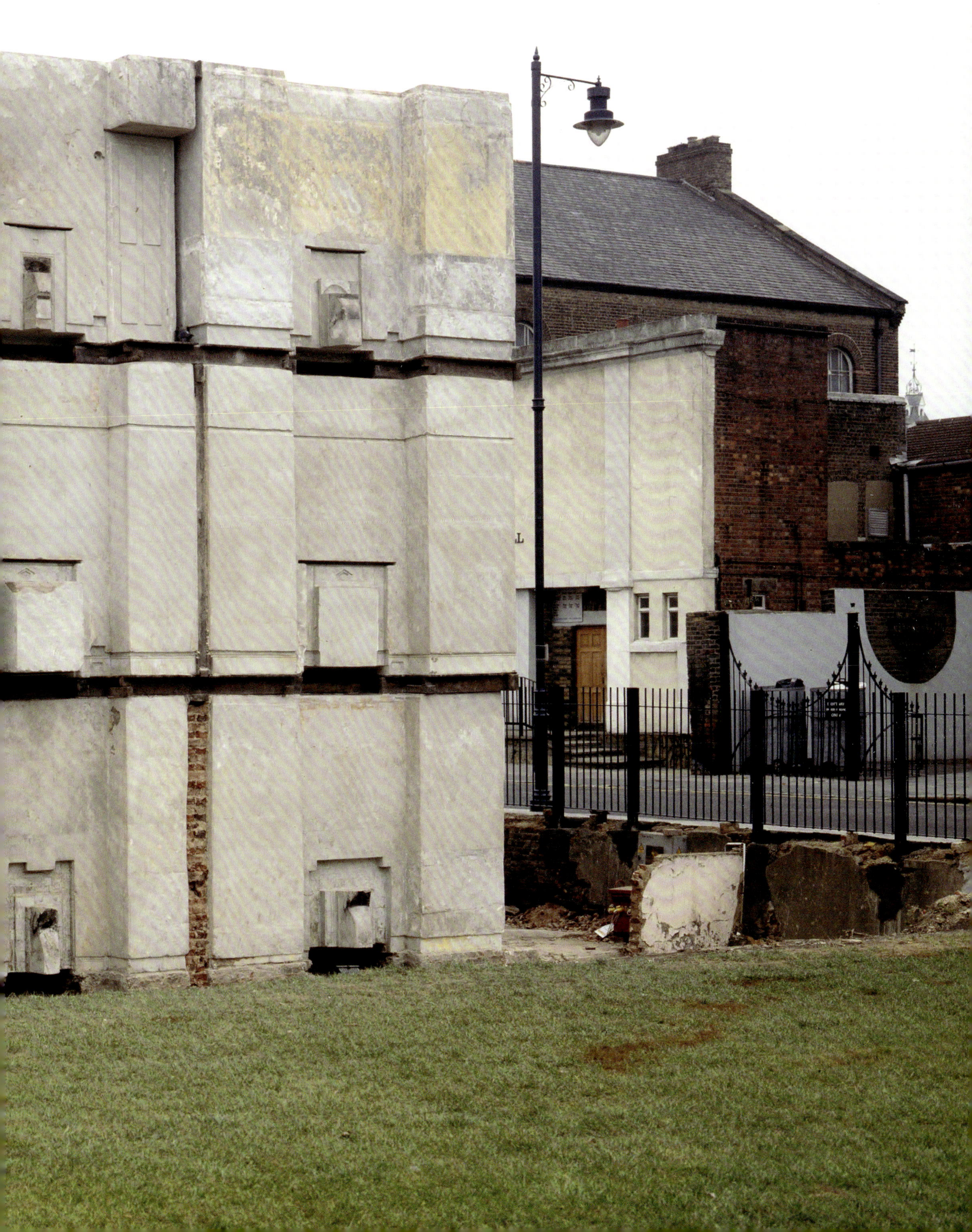

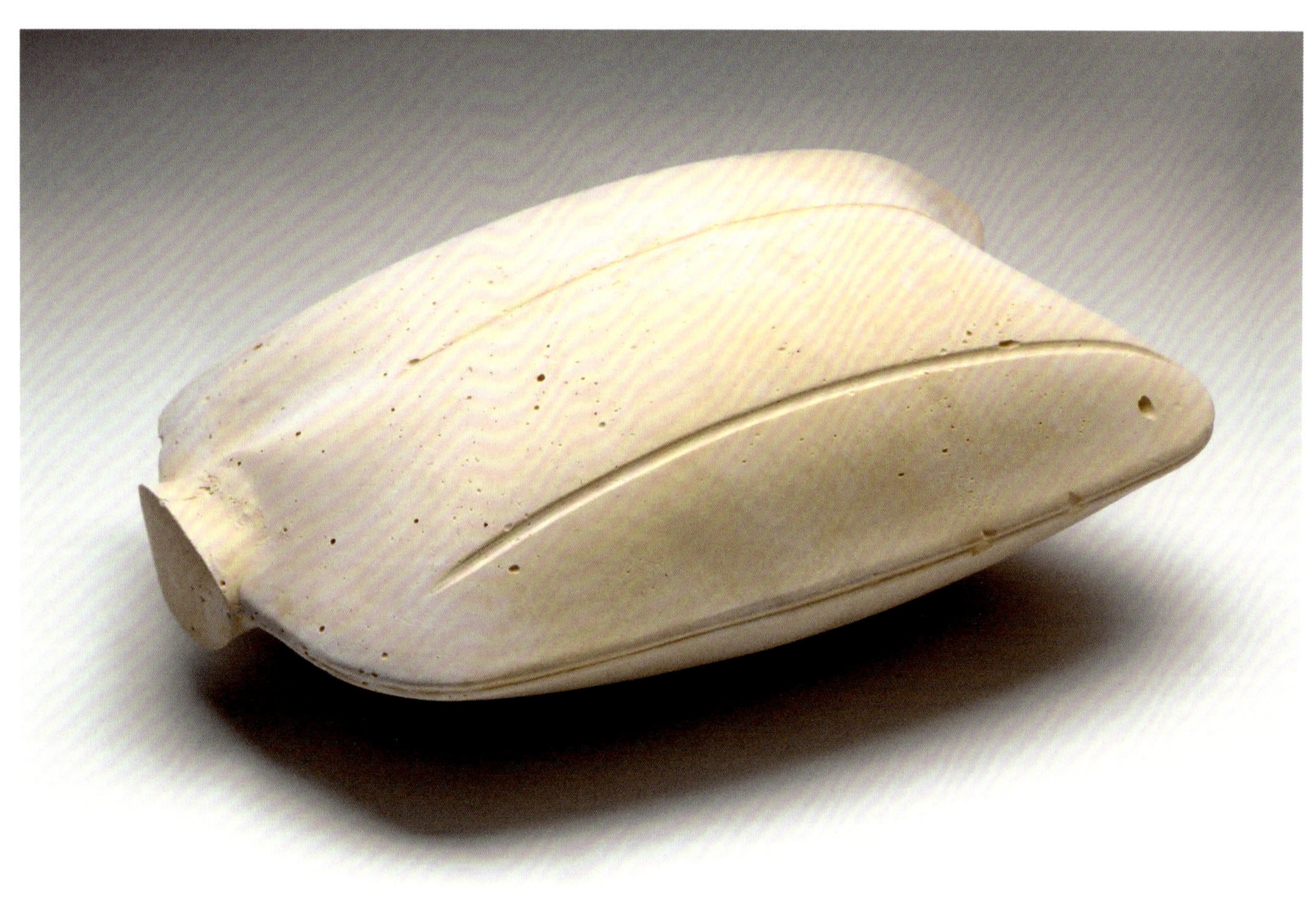

Untitled (Yellow Torso) 1991

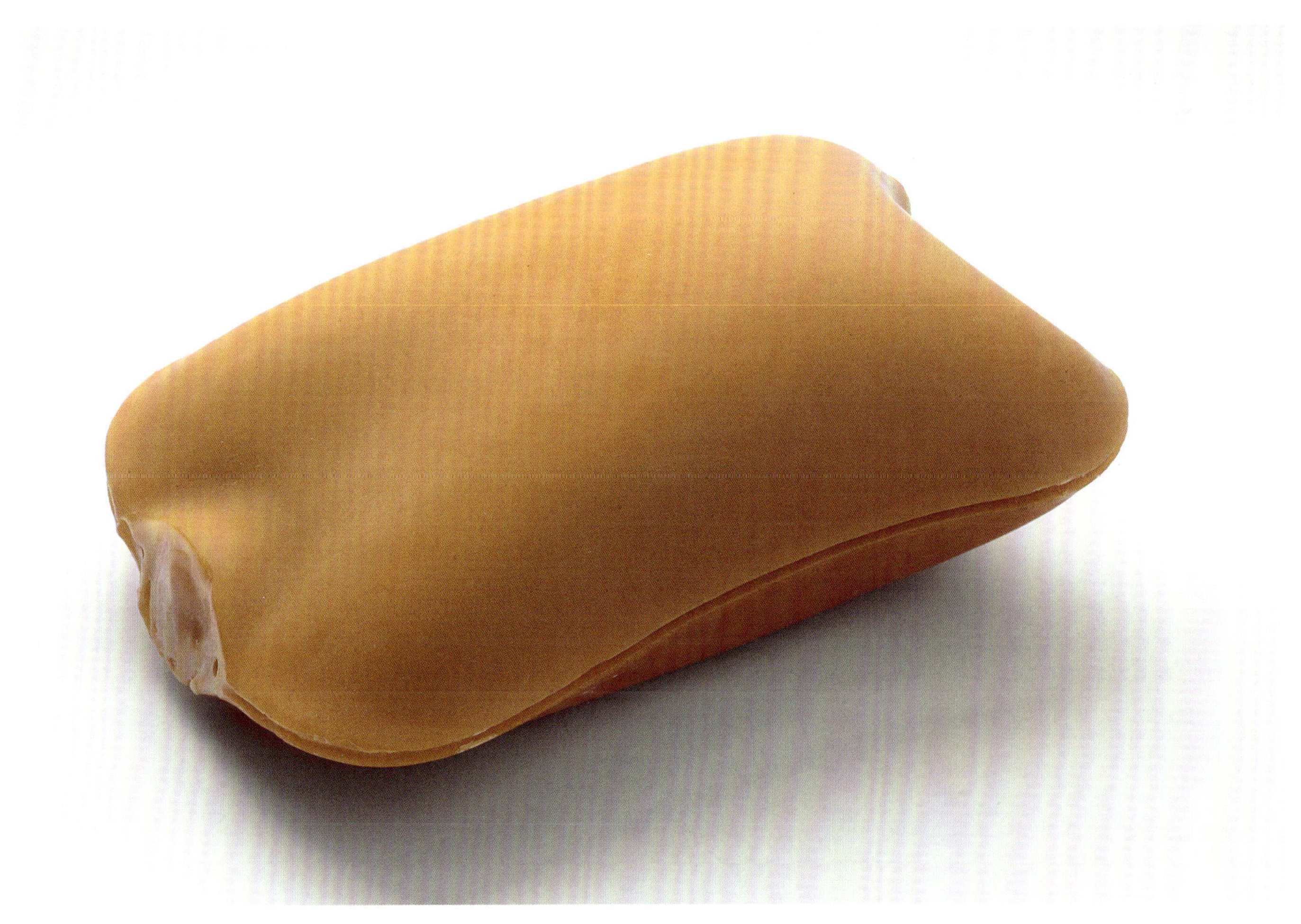

Untitled (Wax Torso) 1992

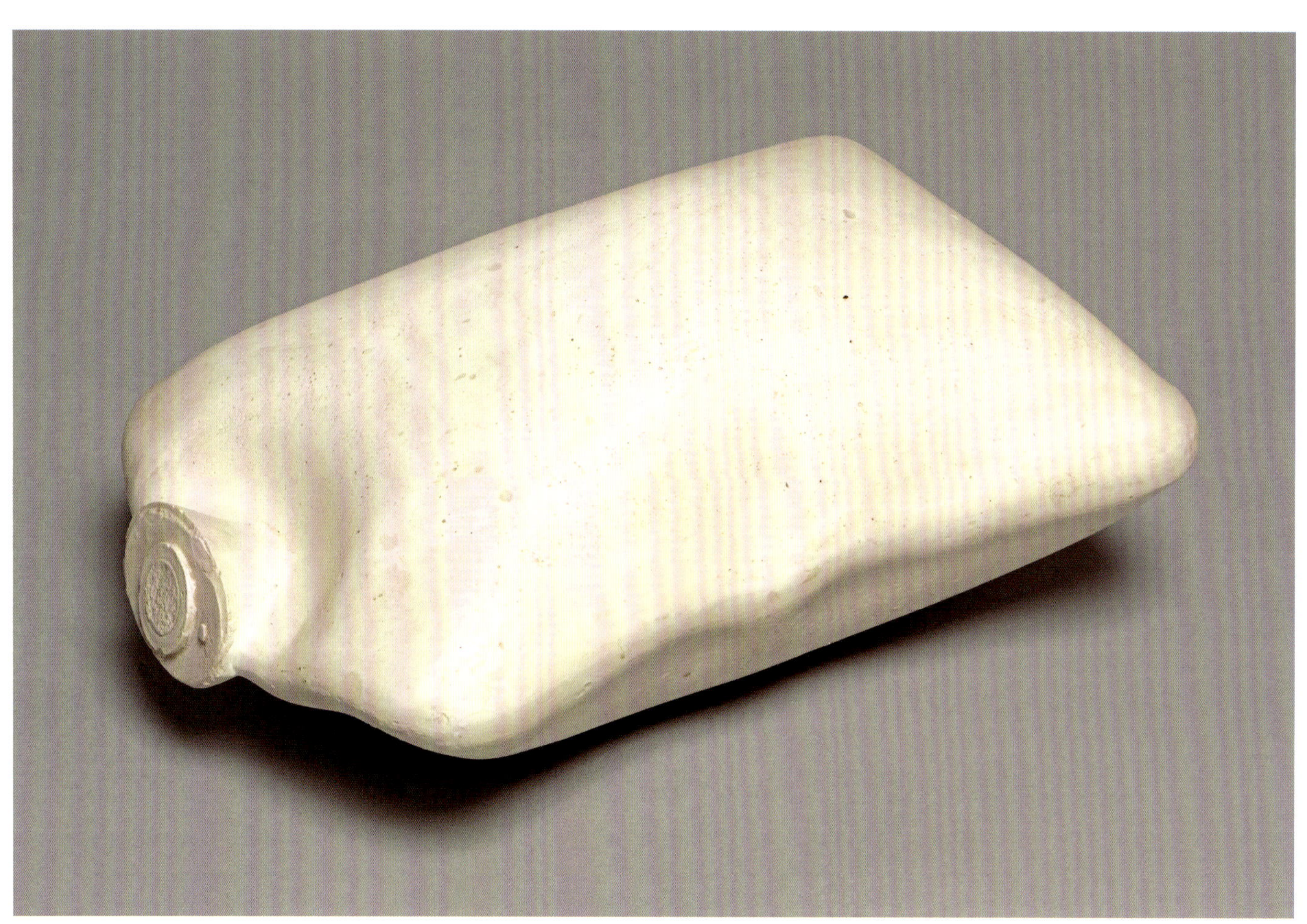

Untitled (Torso) 1992

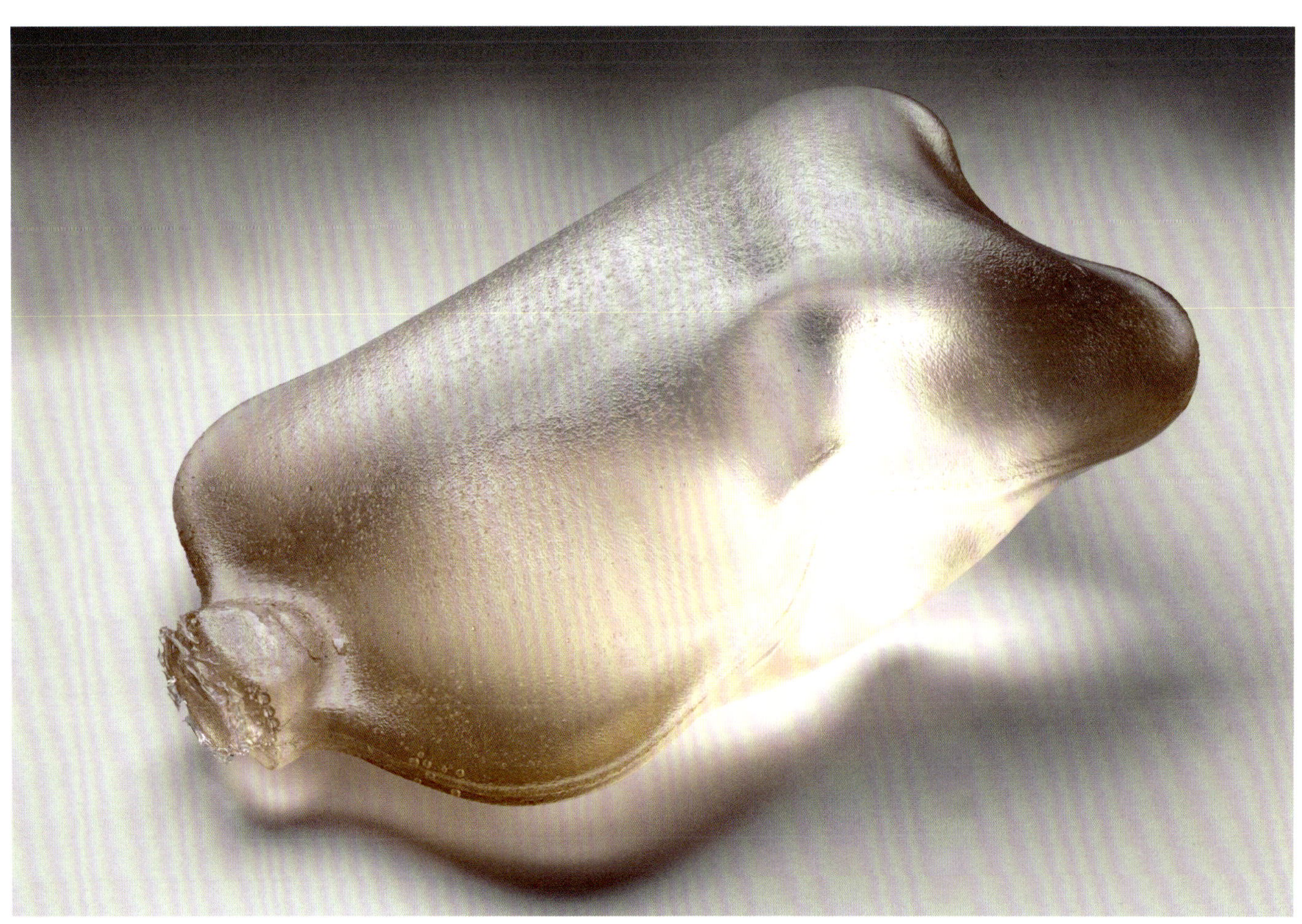

Untitled (Clear Torso) 1993

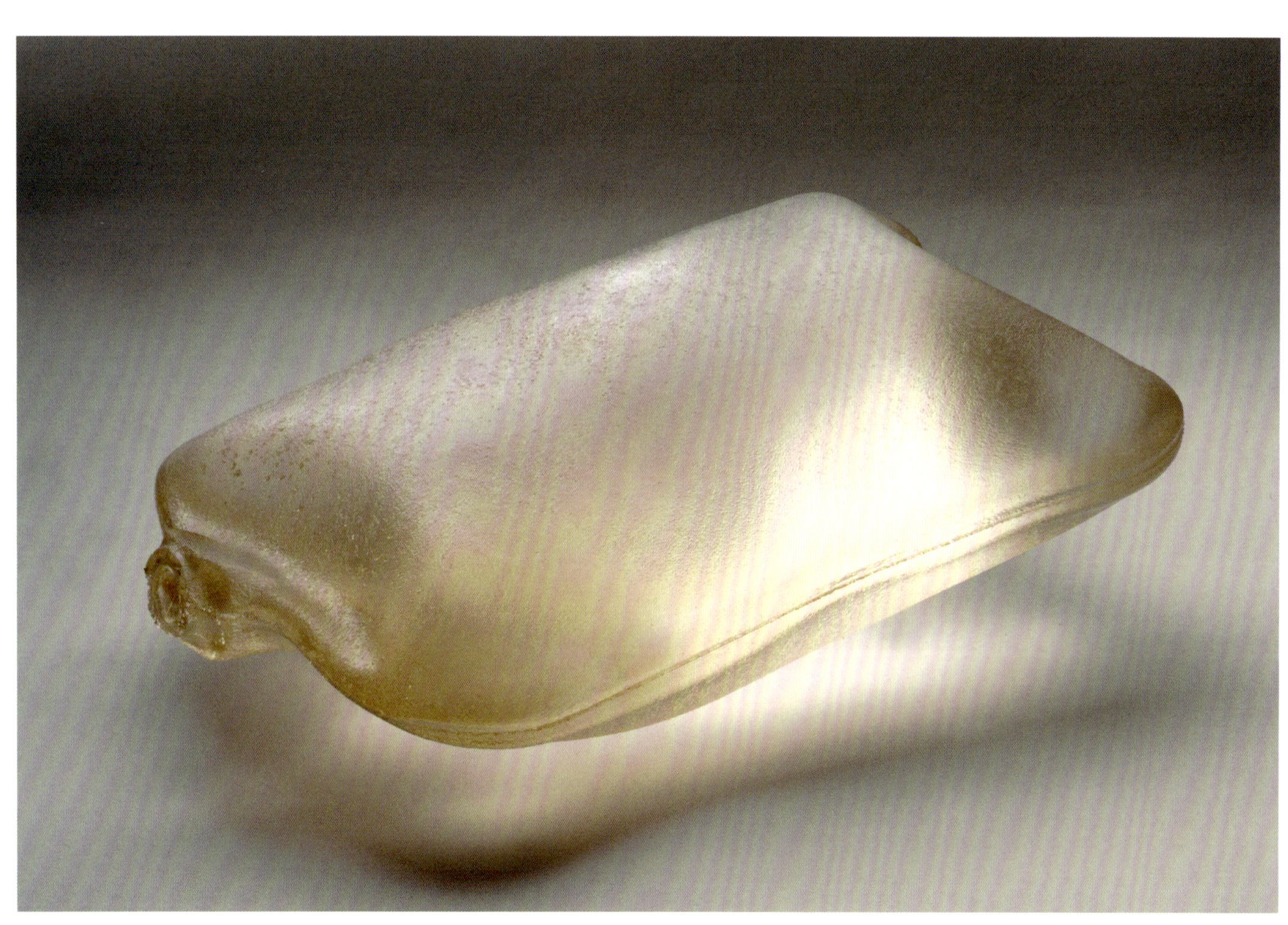

Untitled (Clear Torso – Up) 1995

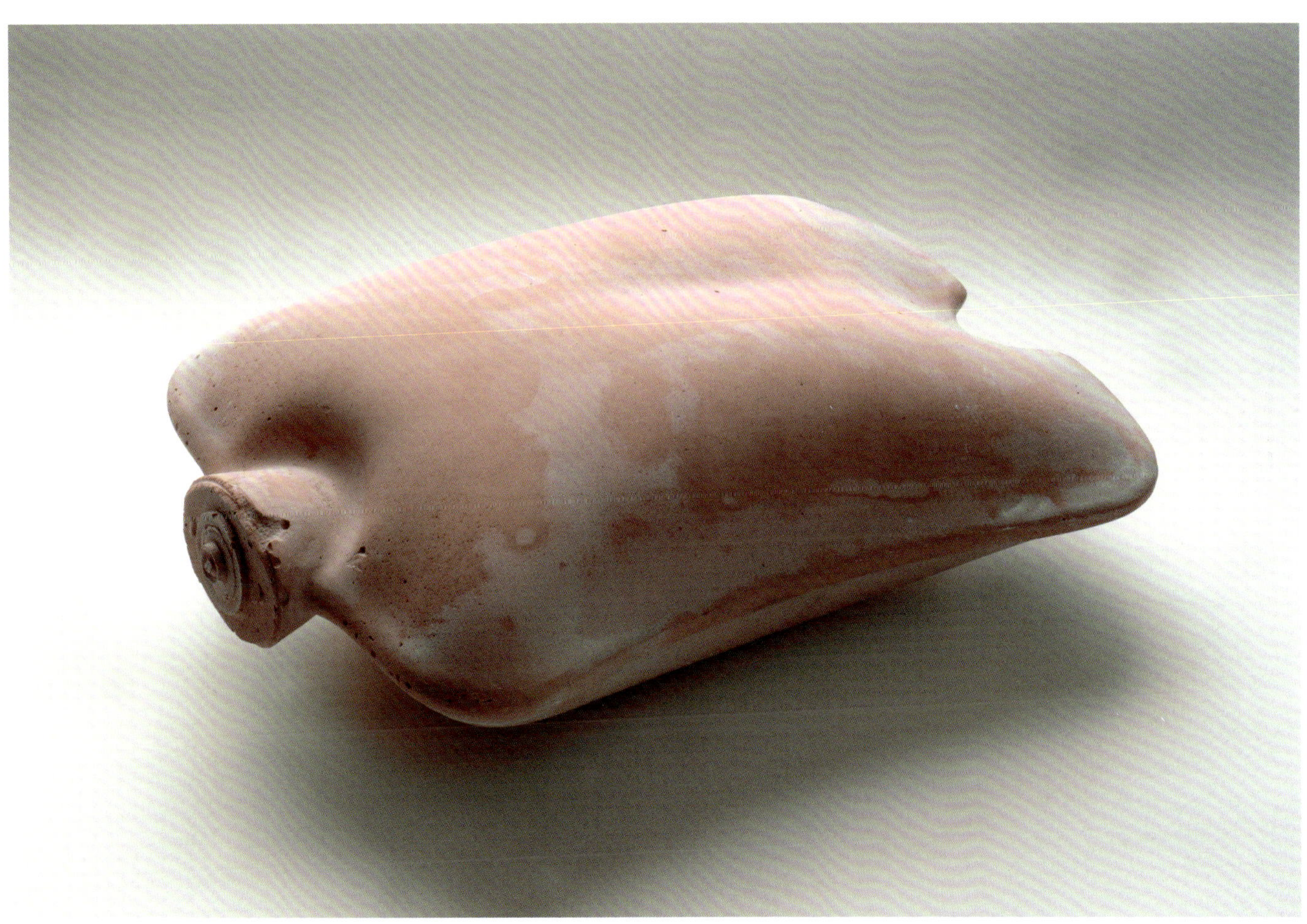

Untitled (Pink Torso) 1995

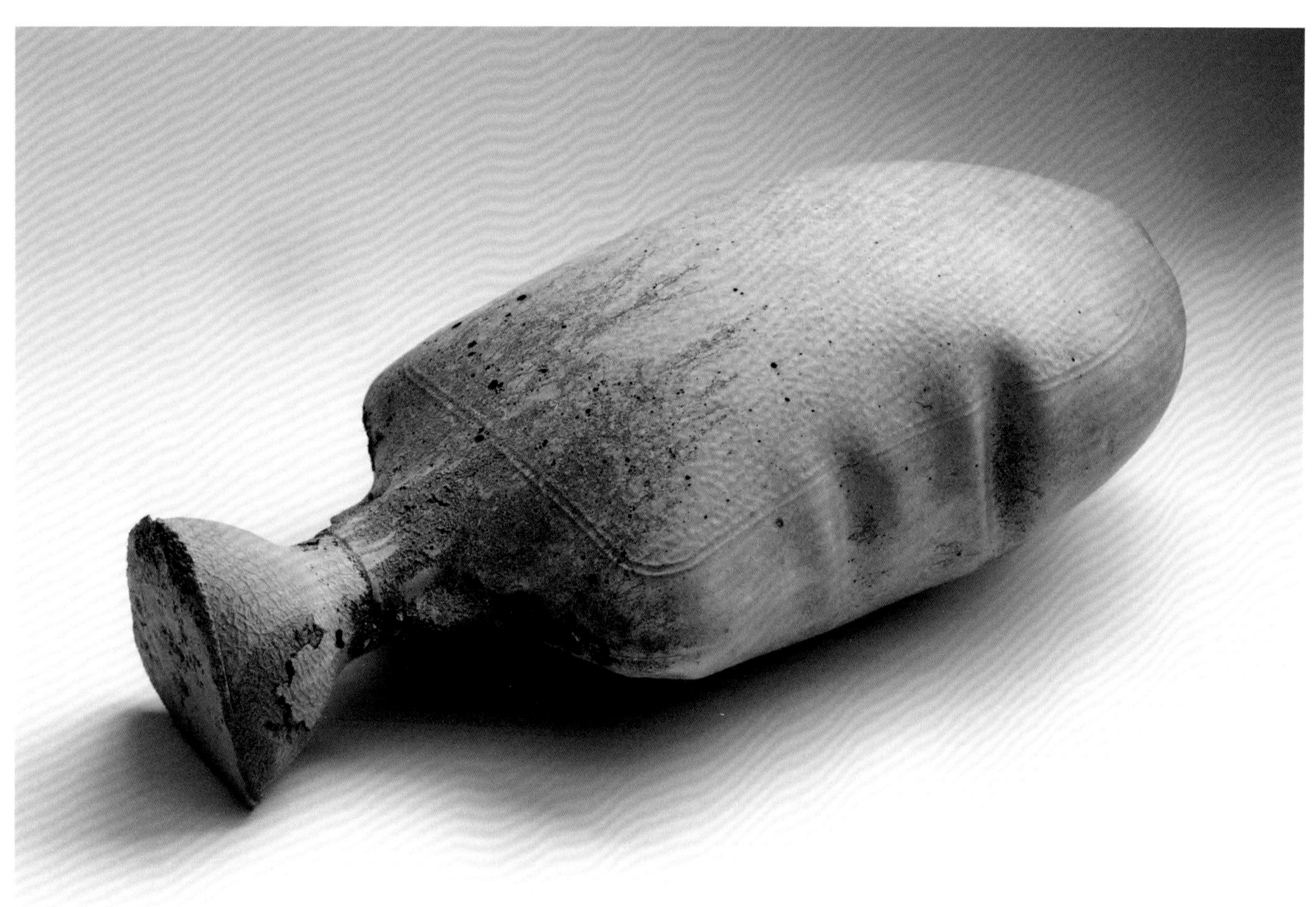

Untitled (Enema) 1998

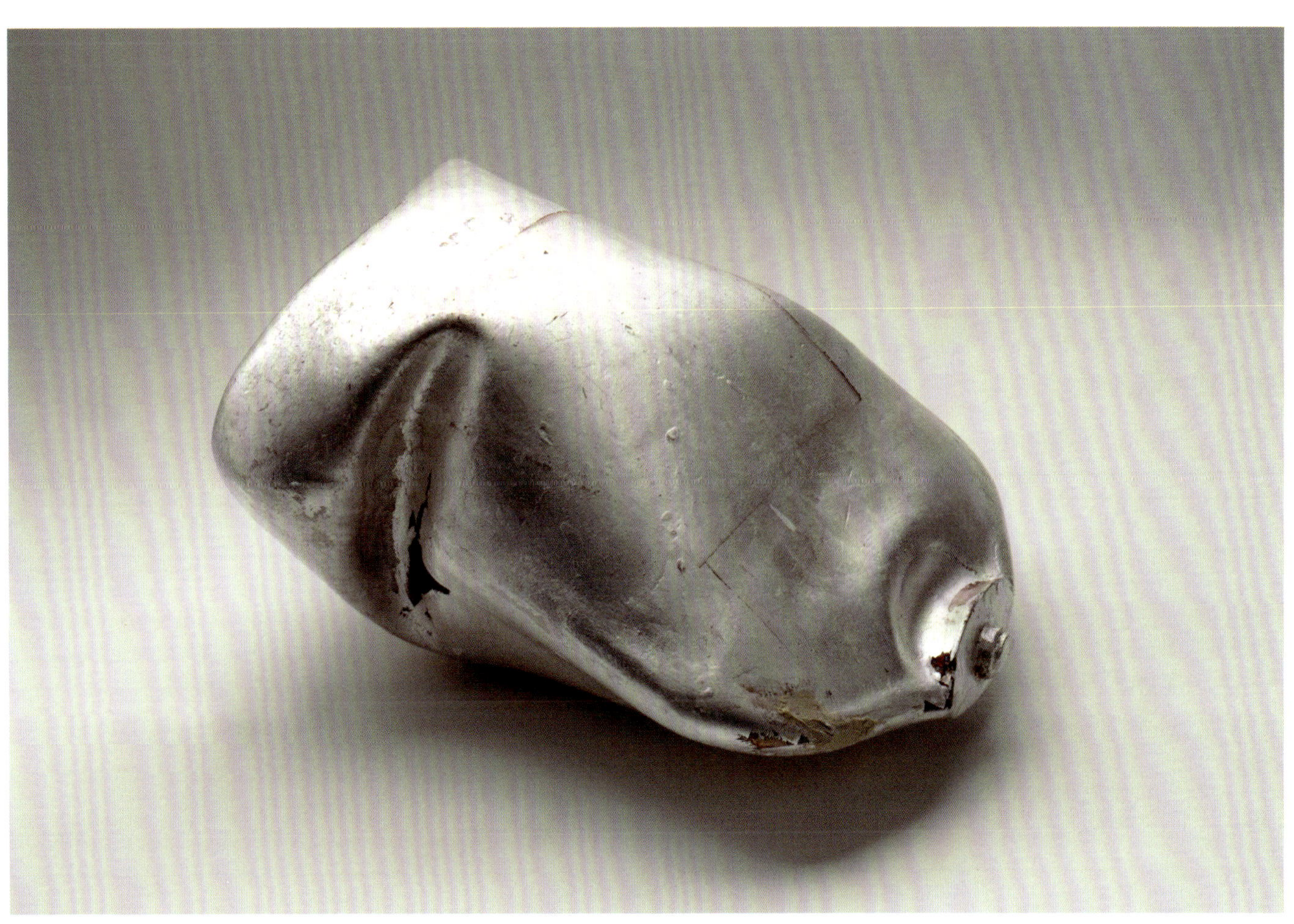

Untitled (Silver Torso) 1999

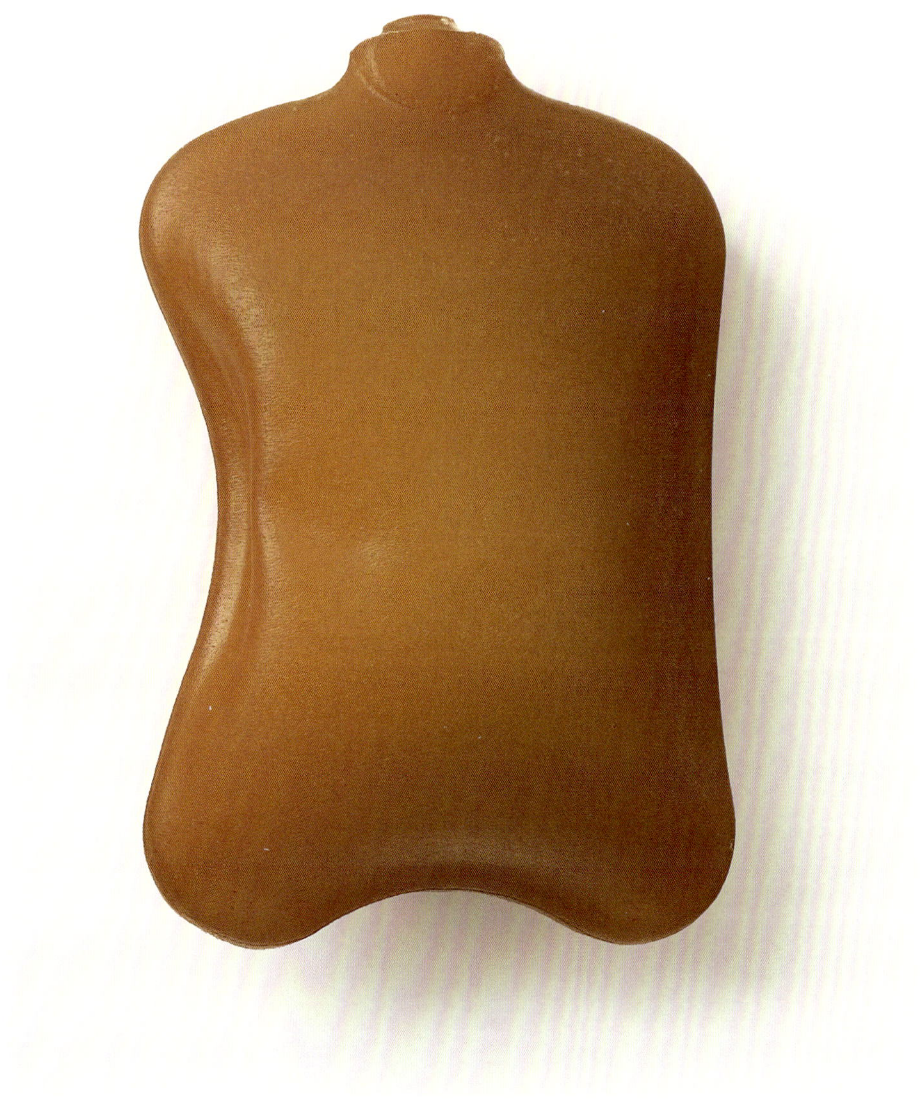

Untitled (Torso) 1993

RECHTE SEITE: *Untitled (White Slab)* 1994/2017

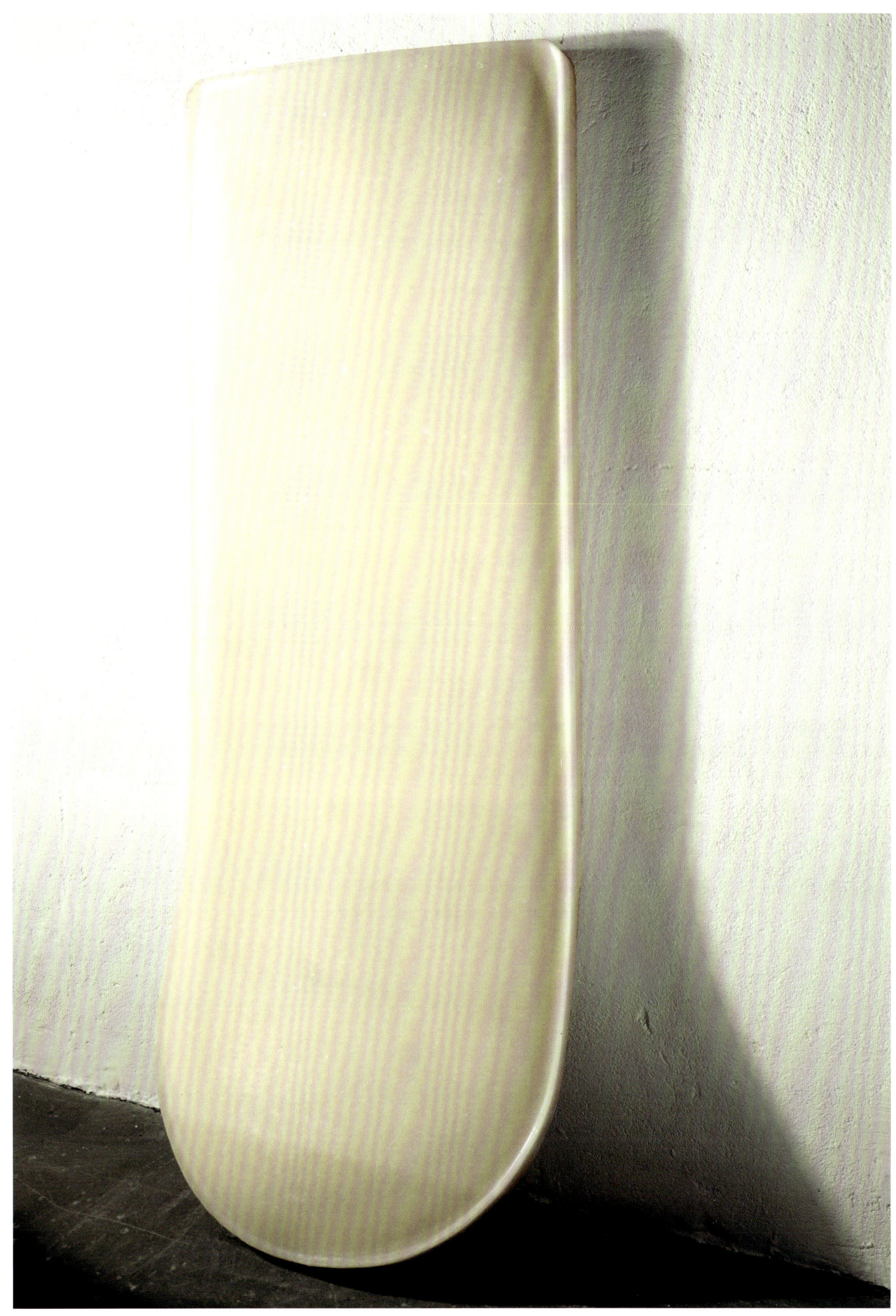

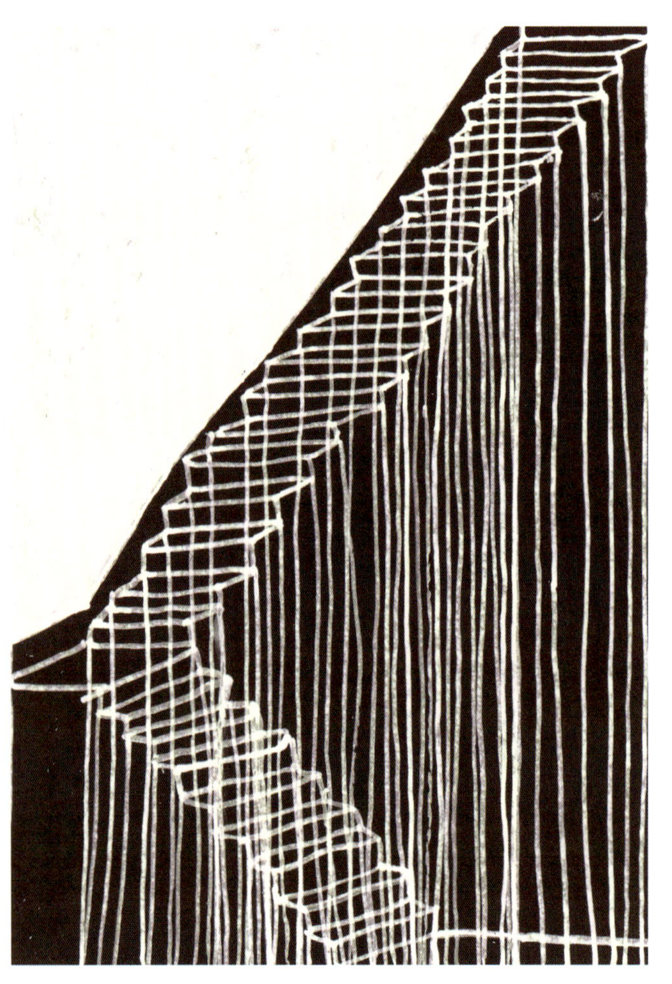

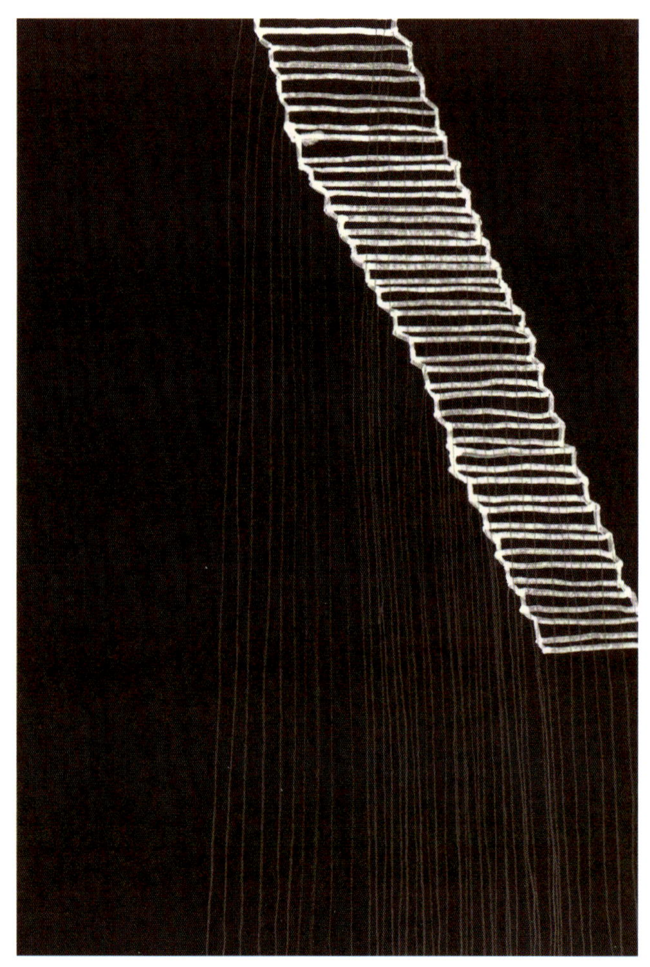

Stairs 1995

Stairs 1995

Stairs 1995

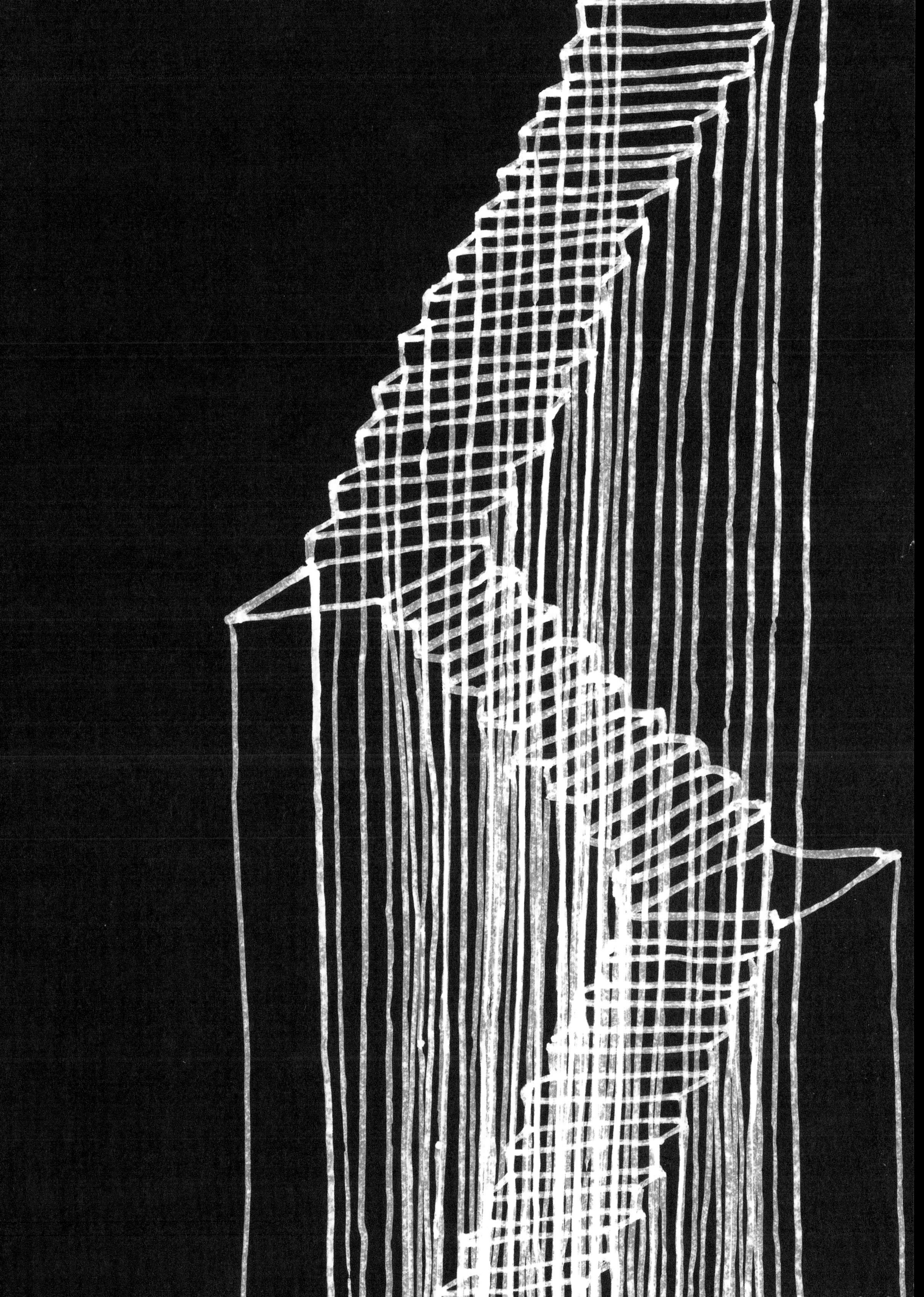

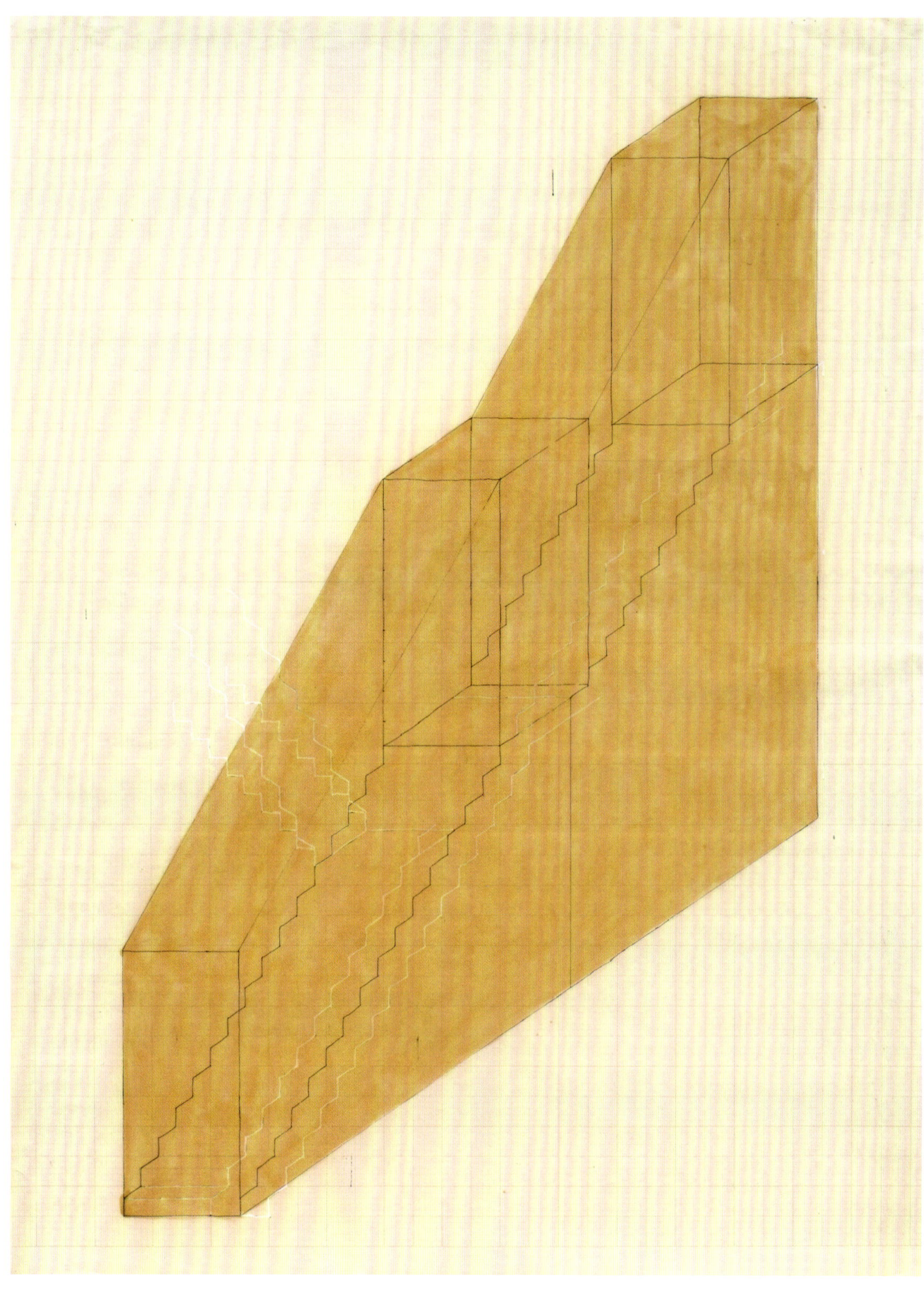

Untitled (Stairs) 1995

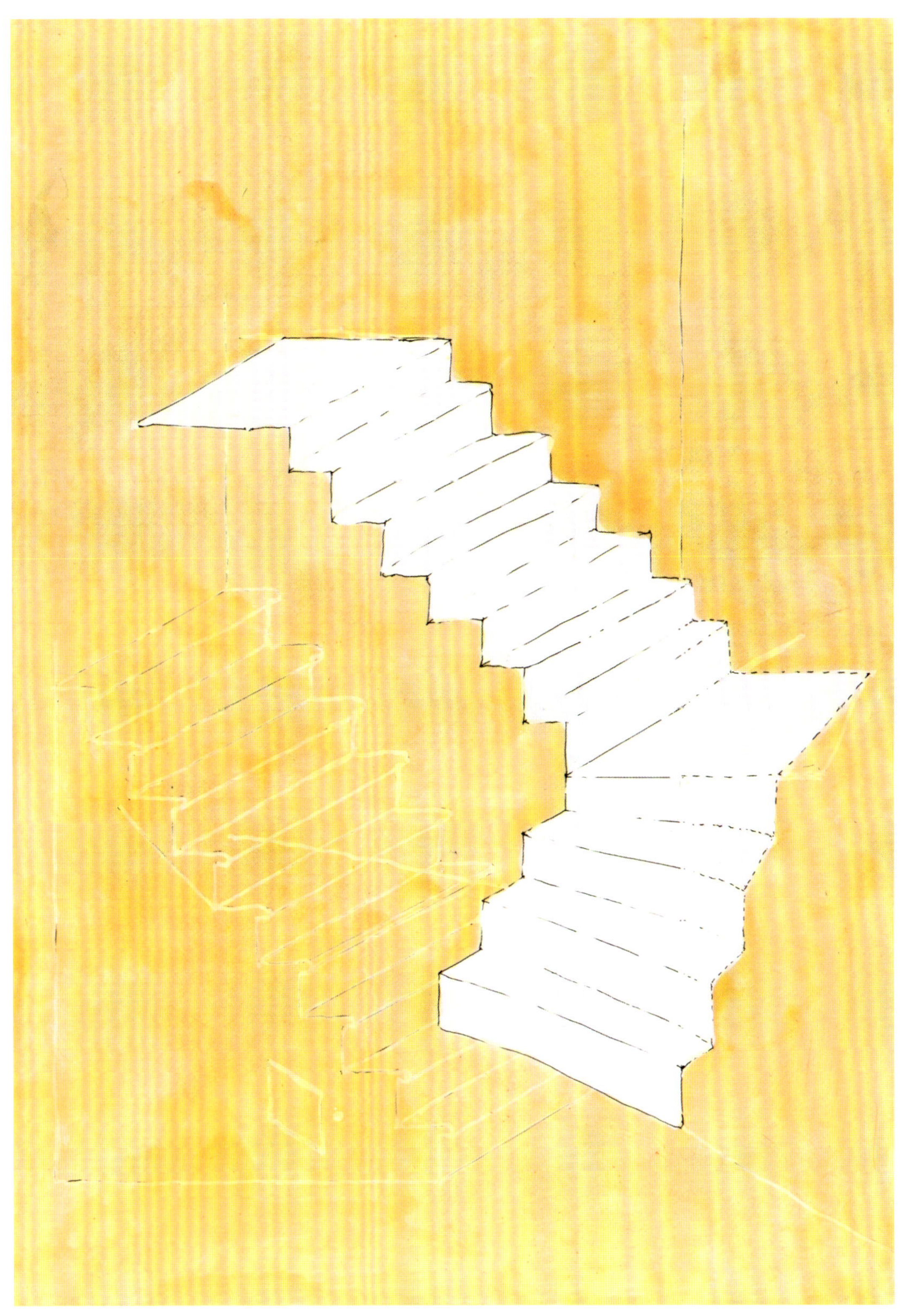

Stair Space III 1995

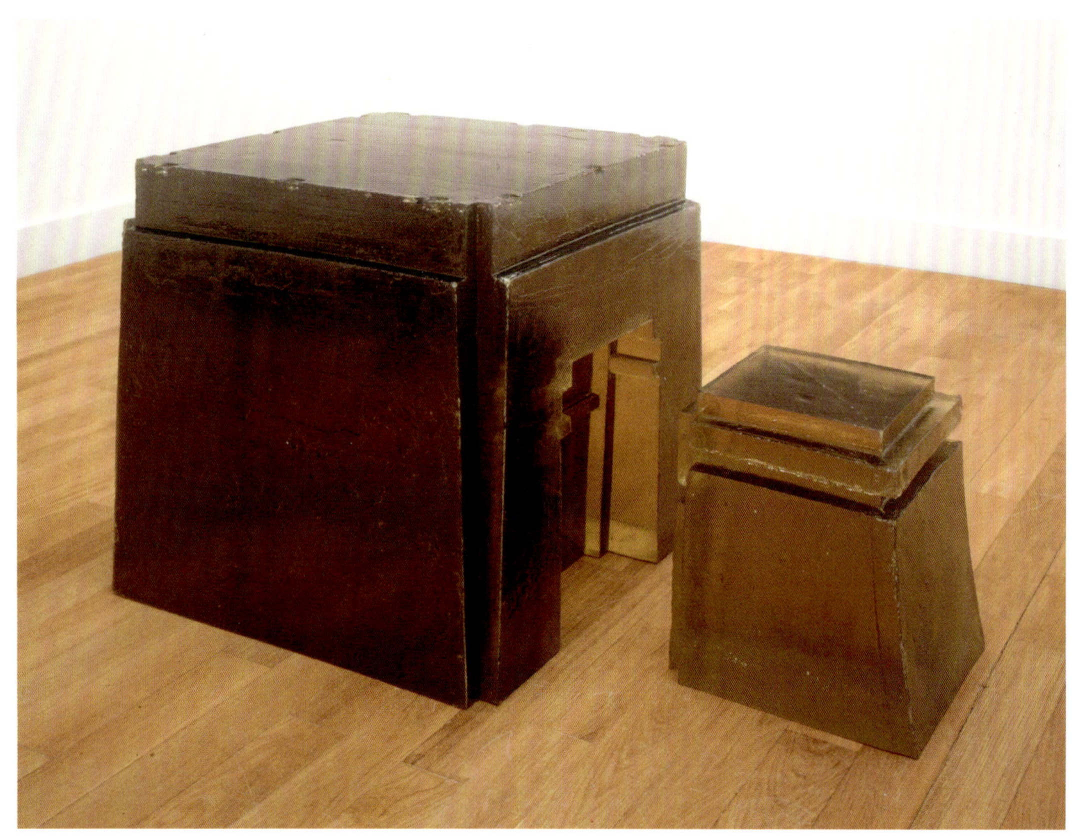

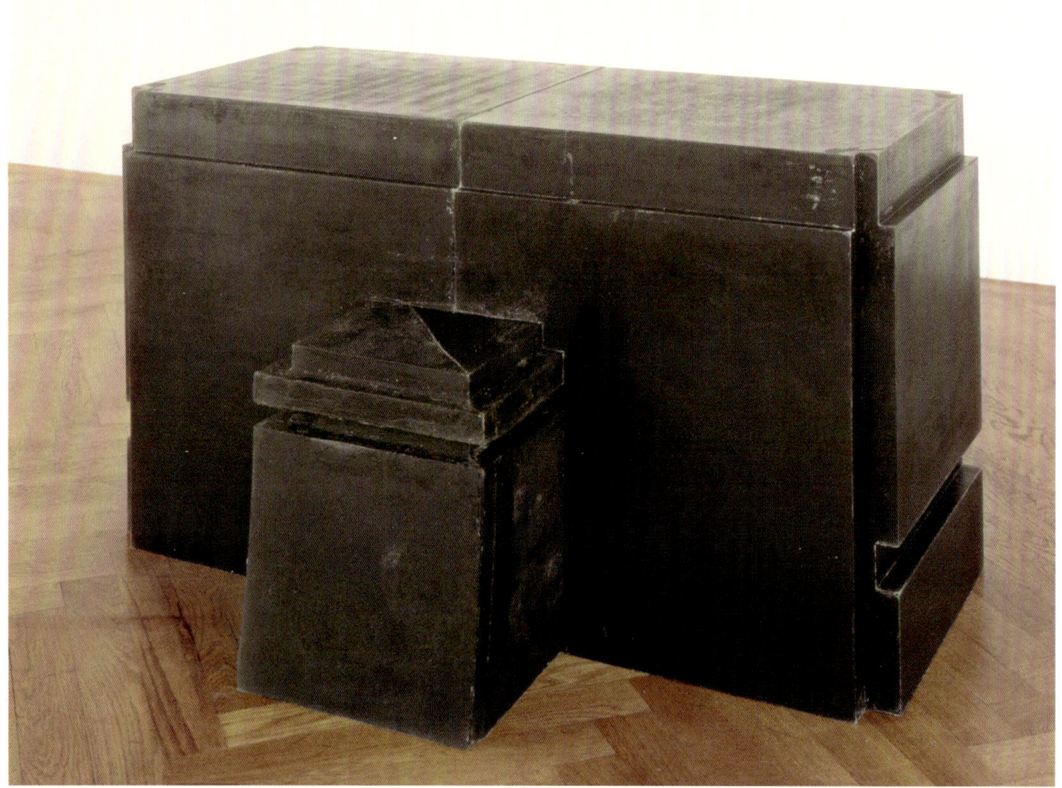

Table and Chair (Clear) 1994

Table and Chair (Green) 1994

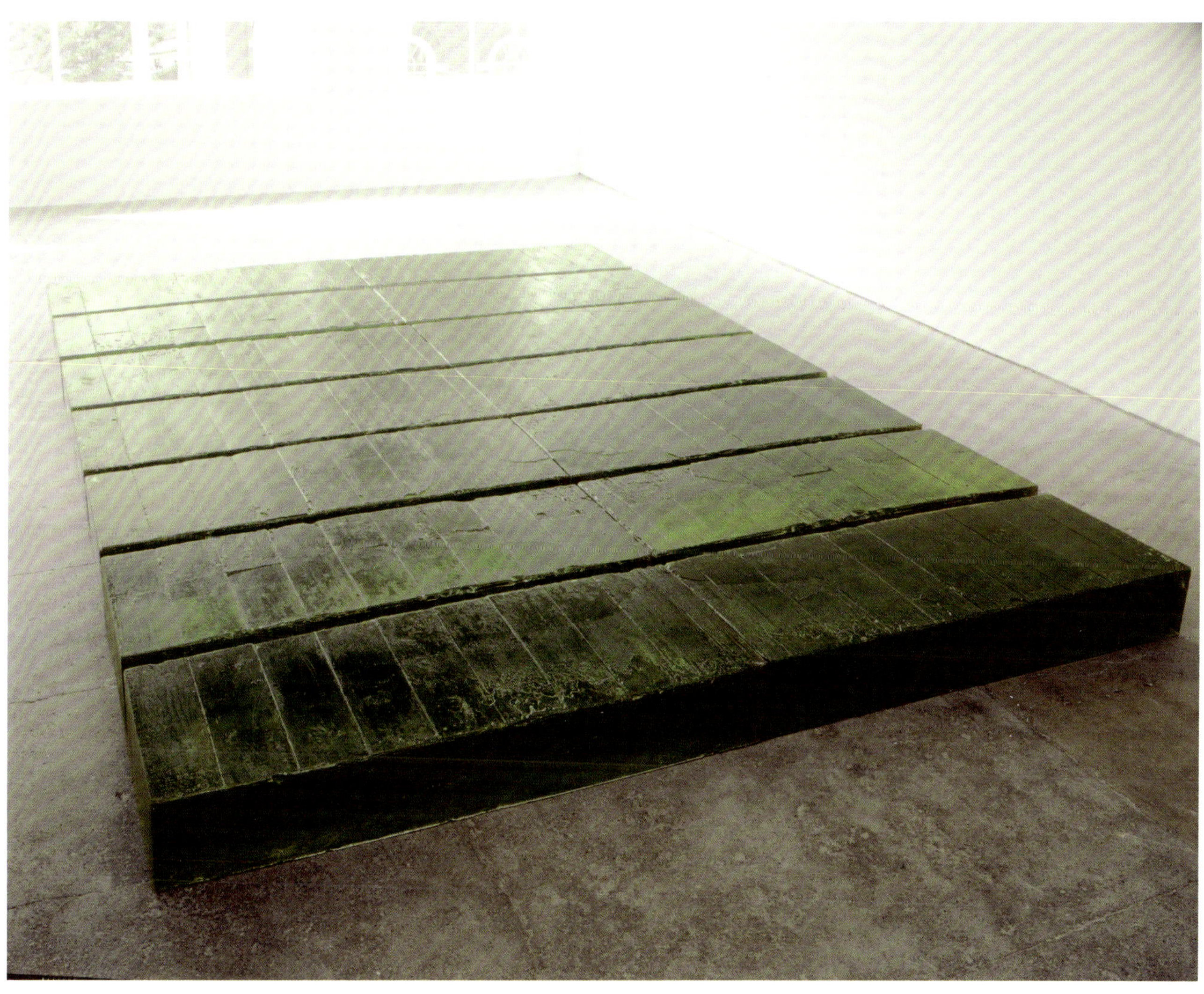

Untitled (Floor) 1994/95

Harald Krejci

Kunst als Denkmal

Rachel Whitereads *Mahnmal für die österreichischen jüdischen Opfer der Shoah*

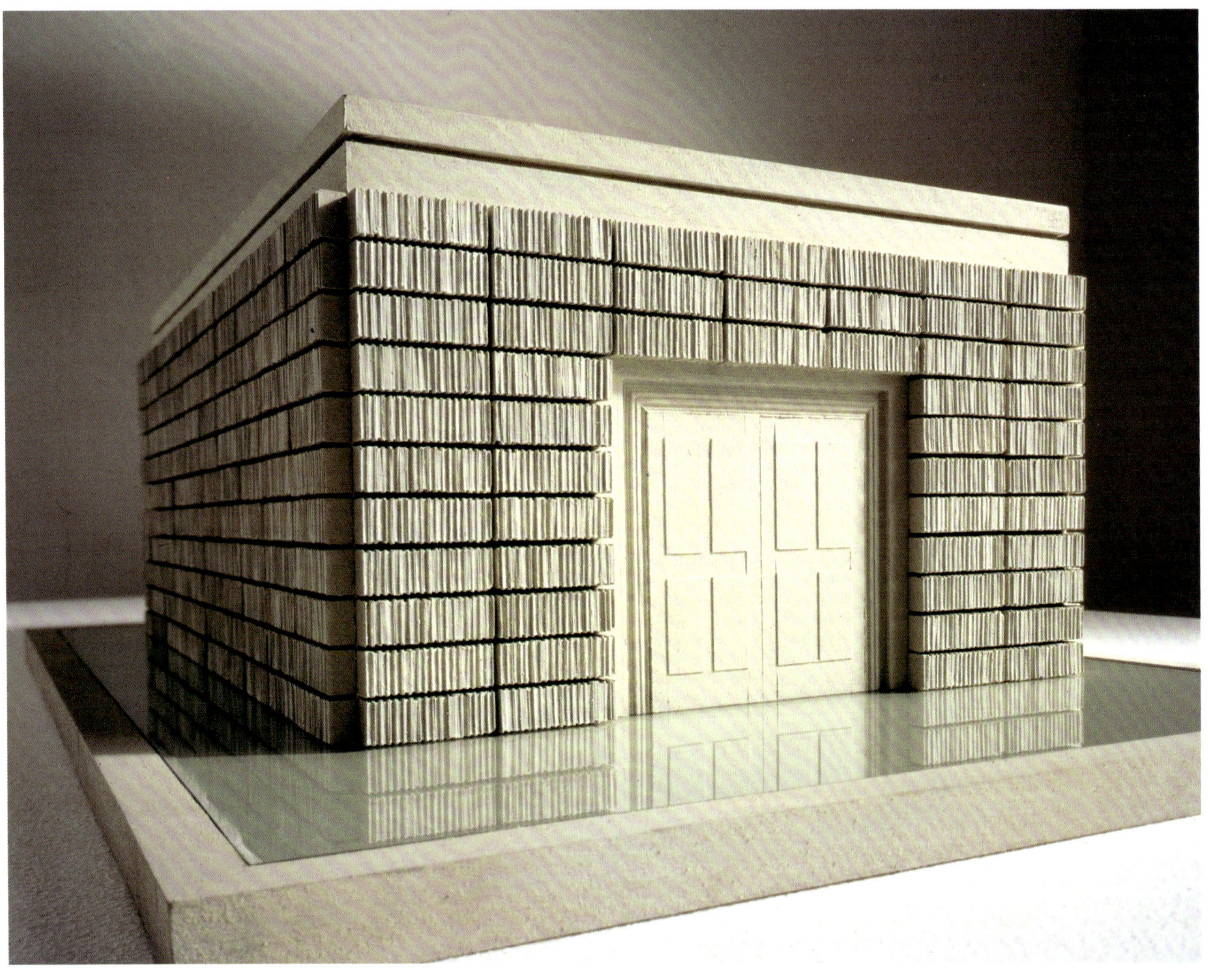

Rachel Whitereads im Jahr 2000 auf dem Wiener Judenplatz enthülltes *Holocaust-Mahnmal* war das erste Denkmal in Wien, das den 65 000 während der nationalsozialistischen Herrschaft in Österreich ermordeten Jüdinnen und Juden der Stadt gewidmet wurde, und auch die erste bewusste Realisierung einer permanenten Arbeit der Künstlerin im öffentlichen Raum. Vom Zeitpunkt der Bekanntgabe der Juryentscheidung im Jahr 1996 an dauerte es knapp fünf Jahre, bis das Mahnmal eröffnet werden konnte. Die Genese des Projekts mit den verschiedenen Phasen des Baus ist in der von Simon Wiesenthal herausgegebenen Publikation *Projekt: Judenplatz Wien. Zur Konstruktion von Erinnerung* dargelegt.[1] Als Anstoß und Auslöser für die Errichtung dieses Denkmals zur Erinnerung an die Ermordung von Jüdinnen und Juden während der NS-Zeit wird in der Literatur das *Mahnmal gegen Krieg und Faschismus* (1988–1991) von Alfred Hrdlicka angeführt, das auf dem Wiener Albertinaplatz aufgestellt ist. Zu Recht wurde kritisiert, dass Hrdlicka mit der Darstellung des erniedrigten Juden die Geste der Verhöhnung wiederholte und erneut sichtbar machte. Die Debatte führte dazu, dass die Errichtung eines den ermordeten Wiener Jüdinnen und Juden gewidmeten Mahnmals forciert und schließlich dank Simon Wiesenthals Engagement und Bürgermeister Michael Häupls rascher Zusage im Jahr 1995 ein Wettbewerb ausgeschrieben wurde.

Der langwierige Prozess bis zur Realisierung des Mahnmals von Rachel Whiteread – statt der erwarteten neun Monate dauerte er, wie erwähnt, fast fünf Jahre – brachte die nicht stattgefundene Aufarbeitung der Geschehnisse in der Zeit der NS-Herrschaft tragisch zum Vorschein, setzte aber auch einen wesentlichen Impuls in der Frage, wie Erinnerungsarbeit, Kunst und Denkmal nach Post-Minimal Art und Kontextkunst der 1990er-Jahre zueinander in Beziehung standen.[2] Wolfgang Kos hat in einem Beitrag zu Rachel Whitereads Mahnmal, zur damals herrschenden Erinnerungspolitik und zu den daran anknüpfenden Fragen zur zeitgenössischen Kunst einen bedeutenden Aspekt – mit dem Hinweis auf Rosalind Krauss, derzufolge Denkmäler der Moderne ausschließlich auf sich selbst verweisen – angesprochen: »Wir haben es mit einer paradoxen Situation zu tun: Die Künstler misstrauen zutiefst dem traditionell definierten Denkmal, doch den verunsicherten öffentlichen Auftraggebern, die auf einen steigenden Mahnmalbedarf adäquat reagieren wollen, bleibt nichts anderes übrig, als bei jenen Rat zu suchen, die ihrerseits jede Sicherheit bei der Denkmalgestaltung verloren haben […].«[3]

Die Künstlerinnen und Künstler sind also mit dem Problem konfrontiert, ihre eigene, individuelle Arbeitspraxis mit einem von außen vorgegebenen Bedeutungsrahmen in Einklang zu bringen. Der Erfolg des Mahnmalprojekts in Wien ist vor allem dem Umstand zu verdanken, dass Whiteread es geschafft hat, ihre Methoden und Inhalte mit einem vorgegebenen Thema in Einklang zu bringen und dieses in ein räumliches Konzept postminimalistischer Kunst, in dem Eigenständigkeit und räumliche Spezifik der Plastik miteinander verschmelzen, zu überführen und kompromisslos zu verteidigen.[4]

Eine erste Einordnung des Projekts innerhalb des Werks von Rachel Whiteread hat Andrea Schlieker vorgenommen,[5] vor allem aber hat Beatriz Colomina in ihrem Beitrag »Ich träumte, ich sei eine Wand«[6] die Bezüge zwischen Körper und Architektur herausgearbeitet. Anfangs war es der menschliche Körper, der, versinnbildlicht in den Dichotomien Vergänglichkeit vs. Dauer, Fragilität vs. Monumentalität, Verschwinden vs. Präsenz, Hülle vs. Innen, durch Arbeiten wie *Torso* (1988) repräsentiert wurde. Konsequent kamen Abgüsse von Gegenständen unseres Alltags hinzu, die Volumina, Zwischenräume und Spuren des Menschen

Modell des *Holocaust-Mahnmals*
1995

sichtbar machten. Motive waren Matratzen oder Schränke, aber auch etwa die Oberfläche eines Seziertischs wurde bei Whiteread zum festen plastischen Körper. Die sichtbaren menschlichen Spuren wurden gemeinsam mit den sichtbar gemachten, scheinbar unwesentlichen Hohlräumen zu poetischen Settings. Einen ersten Höhepunkt erreichte Whiteread mit der Hinwendung zu architektonischen Räumen, genauer mit dem Abguss eines ganzen Zimmers (*Ghost*, 1990). Whiteread eignete sich dabei das aus der Archäologie bekannte Verfahren des Abgusses zur Sicherung der Spuren von bereits Vergangenem sowie die damit verbundene Möglichkeit der räumlichen Rekonstruktion an. Sie öffnet damit nicht den Raum der Plastik, sondern verschließt ihn durch die entstehenden massiven Negativformen. Diese Schließung evoziert bei der Betrachterin/beim Betrachter eine »unheimliche« Wirkung und zugleich legt sie den konkreten Raum offen.

Mahnmal, Plastik, Kontext

Oftmals wird in der Literatur in Zusammenhang mit der Entstehung des Mahnmals am Judenplatz auf die Arbeit *House* hingewiesen, die Rachel Whiteread 1993 realisiert hat. Dabei handelt es sich um den Abguss eines Hauses, der an dessen einstigem Standort als temporäres Kunstwerk realisiert wurde. Die Arbeit befand sich also zwar als Kunstwerk im öffentlichen Raum, war aber weder Denk- oder Mahnmal noch klassisches Kunst-im-öffentlichen-Raum-Projekt an einem von der Stadt vorgesehenen Ort. Es war schlicht die Umsetzung einer künstlerischen Idee in eine Plastik, die eben nicht in einer Galerie oder einem Museum, sondern im neutralen urbanen Außenraum zu sehen war. In den Augen Whitereads handelte es sich also um eine singuläre Skulptur, eine Einzelskulptur, die einen wesentlichen Moment in ihrer Karriere beschreibt. *House* stellt einen Höhepunkt in ihrer künstlerischen Arbeit dar, die, ausgehend von den ersten Abgüssen von Wärmflaschen, das Körperliche, das Verschwinden, das Sichtbarmachen des Nichtsichtbaren auf die Stufe des Architektonischen, vor allem aber des Öffentlich-Urbanen gehoben hat.

Fotomontage des *Holocaust-Mahnmals* 1996

Das Greifbarwerden sogenannter prekärer Räume, der Fragilität des Körperlichen in einer urbanen Situation wie bei *House* zeugt auch von einer gesellschaftskritischen Komponente, die das Verfahren des Sichtbarmachens und des Objekthaften bei Whiteread natürlich ebenso impliziert. Das Haus war die konkrete Wohnstatt der ehemaligen Bewohnerinnen und Bewohner, somit war auch menschliches Schicksal damit verbunden. Da *House* als temporäre Arbeit konzipiert worden war und nach einer gewissen Zeit abgerissen wurde, trug es dieses Schicksal bereits während der Zeit der Sichtbarkeit als Inhalt in sich, und somit auch den gesellschaftspolitischen Kontext. Dies wird noch verstärkt durch die Feststellung, dass Whiteread die Betrachterin/den Betrachter selbst als »Wand« interpretierte. Diese Verortung vollzog sich laut Whiteread bereits in der Arbeit *Ghost* von 1990: »Erst als alles fertig war, sah ich, was ich fabriziert hatte. Ich habe die Tür vor mir und einen umgestülpten Lichtschalter und denke: ›Ich bin die Wand. Das ist das Resultat. Ich bin zur Wand geworden.‹«[7] Eine Feststellung, die ganz wesentlich in die Gesamtkonzeption des Mahnmals in Wien einfloss und zu einem zentralen Moment der Reflexion über den räumlichen Kontext des Umraums wurde.

Beim Mahnmal in Wien haben wir, wenn man so will, eine ähnliche Situation wie bei der Arbeit *House*. Jedoch war die Vorgehensweise von Whiteread eine gänzlich andere, was sie retrospektiv folgendermaßen beschrieb: »In gewisser Hinsicht ist nichts an der Plastik ›echt‹. Die Türen wurden gezimmert und die Deckenrosette stammt von mir. Das Mahnmal steht für eine Raumidee und nicht

Fotomontage des *Holocaust-Mahnmals* 1996

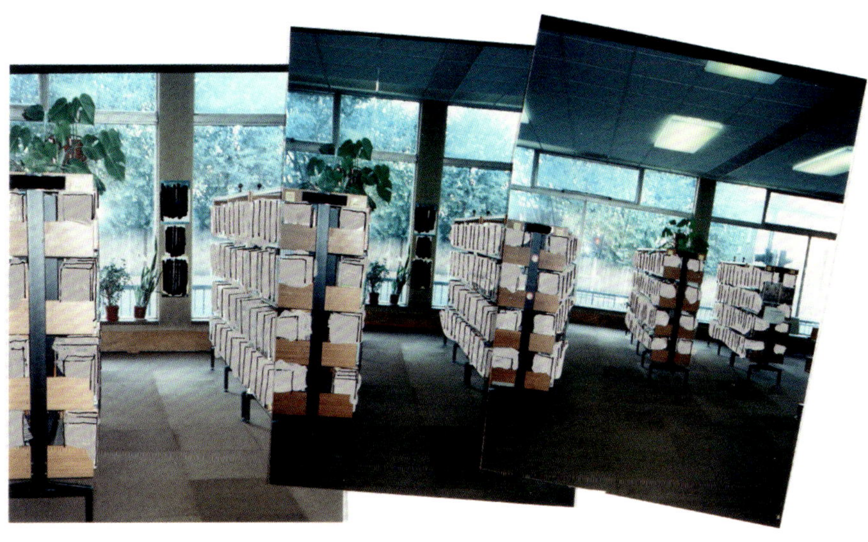

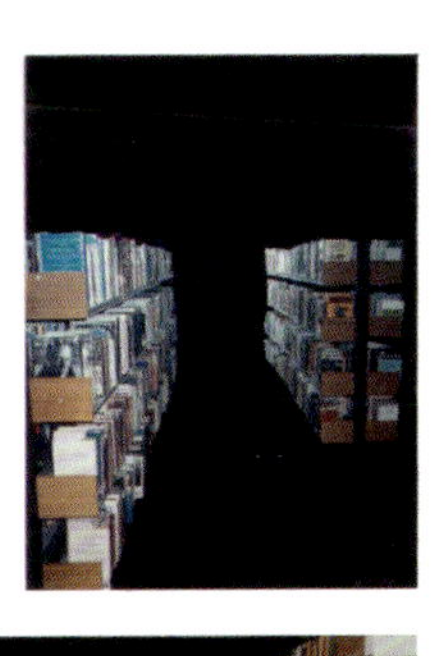

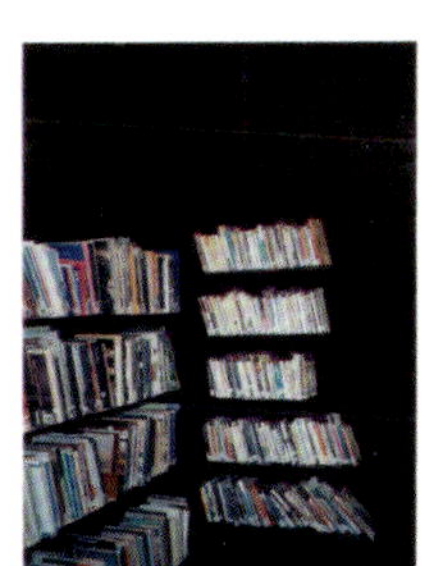

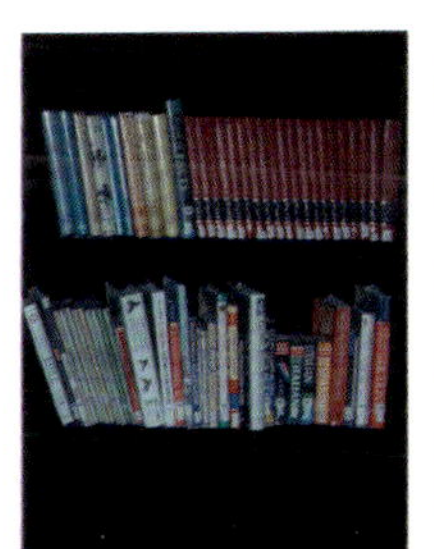

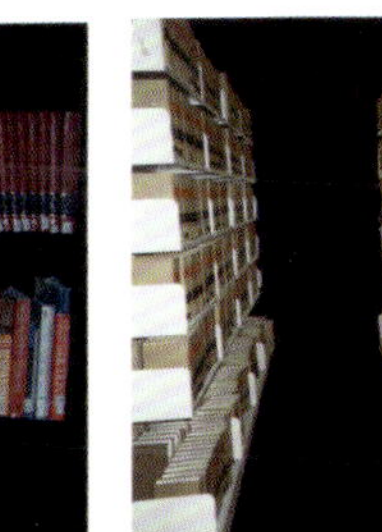

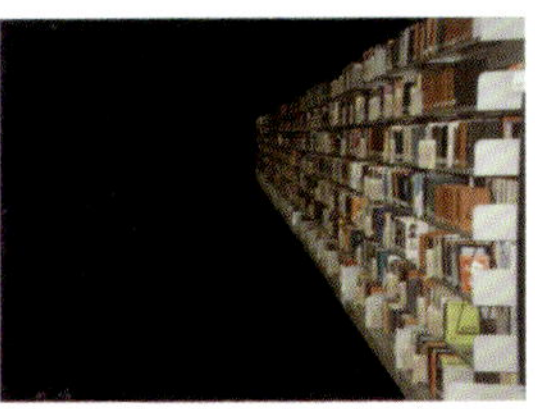

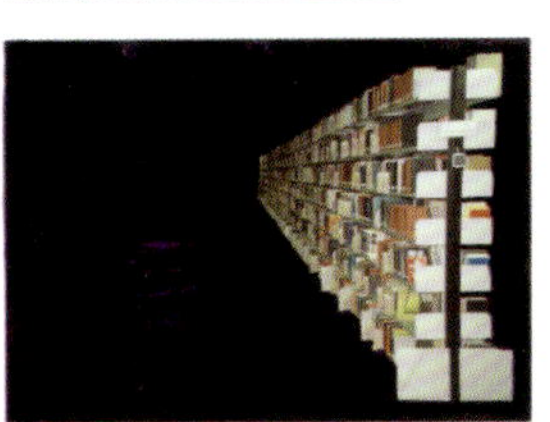

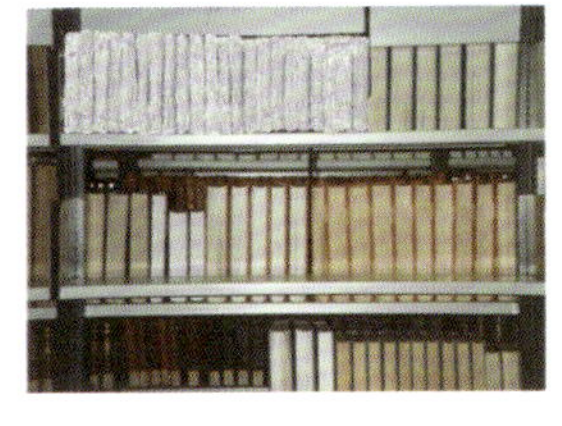

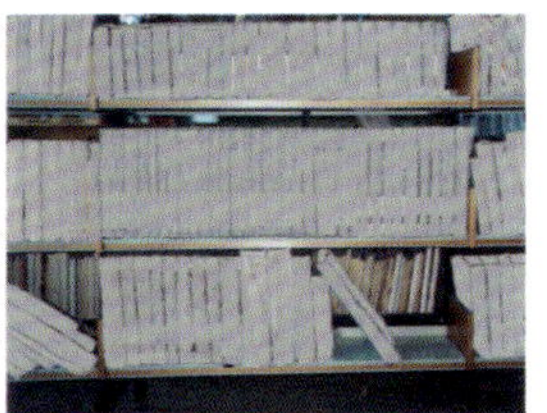

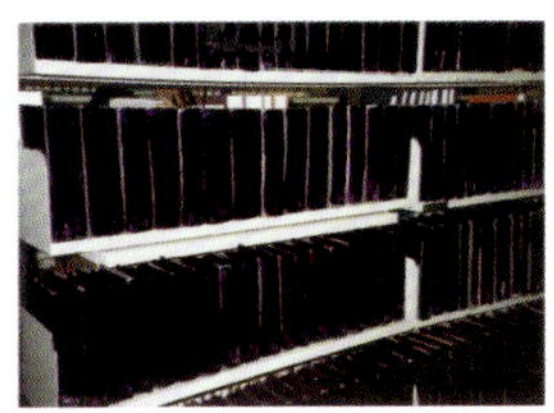

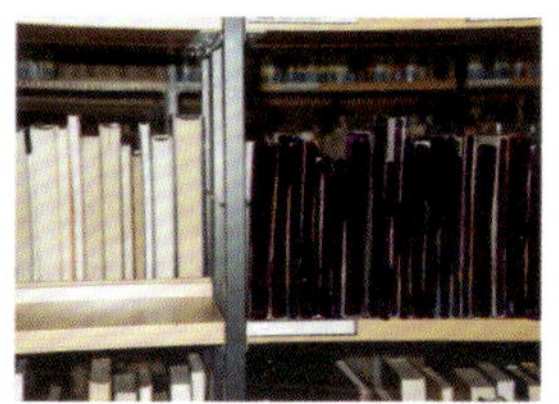

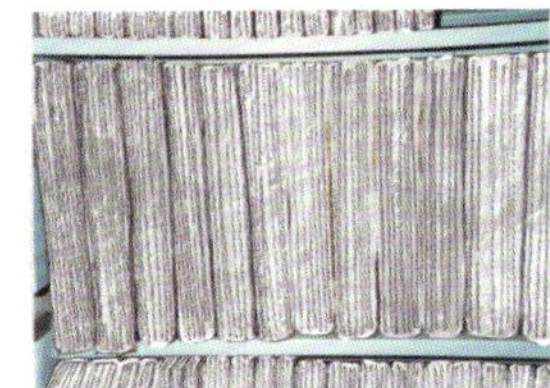

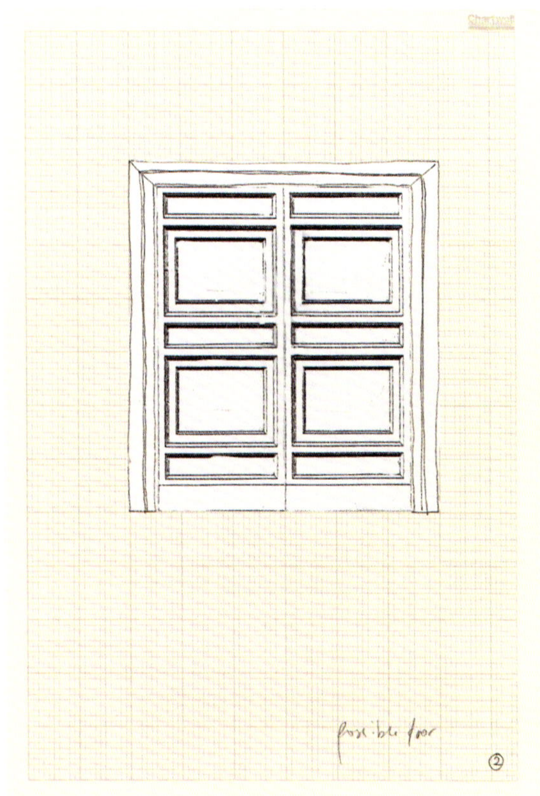
Possible door

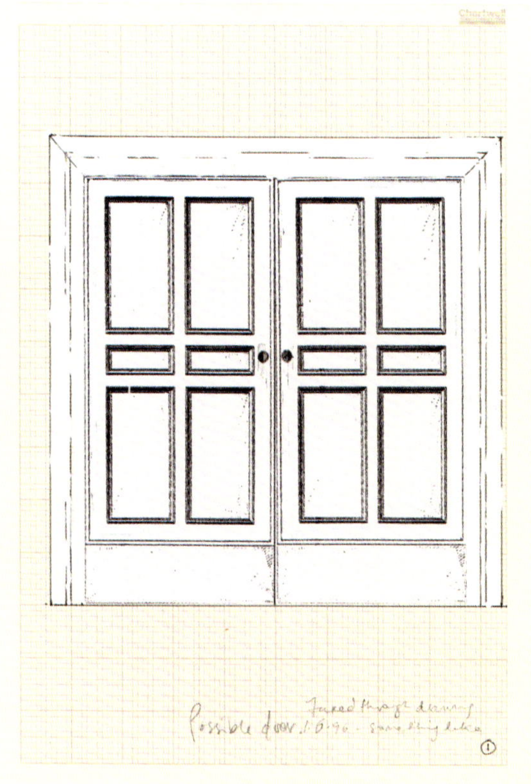
Possible door

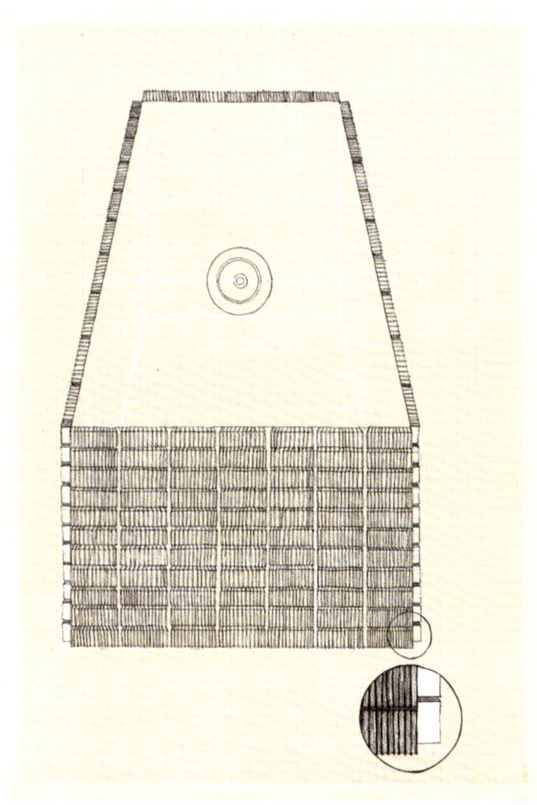

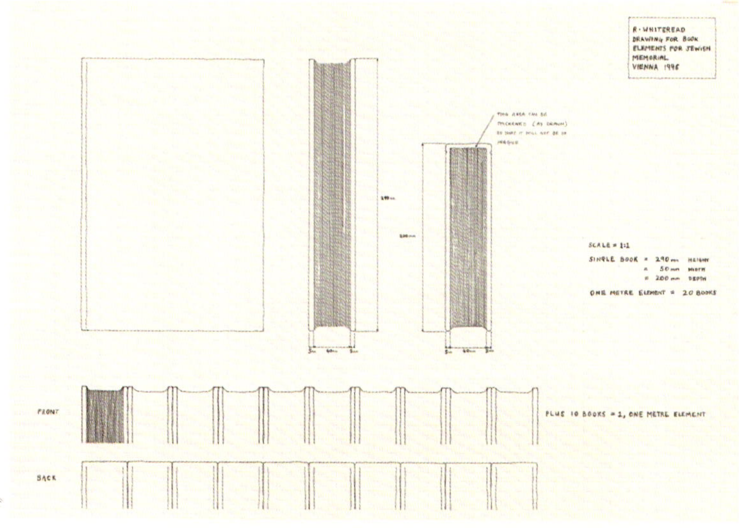
R · WHITEREAD
DRAWING FOR BOOK
ELEMENTS FOR JEWISH
MEMORIAL
VIENNA 1996
SCALE = 1:1
SINGLE BOOK = 290 mm HEIGHT
= 50 mm WIDTH
= 200 mm DEPTH
ONE METRE ELEMENT = 20 BOOKS
FRONT
PLUS 10 BOOKS = 1, ONE METRE ELEMENT
BACK

für einen realen Raum. Es variiert die *Idee* eines Raums in einem der Nachbarhäuser […] es sollte nie der Abdruck eines echten Gebäudes sein.«[8] Sie imaginierte einen Ort in Form eines Bibliotheksraums in den konkreten Dimensionen einer benachbarten Architektur an einem Platz, der durch eine mittelalterliche Synagoge bebaut gewesen und auf dem es bereits 1432 in Zusammenhang mit der damals stattfindenden Verfolgung der Juden zu Verbannung, Ermordung und kollektivem Selbstmord Hunderter Wiener Jüdinnen und Juden gekommen war.

Anders als bei ihren früheren Werken strebte Whiteread bei dem Mahnmal eine »Objektivität« an, die die eigenständige künstlerische Arbeit als Mahnmal funktionieren und zugleich jene emotionale Komponente des Erinnerns und Verschwindens adäquat in Erscheinung treten lässt. Wenn wir also nochmals auf die Idee »der Betrachterin/des Betrachters als Wand« eingehen, so sind es hier die Besucherinnen und Besucher des Mahnmals, ihre Erinnerungen und Erlebnisse, die als Inhalt dieser fiktiven Bibliothek an jedem neuen Tag die fiktiven Buchseiten füllen. Körper und Architektur, Präsenz und Verschwinden, das Konkrete und das Unfassbare, Gegenwart und Vergangenheit fallen in eins, jeden Tag aufs Neue. Zugleich ist es eine Skulptur ganz im Sinne von Donald Judds »Specific Objects« (1965).[9] Im Fall des Mahnmals von Rachel Whiteread war die Wahl eines spezifischen Wohnraums in einem Nachbarhaus für das Bibliothekszimmer eine gezielte minimalistische Setzung. Dass die Bibliothek als intimer, privater Raum mit der Intimität des Platzes zusammenfällt, ist der künstlerischen Entscheidung Whitereads zuzuschreiben. Ebenso zeichnet dieses Mahnmal der Wunsch nach einer möglichst neutralen Ästhetik aus, ein standardisierter Bibliotheksraum, standardisierte Buchreihen, deren Intervalle den Ansprüchen der Minimal Art genügen. Dieser gänzlich fiktive Raum steht für das Vergangene, für das Nichtfassbare. Dass die Bibliothek dann in der öffentlichen Diskussion vor allem mit »Betonklotz« tituliert wurde, ist zwar dem damaligen Feuilleton zuzuschreiben, bringt aber dennoch auch ein Anliegen Whitereads auf den Punkt: größtmögliche Objektivität als Denkmal sowie Prägnanz in der Auseinandersetzung mit der minimalistischen Plastik und deren Anspruch einer räumlichen Kontexualisierung sowie eine objektivierte Ästhetik und eine neutrale formale Präsenz, um den zahlreichen Narrativen – vom Mittelalter bis heute – gerecht zu werden.

***Monument*, Trafalgar Square**

Während der Endphase der Errichtung des Wiener *Holocaust-Mahnmals* wurde an Rachel Whiteread das Angebot herangetragen, auch für London eine Arbeit im öffentlichen Raum zu konzipieren.[10] Die Royal Society for the Encouragement of Arts, Manufactures & Commerce hatte ein Projekt zur Bespielung des bis dato leer gebliebenen vierten Sockels der historischen Bebauung am Trafalgar Square durch ein Kunstprojekt initiiert. In diesem Rahmen kamen drei Projekte nacheinander zur Aufstellung – Mark Wallingers *Ecce Homo* (1999), dann Bill Woodrows *Regardless of History* (2000), anschließend war Rachel Whitereads *Monument* ab 2001 auf dem Sockel zu sehen.[11] Nach der Arbeit in Wien, die auch eine lange Phase der Reflexion über ihre ganz spezifische Sicht auf die Möglichkeiten zeitgenössischer Denkmalkunst bedeutet hatte, waren für die Künstlerin vor allem die Zusammenhänge von ortsspezifischer Post-Minimal Art, die Kritik an der klassischen Denkmalkunst sowie die Frage nach deren vormoderner Ortsgebundenheit von Interesse.

In *Monument* zitiert Whiteread die Formensprache der Minimal Art und bricht sie zugleich, überdies fungiert diese Arbeit als Kritik am traditionellen

Im Uhrzeigersinn von o. l.:

Door B (Holocaust-Mahnmal) »possible door« 1996

Door A (Holocaust-Mahnmal) »Faked through drawing / possible door 1.6.96 – something like« 1996

Zeichnung der Buchelemente für das *Holocaust-Mahnmal*, Wien 1996

Perspektivische Ansicht und Detail des *Holocaust-Mahnmals* 1996

Denkmal selbst. Beim *Mahnmal* in Wien stand noch die Blockhaftigkeit im Vordergrund, die Verschlossenheit, die eine unheimliche Stimmung evozierte, und es war damit einerseits nahe an Arbeiten wie *Ghost* oder *House* angesiedelt, stellte andererseits jedoch durch die fiktive Konstruktion als Mahnmal mit einer ebenfalls konstruierten Ortsspezifik eine klare architektonische Setzung dar. Die Arbeit *Monument* ging darüber hinaus: Den historischen Sockel auf dem Trafagar Square nahm Whiteread als Ausgangsform und wiederholte diese in Polyester und setzte die durchsichtige Form spiegelverkehrt auf den bestehenden Sockel. In ihrer formalen Wiederholung und Spiegelung ist die Arbeit eine ortsspezifische Plastik, die vor allem noch durch ihre Transparenz auf die Minimal Art verweist und in diesem Zusammenhang den realen Raum des Werks erfahrbar macht. War beim Mahnmal in Wien der Sockel noch eine Behelfskonstruktion – um eine Schwelle zu schaffen, eine psychologische Distanz zur Betonplastik –, der Whiteread durch die Beschriftung mit den Namen der Konzentrationslager eine inhaltliche und strukturelle Funktion gab, so wird bei *Monument* der vorhandene Steinsockel selbst zum integralen Bestandteil der Arbeit. Damit erfüllt *Monument* wiederum die Kriterien der von der Minimal Art geforderten Verweigerung des repräsentativen Charakters des Kunstwerks, was sich im Zusammenhang mit einem öffentlichen Platz mit Repräsentationscharakter geradezu gesellschafts- und ideologiekritisch auswirkt. »*Monument* macht den Sockel selbst zum Thema, und zwar in einem durchaus ideologiekritischen Sinn, weil es seine ursprüngliche Funktion in der Wiederholung buchstäblich invertiert: Dazu gehört eben auch, und zwar ganz entscheidend, dass der Sockel überhaupt so prominent ins Sichtfeld gerückt wird«, so Gerald Schröder.[12] Erst durch Whitereads Intervention mit *Monument* auf dem Trafalgar Square werden die ideologischen Narrative der anderen historischen Skulpturen aus vormoderner Zeit sichtbar und erfahrbar, und allein mit dem Titel der Arbeit dekonstruiert sie die normativen Werte vormoderner Denkmalplastik.[13] Die Plastik Whitereads als invertierter Sockel ist eine leere Form, die eher an einen Sarkophag erinnert und mit dieser Interpretation erneut mit Vergänglichkeit, dem Ephemeren und dem Verschwinden selbst konnotiert wird.

Der menschliche Körper und die Vergänglichkeit sind jedoch zwei fixe Parameter in Whitereads Kunst. Ihre Werke verweisen auf die Spuren menschlicher Existenz. Ob Whiteread nun den Raum unter einem Seziertisch oder einer Totenbahre als formgebendes Element nutzt, ob es ein abzureißenden Haus ist, welches zum Monument wird, ob die Ermordung der Wiener jüdischen Bevölkerung in der NS-Zeit zum Thema einer Plastik wird: Körperliche Erfahrung und phänomenologische Reflexion bestimmen dieses Hinausweisen über das Konzept der Minimal Art.

Betrachten wir unter diesem Gesichtspunkt das Mahnmal am Judenplatz, so erscheint der Sockel zwar als planerische Notwendigkeit und Barriere, aus künstlerischer Sicht ist er aber vielleicht – ebenso wie in der späteren Arbeit *Monument* – eine bewusste Setzung, um dem assoziativen Potenzial der »fiktiven« Bibliothek als Memento mori, als Grab der ermordeten Jüdinnen und Juden Bedeutung zu verleihen. Und wenn wir uns nochmals die Inversion der Bibliothek in Erinnerung rufen, so repräsentiert die Sockelzone die Wand, in die wir uns hineinprojizieren und in der »Wissen« und »Verschwinden« mahnend in Erinnerung gerufen werden. Wenn also heute die Sockelzone mit den eingravierten Namen der Vernichtungslager zum einzigen Ruheort am Platz geworden ist, dann hat die Arbeit auch einen ungeplanten partizipativen Charakter erhalten und wird durch die Passantinnen und Passanten stets von Neuem aktualisiert – bis diese wieder verschwinden.

Holocaust-Mahnmal
2000

S. 104/105:
Untitled (One Hundred Spaces)
1995

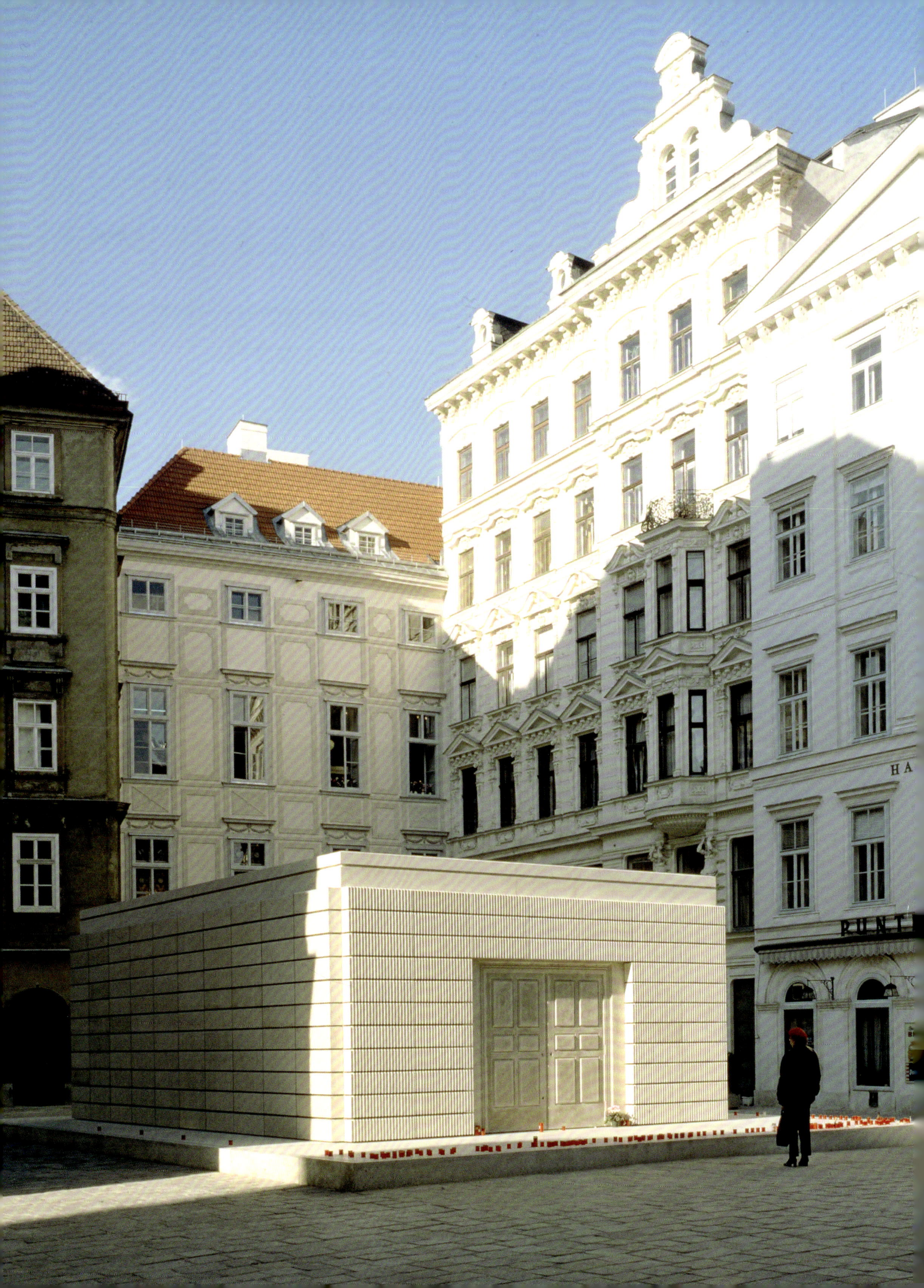

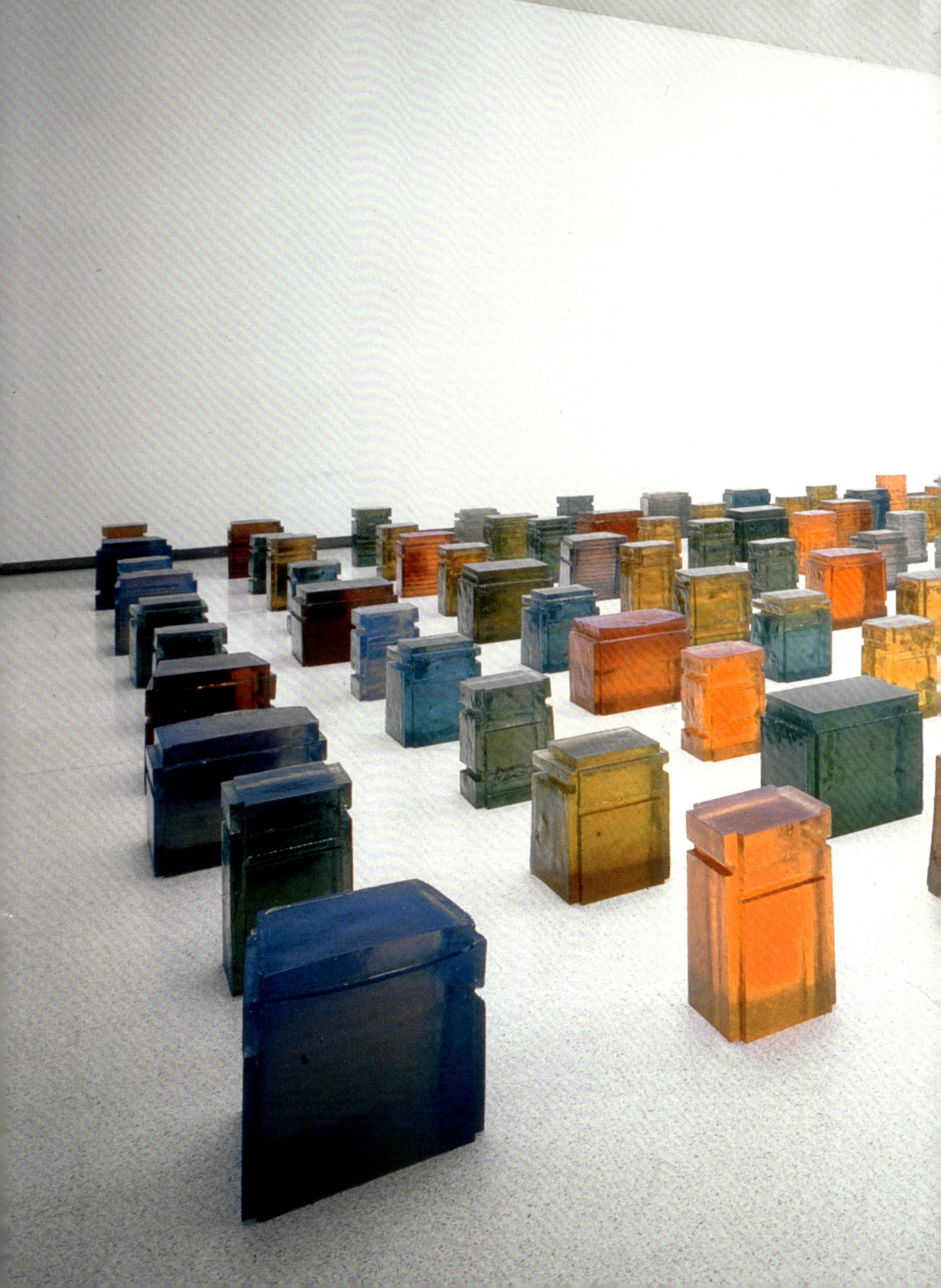

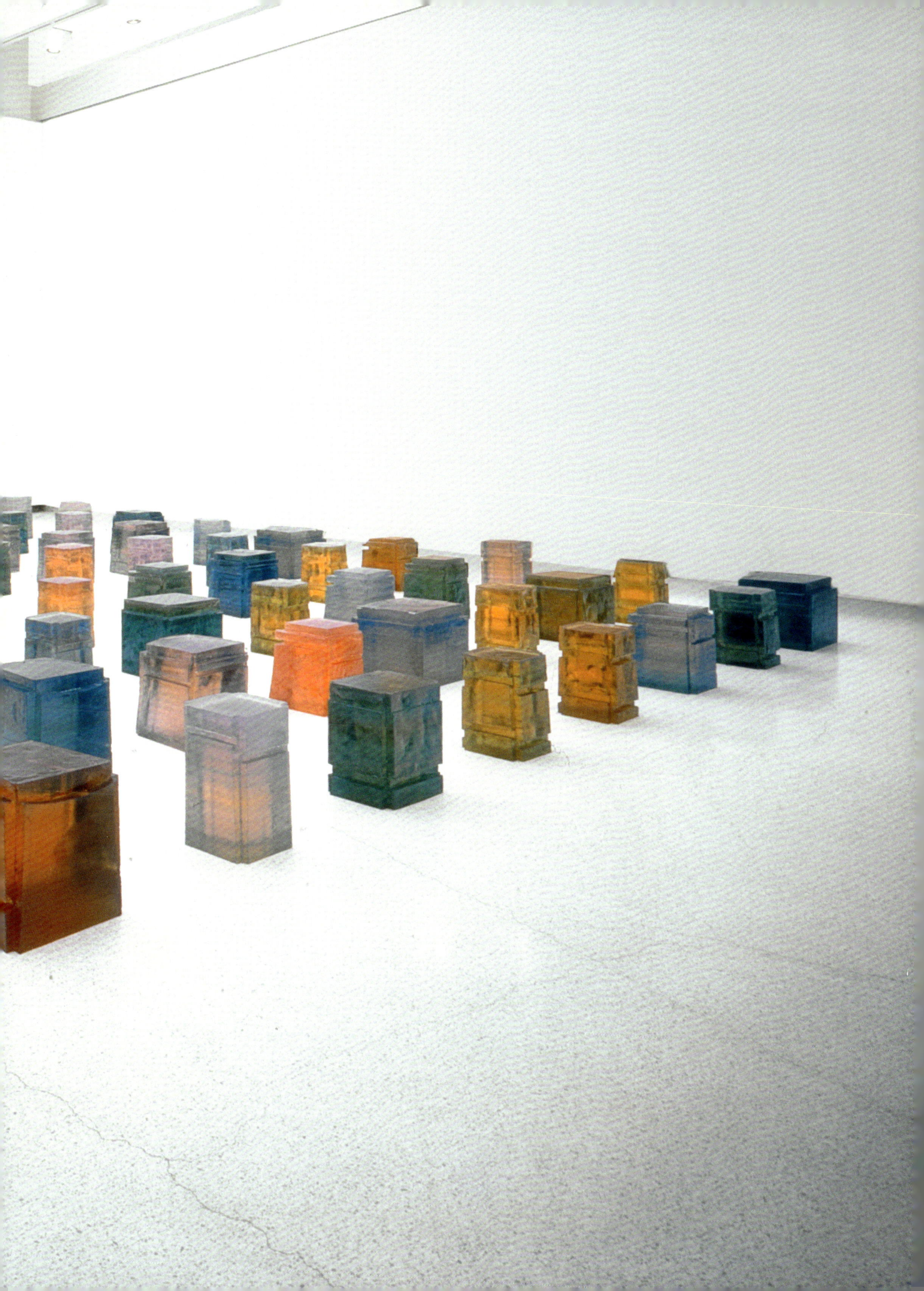

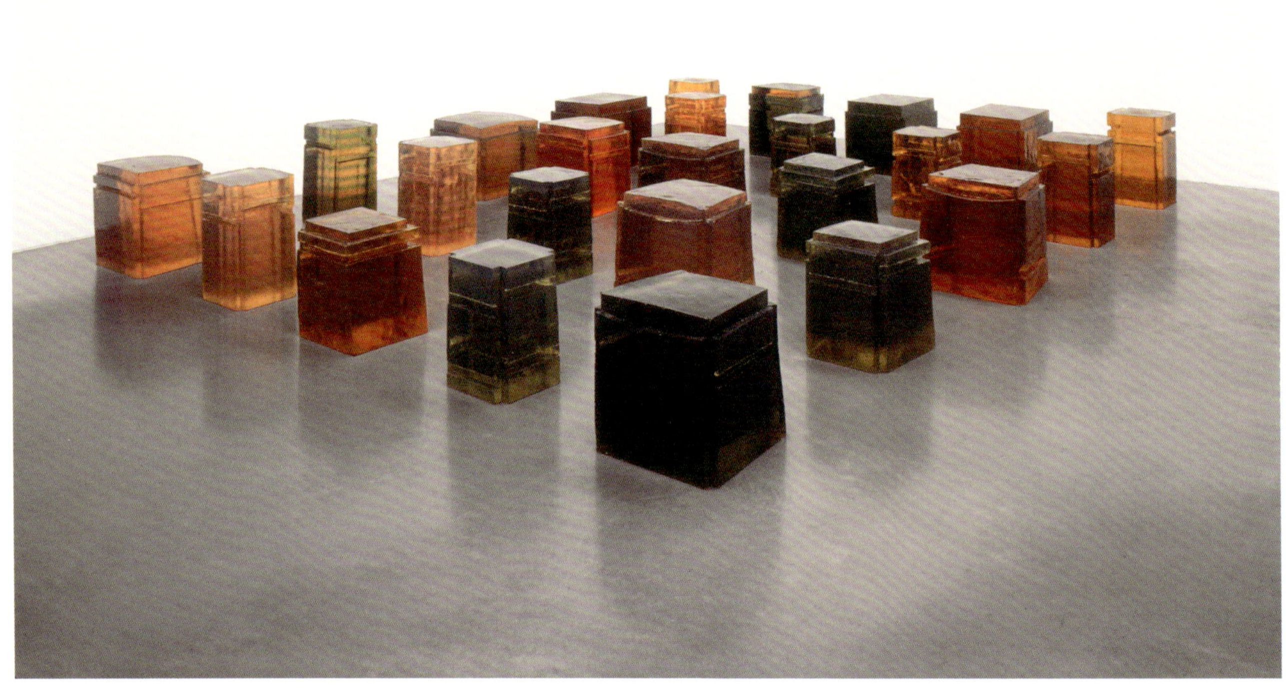

Untitled (Twenty Five Spaces) 1995

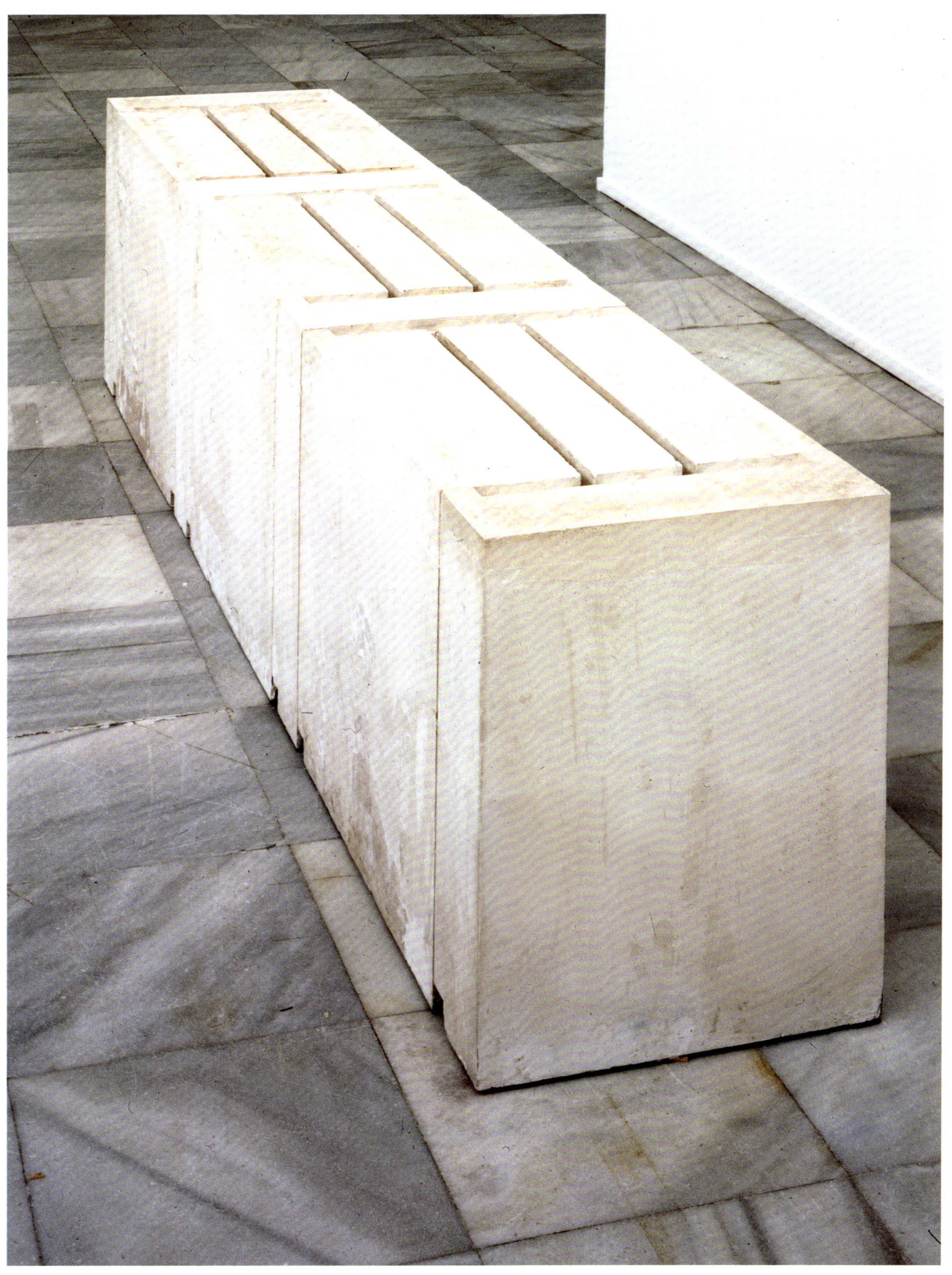

Untitled (Plaster Table) 1995/1996

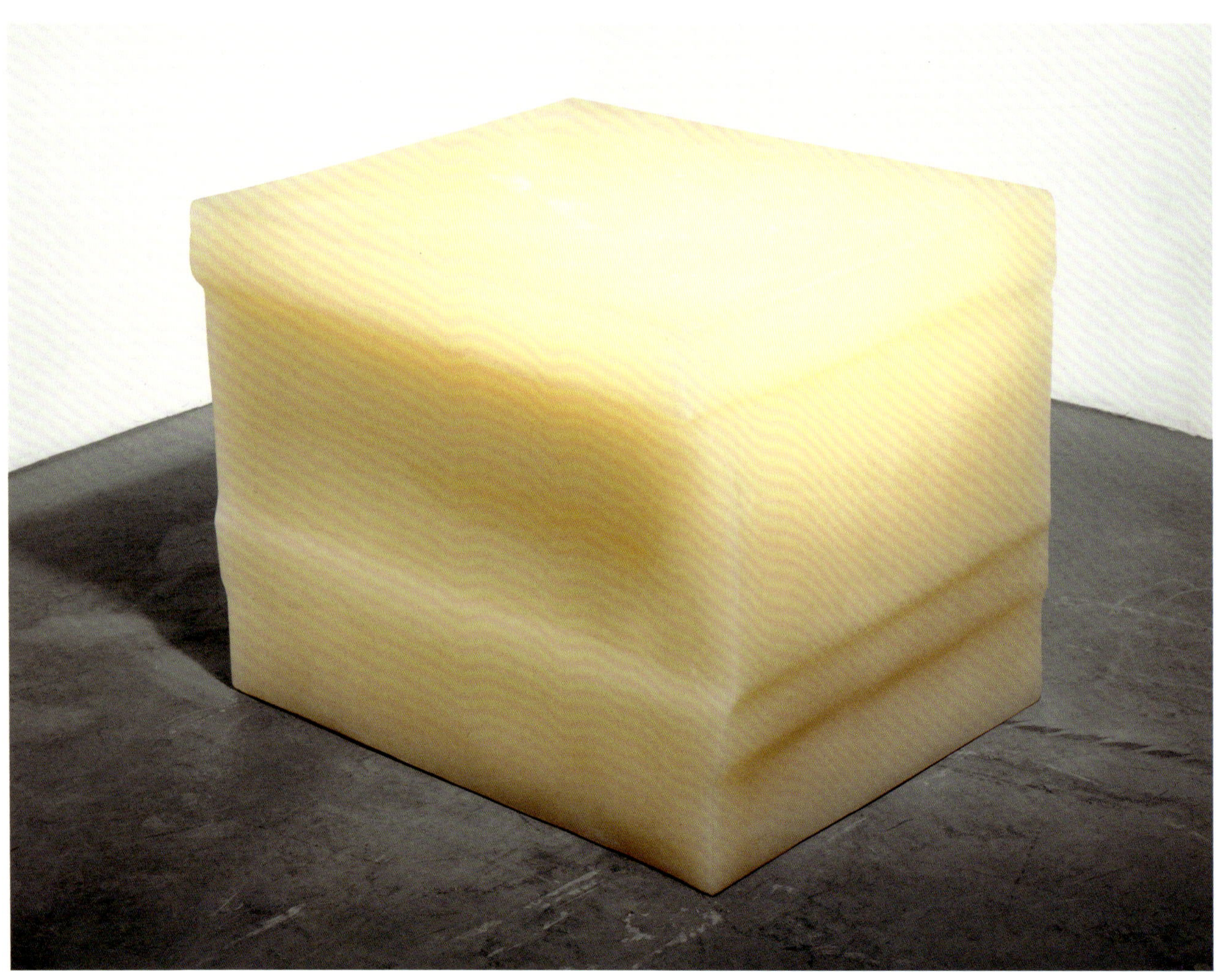

Untitled (Rubber Plinth) 1996

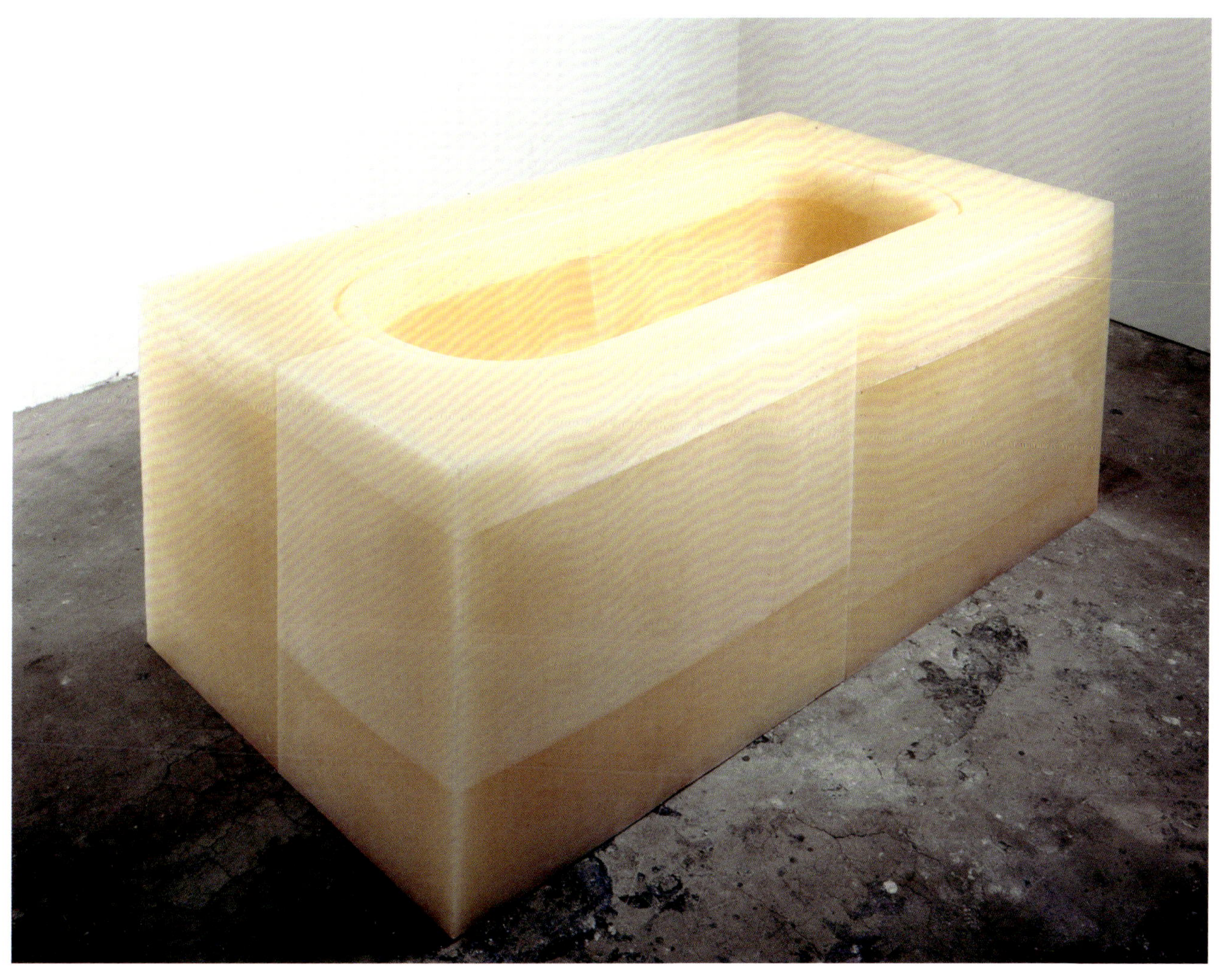

Untitled (Yellow Bath) 1996

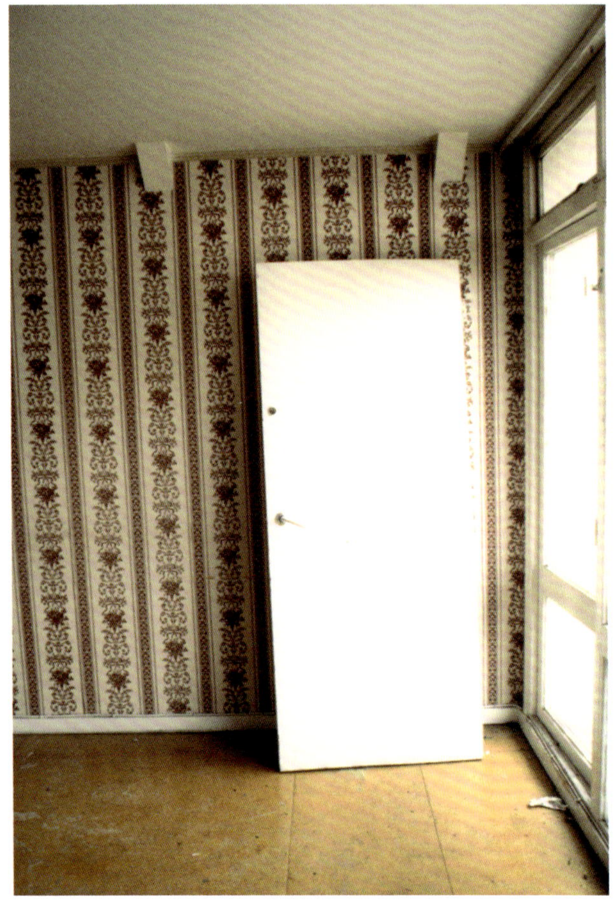

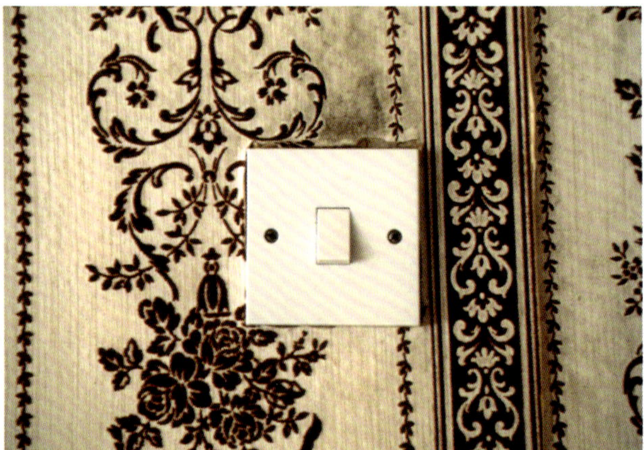

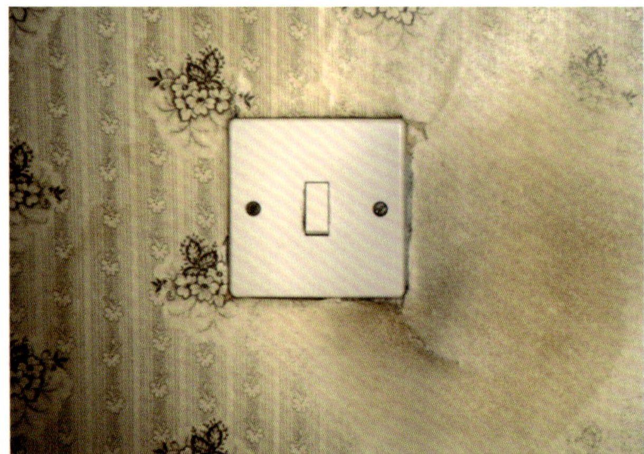

Door 1996–1998

Light Switches 1996–1998

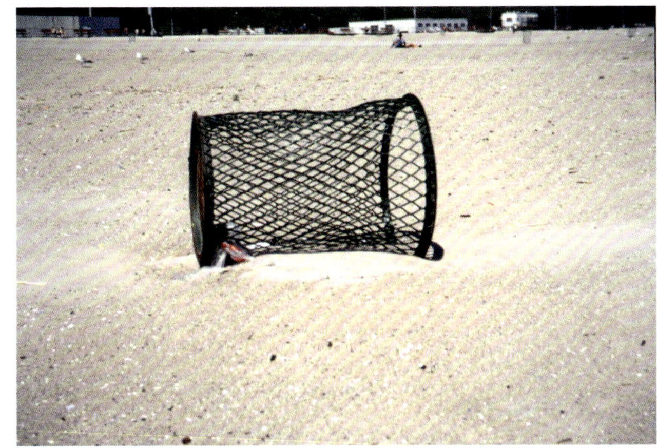

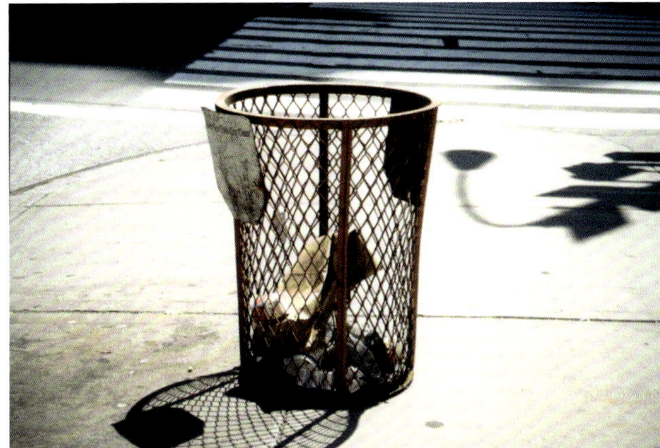

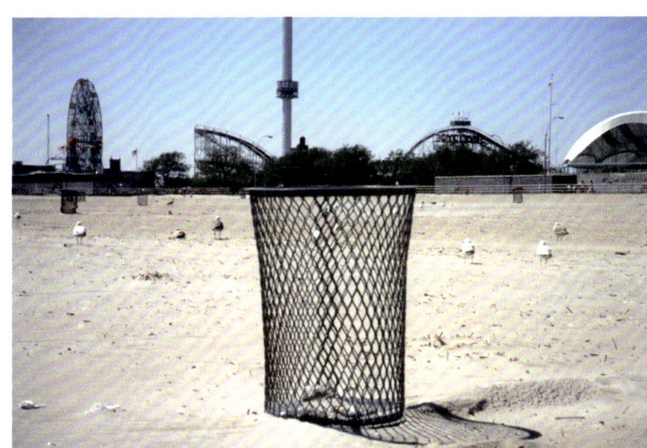

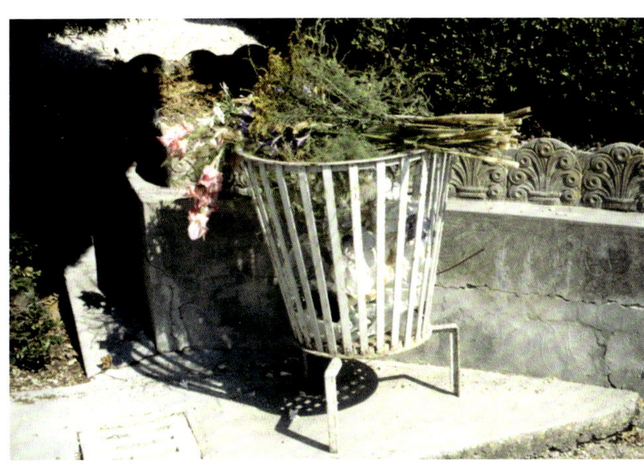

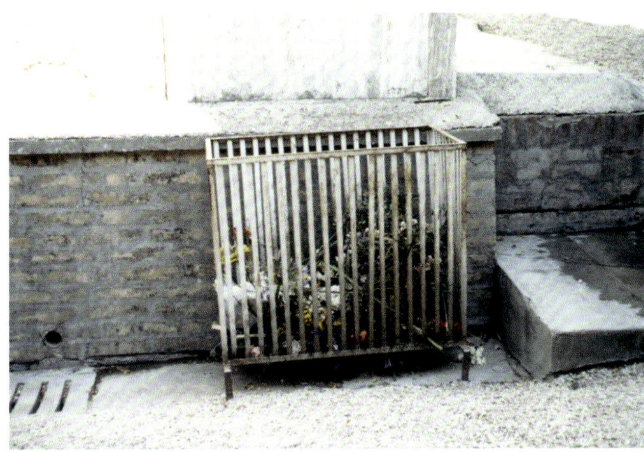

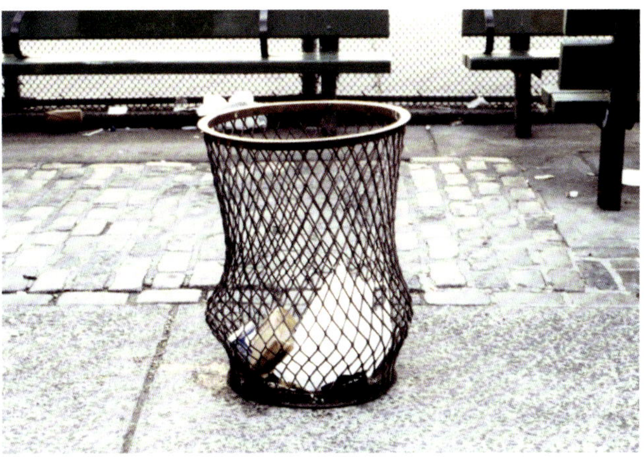

Bins 1997/98

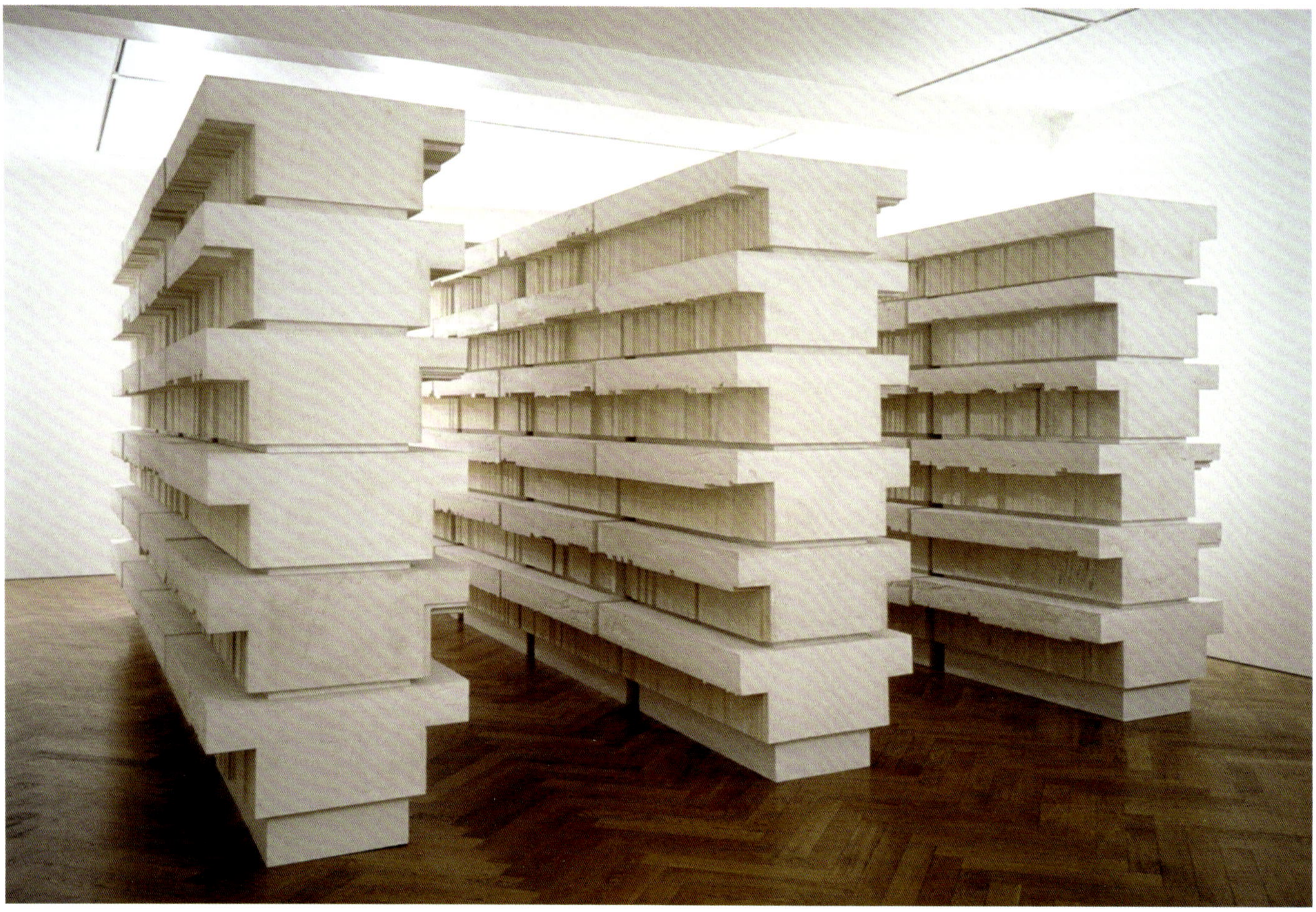

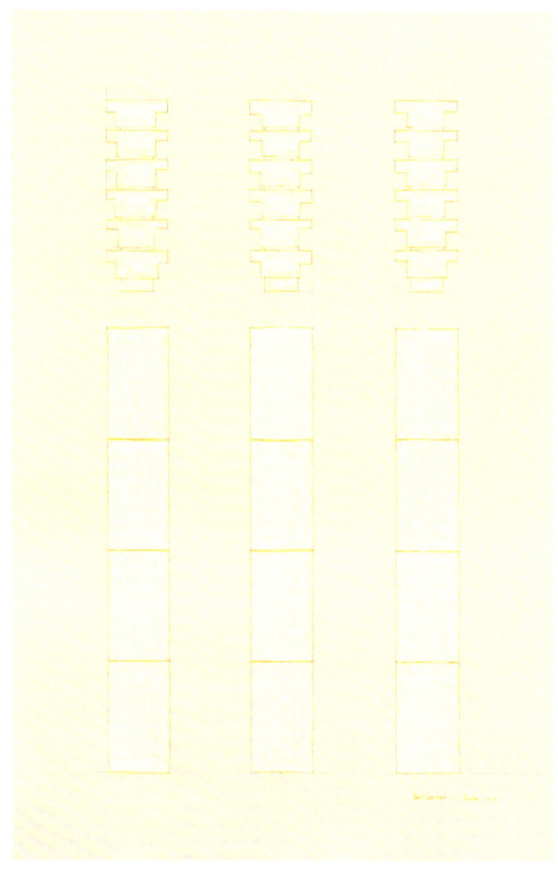

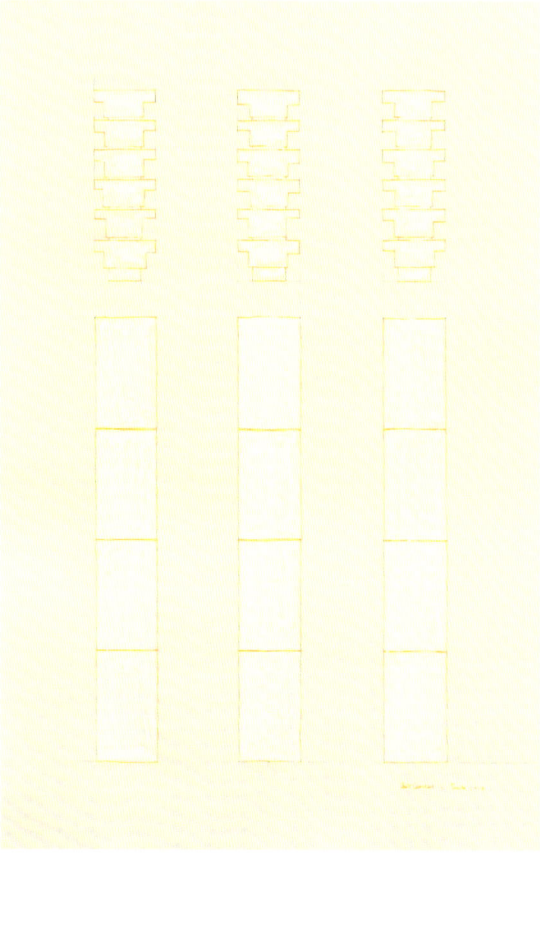

Untitled (Book Corridors) 1997

Book Corridors (Vertical) 1997

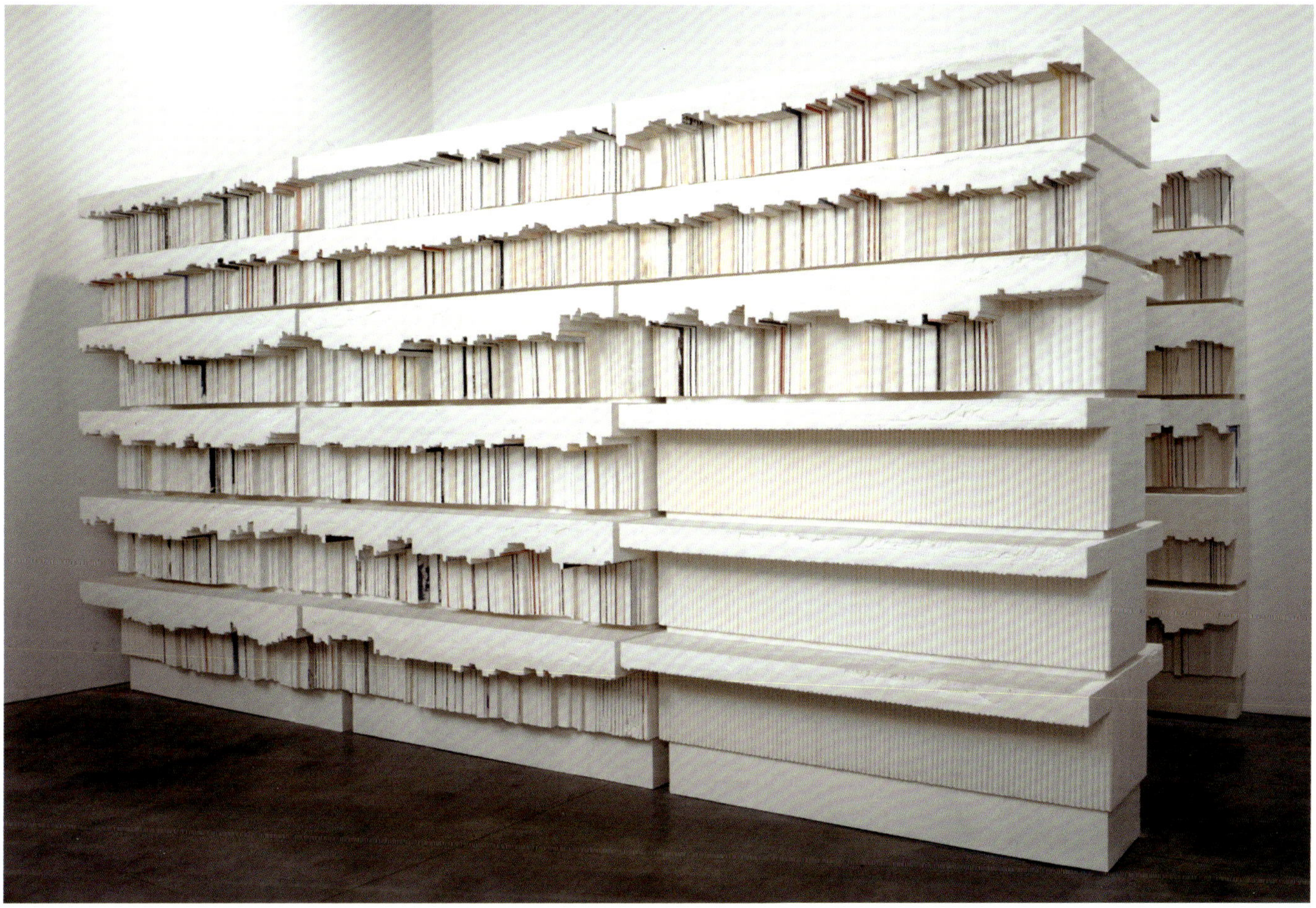

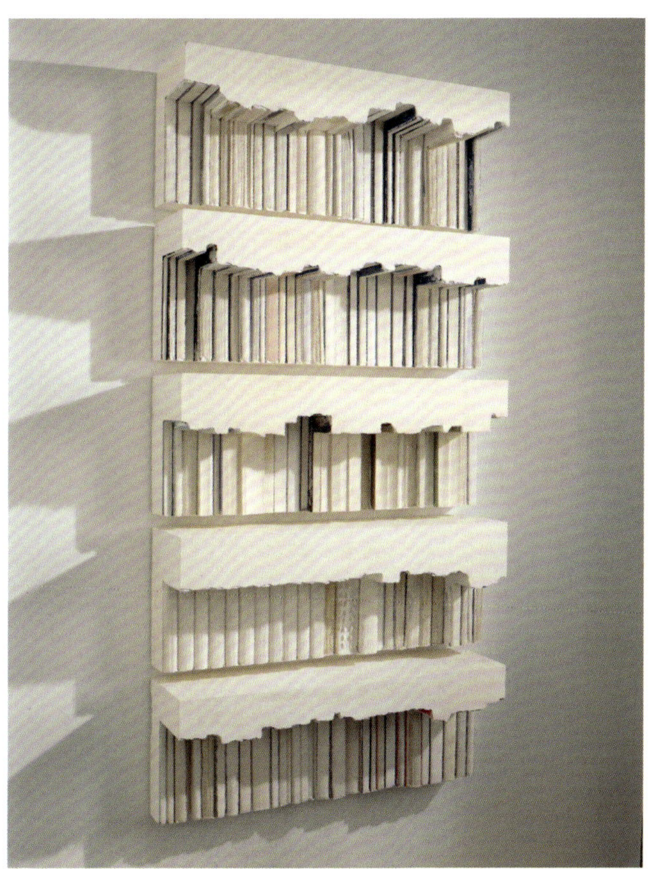

Untitled (Library) 1999

Untitled 2000

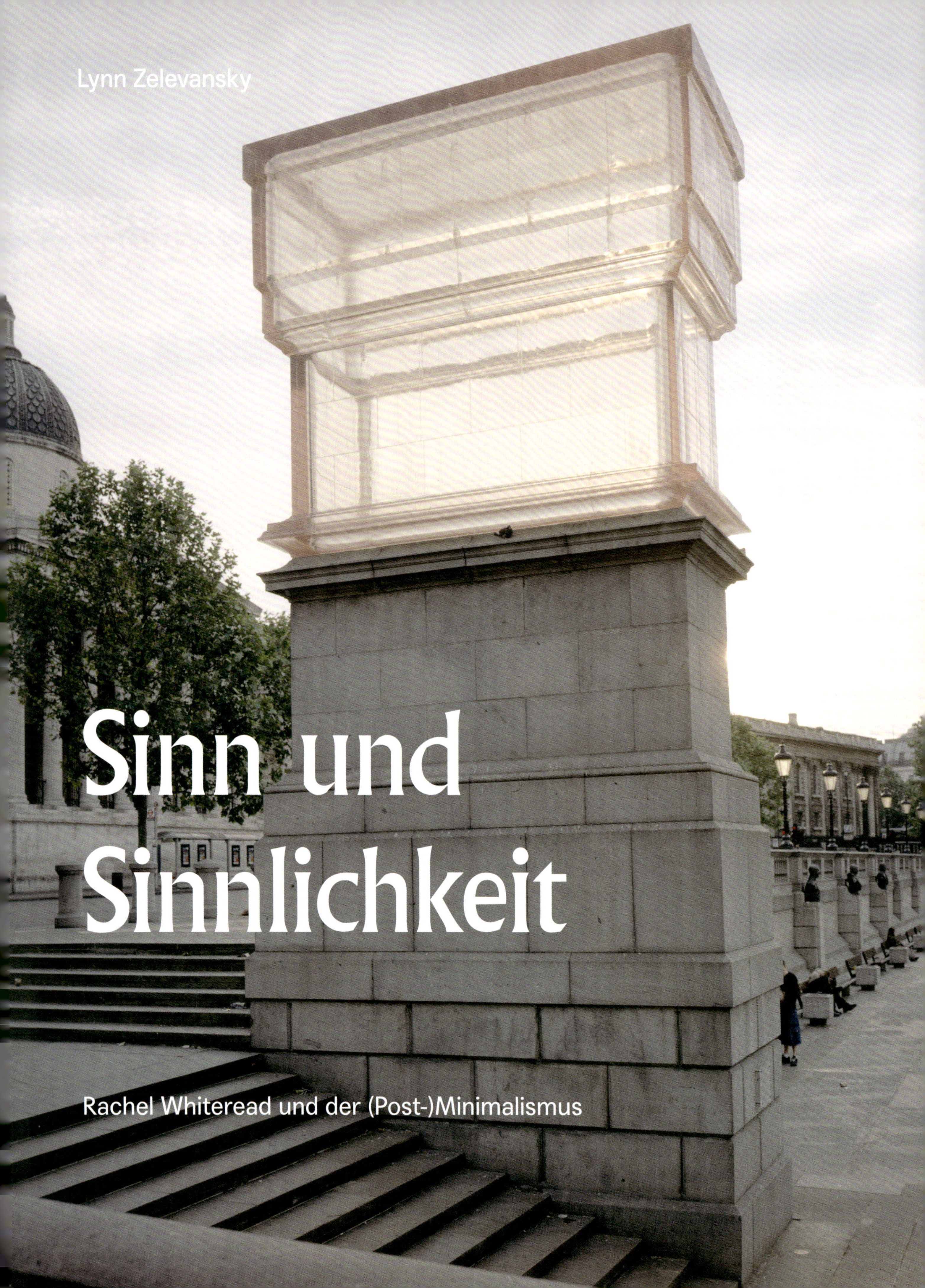

Lynn Zelevansky

Sinn und Sinnlichkeit

Rachel Whiteread und der (Post-)Minimalismus

Im Jahr 1994 betreute ich am Museum of Modern Art in New York die Ausstellung *Sense and Sensibility: Women Artists and Minimalism in the Nineties*. Eine der sieben Künstlerinnen war Rachel Whiteread.[1] Den Hintergrund bildeten meine vielen Besuche in New Yorker Galerien, in denen deutlich mehr Künstlerinnen vertreten waren als in früheren Jahren. Bei sehr vielen sah ich an den Minimalismus erinnernde Ansätze wie geometrische Formen und deren systematische Umsetzung mittels Raster, Wiederholung und Serialität.

Nachdem ich kurz zuvor eine mehrjährige Forschungsarbeit über die Ursprünge des Kubismus abgeschlossen hatte,[2] ging ich nun der Frage nach, warum ein Trend (eine echte »Bewegung« war der Minimalismus nie) einen so starken Einfluss ausübte. Ein gemeinsames und nachhaltiges Vermächtnis von Minimalismus und Kubismus ist offenbar eine bestimmte Auswahl an künstlerischen Strategien, derer sich andere auf neuartige Weise bedienen können. Während der Kubismus in der ersten Hälfte des 20. Jahrhunderts Generationen von Künstlern beflügelt hatte, spielte der Minimalismus nach meinem Eindruck in der zweiten Hälfte eine ähnliche Rolle. Mich interessierte, was gerade Künstlerinnen zu diesen Strategien hinzog.

Bei der Betrachtung der 1960er- und 1970er-Jahre setzt die Kunstwissenschaft in den USA Minimalismus und Postminimalismus oftmals gleich. Streng genommen zählt man unter Minimal Art aber nur wenige und vor allem männliche Künstler, die um 1960 in New York mit dreidimensionalen Objekten in Erscheinung traten. Mit knappen geometrischen Formen und systematischen Produktionsmethoden, die bewusst metaphorischen Assoziationen entgegenwirken, schufen sie in sich geschlossene Werke, die möglichst frei von äußeren Bezügen sein sollten. Die Postminimalisten dagegen bezogen Metaphern, Politik, Gefühle, Humor – sprich: die Außenwelt – in ihre Arbeiten ein. Sie verwendeten dabei zwar ebenfalls Systeme, Raster und geometrische Grundstrukturen, übertrugen sie jedoch auf so unterschiedliche Genres wie Theater, Konzeptkunst, Land Art und Prozesskunst. Zum Postminimalismus, der sich mit der zweiten Welle des Feminismus überschnitt, zählten mehrere bekannte Künstlerinnen.

LINKE SEITE:
Monument 2001

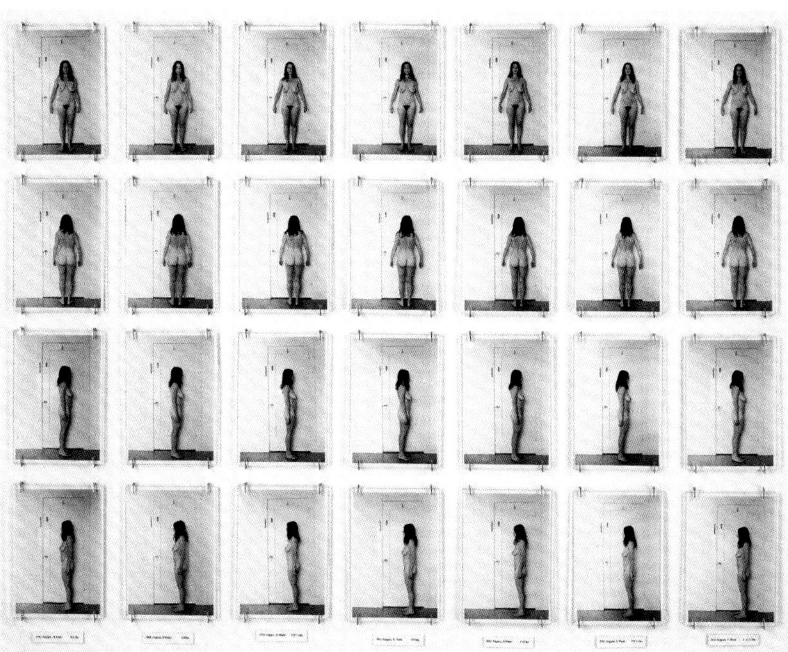

Eleanor Antin,
Carving: A Traditional Sculpture (Detail) 1972
148 Silbergelatineabzüge
Je 17,8 × 12,7 cm
Art Institute of Chicago.
Twentieth-Century Discretionary Fund

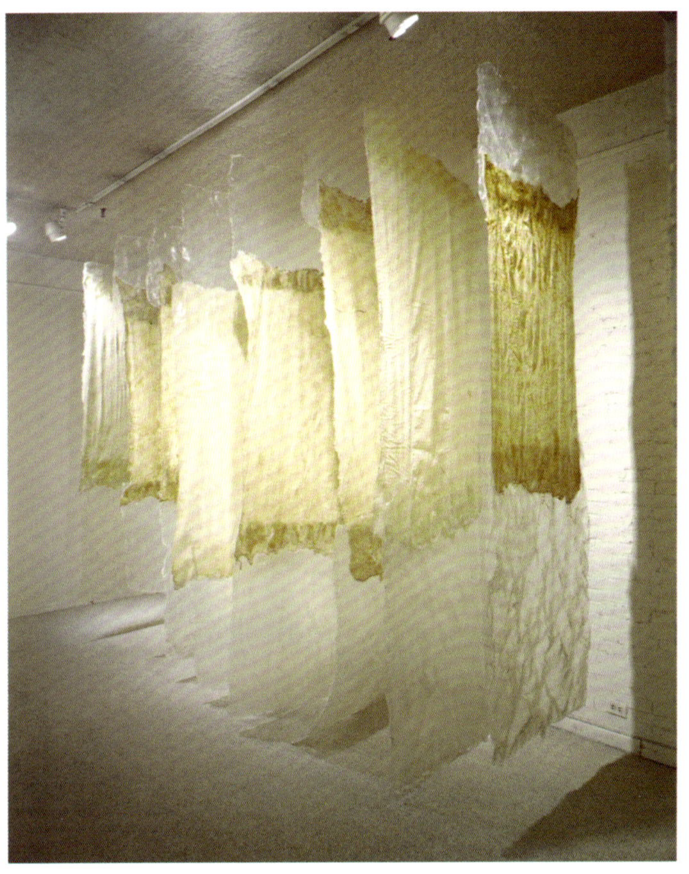

Eva Hesse
Contingent 1969
Mulltücher, Latex und Glasfaser
350 × 630 × 109 cm
National Gallery of Australia
Purchased 1973

Auch wenn der Ausstellungstitel nur den Minimalismus nennt, stand bei *Sense and Sensibility* eher der Postminimalismus mit seinem Metaphernreichtum, seinen politischen Statements und/oder ungeniert sinnlichen Ausführung im Vordergrund. Die Schau knüpfte damit an die Arbeiten von Künstlerinnen aus den späten 1960er- und 1970er-Jahren an, etwa von Eva Hesse, die mit handgefertigten, ausdrucksstarken Objekten in Verbindung mit seriellen Elementen den menschlichen Körper thematisierte, oder Eleanor Antins *Carving: A Traditional Sculpture* (1972; S. 115), das die Gewichtsabnahme der Künstlerin um 4,5 Kilo in einem Monat in einer Fotoserie dokumentiert und mit der Rastertechnik das Frauen auferlegte Schönheitsideal humorvoll ins Visier nimmt. Frauen haben nicht nur maßgeblich die Definition von Postminimalismus geprägt, sondern damit zugleich die Grenzen des »Annehmbaren« in der Kunst verschoben. *Sense and Sensibility* sollte den Einfluss dieser Frauen auf eine jüngere Generation von Künstlerinnen aufzeigen.[3]

Genau an dem Tag, als ich 1993 im Rahmen der Vorbereitungen für die New Yorker Ausstellung in London eintraf, wurde bekanntgegeben, dass Rachel Whiteread den Turner Prize für ihre Skulptur *House* (1993; S. 77–79) erhielt, den Innenabguss eines viktorianischen Wohnhauses im Londoner East End. Am selben Tag kündigte der Bezirksrat von Bow den Abriss dieser Plastik an. Wie viele von Frauen geschaffene postminimalistische Arbeiten war *House* klar politisch und löste eine erhitzte öffentliche Debatte aus, die bis ins Parlament nachhallte.[4] Dabei ging es neben zeitgenössischer Kunst, ihrem Wert, Wesen und Platz in der Gesellschaft auch um sozialpolitische Themen wie »das Problem des überalterten Wohnungsbestands und des Umgangs damit, die Gentrifizierung der ehemals reinen Arbeiterviertel im East End und die Frage, wer für die Stadtplanung eigentlich zuständig ist«.[5]

House war das größte von Whitereads frühen autobiografischen Werken. Für sie bestand der Bezug darin, dass sie in einem ganz ähnlichen Haus aufgewachsen war.[6] *Sense and Sensibility* zeigte ihr ebenfalls autobiografisches Werk *Ghost* (1990; S. 49) aus Abdrücken vom Wohnzimmer eines weiteren bescheidenen viktorianischen Wohnhauses. Anfangs hatte ich auch weitere ihrer Plastiken in Betracht gezogen, die ich zunächst für den minimalistischen Teil der Ausstellung für geeigneter hielt – schlaffe, durchgelegene Matratzen, einen geometrisch geformten Kaminsims, eine Badewanne in einem gegossenen Quader, der ein Grab sein mochte. Letztlich entschied ich mich für *Ghost*, weil Whiteread in den USA zu dieser Zeit besonders durch *Ghost* von sich reden machte.

Der Einfluss des amerikanischen Minimalismus und Postminimalismus auf Whitereads Schaffen ist unverkennbar,[7] und *Ghost* passte als unregelmäßiges Raster aus großen Gipskuben und -quadern gut zum Ausstellungsthema »Minimalismus«. Da sie einen herkömmlichen Negativabdruck herstellte, also nur den ersten Schritt im Abgussprozess vollzog, springen Fenster und Türen von *Ghost* nicht zurück, sondern ragen vor. Die Wände sind abgewetzt, und im offenen Kamin erkennt man sogar noch Aschereste. Die Luft im Raum ist zu einem Gipsblock erstarrt. Whiteread wollte, wie sie selbst sagte, diese Luft »mumifizieren«, und gerade aufgrund dieser hermetischen Versiegelung empfinden viele *Ghost* als eine Art Mausoleum.[8] Seine starke emotionale Wirkung regte viele Kritiker zu Überlegungen zu Whitereads Bezügen zu Themen wie Verlust, Erinnerung und Tod an.

Um Tod und Bestattung geht es auch bei einigen der bekanntesten Werke des Postminimalismus in seinen vielen Unterformen. Die Geburtsstunde der Land Art etwa datiert Suzaan Boettger auf die Entstehung von *Placid Civic Monument*, auch bekannt als *The Hole* (1967; unten) von Claes Oldenburg, der eigentlich eher durch Pop-Art und Figuration als durch Minimalismus und Abstraktion bekannt

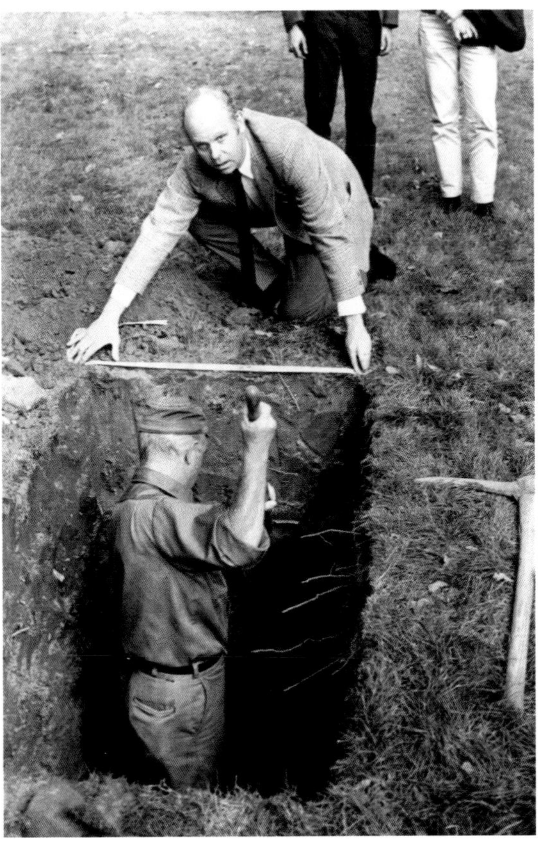

Claes Oldenburg
Placid Civic Monument 1967
New York

wurde.[9] Für das gruftähnlich schlichte, geometrische Werk ließ Oldenburg im New Yorker Central Park von einem Totengräber eine gut 1,80 Meter lange, rechteckige Vertiefung ausheben, die vor dem Hintergrund der damaligen Welle des Antimilitarismus von vielen als Protest gegen den Vietnamkrieg verstanden wurde. Die Arbeit ist in mancher Hinsicht abstrakt, in ihrem philosophischen und emotionalen Kern jedoch gegenständlich.

Whitereads Werke lassen sich auf einer Abstraktionsskala von »ganz viel« bis »ganz wenig« an mehreren Stellen einordnen: Mal gießt sie vorhandene Formen ab, dann wieder reine Fantasieprodukte, dabei nutzt sie das jeweilige assoziative Potenzial. Als sie Anfang der 1990er-Jahre genug davon hatte, »über sich selbst zu reden«,[10] ging sie 1992/93 für eineinhalb Jahre mit einem DAAD-Stipendium nach Berlin. Fernab von London und ihren privaten Bindungen entstand *Untitled (Room)* (1993), der Abguss einer gewollt kargen Struktur, die sie selbst entwarf und konstruierte. Sie sagte dazu: »Ich habe ein Zimmer aus Sperrholz gebaut, das aussah wie eine Theaterkulisse. Es hatte ein Fenster, eine Tür und war überhaupt total eintönig. Es gab nicht einmal einen Lichtschalter oder andere Elektroinstallationen. Es sah aus wie ein Modul für einen Plattenbau.«[11] *Untitled (Room)* ist in vielerlei Hinsicht das Gegenteil von *Ghost*: Es ist emotional neutral, ohne bauliche Details und Lebensspuren. Der »durch und durch alltägliche, [...] banale Kasten« drückt Whitereads Kritik an der weit verbreiteten modernen Ästhetik aus, allen voran wohl Le Corbusier,[12] doch steckt er zugleich voller Widersprüche. Whiteread löste sich damit vom konkret Persönlichen und seiner immanenten Nostalgie, für das sie bis dahin bekannt war. Gleichzeitig widersetzte sie sich der modernen Tendenz zur Stromlinienform, die den Charakter und Nachhall des Abnormen und der Unordnung im Leben von Menschen zu neutralisieren versucht.

Untitled (Room) hat gewisse Ähnlichkeiten mit dem *Holocaust-Mahnmal* (2000; S. 103) auf dem Wiener Judenplatz mitten im einstigen Judenviertel. Auch diesen Komplex entwarf und baute Whiteread mit einer nach ihren Worten »systematischen« Arbeitsweise, die sicher aus dem Minimalismus herrührt.[13] Durch ihre Entscheidung gegen den Abguss eines existierenden Baus, der diesem emotional befrachteten Thema vielleicht noch mehr Nachdruck verliehen hätte, beugte sie oberflächlicher Sentimentalität vor. Sie selbst erlebte die Arbeit am *Holocaust-Mahnmal* als »fünf Jahre Hölle«.[14] Das Werk bot ebenso viel politischen Zündstoff wie *House* und rief Kritik von verschiedensten Seiten auf den Plan. Aufgrund seiner reduzierten Form und strengen Geometrie bemängelten manche, es sei abstrakt und könne deshalb keine Geschehnisse würdigen, die alles andere als abstrakt waren.[15] Dabei stellt das *Holocaust-Mahnmal* eine Bibliothek ohne Außenwände dar, in der man anstelle der zur Raummitte gewandten Buchrücken die Schnittseiten der in den Regalen stehenden Bücher sieht.

Formale Elemente des Minimalismus setzt Whiteread nach Belieben ein, ohne sich auf seine Ideologie einzulassen. In einem Interview erklärte sie: »Vor Jahren bezeichnete jemand meine Arbeit als ›Minimalismus mit Herz‹. Damals dachte ich, ›Igitt, was für eine scheußliche Beschreibung!‹ Eigentlich ist sie aber gar nicht so schlecht, denn in jeder Arbeit steckt ein Stück von mir, während Donald Judd oder Carl Andre gerade diese Empathie aus ihren Werken ausblenden wollten.«[16]

Damit liegt Whiteread sicher richtig, auch wenn ihre Kunst rauer und komplexer ist, als diese Äußerung suggeriert. Das für den Londoner Trafalgar Square geschaffene *Monument* (2001; S. 114)[17] etwa ist ein glänzender, durchsichtiger Abguss eines gewaltigen Granitsockels, der kopfüber auf der abgegossenen Plinthe

Michael Heizer
Displaced/Replaced Mass (1/3)
1969
Granitblock (30 t) in einem Betonschacht
690 × 180 × 150 cm
Silver Springs, Nevada

Michael Heizer
Displaced/Replaced Mass (2/3)
1969
Granitblock (52 t) in einem Betonschacht
1530 × 480 × 280 cm
Silver Springs, Nevada

Michael Heizer
Displaced/Replaced Mass (3/3)
1969
Granitblock (68 t) in einem Betonschacht
1260 × 330 × 280 cm
Silver Springs, Nevada

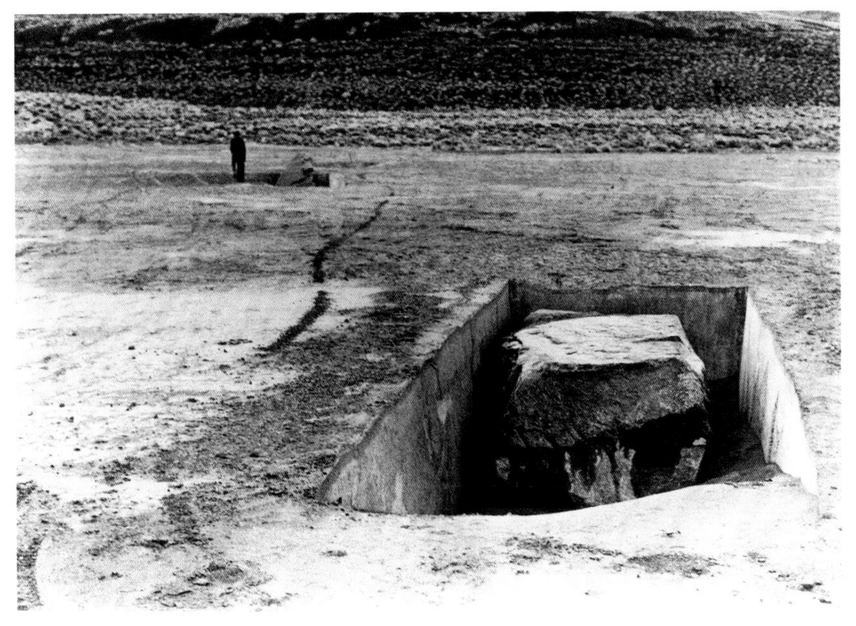

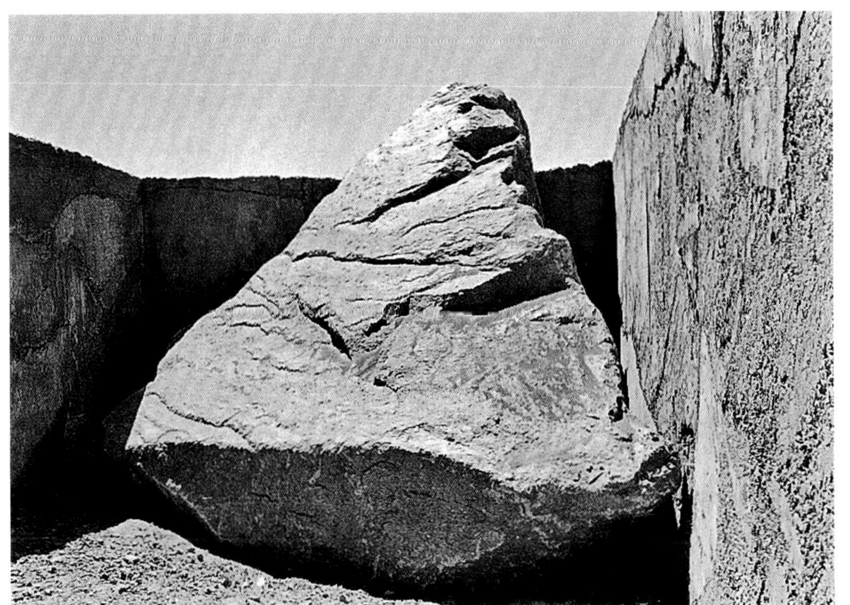

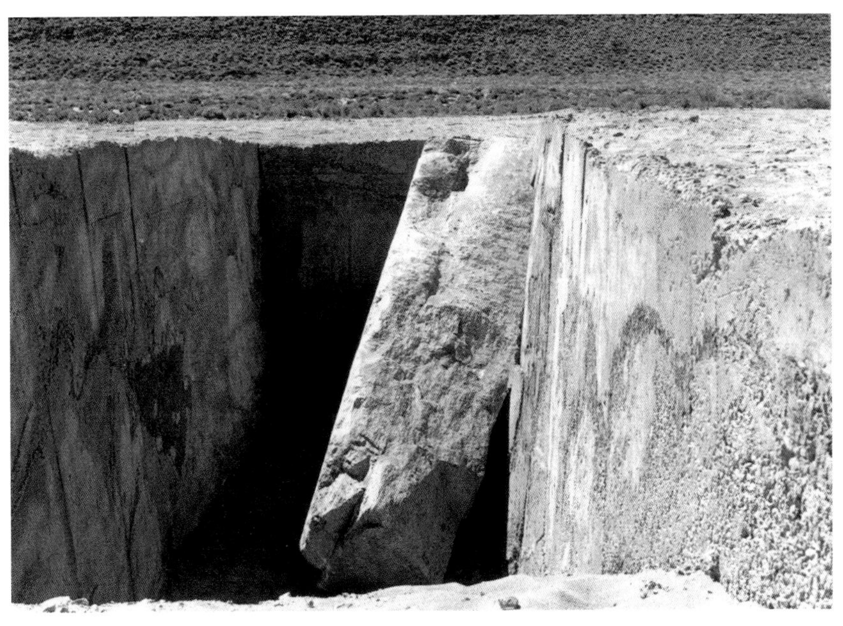

stand. Die weder rein abstrakte noch auf Anhieb als Form erkennbare, kantige Plastik steht den Ursprüngen des Minimalismus zwar offenbar näher als viele andere von Whitereads Arbeiten, doch ging es den Minimalisten ja gerade darum, Skulpturen von ihren Sockeln zu holen, um eine neue, interaktive physische Beziehung zum Betrachter zu schaffen. Das Konzept von *Monument* ist komplexer: Es bezieht den Sockel in das Kunstwerk ein und erhöht sie im wörtlichen, aber auch im übertragenen Sinn, indem es sie zur Geltung bringt und zugleich entmaterialisiert, in ein Gespenst verwandelt und auf den Kopf stellt, ihr jedoch auch Raum verschafft. So ephemer und schwerelos die Plastik auch wirkt, so überragend ist sie in technischer Hinsicht, denn sie war das größte bis dahin je hergestellte Kunstharzobjekt. Diese großartige Leistung steht den Arbeiten einiger der von Whiteread bewunderten Künstler der 1960er- und 1970er-Jahre in nichts nach.[18]

Whiteread bezieht die Welt unmittelbar in ihre Arbeiten ein, viele sind explizit politisch. Auch die Minimalisten und Postminimalisten waren politisch engagiert. Vor allem Donald Judd, der den Bau des geplanten Lower Manhattan Expressway verhinderte, dessen Bau die Künstlerviertel Greenwich Village und Soho zu verschandeln drohte, sich in Soho für die Rettung von Gusseisengebäuden aus dem 19. Jahrhundert starkmachte und sich in der Gruppe Citizens for Local Democracy für Dezentralisierung und die Rückkehr zu Idealen wie der Umwandlung von Wohnvierteln in selbstverwaltete Quartiere einsetzte.[19] Wie Whiteread beschäftigte sich auch Judd mit Architektur und Stadtentwicklung, trennte jedoch zwischen Kunst und politischer Arbeit. Er sah zwar politische Bezüge in seinem Werk, hielt Kunst indessen »als Werkzeug für zu schwach, um sozialen Wandel voranzutreiben«.[20]

Die Postminimalisten nahmen die Dinge anders wahr. Nach Einschätzung des Kritikers Robert Pincus-Witten, der mit Bezug auf Künstler wie Gordon Matta-Clark den Begriff »Postminimalismus« prägte, wurden »Minimalismus und Konzeptkunst als Erscheinungsformen systemischer Kulturanalysen und sozialer Utopien aufgefasst«.[21] Das bestätigt auch die Galeristin Virginia Dwan. Sie betreute mehrere Künstler bei der Arbeit an den von ihr so benannten Earth Works und erlebte den Rückzug in die Wüste als Reaktion auf die Zustände in

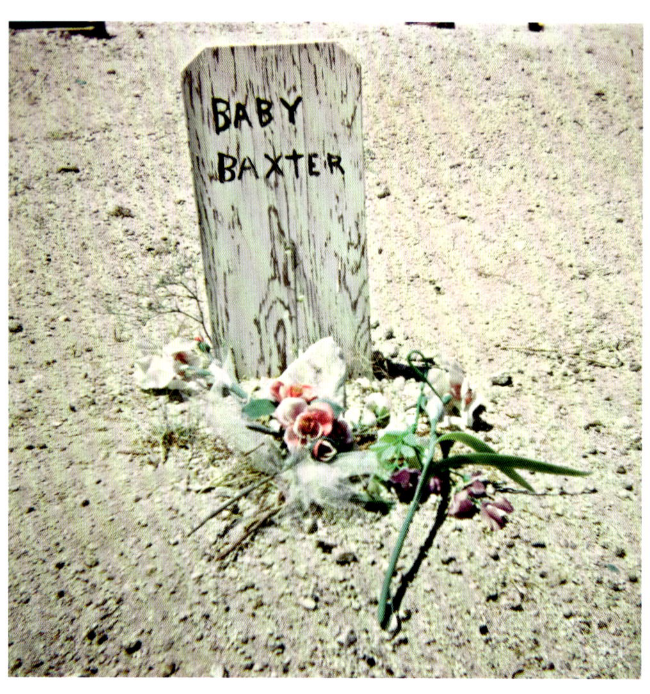

Nancy Holt
Western Graveyards (Detail) 1968
60 Inkjet-Drucke auf Hadernpapier in Archivqualität
Je 45,7 × 45,7 cm
Courtesy Parafin, London

den USA Mitte bis Ende der 1960er-Jahre. Wie sie berichtet, reagierten Walter De Maria und Michael Heizer damit auf die Vulgarität von Las Vegas: »Blitzheirat und -scheidung, Sofortgewinn und -verlust – Leben und Tod in einem Atemzug.«[22] Nancy Holt fertigte neben Land Art die 60-teilige Fotoserie *Western Graveyards* über teils behelfsmäßige Gräber im Westen der USA und manifestierte damit erneut die Bedeutung der Themen Tod und Bestattung für diese Künstler.[23]

Whitereads Werke wie *House* und *Holocaust-Mahnmal* sind politisch deutlich engagierter als De Marias und Heizers Land Art. Ihre Eltern vermittelten ihr ein soziales Gewissen; sie selbst bezeichnet sich als Sozialistin. Dass *House* eine politische Debatte anheizen würde, sei ihr völlig klar gewesen, sagt sie,[24] und mit Kontroversen habe sie sehr wohl gerechnet, nicht aber mit so viel Gehässigkeit.[25] Eine eher postminimalistische Haltung zu sozialen Themen spiegelt dagegen *Embankment* (2005; S. 122/123). Ebenso wie *Ghost* und *House* weist es eindeutige biografische Bezüge auf, denn die Inspiration dazu lieferte eine ihr aus der Kindheit vertraute Pappschachtel, die ihr in die Hände fiel, als sie nach dem Tod ihrer Mutter deren Haushalt auflöste. *Embankment* ist ein Tribut an ihre Eltern. Mittels minimalistischer Wiederholung und Modularität ließ sie durch 14 000 aufgestapelte Polyethylenabgüsse von zehn verschiedenen Kartons eine arktische Landschaft aus Eisbergen und -schollen entstehen.[26] In der Turbinenhalle der Tate Modern, einem ehemaligen Kraftwerk im Herzen der Weltstadt London, forderte Whiteread mehr Naturschutz. Und zwar mit einer Installation, die sich zwar nicht auf ein einziges Thema reduzieren lässt, zumal die Idee bekanntlich auf einer persönlichen Erfahrung basiert, jedoch schon durch den Titel *Embankment* (dt. Ufereinfassung; A.d.Ü.) ebenso auf den Schutz vor Naturkatastrophen verweist wie auf die von Whiteread selbst geäußerte Sorge darüber, »was wir diesem armen Planeten antun«.[27]

Diese Beschäftigung mit Landschaften deutete eine Neuausrichtung Whitereads an, die an den Rückzug der Land Art-Künstler in die Wüste erinnert. In den letzten Jahren stellte sie an mehreren entlegenen Standorten Bauten auf,[28] die sie »shy sculptures« (scheue Plastiken) nennt. Vor allem *Cabin* (2016; S. 194, 210) ist wegen seiner Bezüge zur US-Geschichte interessant. Der Betonabguss einer kleinen Holzhütte inmitten von verstreutem »Müll« aus Bronze erinnert an Henry David Thoreau und die amerikanischen Romantiker, aber auch an Einzelgänger, die abseits der Zivilisation hausen. Wie die von Dwan thematisierten Earth Works umgibt auch *Cabin* eine Aura von Abgeschiedenheit, Entfremdung, Gefahr und Tod – die düstere Seite der amerikanischen Pracht. Dabei steht Whitereads »Hütte« gar nicht in der Wildnis, sondern im Skulpturenpark auf Governors Island im New Yorker Hafen mit Blick auf die Freiheitsstatue und die Skyline von Manhattan. Da die Insel nur mit der Fähre und nur im Sommer erreichbar ist, liegt sie ebenso nah wie fern der Metropole.

Wie die Land Art von De Maria und Heizer vermittelt auch *Cabin* ein Gefühl der Abgeschiedenheit, der Zivilisationsferne, das zum Innehalten einlädt. Das Werk findet nur, wer seinen Standort kennt, und auch hier ist das Finden ein wesentlicher Aspekt seiner Deutung, Whiteread zufolge »Teil der Reise«.[29] Am Ziel angekommen, steht man vor einer komplexen, vielschichtigen Arbeit voller persönlicher Verweise, gesellschaftskritischer Kommentare und mannigfaltiger Geschichten. Für Whiteread spielt der Minimalismus in seinen vielen Ausprägungen eine wichtige Rolle, aber darüber hinaus gibt es viele weitere Referenzen. Sie gehört zu den Künstlerinnen, die es immer wieder neu zu entdecken gilt. Ein Besuch ihrer *Cabin* wird Teil meiner Reise sein, und ich freue mich schon darauf.

S. 122/123
Embankment 2005

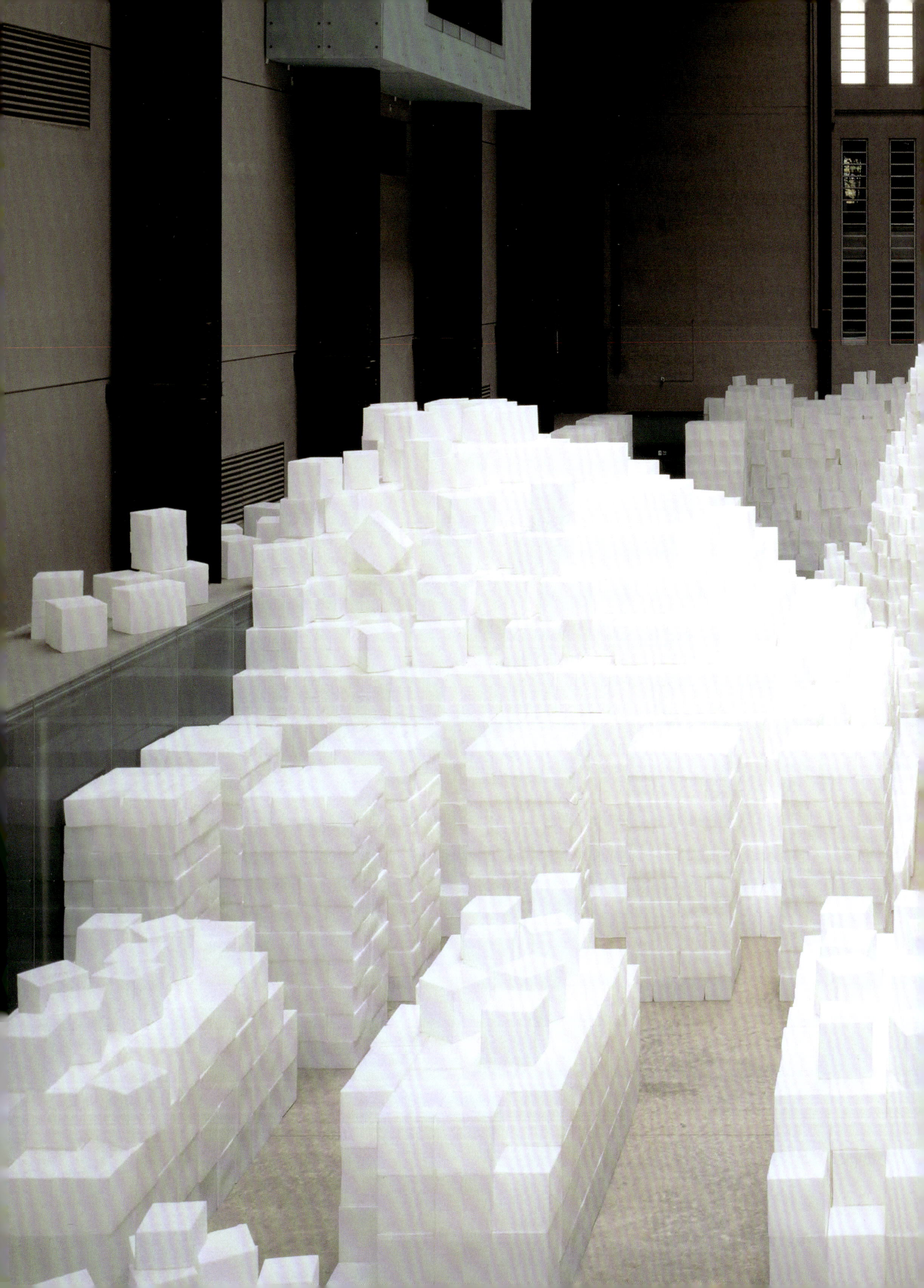

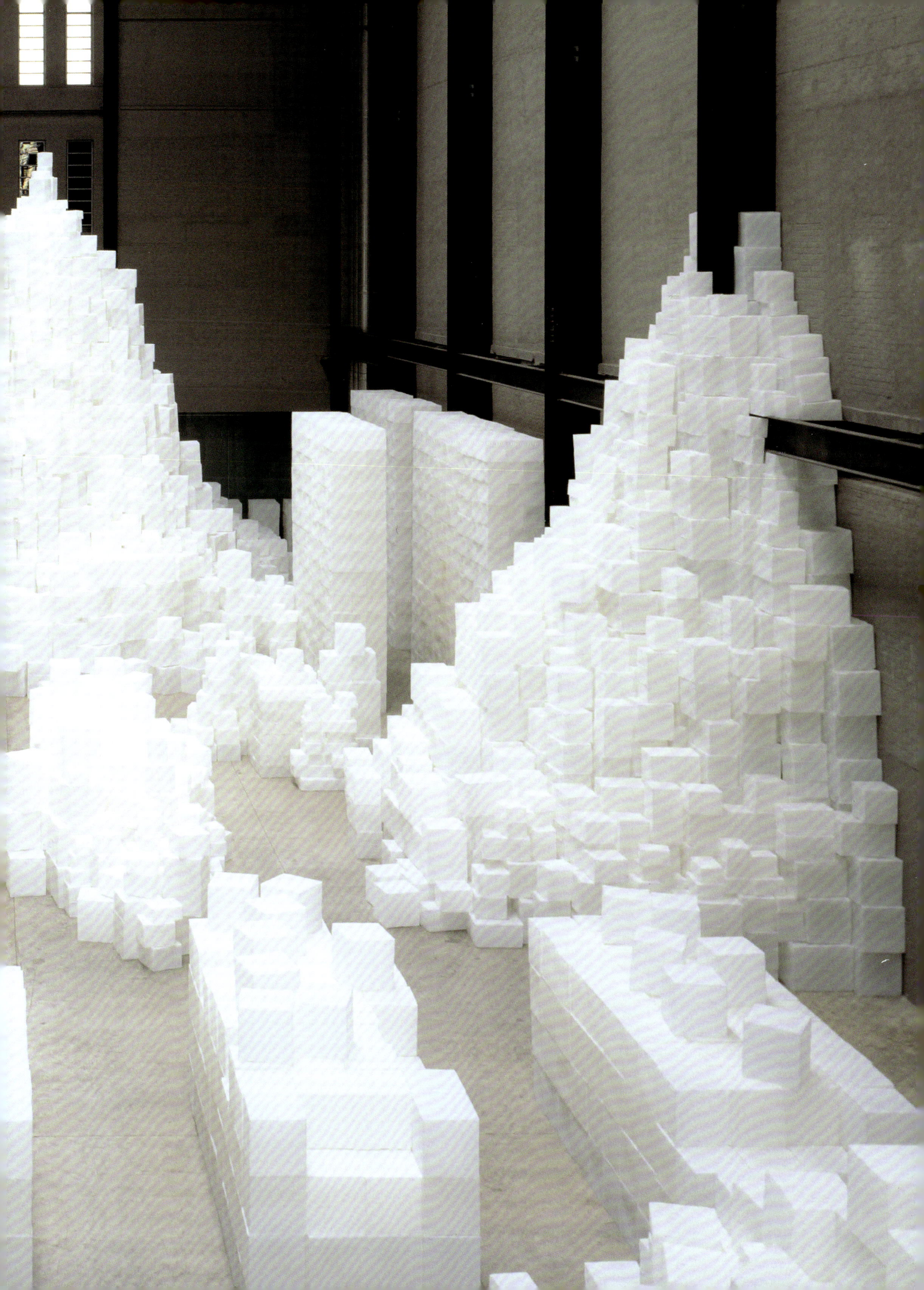

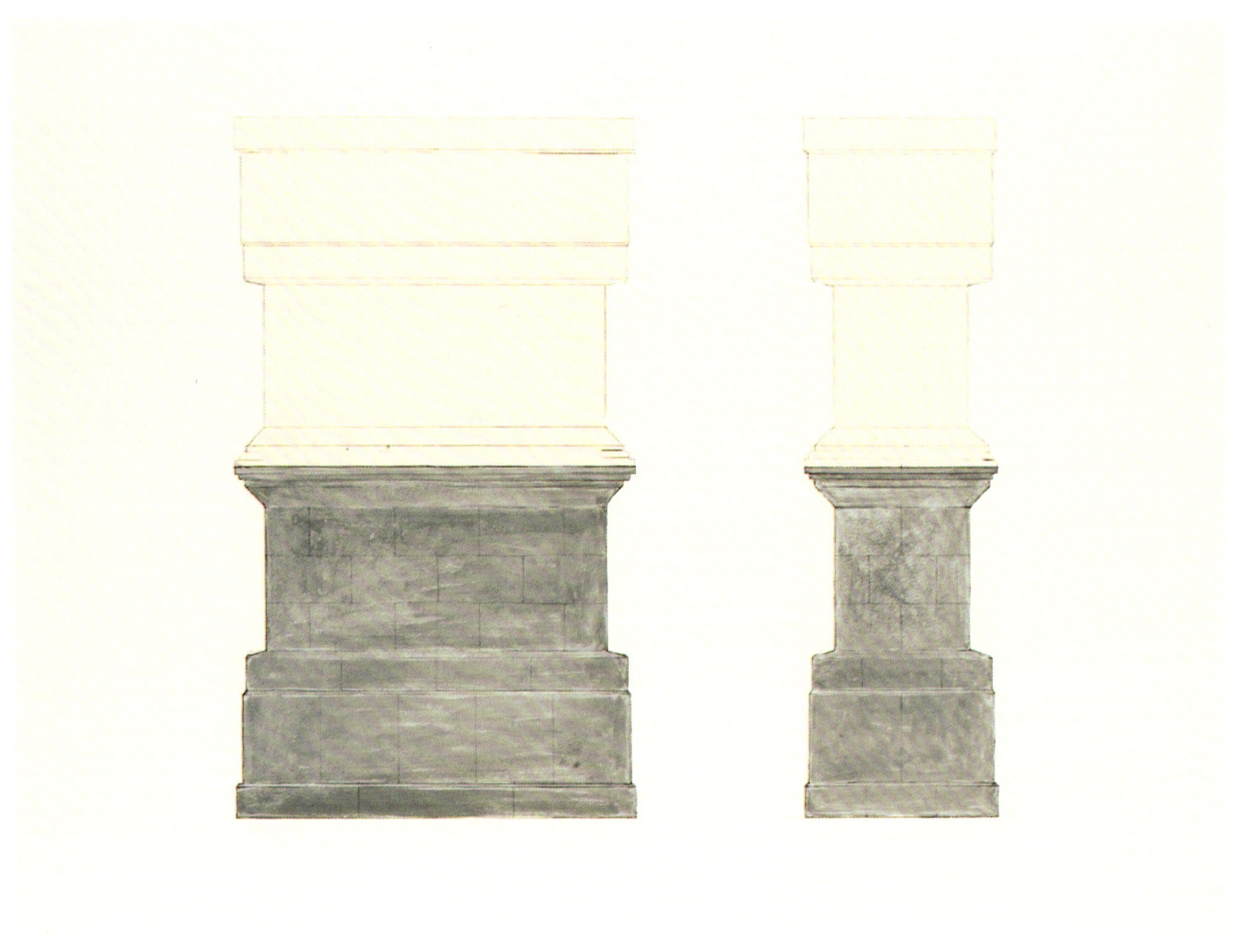

Trafalgar Square Project 1998

S. 126/127:
Untitled (Nine Tables) 1998

Studie für *(White)* 2000

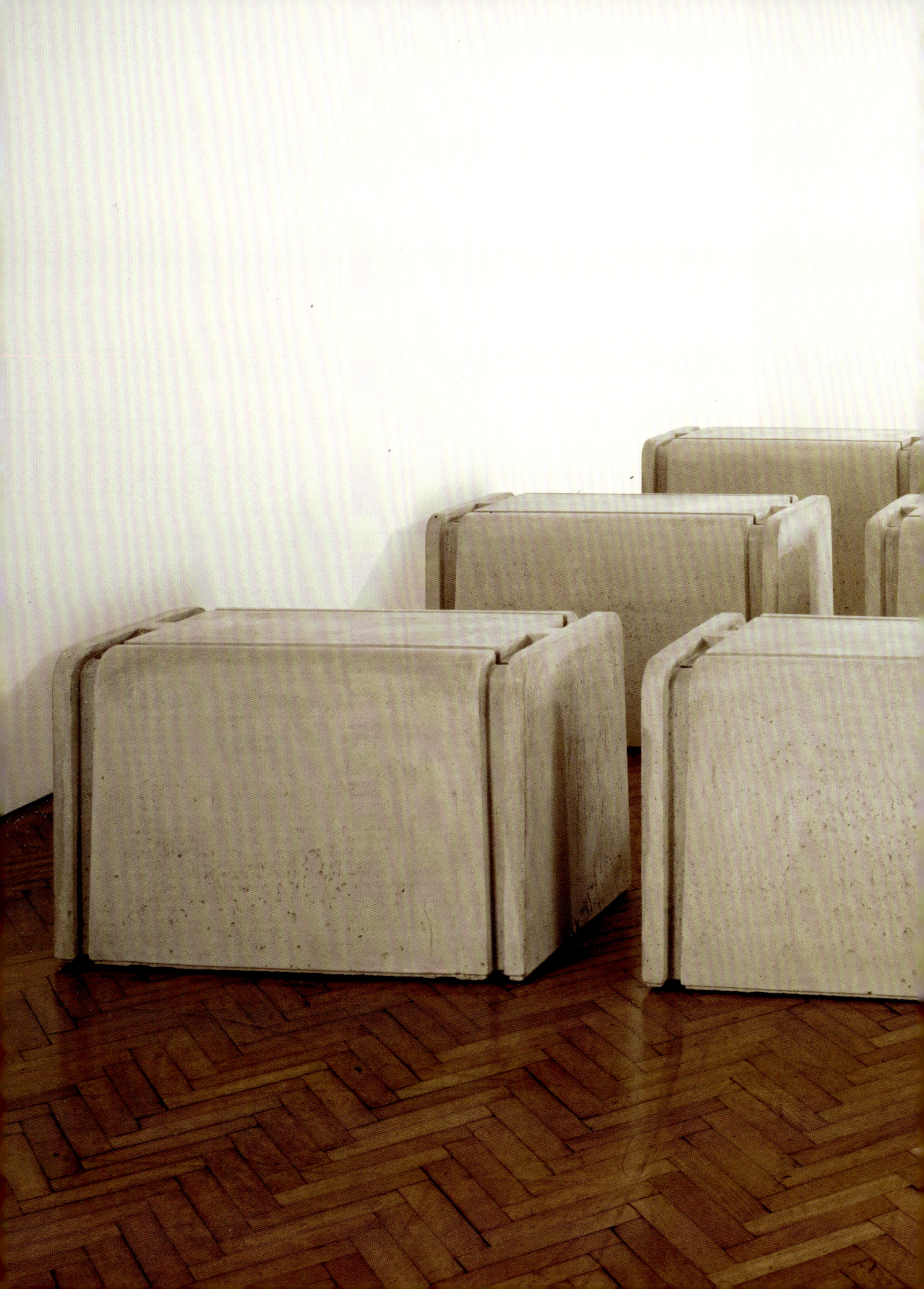

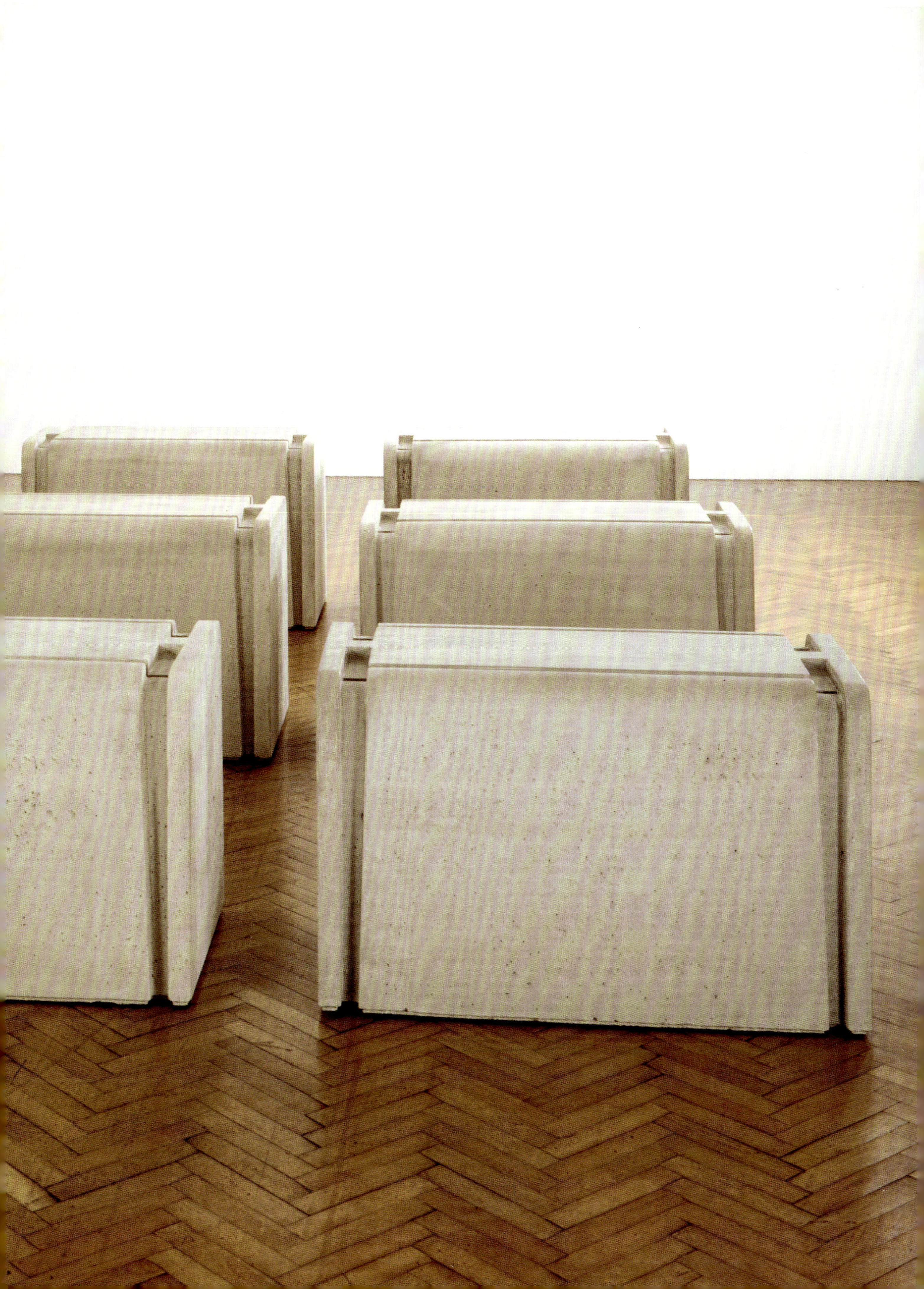

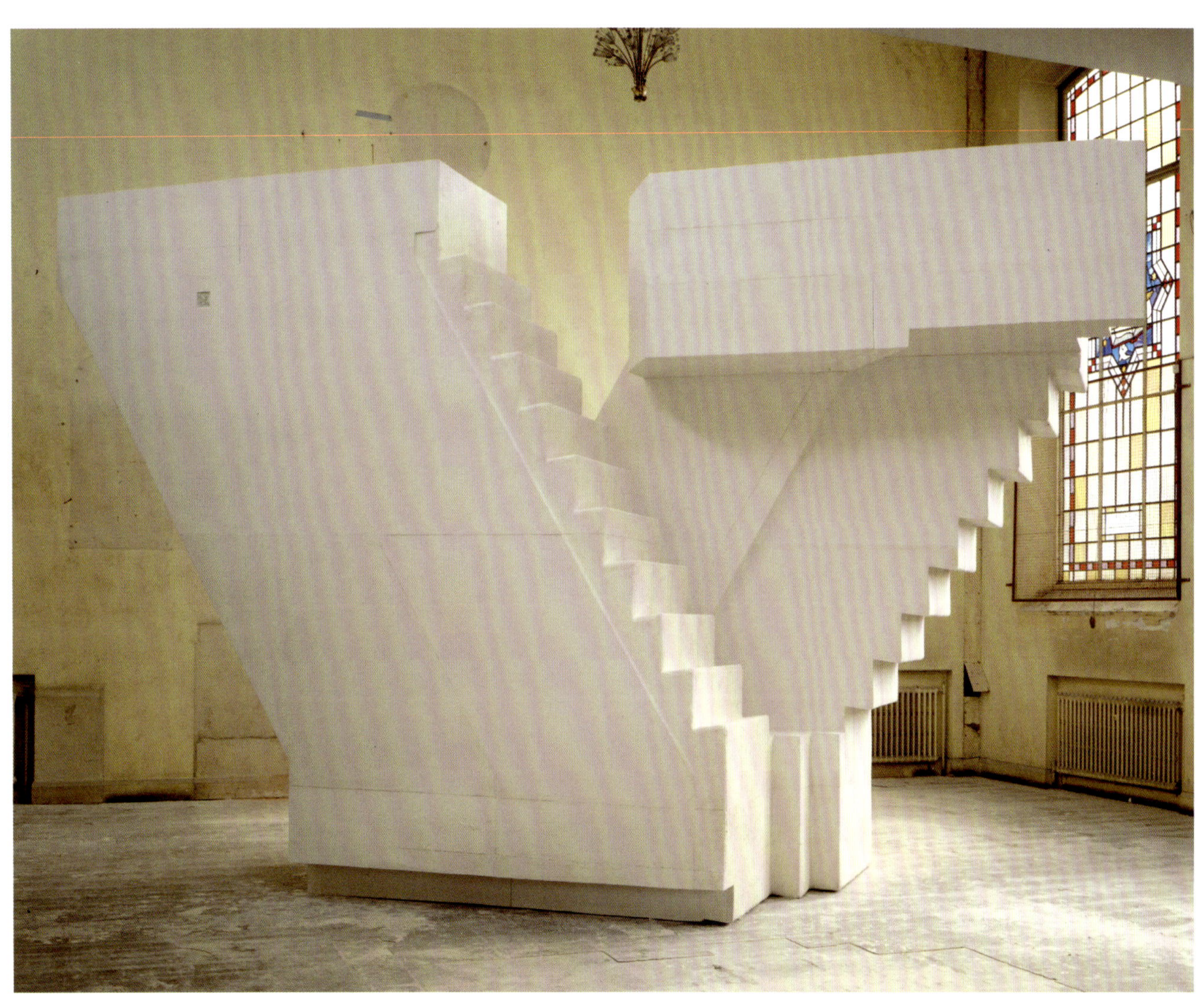

Untitled (Stairs) 2001

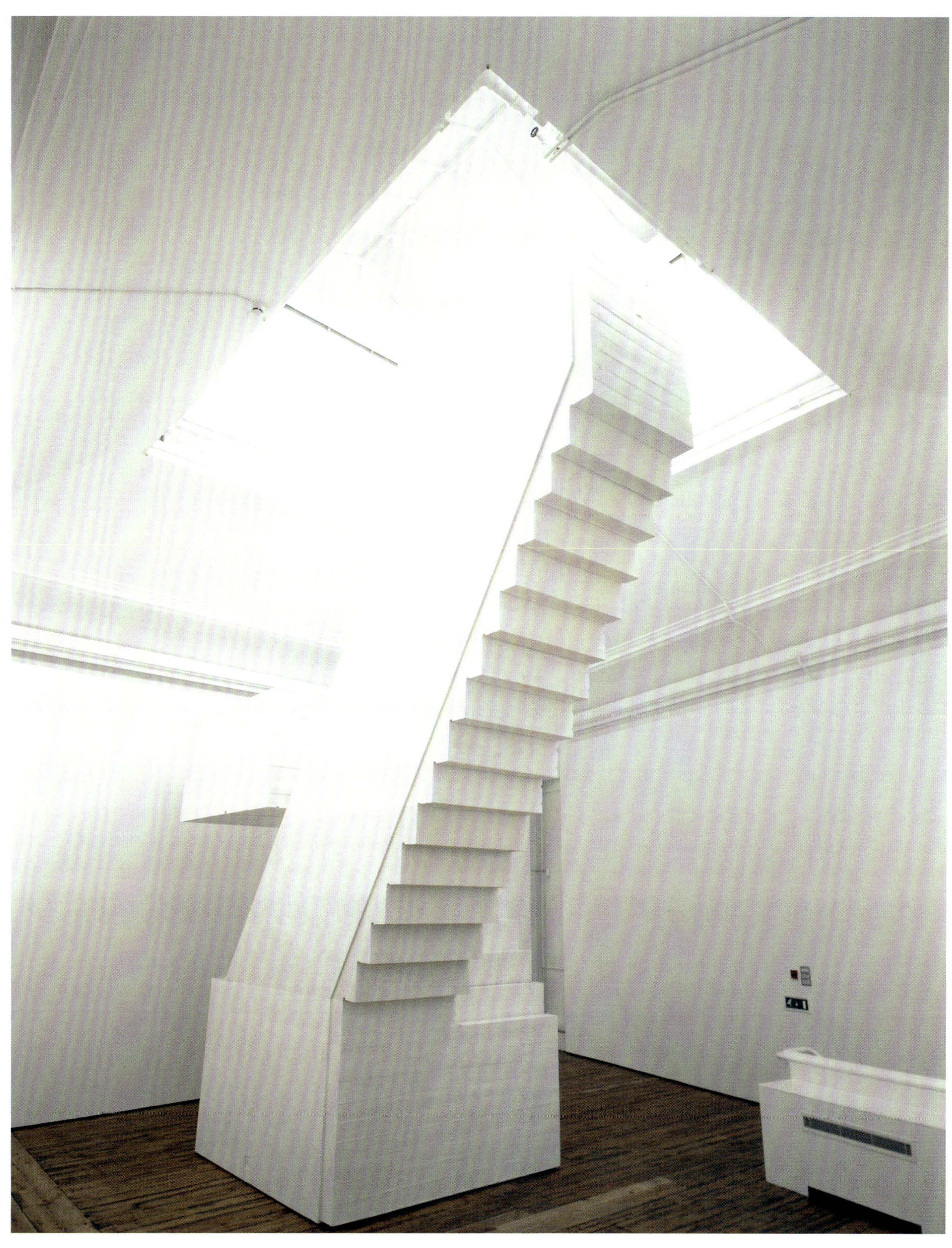

Untitled (Domestic) 2002

Briony Fer

Aus einem Guss

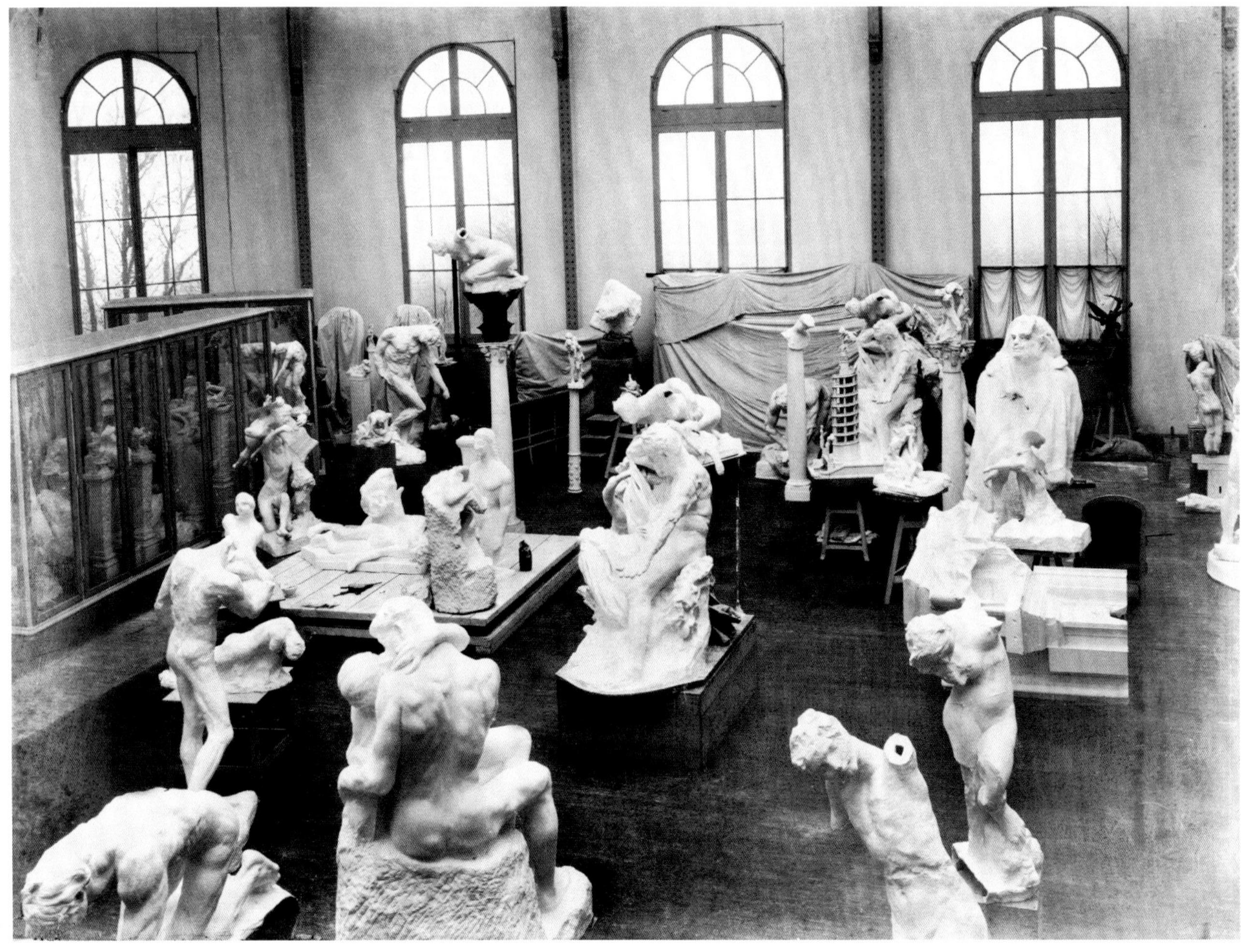

Das Atelier Auguste Rodins in Meudon 1904/05

Ghost (1990; S. 49), der Gipsabguss eines Zimmers in einem Londoner Haus, verdeutlichte schon früh, in welche Richtung sich Rachel Whitereads Schaffen bewegte. Seit fast drei Jahrzehnten beschäftigt sie sich überaus beständig nicht nur mit einem bestimmten bildhauerischen Konzept, sondern mit dem konkreten Abdruck- bzw. Abgussverfahren. Entstanden ist dabei ein bemerkenswert einheitliches Gesamtwerk. Auf den ersten Blick könnte man vermuten, dahinter verberge sich ein »puristisches« Konzept der Bildhauerei, dessen »Reinform« der weiße Gipsabguss ist. In dem Zusammenhang drängt sich der nicht ganz abwegige Gedanke an all die Weißtöne der Abgüsse im Atelier von Antonio Canova im italienischen Possagno ebenso auf wie die berühmte Bemerkung von Rainer Maria Rilke über die Gipskopien in Auguste Rodins Studio in Meudon, deren Weiß ihn blendete (»Meine Augen schmerzen mich«) und zwischen denen er umherwanderte »wie im Schnee«.[1] Doch obwohl die Farbe Weiß in diesen Atelier-Inszenierungen oft mit Sinnestäuschungen verknüpft ist, die vermuten lassen, dass es mit seiner »Reinheit« im herkömmlichen Sinn nicht weit her ist, wäre diese Assoziation voreilig. Selbst wenn wir annehmen, dass ein Abguss quasi den Prototyp aller bildhauerischen Techniken darstellt (was Whiteread in ihren Arbeiten eindeutig mitschwingen lässt), sollte man die Bildhauerei weder generell auf diese eine Prämisse oder ihren geschichtlichen Werdegang beschränken noch allein als melancholischen Rückblick einstufen. Ich will damit sagen, dass Whiteread mithilfe ihrer speziellen Technik eher Plastiken erschaffen will, die auf die Zufälligkeiten von Zeit und Ort reagieren – Plastiken, die dem Arbeitsverfahren strikte Beschränkungen auferlegen, dieses jedoch zugleich für Zufälle empfänglich macht.

Mir ist bewusst, dass dies Vielem widerspricht, was anderen an Whitereads Arbeiten wegweisend erscheint. Der überwältigendste Aspekt ihrer Werke aus den frühen 1990er-Jahren war für viele das Konzept vom Kunstwerk als Erinnerungsarbeit; ein Werk, das sich in erster Linie mit der Vergangenheit auseinandersetzt und im Modus eines Denkmals als Gedächtnisstütze fungiert. Gerade um diese plastische Kategorie ging es Whiteread bei ihren Werken im öffentlichen Raum, wie *House* (1993; S. 77–79) oder dem *Holocaust-Mahnmal* (2000; S. 103). Ihr Werk schien nicht nur Freuds Vorstellung vom »Unheimlichen«, sondern auch die Verwandtschaft von Gipsabdruck und Fotografie (verstanden als Abdruck der Welt auf lichtempfindlichem Papier) heraufzubeschwören. All diese Deutungen haben fraglos einen wahren Kern, doch zeigt sich in der Rückschau, dass sie vielfach den Blick für unbestimmte, schwebende Aspekte ihrer Arbeiten verstellten. Anders ausgedrückt: Zu Recht verweisen sie auf die Spuren der Zeit in Whitereads Werken, doch engen sie gerade damit den zeitlichen Aspekt womöglich zu sehr ein.

Mein Ansatz mag weniger schlüssig sein, doch es ist ein guter Zeitpunkt, auf Whitereads Arbeiten der letzten dreißig Jahre zurückzublicken und zu schauen, was sie verbindet. Der Zusammenhalt von Medium und Prozess ist sicher ein wichtiger Aspekt ihrer Arbeit, letzten Endes aber vielleicht doch nicht so zentral, wie es zunächst scheint. Zumindest stellt sich die Frage, ob das immer wiederkehrende Gussverfahren tatsächlich so sehr ihre Auseinandersetzung mit der Bildhauerei an sich spiegelt, oder es ihr nicht eher als serielles Grundelement dient, also nicht nur als Mittel zur Replikation, sondern auch zur Repetition. Je umfangreicher die Serien werden, desto mehr Varianten tauchen auf. Ihre Matratzen, Betten, Badewannen, Waschbecken und Fußböden gehören zwar bestimmten Kategorien von Gegenständen an, die sich in jedem Haushalt finden, weisen jedoch als Abgüsse jeweils anderer Objekte erkennbare Unterschiede auf. Damit will ich nicht die Bedeutung der Gusstechnik in Whitereads Werk schmälern, sondern im Gegenteil die Rolle dieses Verfahrens in der Geschichte der Bildhauerei würdigen: Sie ist eine ihrer ältesten Techniken, diente ihr aber zugleich immer auch als Medium der Vervielfältigung und Verbreitung, traditionell etwa in Form von Abgusssammlungen mit Repliken von Skulpturen und Gebäudeteilen.[2]

Die vielen Wärmflaschenabgüsse werden aus dieser Perspektive erst recht interessant. Ebenso wie die monumentalen Werke lassen sich auch diese Kleinplastiken zu einem Urtyp zurückverfolgen, in diesem Fall einem Gipsabguss mit dem schlichten Titel *Torso* (1988; S. 29). In mehr oder weniger regelmäßigen Abständen entstanden im Laufe der Jahre weitere Exemplare, darunter *Untitled (Yellow Torso)* (1992; S. 80) aus feinem Dentalgips und andere aus Wachs, Gummi, Beton oder Kunstharz. Es gibt mehrere Versionen in verschiedenen Farben von Rosa über Gelb bis hin zum silbernen *Untitled (Silver Torso)* (1999; S. 87). Keine zwei sind jemals gleich: Form und Volumen verändern sich ständig. Manche sind verdreht, manche praller und straffer als andere. Mit ihren eindeutig anthropomorphen Konturen wirken sie wie Körper, ohne wie ein konkreter menschlicher Körper oder Körperteil auszusehen. Sie verhalten sich einfach so, wie man es von Körpern gewohnt ist: Sie sind schlaff oder aufgedunsen, wie rosiges Fleisch. So gesehen sind sie Stellvertreter von Körpern und eng verknüpft mit anderen von Whitereads Werken, die an Wänden lehnen wie der »flache Atem« *Shallow Breath* (1988; S. 28) aus Gips oder durchhängen wie die Gummimatratze *Untitled (Amber Bed)* (1991; S. 54). Wie Ansichtsproben in einem Musterkatalog repräsentieren die kleinen Torsi zugleich die ganze Bandbreite von Whitereads Werkstoffen. Einerseits ist der Gipsabguss also eine Art Prototyp, eine bildhauerische Trope, doch interessierte Whiteread sich von Anfang an auch für Kunststoffe wie Gießharz, die sich ganz anders verhalten als Gips, Wachs oder Gummi.

Der stets gleiche Prozess inszeniert Unterschiede und Varianten ähnlich wie Donald Judds modulare Schachtelform, Dan Flavins Leuchtstoffröhren oder Carl Andres Metallplatten. Whitereads Arrangements und Formate lassen dieses minimalistische Moment oft erkennen, etwa *Untitled (Floor)* (1994; S. 95) oder die vielfarbige Installation *Untitled (One Hundred Spaces)* (1995; S. 104/105). Schon ihre Gipsarbeiten machen sichtbar, dass ein schmutziges, mit Makeln behaftetes Weiß alles andere als Reinheit verkörpert, doch ihre farbigen Werke

Carl Andre
144 Magnesium Square 1969
Magnesium
365,8 × 365,8 cm
Tate. Purchased 1973

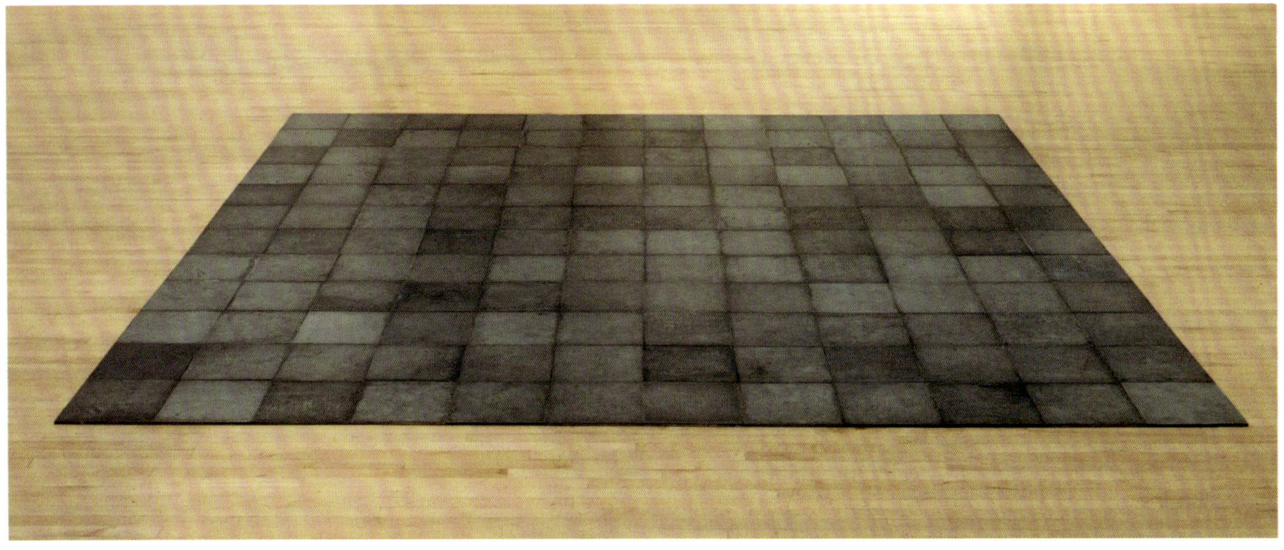

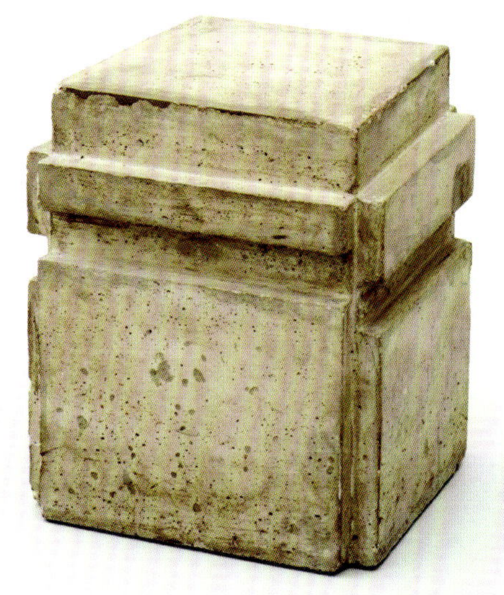

Bruce Nauman
A cast of the space under my chair
1965–1968
Beton
45 × 39 × 37 cm
Kröller-Müller Museum, Otterlo. Formerly in the Visser collection, purchased with support from the Mondrian Foundation

sind in dieser Hinsicht noch aufschlussreicher. Vor allem die Kunstharzarbeiten scheinen mit der Spannweite des Materials von durchscheinend bis undurchsichtig zu experimentieren. Beim Einfärben des Harzes mit Pigmenten geht Whiteread bis an die Grenze zur Farblosigkeit, ähnlich wie Agnes Martin mit den blassen Gouache-Schichten in ihren abstrakten Streifenbildern. Manche von Whitereads Plastiken sind matt und opak wie Wachs, andere halbtransparent oder glasklar. Auch die verschiedenen Materialien bieten farbliche Optionen. David Batchelor hat die gängige Unterscheidung zwischen Oberflächenfarbe und »Leuchtfarbe« (von Buntglas oder farbigem Kunstharz) als separate »Farbereignisse« erörtert.[3] Diese Leuchtfarbe thematisiert Whiteread in der kaleidoskopartigen Installation *Untitled (One Hundred Spaces)* (1995). Die 100 verschiedenen Abgüsse des Raums unter einem Stuhl erinnern zwar an Bruce Naumans Betonblock von 1965–1968 (oben), bilden jedoch ein riesiges Raster aus bonbonfarbenen Kunstharzwürfeln, das mit Naumanns Einzelstück wenig gemein hat.[4] Whiteread überführt den Leerraum unter einem banalen Möbelstück in einen massiven, aber durchscheinenden Quader und verleiht damit der Luft eine Gestalt, die wiederum eine ganze Reihe akrobatisch anmutender Verwandlungen durchläuft.

Untitled (Resin Corridor) (1995) erhielt im britischen Pavillon bei der Biennale in Venedig 1995 einen Platz vor einem Fenster zum Kanal an der Gebäuderückseite, an dem das dunkelgrüne Kunstharz das draußen vorbeifließende Wasser nachzuahmen schien. Eine ganz ähnliche Transformation erfolgt in der Plastik selbst: Der leere Raum unter einem Fußboden ist hier zu einem Kunstharzgebilde erstarrt, das einen sonst verborgenen Bereich sichtbar macht, ihm aber zugleich mit dem durchscheinenden Harz eine fließende Qualität verleiht. Wie frischer Gips ist auch Kunstharz zunächst flüssig und härtet dann zu einer bernsteinähnlichen Konsistenz aus. Whiteread lenkt den Blick auf die Übergänge zwischen den Aggregatzuständen von flüssig bis trocken und erschafft damit ein Material, das weder rein synthetisch noch völlig natürlich erscheint. Ihre Kunstharzarbeiten wirken »durchlässig« für äußere Einflüsse, denn das Licht durchströmt sie oder bringt sie je nach Helligkeit des Umfeldes auf unterschiedliche Weise zum Leuchten.

Für ihre Umgebung sensibilisierte Plastiken haben natürlich Vorläufer in der phänomenologischen Strömung der amerikanischen Bildhauerei der 1960er-Jahre, doch wird diese Empfänglichkeit für alltägliche Zufälle bei Whiteread zum zentralen Thema, vielleicht zumindest teilweise durch die formale Bandbreite ihrer modularen oder seriellen Elemente. Alle ihre Arbeiten erkunden diese Grenzlinie zwischen innen und außen über die zuvor nicht sichtbaren Innenflächen von Alltagsgegenständen, die sich auf den Oberflächen der Werke abzeichnen wie die Wellenlinien im Gummi bei *Untitled (Air Bed II)* (1992; S. 61) oder die Holzmaserung von der Unterseite der Dielenbretter im Kunstharz bei *Untitled (Floor)* (1994/95; S. 95). Über die Texturen der als Matrize verwendeten Gegenstände hinaus finden sich zudem die winzigen Turbulenzen, die beim Arbeitsprozess entstehen. Zwischen diesen Registern – den Kerben und Einbuchtungen, die das Objekt hinterlässt, und den Spuren des Abdruckverfahrens selbst – bestehen Spannungen.

Dieser zweigleisige Effekt erreicht oft architektonische Dimension, zuerst bei *Ghost*, bis hin zu *Untitled (Room 101)* (2003; S. 18, 142/143), für das Whiteread Abdrücke von dem Zimmer nahm, das George Orwell während seiner vorübergehenden Tätigkeit bei der BBC im Zweiten Weltkrieg nutzte, oder den Betonserien aus jüngerer Zeit wie *Detached* (2012). Diese Innenräume bilden die ursprünglichen Zimmer nach, drängen sich aber zugleich wie Fremdkörper in andere Gebäude hinein.[5] Diese in sich geschlossenen Bauten mit ihren »blinden« Fenstern wirken wie umgestülpt und unnahbar zugleich. Sich in einem solchen Gebäude-»Negativ« vor uns zurechtzufinden, ist viel schwieriger als gedacht und vermutlich auch nutzlos, führt der Versuch doch nur zum Verlust der Orientierung. Dieser Zustand wiederum läuft der radikalen Schlichtheit der Formen und Materialien zuwider.

Die Abdrücke von Türen und Fenstern wirken auf den ersten Blick wie das genaue Gegenteil dieser in sich geschlossenen Architekturformen. Schauen wir uns jedoch an, wie sie an der Museumswand lehnen – ganz nah, aber ohne tatsächlich

Agnes Martin
I Love the Whole World 1999
Acryl und Grafit auf Leinwand
152,4 × 152,4 cm
Tate. ARTIST ROOMS Tate and National Galleries of Scotland. Lent by Anthony d'Offay 2010

Teil von ihr zu sein. Whitereads Werke stehen in einem ständigen Dialog mit ihrem architektonischen Umfeld, sind aber nicht fest in ihm verankert. Die blassen, durchscheinenden Kunstharzarbeiten aus jüngerer Zeit machen Öffnungen buchstäblich greifbar. Lässig an die Wand gelehnt wie vorübergehend abgestellte Werke in einem Atelier, den Schwebezustand halbfertiger Arbeiten, ohne sich jedoch auf die visuelle Rhetorik des Künstlerateliers reduzieren zu lassen.

Treppen sind äußerst komplexe Architekturkomponenten. Whiteread schuf drei Großplastiken aus Gipsabdrücken von Treppen, die sie in ihrem 1999 umgebauten Atelier in Bethnal Green vorfand, darunter *Untitled (Stairs)* (2001; S. 128) und *Untitled (Domestic)* (2002; S. 129). Eine Treppe ist nicht nur als Abfolge gleichartiger Stufen ein alltägliches Beispiel für serielle Progression, sondern sie leitet von einem Bereich über zu einem anderen; als eine Art Zwischen-Raum bildet auch sie einen jener Schwebezustände, die Whiteread anziehen. Georges Perec schrieb in seinen 1974 unter dem Titel *Espèces d'Espaces* erschienenen Fragmenten über Treppen: »Nichts war schöner in den alten Häusern als die Treppen. Nichts ist hässlicher, kälter, feindseliger, kleinlicher in den Mietshäusern von heute.«[6] Auch Whiteread drängt uns, mehr über Treppen nachzudenken, nicht unbedingt, weil Aufzüge sie überflüssig gemacht haben, sondern mit Blick auf ihr skulpturales Potenzial, wenn sie als Negativform aus ihrem gewohnten Umfeld gelöst werden. Unabhängig von jedem Gebrauchswert steigt *Untitled (Stairs)* (2001) aufwärts, wendet abrupt und endet im Nichts. Wegen ihrer Höhe müssen wir nach oben schauen, wegen ihrer gewinkelten Form um sie herumgehen. Insofern ahmt das hohe weiße Gebilde eine Dynamik des Sehens und Umschreitens nach, die wir als Betrachter entwickeln, sobald wir eine Plastik vor uns haben.

Mehrere von Whitereads Arbeiten basieren auf Abdrücken ihres Ateliers in Bethnal Green, das sie 1999 kaufte und mit ihrer Familie bis 2016 bewohnte. Vor dem Einzug erstellte sie Abdrücke von Gebäudeteilen, etwa für *Untitled Floor (Thirty-six)* (2002; S. 141) aus Aluminium, und von der ehemaligen Rabbinerwohnung. Bei der Planung der Umbauarbeiten »durchkämmte« sie, wie sie selbst sagt, »die Oberflächen nach Geschichten. Ich wollte das Haus kartieren.«[7] In der Tat hatte das Gebäude eine bewegte Vergangenheit als Baptistenkirche, Synagoge und schließlich als Textilfabrik. Viele Menschenleben waren darin eingebettet, zugleich erzählt es von den Einwanderern im Londoner East End. Wie schon bei den Abdrücken für *Ghost* in einem Haus im Stadtteil Archway ist auch hier Whitereads Drang erkennbar, ihre Umgebung zu kartieren, so auch die Häuser und Stadtteile, in denen sie gelebt hat. Dabei dokumentiert sie zugleich die geografischen Veränderungen, Verschiebungen und Migrationsbewegungen in London. Dieser Aspekt ist den meisten von Whitereads Plastiken gemeinsam, man denke aber auch an ihre Fotos vom typischen Abfall in den Straßen Londons. Eine alte Matratze, ausgediente Möbel – allen haften urbane ebenso wie häusliche Assoziationen an. Ihr Atelier war für Whiteread einerseits ein geschützter Arbeitsraum, zugleich aber auch ein Raum, durch den diese Gegenstände wanderten, und der durchlässig war für seinen Standort. Die Art, wie Whitereads Arbeiten ihr Umfeld dokumentieren, trägt geradezu tagebuchartige Züge. Dazu noch einmal Perec: »Zu Anfang allerdings ist da nicht viel: so gut wie nichts, nichts Greifbares, praktisch nur Unstoffliches: Ausdehnung, Außenwelt, das, was außerhalb von uns ist, das, in dessen Mitte wir uns bewegen, die Umwelt, der Raum ringsum.«[8]

Der Abguss ist also lediglich ein Arbeitsmittel, aber gewiss kein Selbstzweck. Meiner Meinung nach dient dieses zufällig in der Bildhauerei seit jeher so beliebte

Verfahren letztlich nur als Vehikel für eine Fülle verschiedener Optionen, welche diese Kunstgattung bietet und von denen manche sogar mit der Urform des Abdrucks, zumindest in seinem herkömmlichen Sinn, nichts zu tun haben. Whitereads Abgüsse hingegen scheinen Zufallseffekte aller Art aufzunehmen oder an sich zu ziehen, ausgelöst durch die Einbeziehung unerwarteter Elemente wie Farben, aber auch durch den Prozess an sich. Welche Wirkung ein Werk hat, ist keineswegs vorhersehbar. Diese Betonung der flüchtigen Verfahrenseffekte lässt sich bis zu Eva Hesse zurückverfolgen, die mit Werkstoffen wie Latex und Fiberglas den Einfluss des Zufalls bei der Herstellung von Oberflächenstrukturen gezielt verstärkte (S. 137). Whitereads Arbeiten gehen diesen Weg weiter, allerdings auf eigene Weise, nicht zuletzt durch ihre architektonische Dimension und Klangfarbe. Diese wiederum erinnert uns an einen anderen Künstler: den wie Hesse früh verstorbenen Gordon Matta-Clark, der mit der Kettensäge Gebäude durchschnitt, um ihr Inneres freizulegen (unten). Ich maße mir kein Urteil darüber an, in welche Richtung sich die Arbeit beider Künstler weiterentwickelt hätte, wenn sie länger gelebt und weiterhin die Geschichte der Bildhauerei geprägt hätten, doch regen gerade Whitereads Arbeiten dazu an, über eine mögliche Symbiose zwischen ihren Konzepten nachzudenken.

Whiteread fordert uns dazu auf zu hinterfragen, was wirklich zur Bildhauerei gehört und was nicht, gerade weil ihre Werke die dazwischen verlaufende Trennlinie verwischen. Vor allem platzieren sie die Plastik eindeutig in einer Zeitachse, machen es uns jedoch zugleich schwer, ihren exakten Standort oder vielmehr Zeitpunkt zu ermitteln. Sie verweisen zwar auf verlorene, abwesende Gegenstände

Gordon Matta-Clark
Bronx Floors: Threshole 1972
Silbergelatineabzüge
Diptychon; je 35,6 × 50,8 cm

Fotodokumentation von
Gordon Matta-Clarks
Bronx Floors: Threshole 1972,
New York

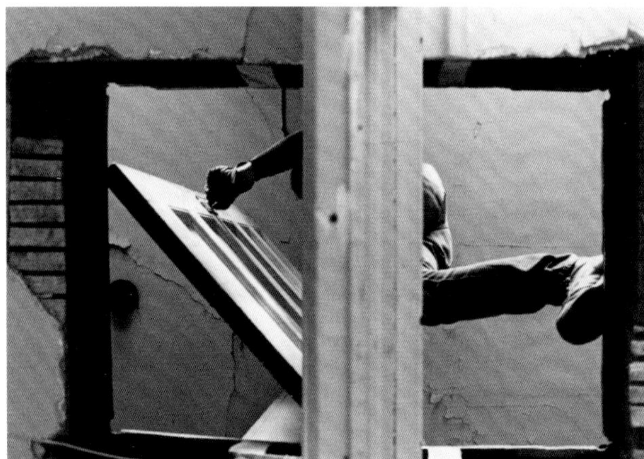

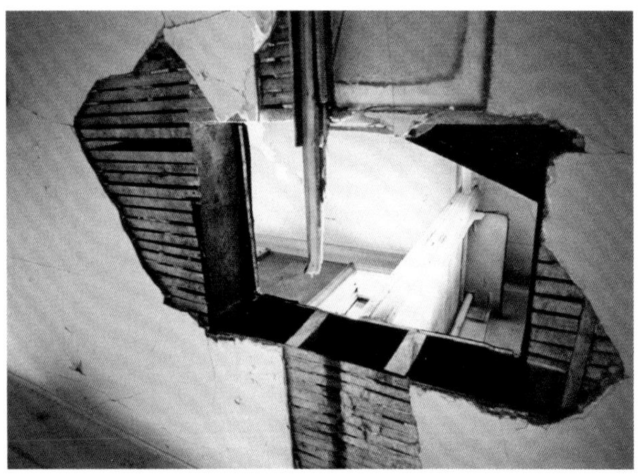

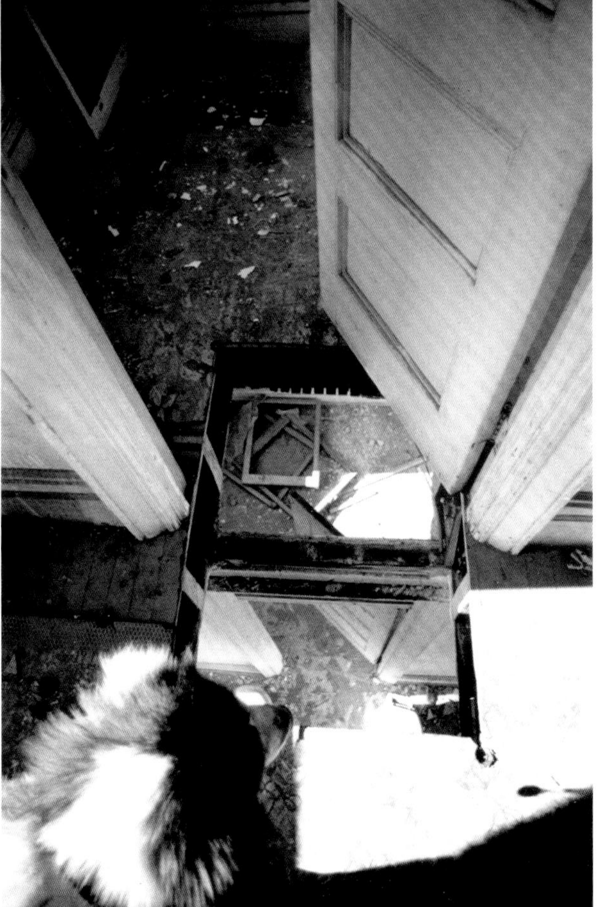

oder die archäologischen Spuren potenzieller vergangener Leben, bleiben dabei jedoch eher vage und damit zwangsläufig ebenso »projektiv« wie »retrospektiv«. Auch wenn ihr Werk sich nicht unbedingt auf Neues beruft, ist es nicht automatisch »alt«, sondern eher unbestimmten Alters, vor allem aber zeitsensibel. Das betrifft nicht nur Gips oder Wachs, in denen sich Abnutzungsspuren abzeichnen, sondern auch das durchscheinende, von seiner Umgebung durchdrungene und von Licht durchströmte Kunstharz. Im Querschnitt gesehen, bilden Whitereads Werkstoffe Zeitschichten; sie fängt sie in einem Substrat ein, das weiterhin wandelbaren Einflüssen unterliegt. Den verschiedenen Kategorien oder »Spezies« von Räumen oder Objekten, die sie bearbeitet – Badewanne, Bett, Fußboden, Stuhl, Matratze, Zimmer, Wohnung und so fort –, zwingt sie eine serielle Ordnung auf, die ihren Werken etwas Intimes, Vertrautes verleiht. Sie stammen aus einem alltäglichen Umfeld, sind aber nicht mit ihm identisch und geben mit ihrer sequenziellen Anordnung vor, »zeitlos« zu sein. Die Abdrucktechnik war bereits bei ihren ersten bildhauerischen Arbeiten Ende der 1980er-Jahre ein ungewöhnliches Verfahren. Es wirkte schon damals archaisch, zumindest im Vergleich zu den zeitgenössischen Strömungen in der Bildhauerei, vor allem aber angesichts der eindeutigen Vorliebe für serielle Formate, die Whiteread von Anfang an zeigte. Diese Technik gestattete ihr ein Experiment, bei dem eine Plastik eine Plastik blieb, zugleich aber Zufälligkeiten und Eventualitäten ausgesetzt werden konnte. So gesehen gaben ihr Abgüsse paradoxerweise die Möglichkeit, einerseits zu ihren Wurzeln in der Bildhauerei zurückzukehren, diese jedoch zugleich für neue Bedingungen zu sensibilisieren.

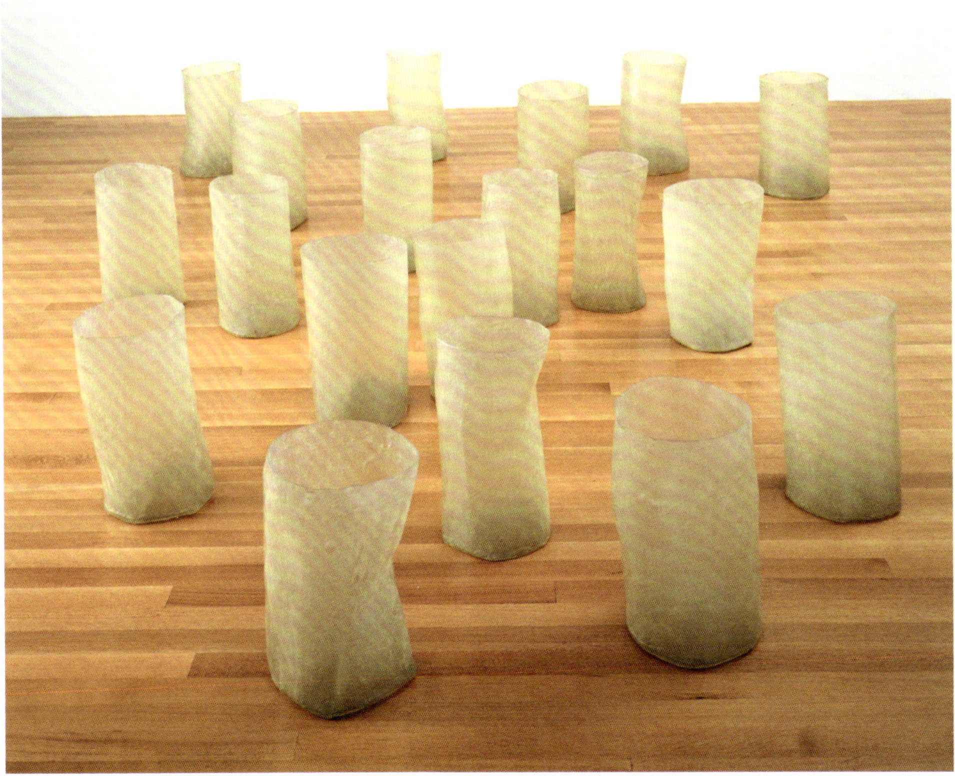

Eva Hesse
Repetition Nineteen III 1968
19 röhrenförmige Elemente aus Fiberglas
Je 48 bis 51 × 27,8 bis 32,3 cm
The Museum of Modern Art, New York. Gift of Charles and Anita Blatt

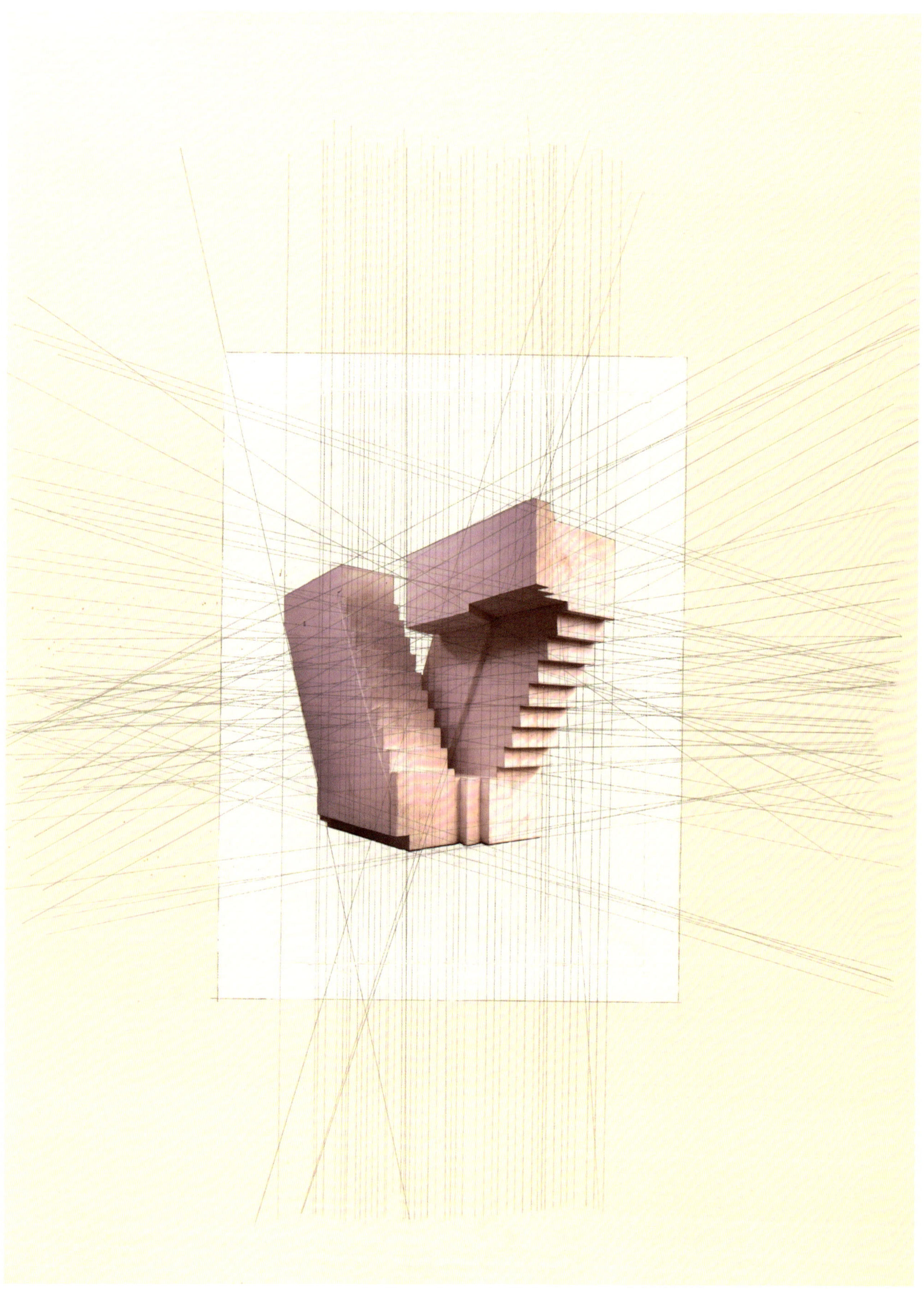

Stairs 2003

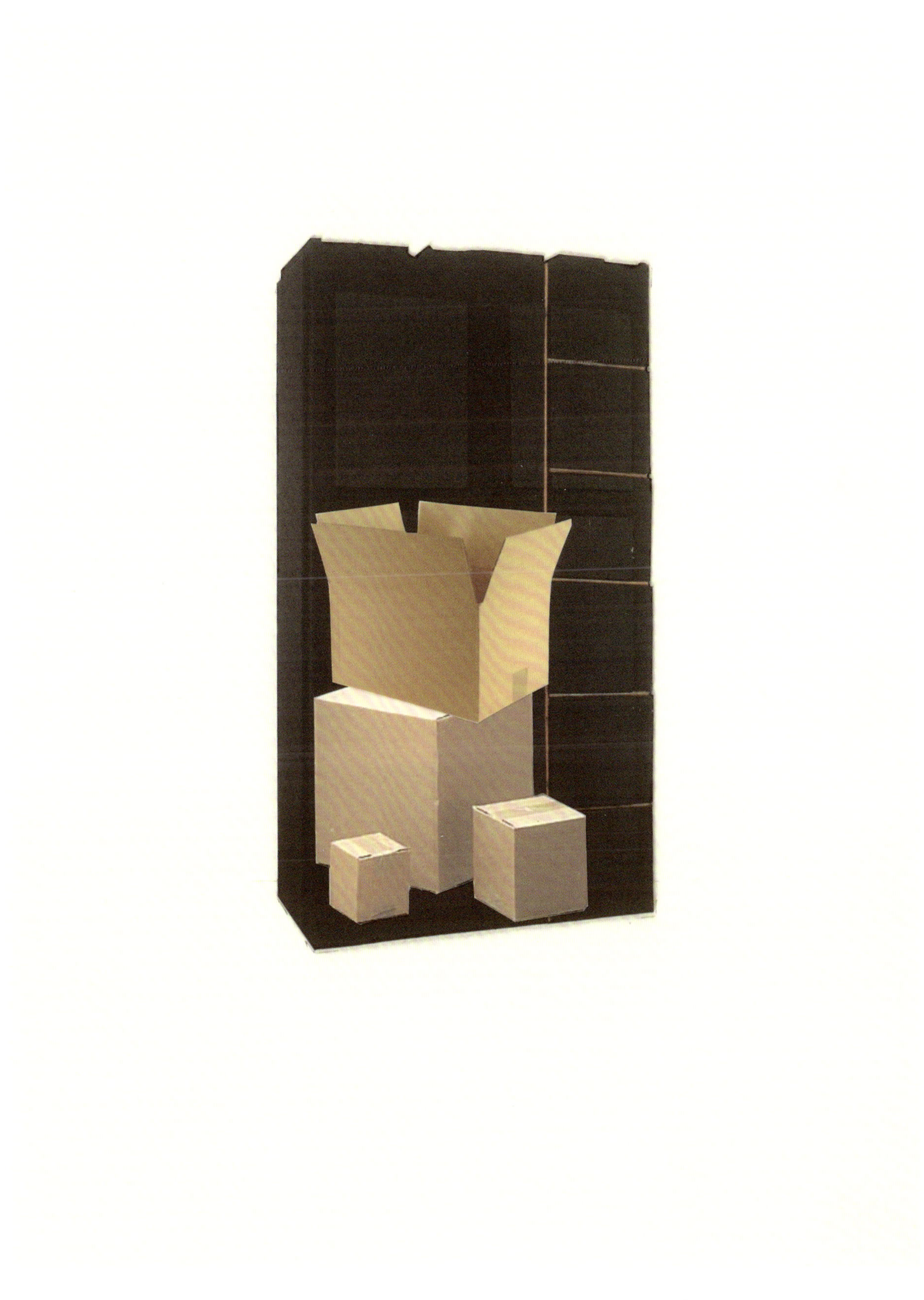

Closet and Boxes 2005

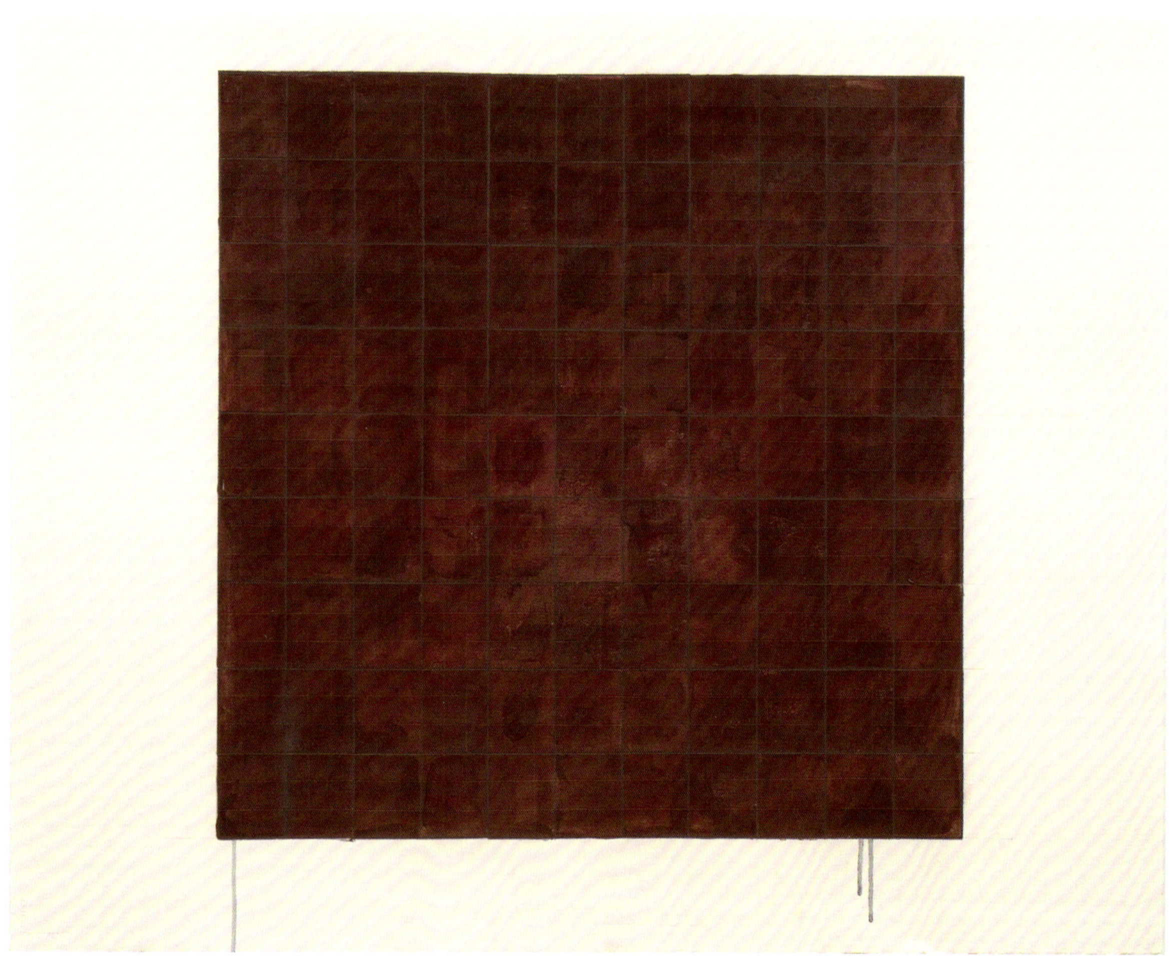

Studie für *Bronze Floor* 2000

S. 142/143:
Untitled (Room 101) 2003

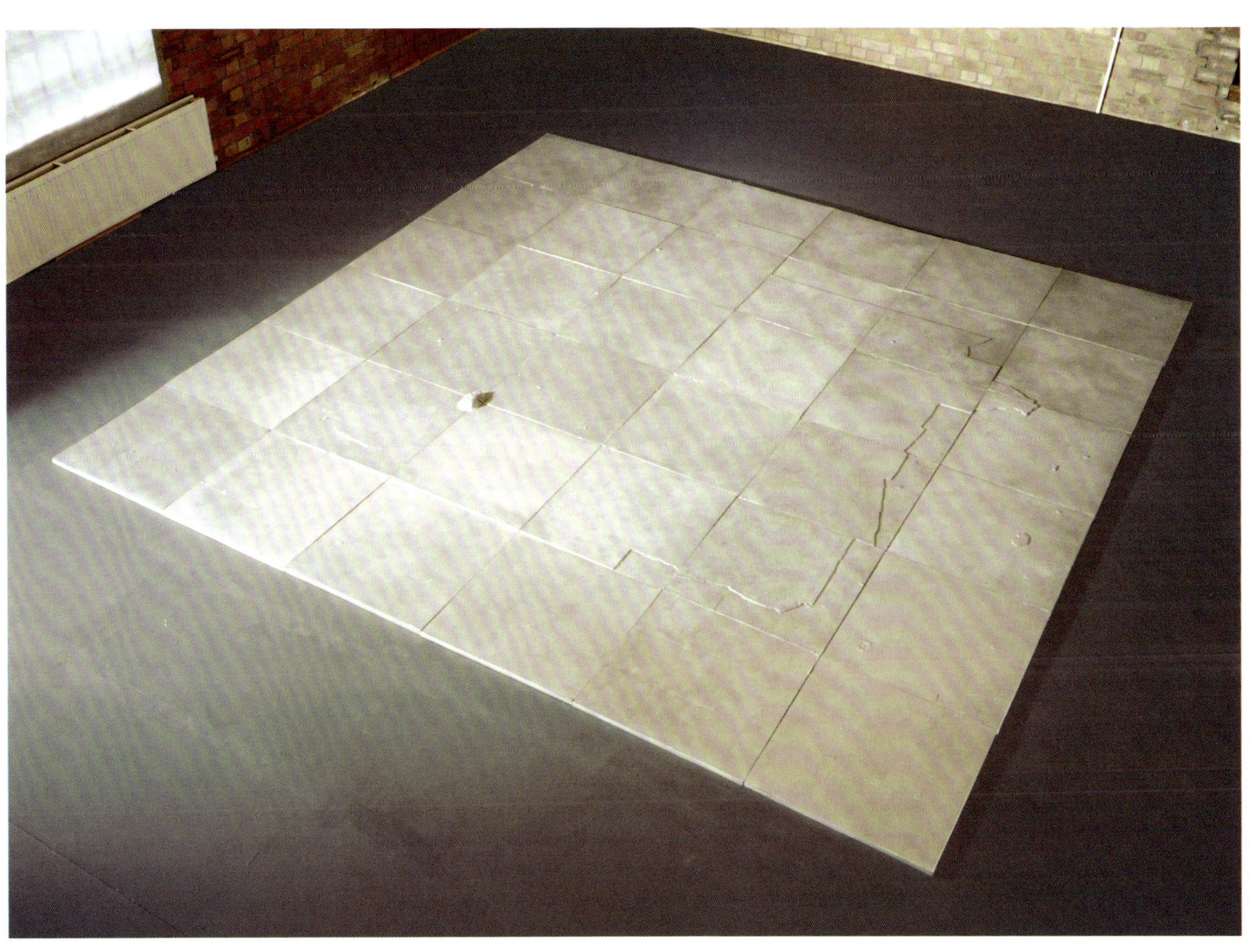

Untitled Floor (Thirty-six) 2002

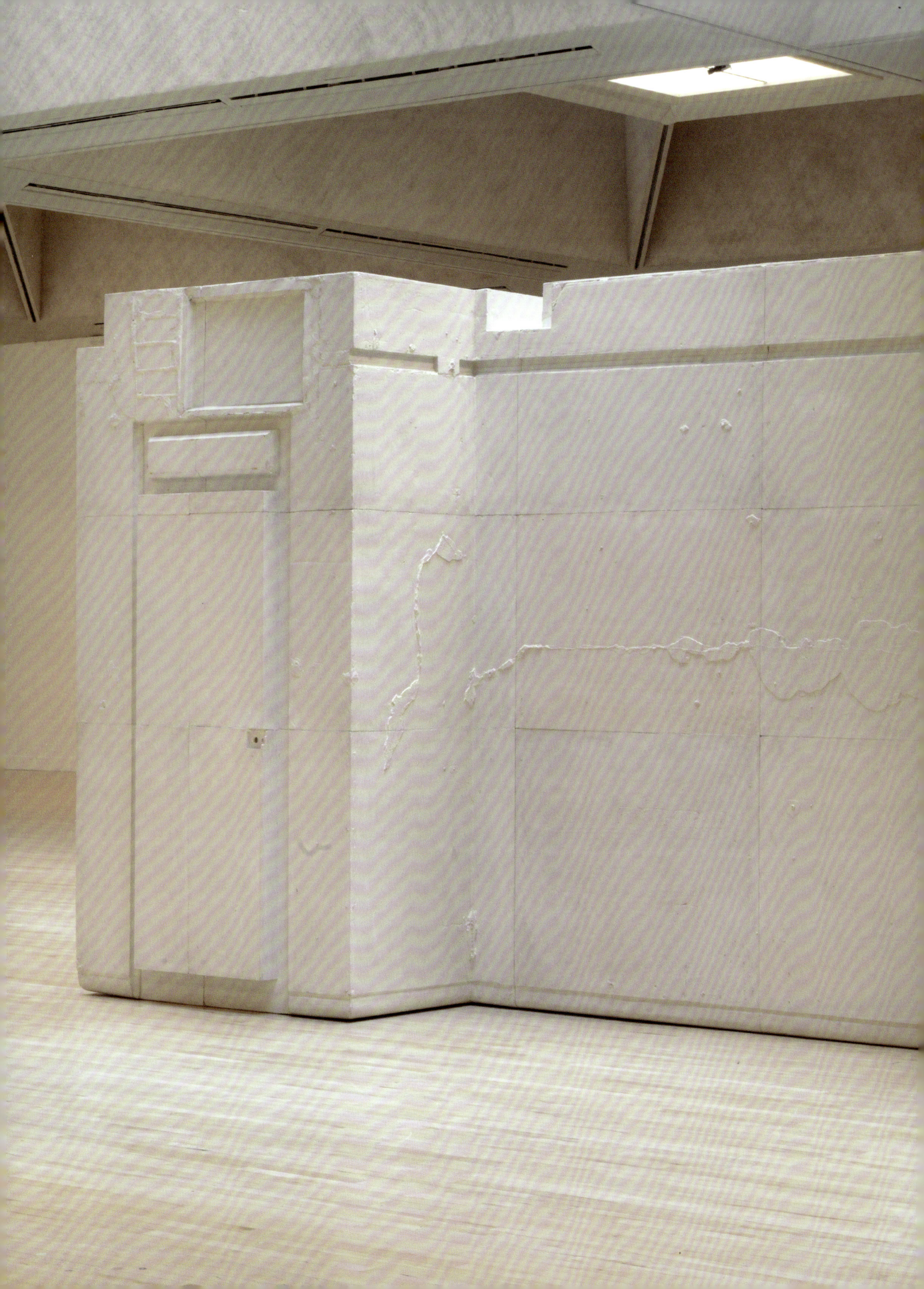

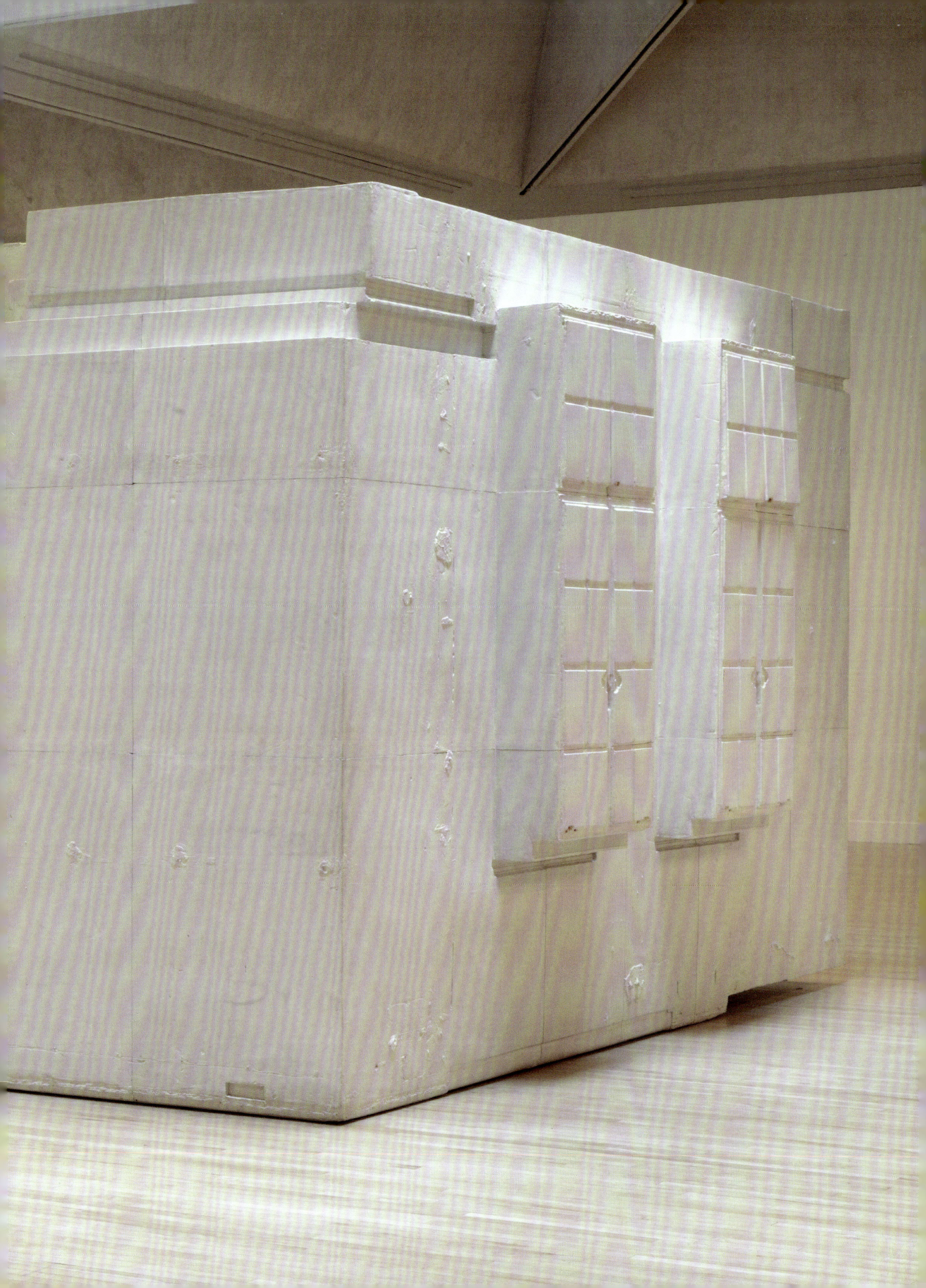

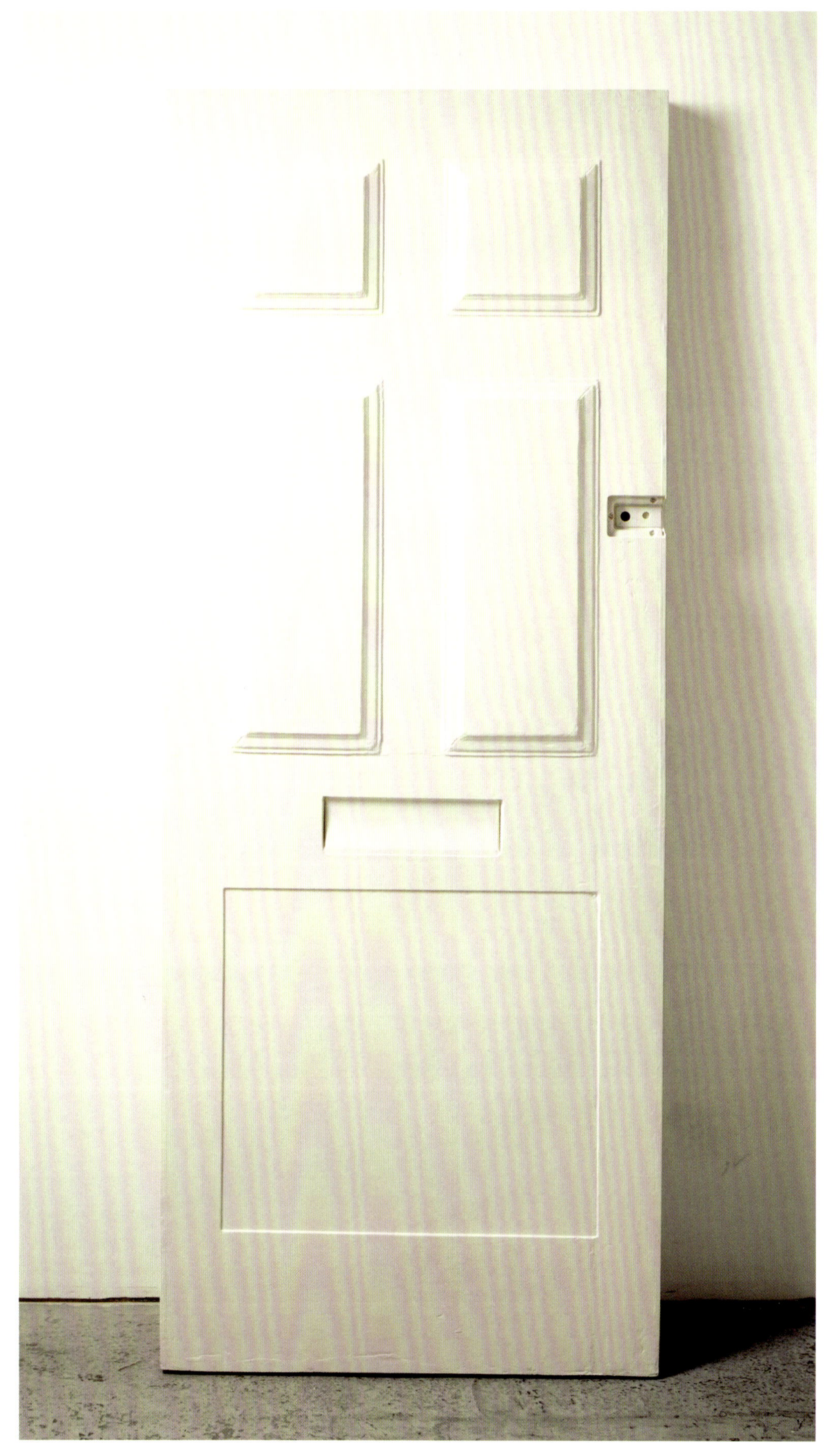

IN OUT–II 2004

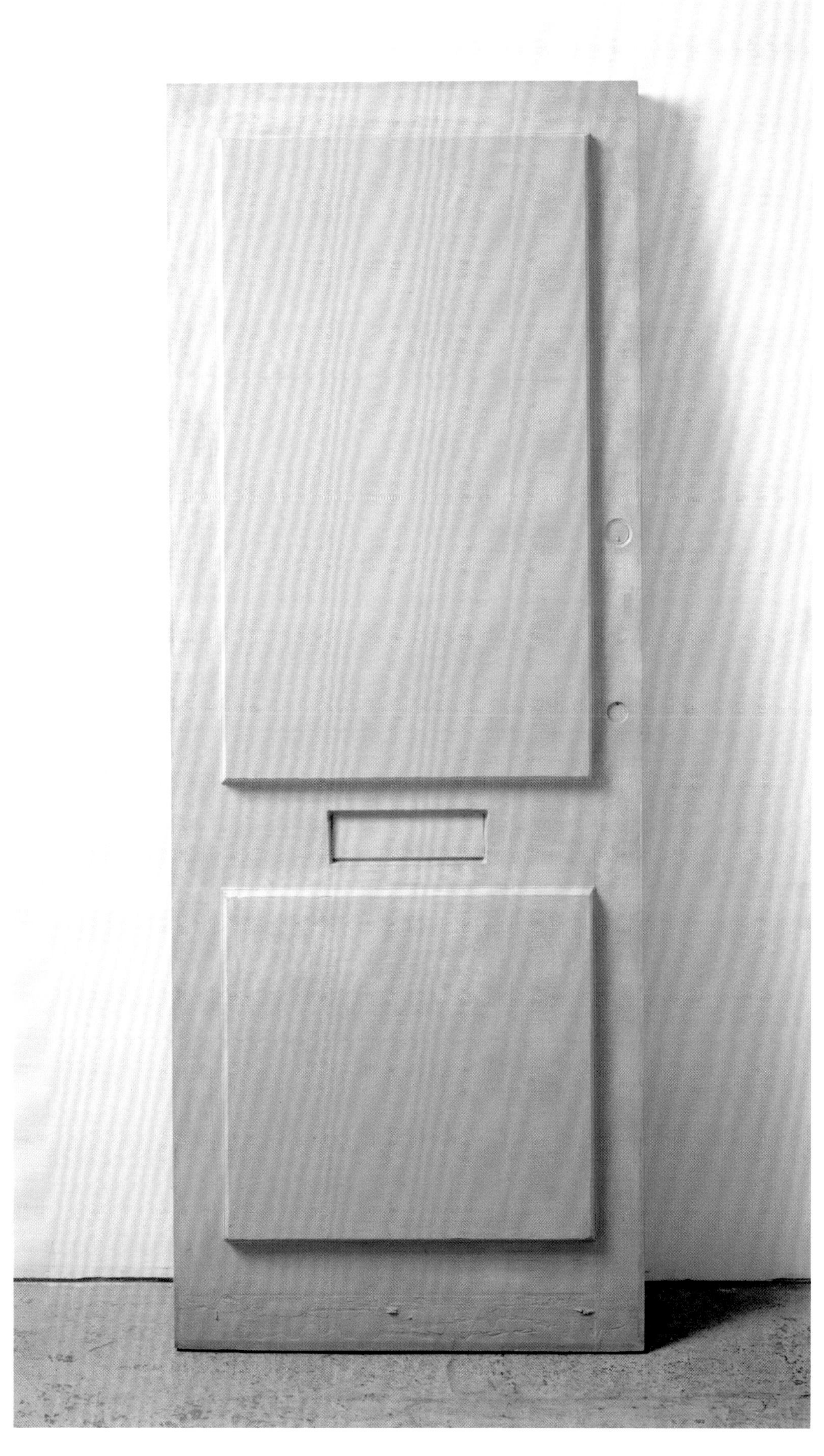

IN OUT– IV 2004

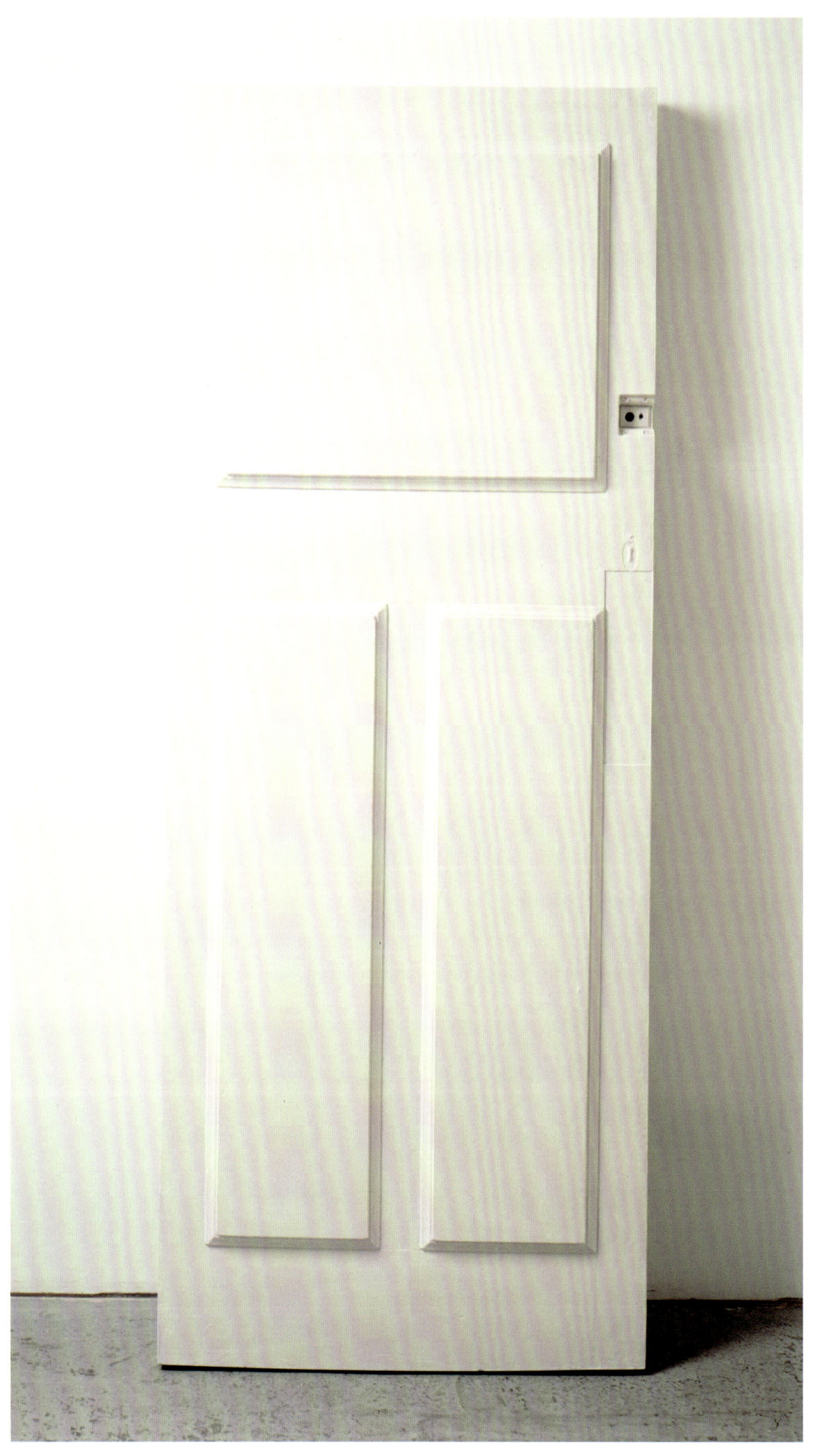

IN OUT – VI 2004

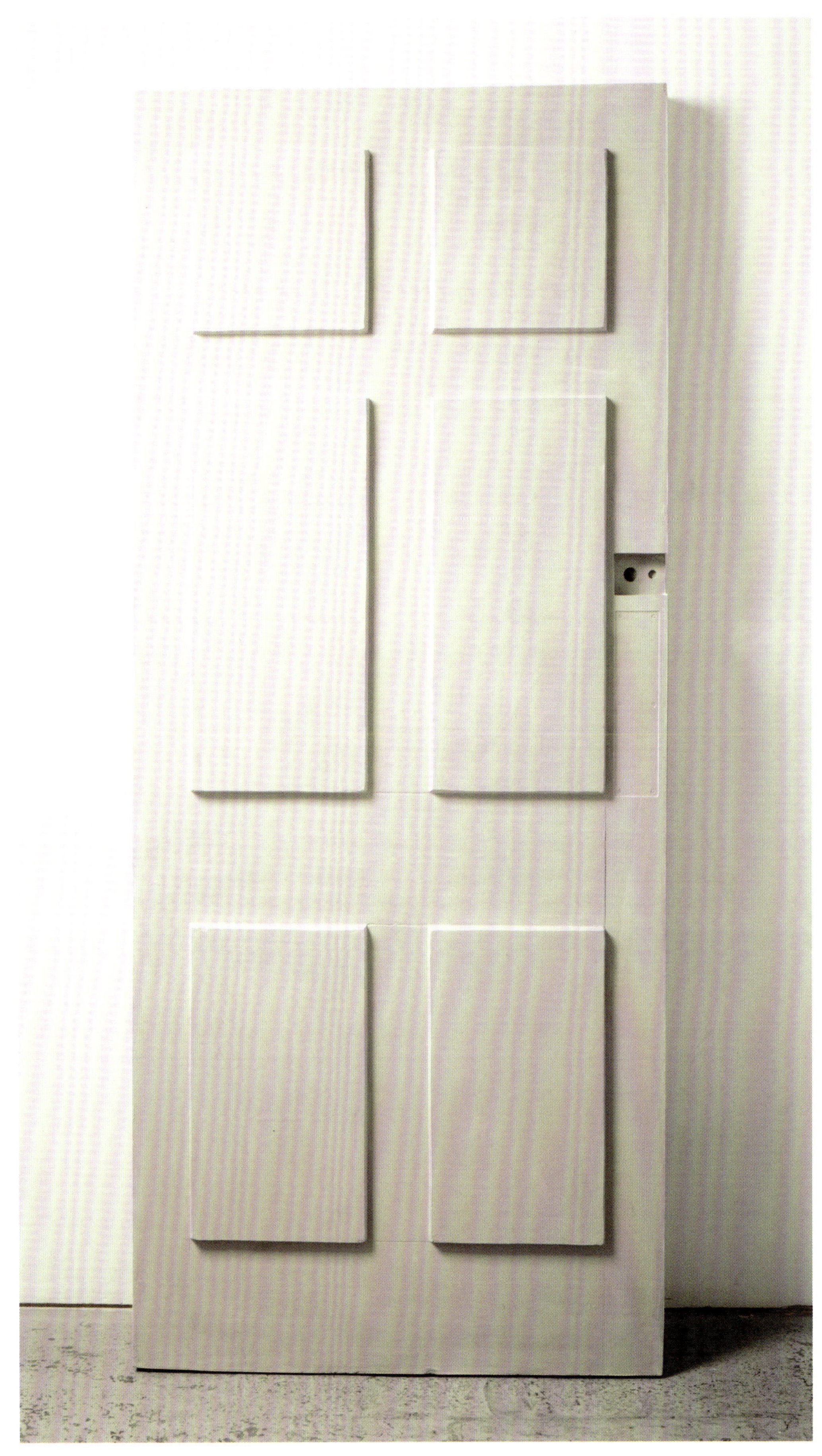

IN OUT – X 2004

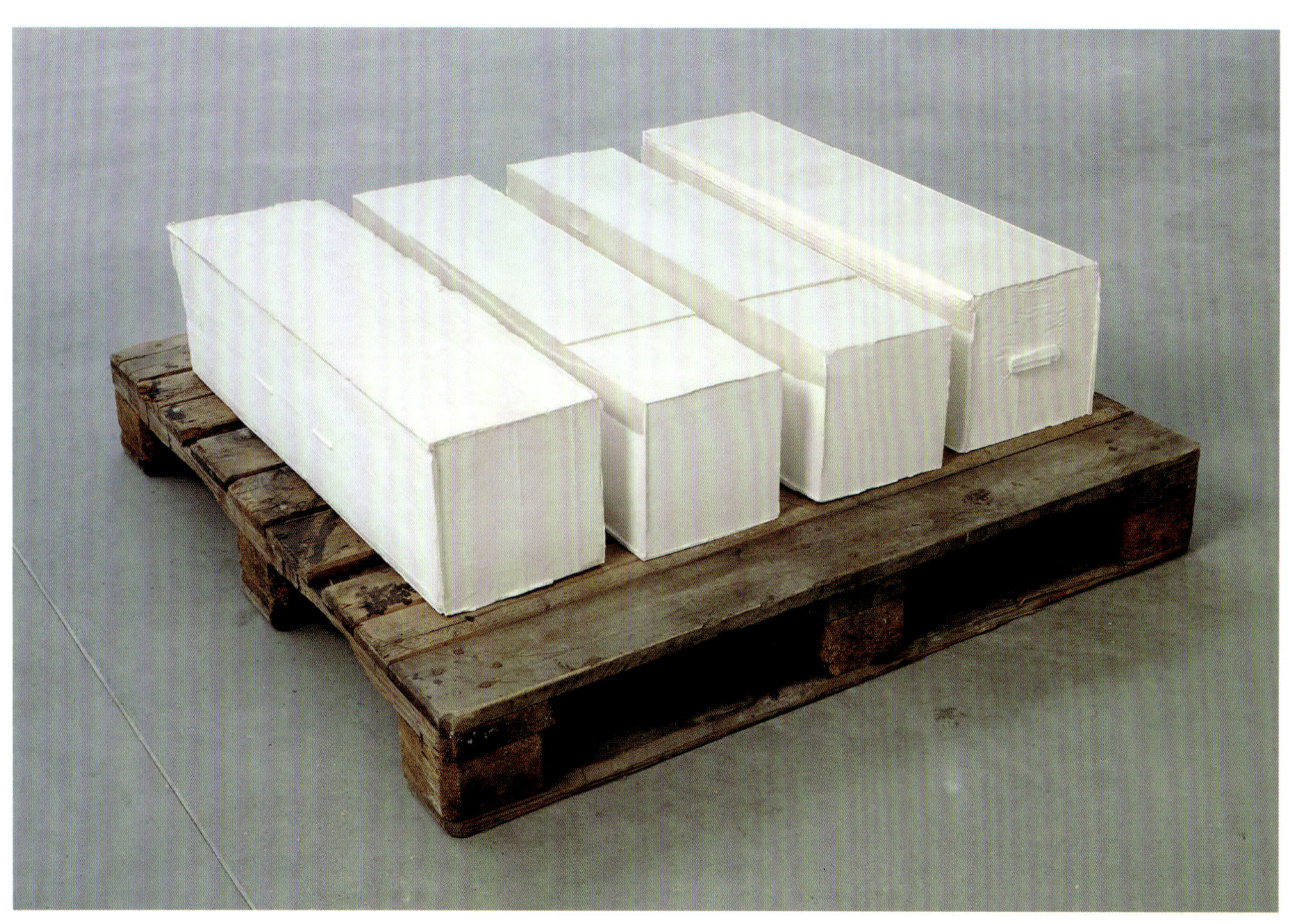

FLOWERS 2005

RECHTE SEITE: *LEAN* 2005

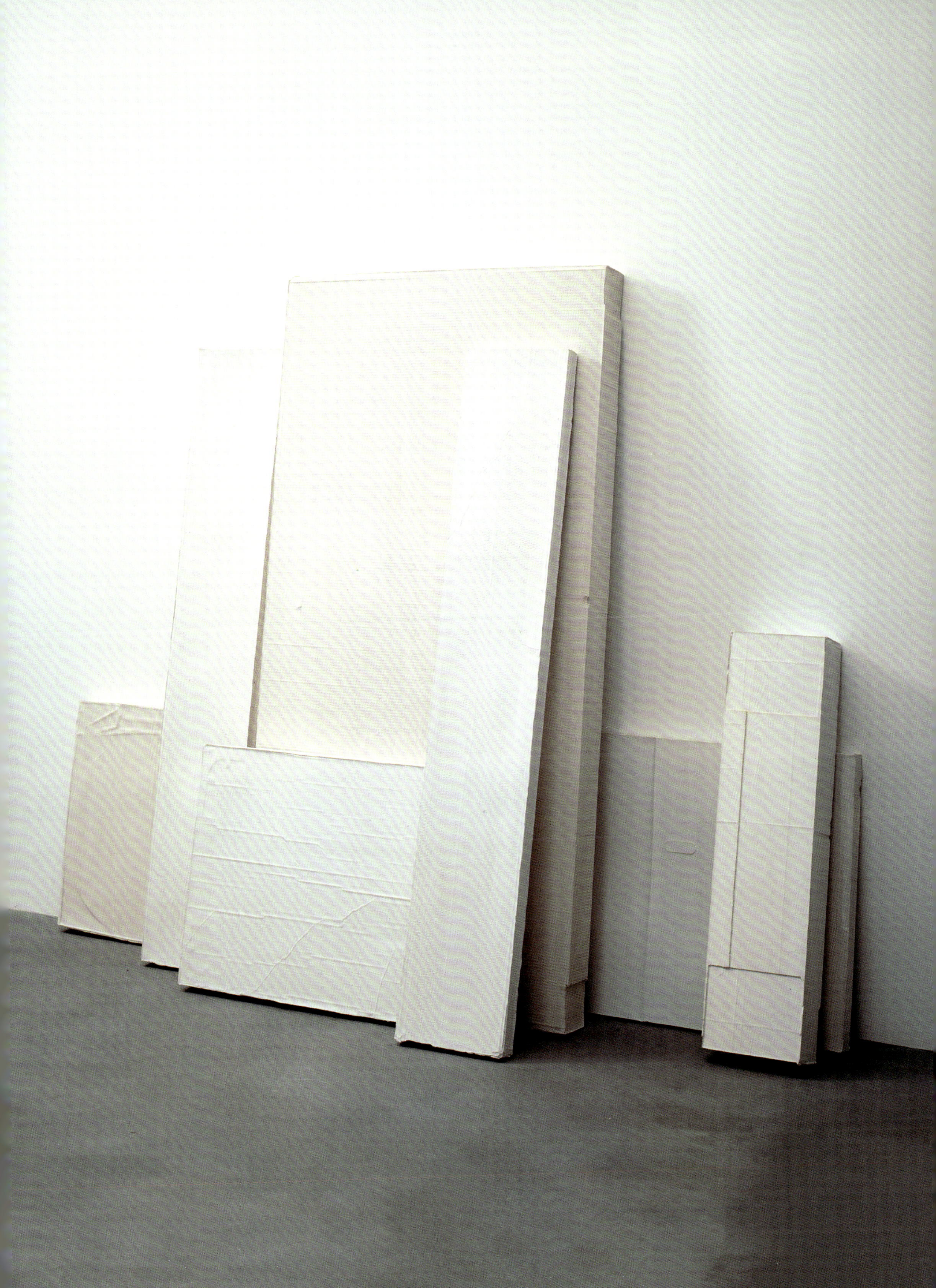

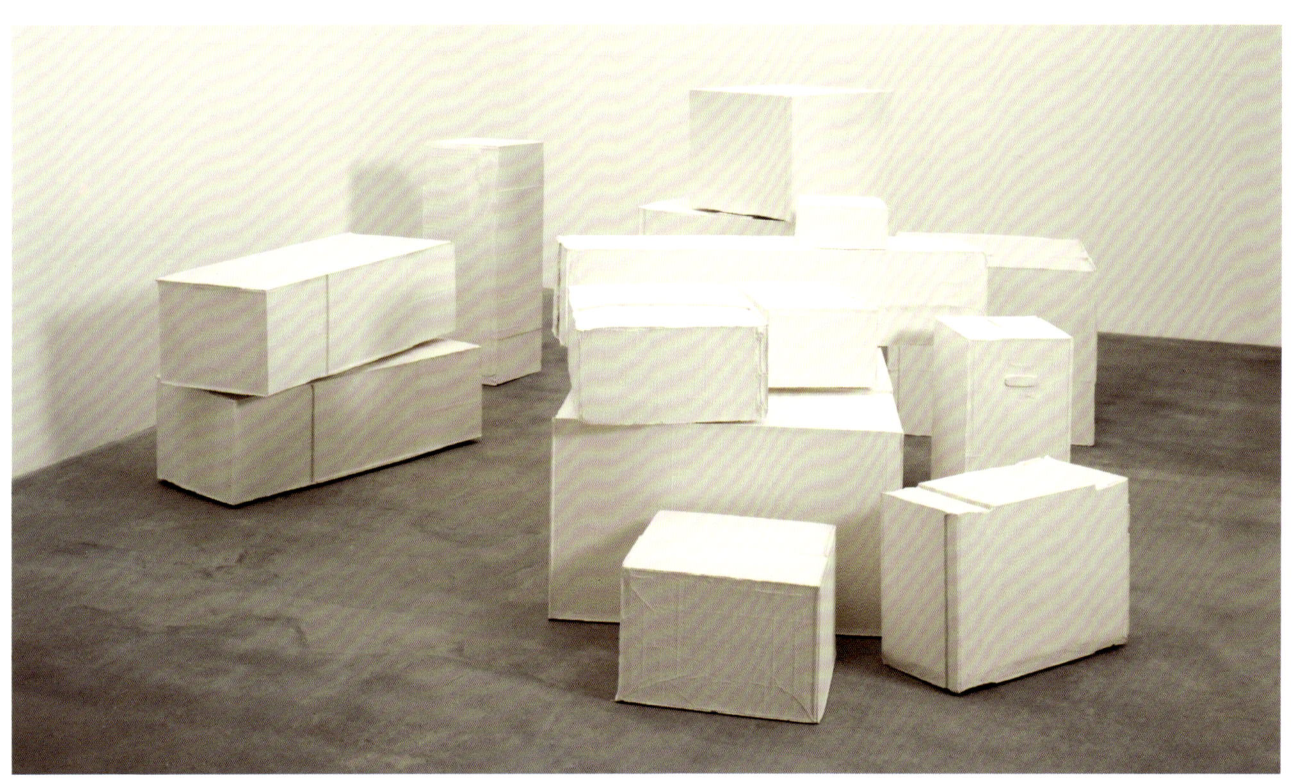

CONTENTS 2005

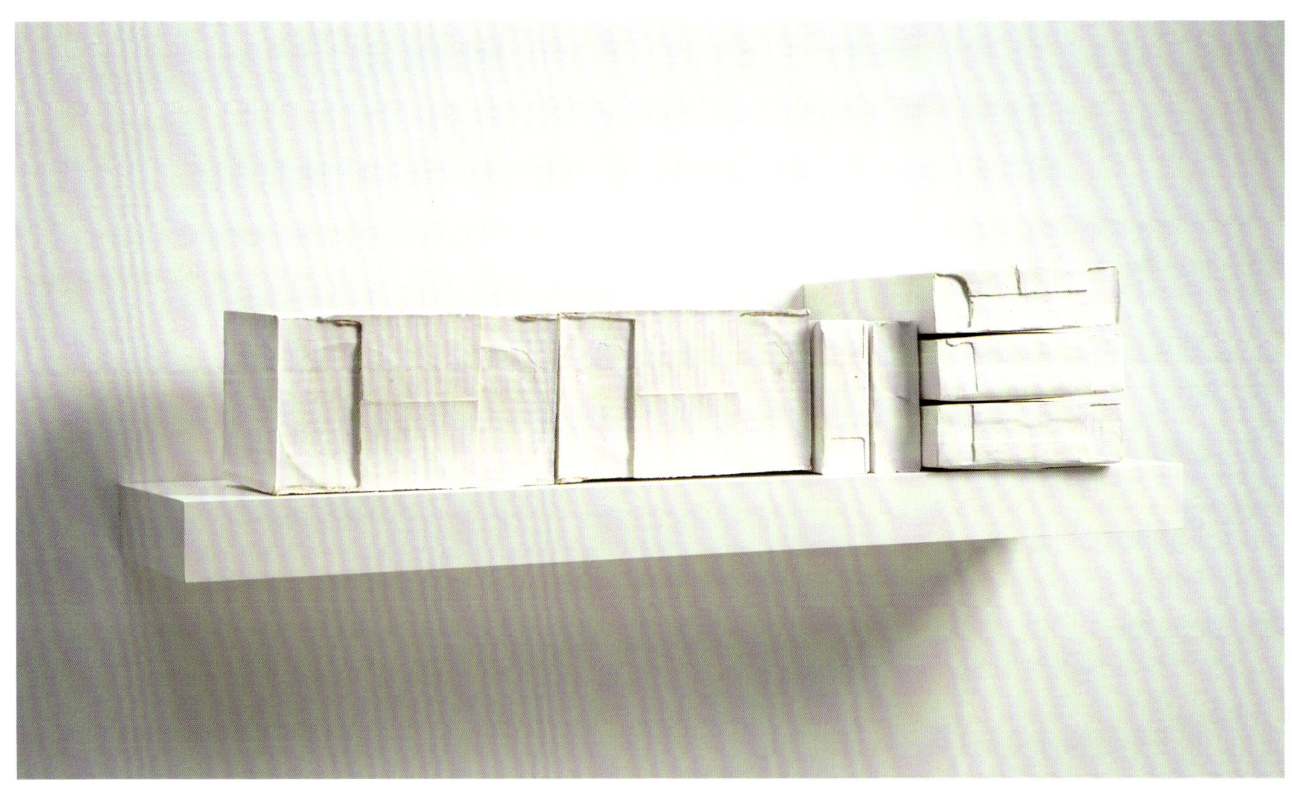

FOSSILS 2005

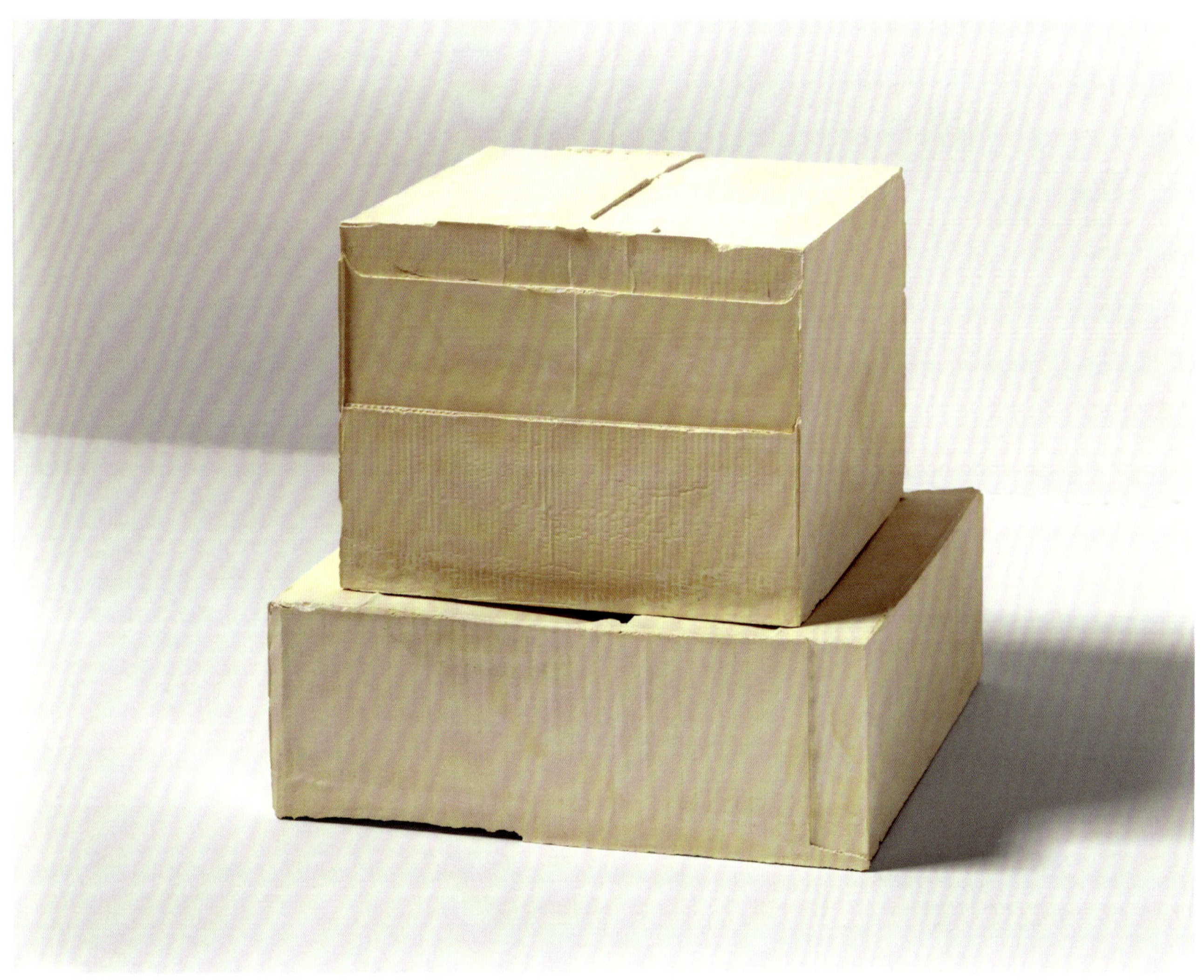

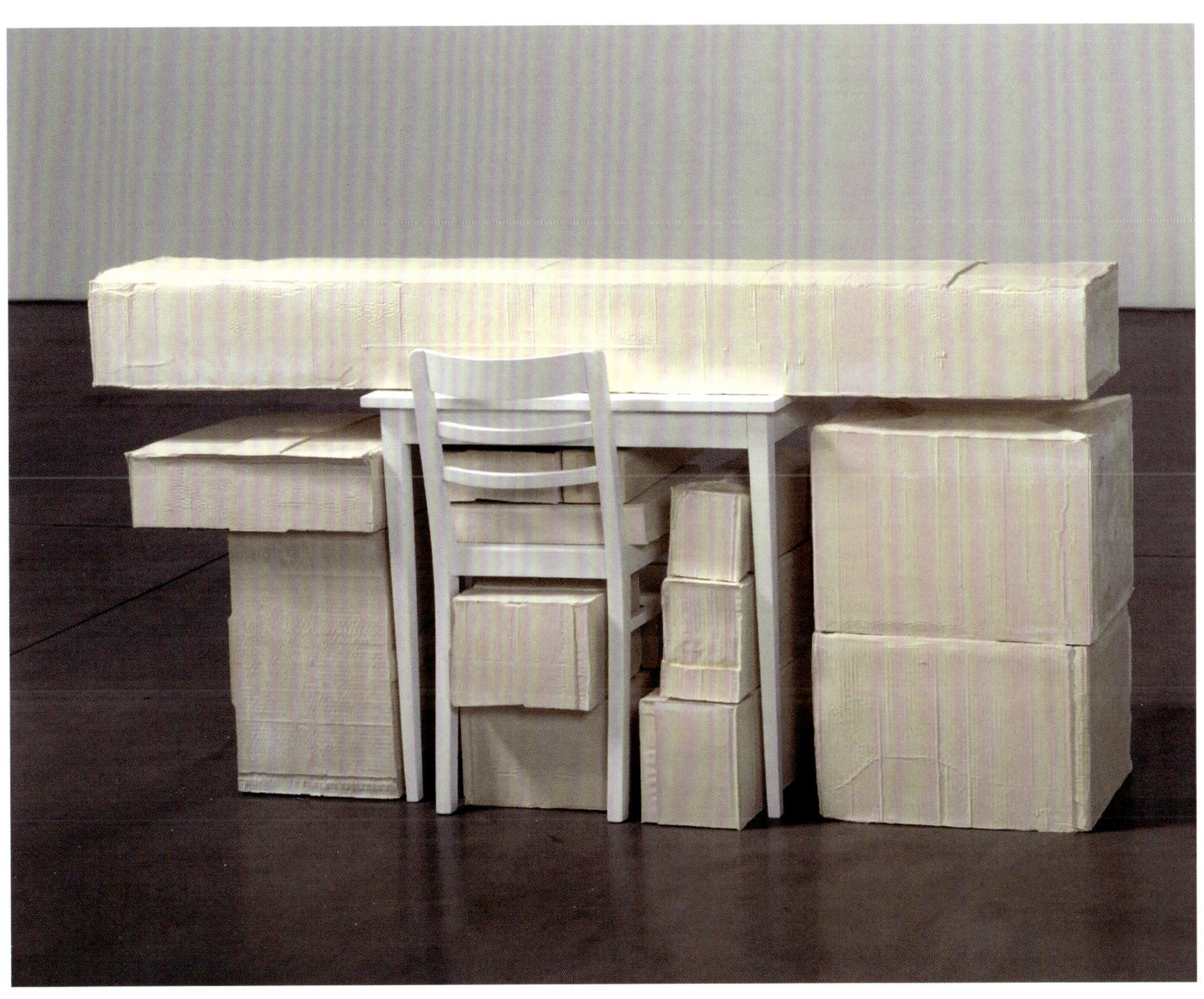

STUDY 2005

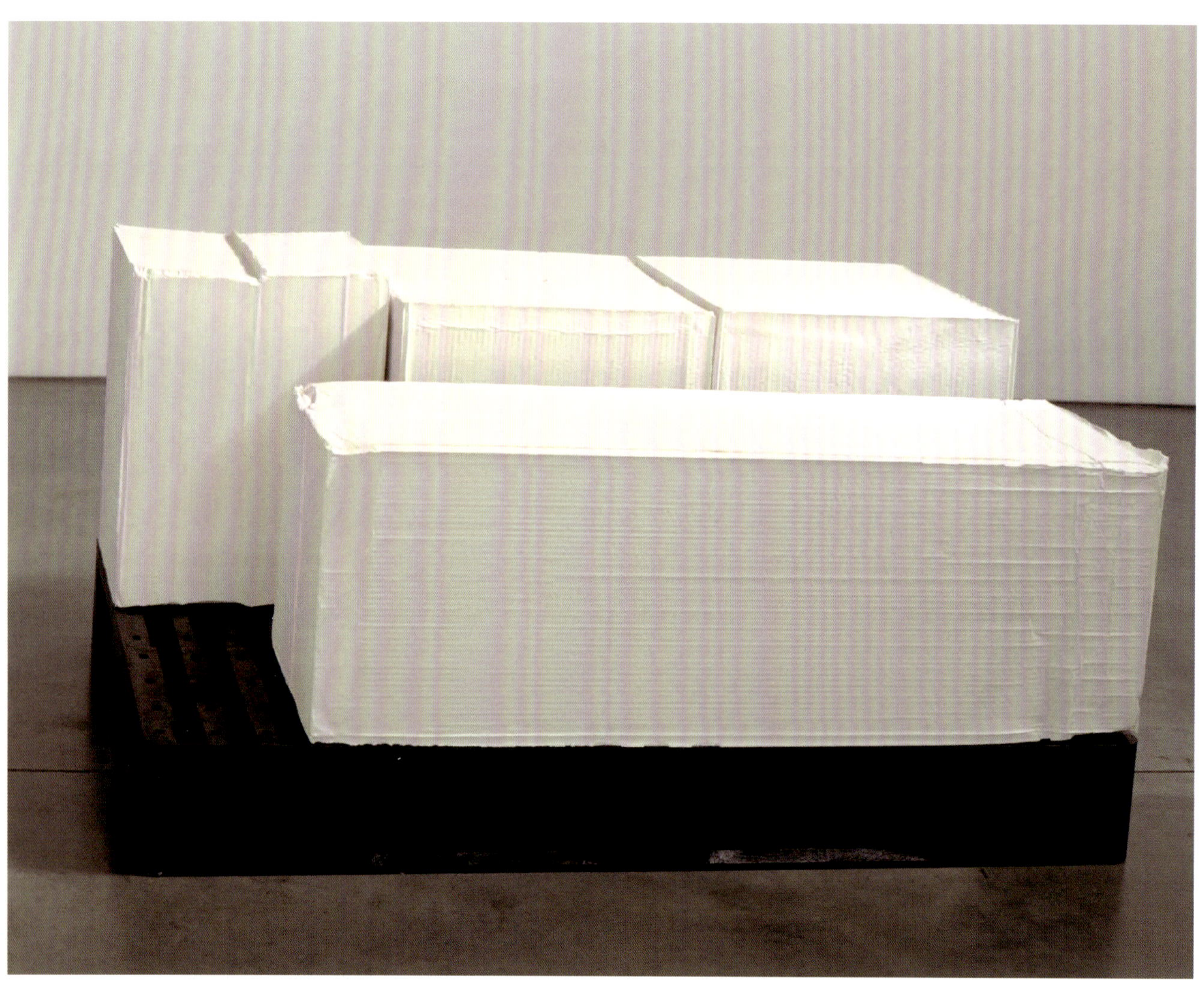

TARE 2005

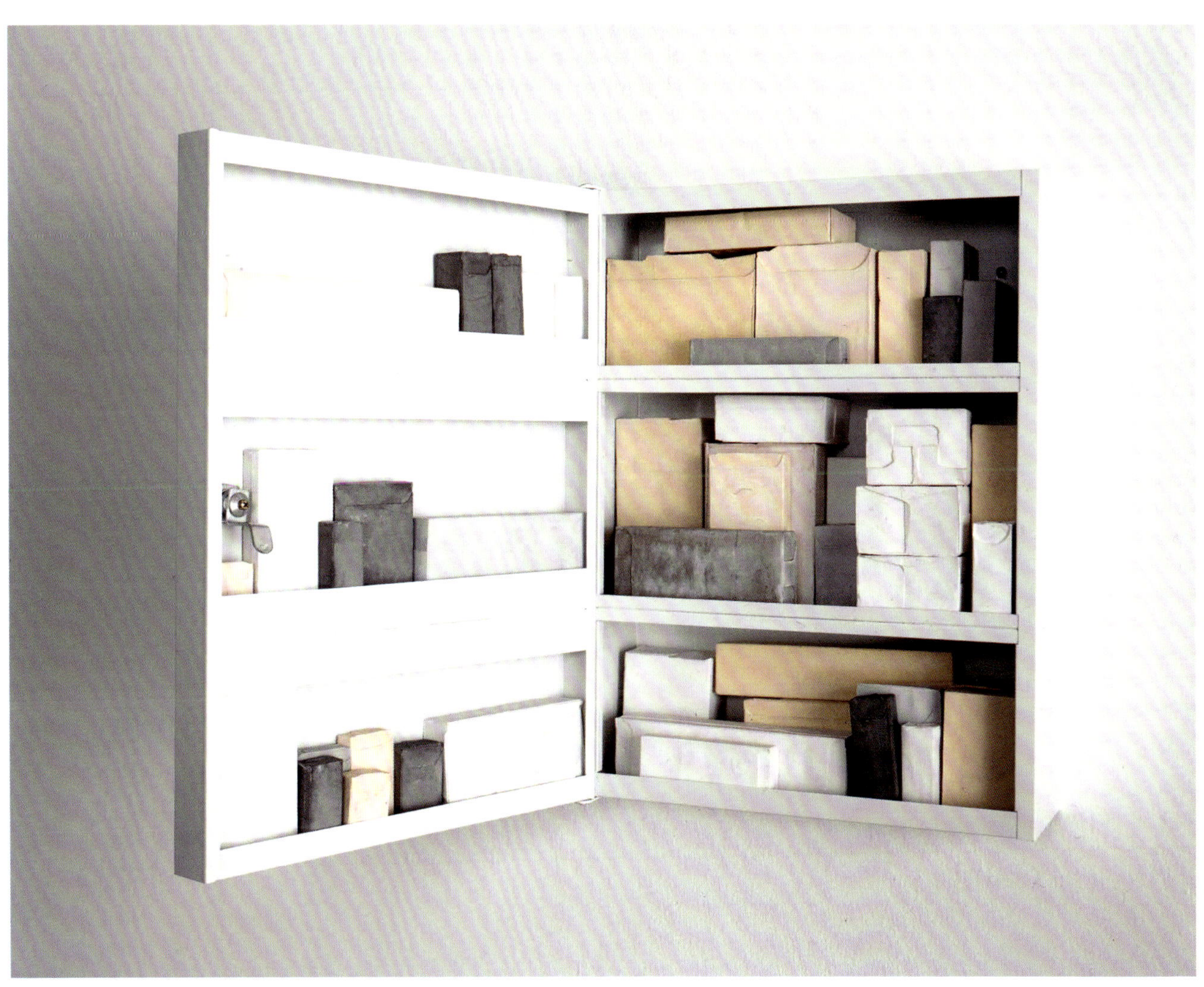

CABINET V 2006

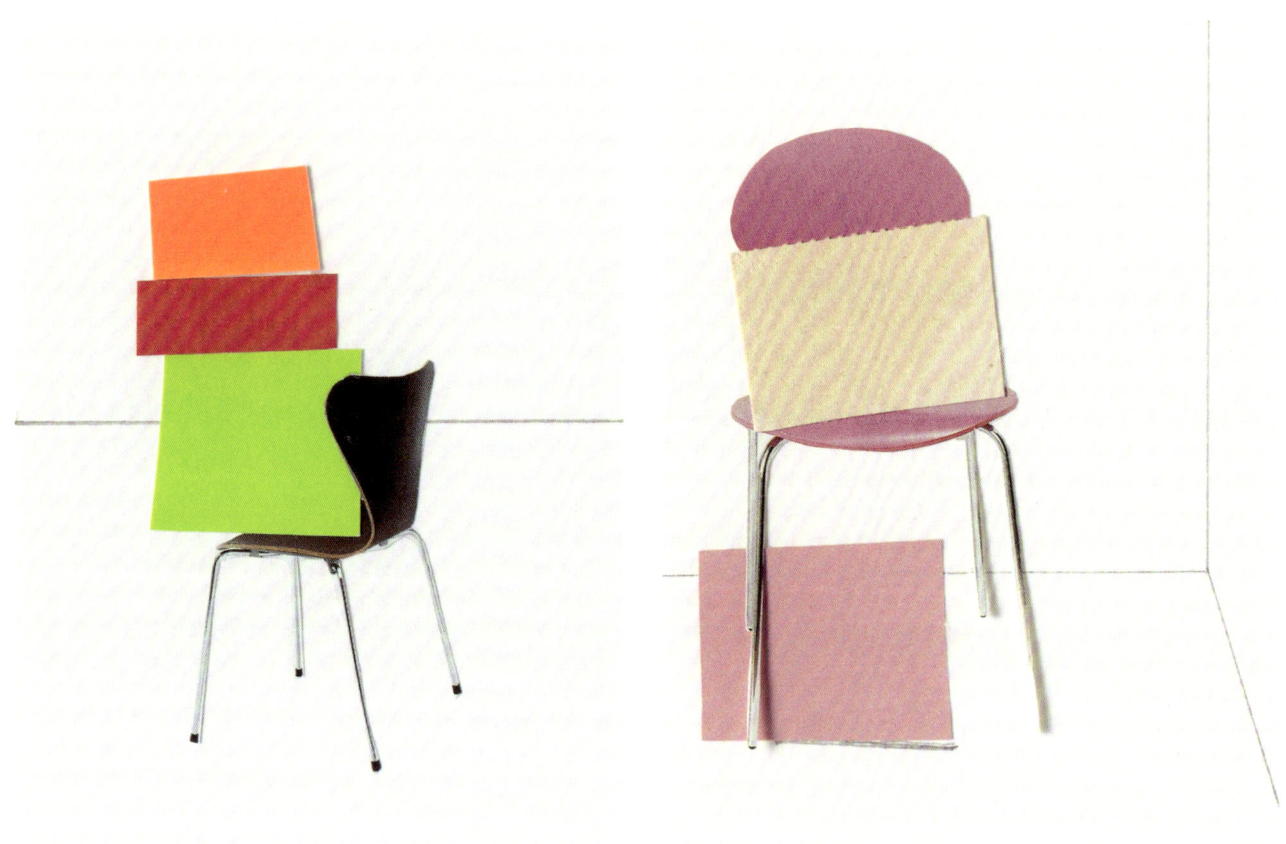

Orange, Red and Green 2006

Pink 2006

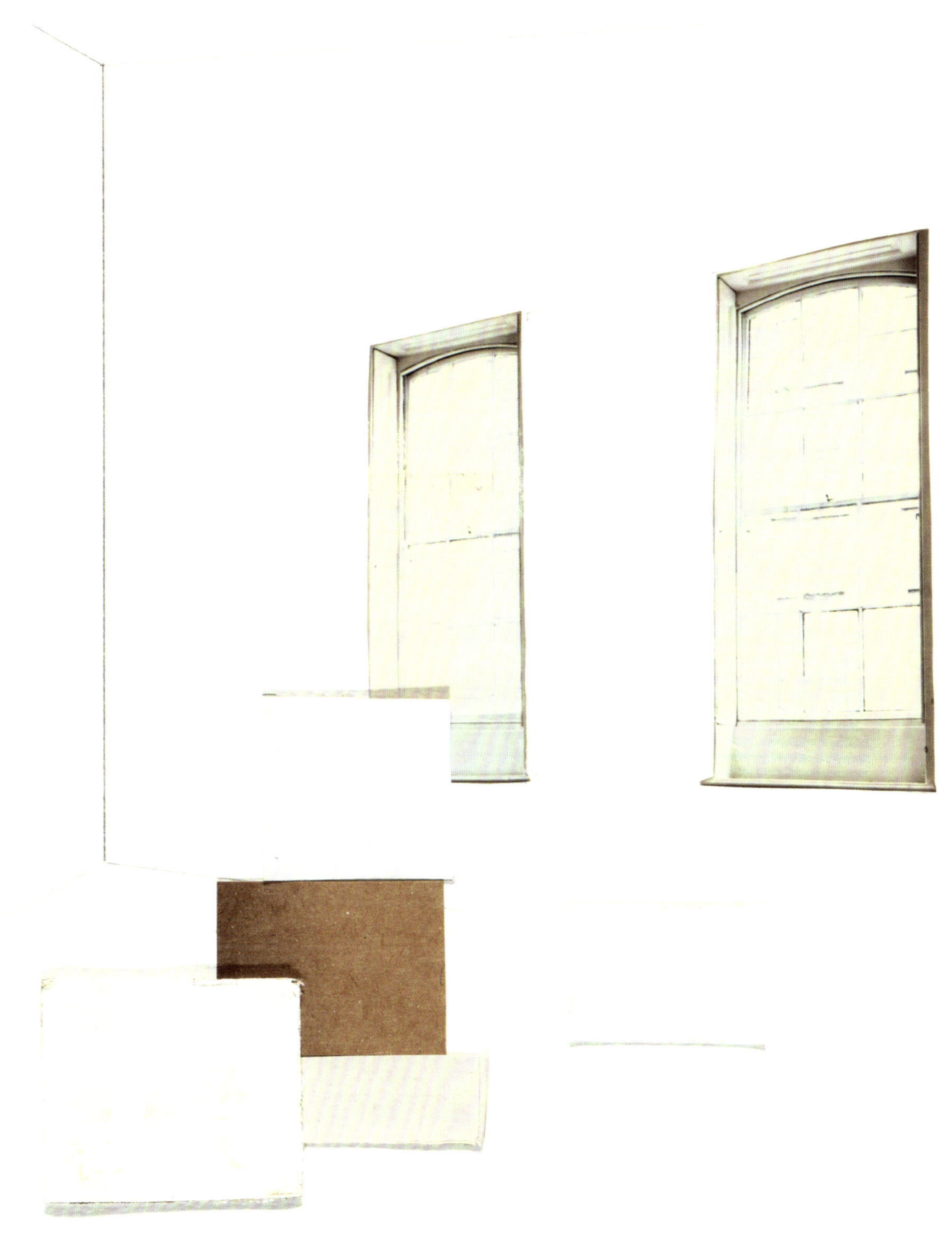

Two Windows 2007

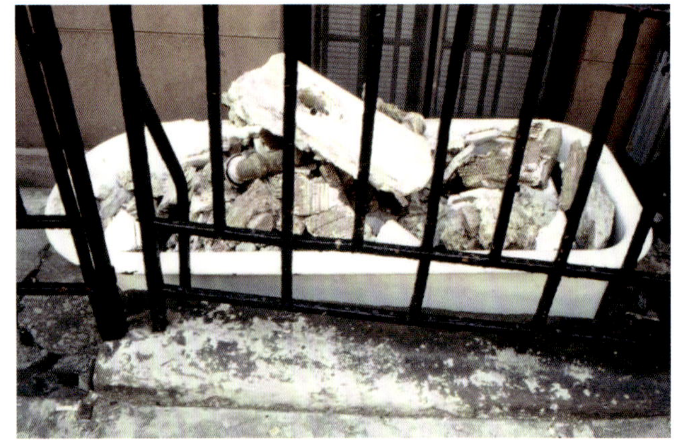

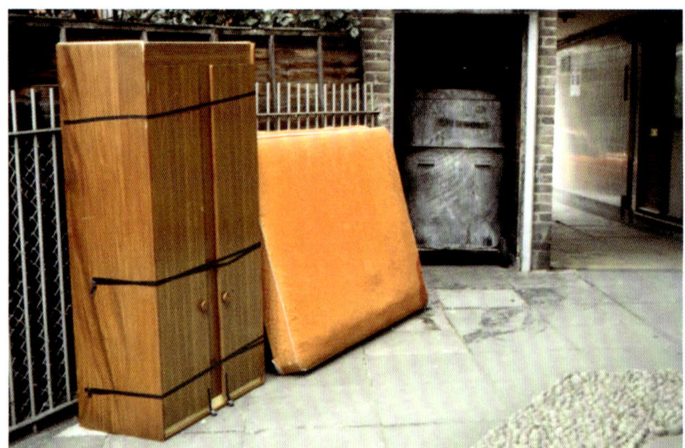

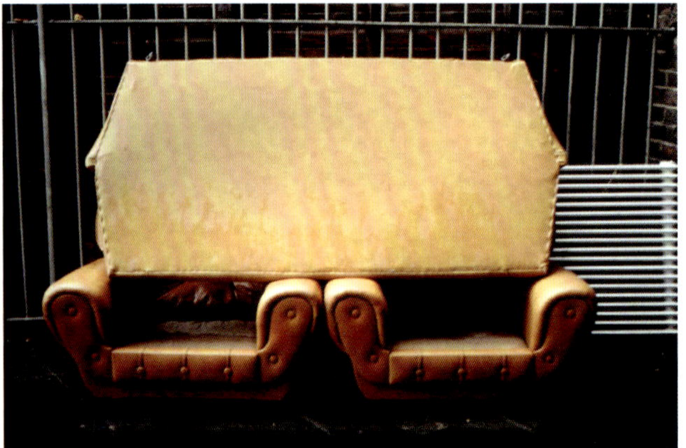

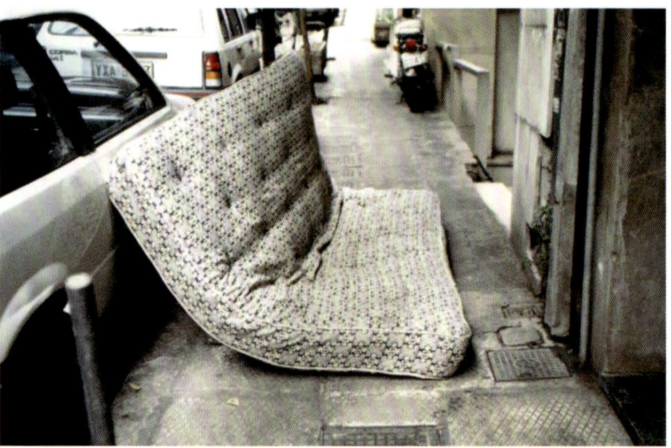

Furniture 1992/1997–1998

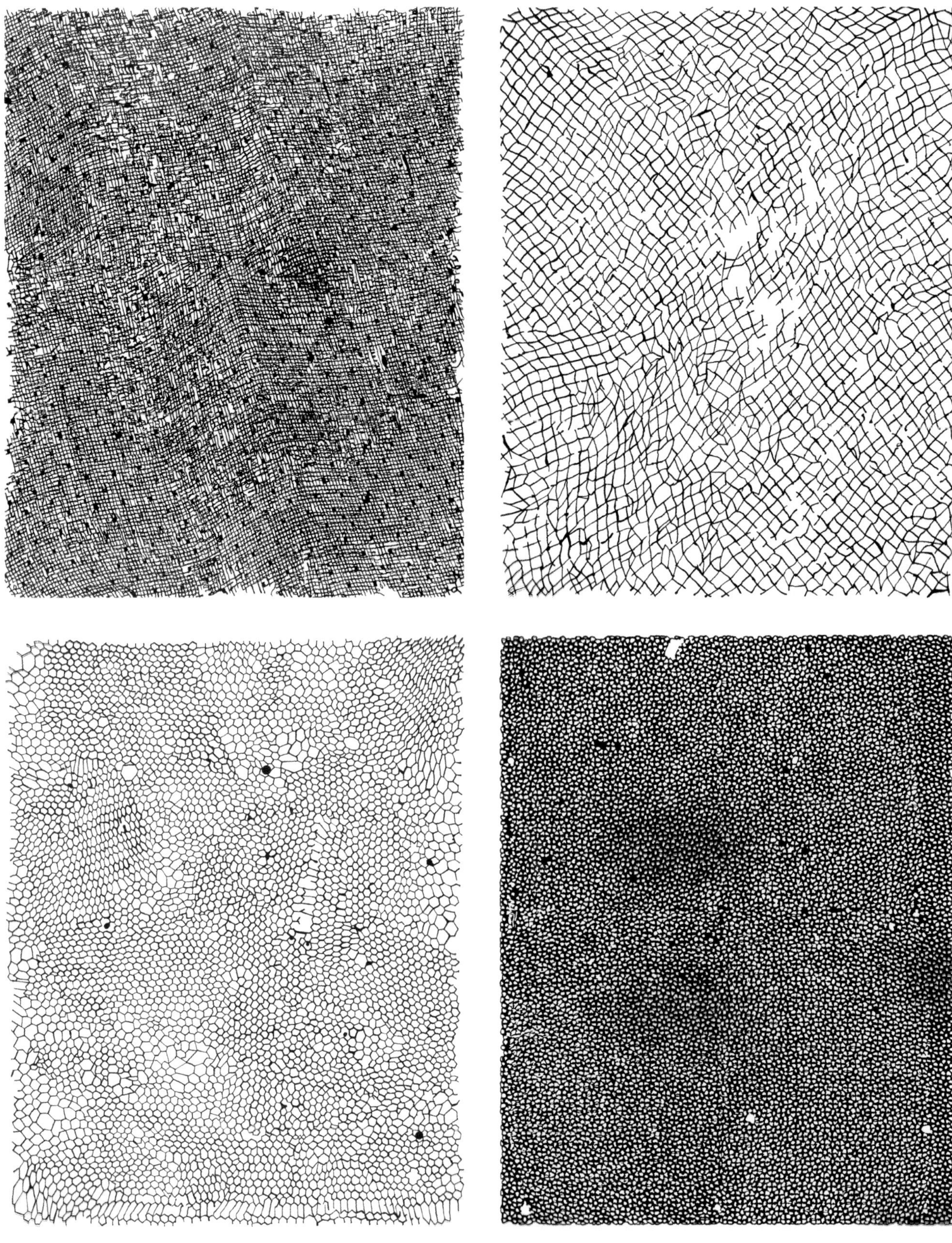

Untitled (Nets) 2002

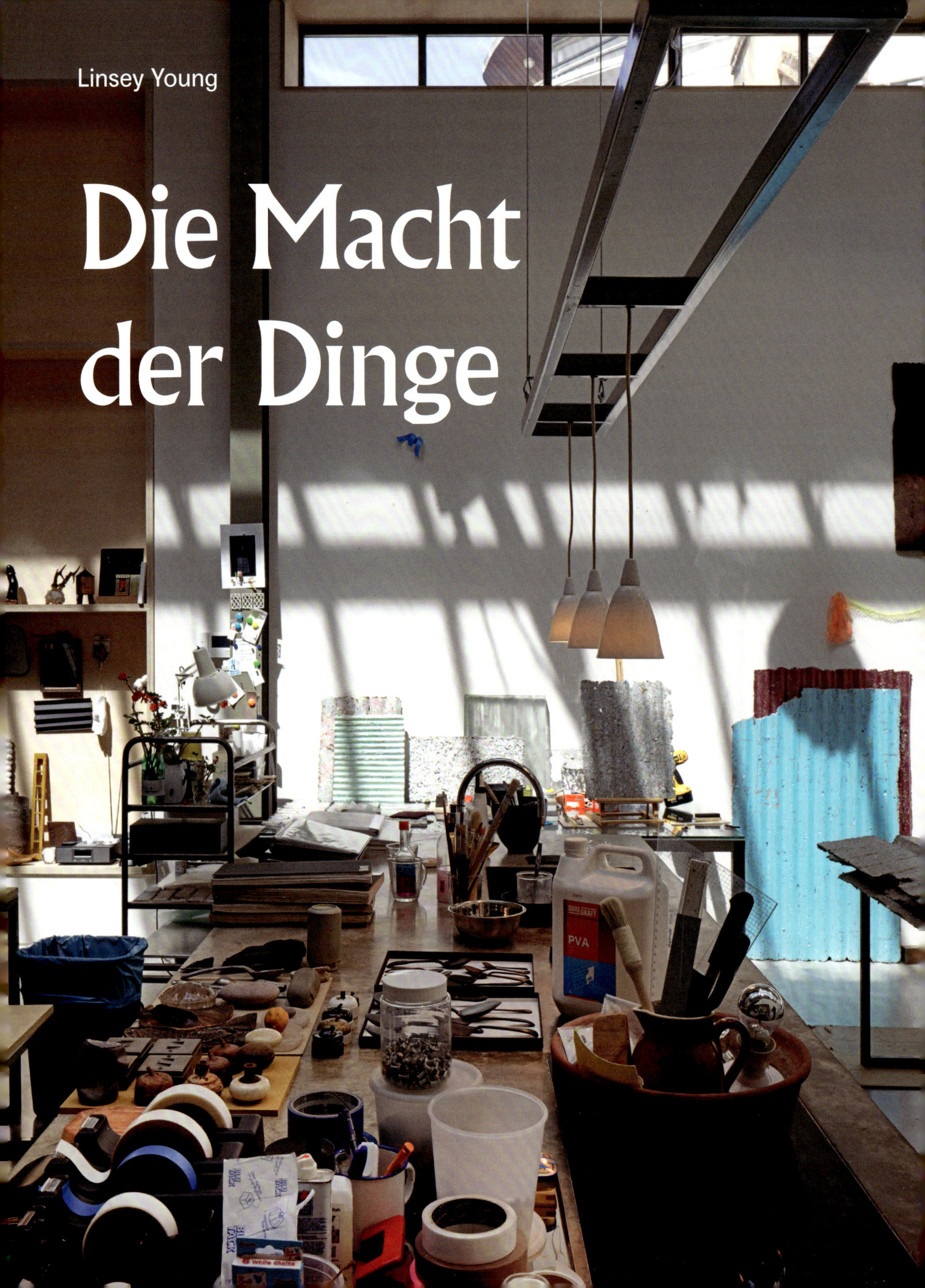

Linsey Young

Die Macht der Dinge

In den letzten 30 Jahren hat Rachel Whiteread ihren Umgang mit Werkstoffen perfektioniert und ihr bildhauerisches Vokabular so geschliffen, dass ihre Werke mühelos wirken, als wären sie schon immer elementarer Teil der Welt gewesen. Während sie einer breiteren Öffentlichkeit vor allem durch ihre großformatigen, oft im Freien stehenden Werke wie *House* (1993; S. 77–79), das *Holocaust-Mahnmal* (2000; S. 103) und *Monument* (2001; S. 114) bekannt ist, konzentriere ich mich hier auf die Kleinplastiken, die ihre künstlerische Laufbahn von Anfang an begleitet haben. Dies sind Arbeiten wie die Serie verschiedener »Torsi« und die Arrangements kleiner Stücke ebenso wie die »abject objects«, die »erbärmlichen Dinge«, die sie in ihrem Atelier sammelt und die wesentlich sind für ihre Arbeit.

Whitereads erste Ausstellung, 1988 in der Londoner Carlisle Gallery, umfasste vier Objekte: den Abguss einer Bettunterseite, *Shallow Breath* (1988; S. 28), den mit Filz überzogenen Abguss eines Kleiderschranks, *Closet* (1988; S. 26), einen Frisiertisch aus Betonguss mit Glasplatte, *Mantle* (1988; S. 27), und den Abguss einer Wärmflasche, *Torso* (1988; S. 29). Sie selbst sieht einen Zusammenhang zwischen dieser Schau und Kindheitserinnerungen an ihr Elternhaus mit der typischen Innenausstattung der Nachkriegszeit sowie ihrer Reaktion auf den Tod des Vaters. Ihr geht es um das Gefühl der Privatsphäre und Sicherheit, das von »verborgenen« Räumen im Wohnumfeld einer Familie ausgeht.[1] Schon ihre erste Ausstellung enthielt viele Themen, die in ihrem Schaffen bis heute eine Rolle spielen: die Macht der Erinnerung, erlittene Verluste und die psychischen und physischen Qualitäten von Gegenständen.

In der Carlisle Gallery war auch der erste Wärmflaschenabguss zu sehen, eine Form, die Whiteread häufiger wieder aufgriff als jede andere. Die Vorläufer der Torsi waren Gummiwärmflaschen. Sie bildeten integrale Teile zweier Werke (beide *Untitled*, unten) ihrer Abschlussausstellung an der Slade School of Fine Art 1987. Beide hingen auf Kleiderbügeln an Türblättern. Bei dem einen war in ein schlichtes weißes Oberhemd in dem Bereich, wo sich der Bauch des Trägers befinden würde, eine wassergefüllte Wärmflasche eingenäht, deren Stutzen nach unten zeigte, vielleicht als Anspielung auf Genitalien. Das andere Werk bestand aus einem Kissenbezug aus gestreiftem Flanell, ebenfalls mit prall gefüllter Wärmflasche als »Bauch«.

LINKE SEITE:
Rachel Whitereads
Atelier 2017

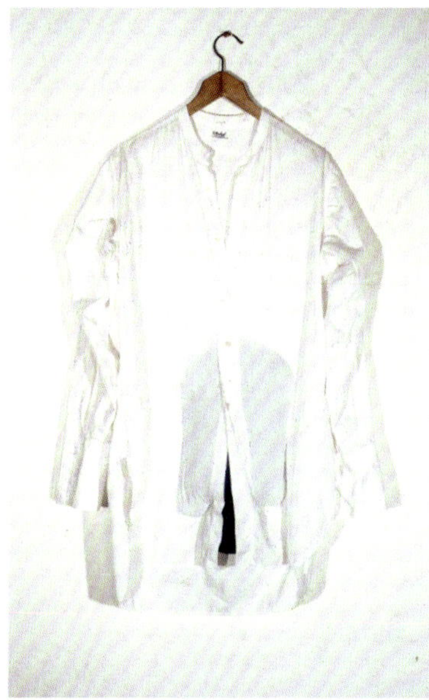

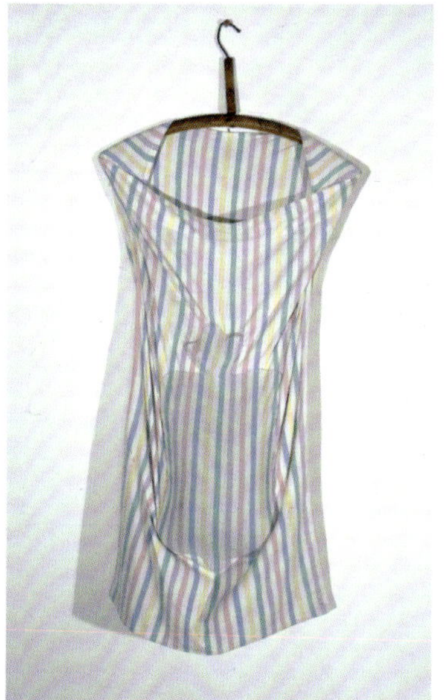

Untitled 1986
Herrenhemd, Wärmflasche, Kleiderbügel und Wasser
91,4 × 61 cm
Nicht erhalten

Untitled 1986
Kopfkissenbezug, Wärmflasche, Kleiderbügel und Wasser
Nicht erhalten

Derart unmittelbar anthropomorphe Bezüge wiesen die Wärmflaschen danach nie mehr auf. Auch wenn sie selbst die späteren Torsi als ihre »kopf- und gliederlosen Babys«[2] bezeichnete, bezieht sich ihre Mutterrolle dabei wohl eher auf die »Geburt« ihrer Ideen als auf eine Gegenständlichkeit der Abgüsse. Im Laufe der 1990er-Jahre kamen immer neue Torsi hinzu, gegossen aus Gips, Beton, Kunstharz und Gummi – eben den Werkstoffen, die schon bald zu ihrem Markenzeichen wurden. Warum nehmen gerade diese Objekte eine so zentrale Rolle in ihrem Schaffen ein? Ein praktischer Grund mag sein, dass es sich um schlichte Formen in handlichem Format handelt, die sich für Experimente anbieten.

In ihrer ganzen Laufbahn ist Whiteread immer wieder konsequent bis an die Grenzen ihrer Werkstoffe wie Gips, Beton, Polyurethan und Kunstharz gegangen. *Monument* (2001; S. 114) ist noch heute die weltweit größte Kunstharzplastik dieser Art; für anspruchsvolle Werke wie die Abgüsse der Leerräume unter 100 Stühlen – *Untitled (One Hundred Spaces)* (1995; S. 104/105) – experimentierte sie jahrelang, bis es ihr gelang, stabile Würfel zu fertigen, indem sie pro Tag nur 2,5 Zentimeter des flüssigen Harzes in die Formen goss. Das Stabilisieren unbeständiger Materialien verlangt ebenso viel Geduld wie das Gießen großer, unhandlicher Objekte, und so wurden gerade die Torsi zum Ausgangspunkt für technisch ambitioniertere Projekte, weil sie dafür eine einfache und doch befriedigende Fertigungsmethode[3] entwickelte. Viele ihrer Werke erfordern vor dem Gießen wochen- oder sogar monatelange Vorarbeiten, doch bei den Torsi kann sie »genau bestimmen, wie die Arbeit aussehen wird, indem ich sie falte, biege oder einen Abdruck davon mache«.[4]

Zudem sind Wärmflaschen preiswert und alltäglich. Sie sprechen nicht nur Menschen an, die Kindheitserinnerungen an eine bürgerliche britische Familie hegen, wie sie auch Whiteread prägten. Die meisten verbinden Gefühle mit Wärmflaschen, mit denen sie eine Bezugsperson versorgte als sie krank waren, oder die ihnen in langen, kalten Winternächten Wärme spendeten. Jemandem eine Wärmflasche zu geben oder eine an sich zu drücken, sind so elementare Gesten, dass schon ihre schlichte Form Trost und Geborgenheit schenkt. Die Art, wie sie riecht, sich anhört und anfühlt, beschwört ein häusliches Umfeld und

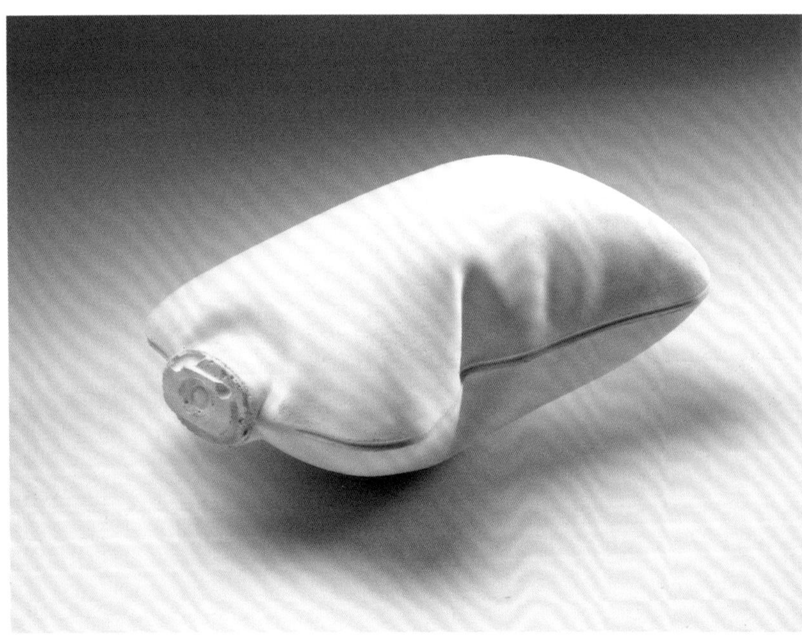

Untitled (Torso) 1992/1995
Gips ca. 15 × 30 × 20 cm
Privatsammlung

eine Privatsphäre herauf, auf die Whiteread immer wieder zurückgreift. Den Torsi gesteht sie sogar konkrete Bezeichnungen zu, während die meisten ihrer Werke unbetitelt bleiben, da das Benennen von Gegenständen eine emotionale Bindung zu ihnen andeutet.

Whiteread erwähnte einmal ihr Interesse an den Romanen von Vladimir Nabokov (1899–1977), der für seinen versiert kontrollierten Schreibstil ebenso bekannt ist wie für seine Fähigkeit, die Freude und den Schrecken des Lebens in extrem knappen Worten einzufangen. Humbert Humbert, der Protagonist seines bahnbrechenden Romans *Lolita* (1955), fasst den Tod seiner Mutter und seine eigene Reaktion darauf in wenige berührende Zeilen:

> Meine sehr photogene Mutter starb durch eine Schicksalslaune (Picknick, Blitz) als ich drei war, und außer einem Winkel voll Wärme in der dunkelsten Vergangenheit ist nichts von ihr in den Höhlen und Tälern meiner Erinnerung haften geblieben, über denen – wenn Sie meinen Stil noch ertragen können (ich schreibe unter Bewachung) – die Sonne meiner ersten Kindheit untergegangen war. Sicherlich kennen Sie alle den duftenden Ausklang des Tages, der mit den Mücken um eine blühende Hecke hängt, und der plötzlich aufgestört wird von den Schritten eines Dahinwandernden, am Fuße eines Hügels, in der Sommerdämmerung; Bienenwärme, goldene Mücken.[5]

So wie Nabokov die Erinnerung an den Tod seiner Mutter in den zwei Schlüsselelementen Picknick und Blitz kondensiert, erforscht Whiteread das Wesen unserer Umwelt mit zwei elementaren Mitteln: Form und Material. Mit ihrer Hilfe weckt sie das emotionale Potenzial und die Wirkkraft dieser Elemente in ganz ähnlicher Weise wie Nabokov, der die bewegenden Kindheitserinnerungen aufruft, die dem Protagonisten nach dem frühen Trauma blieben. So gesehen sind Whitereads Torsi von allen ihren Arbeiten am stärksten »destilliert«, da sie ihre konzeptuellen und philosophischen Anliegen extrem verdichtet in sich vereinigen.

Schon als Studentin am Brighton Polytechnic verarbeitete sie am Strand aufgelesene, rostige Dosen. Bis heute hält sie in Londoner Straßen und Trödelläden – die sie bezeichnenderweise ihr »Skizzenbuch« nennt – ständig Ausschau nach Gegenständen. Die Überbleibsel des Stadtlebens reichen von alten Glasflaschen über Schusterleisten, Zweige, Kiefernzapfen und Besteckteile bis zu Matratzen und Möbelstücken. Vermutlich stellt sie aus all diesen Dingen eine Art Stadtplan zusammen, der ihre Umgebung ebenso kartiert wie ihre Plastiken die Grenzen, Kanten und Tiefen der abgegossenen Gegenstände nachzeichnen. Viele der gebrauchten oder aus dem Abfall geborgenen Gegenstände sind mit Schmutz oder den Spuren anderer Körper behaftet. Sperrige Gegenstände wie die verschwitzten, fleckigen Matratzen, die sie von der Straße aufliest, muss sie dicht am Körper tragen, und sie selbst sagt, es sei »notwendig, das Zeug zu schleppen«,[6] zu riechen und zu fühlen, um ein Gespür für seine Geschichte und sein Wesen zu bekommen. Die einmalige physische Qualität eines Objekts mit all den Schrammen und Beulen, die Menschen an ihm hinterließen, hat für sie eine enorme Bedeutung.

Im Atelier reinigt sie Besteck, von den Gezeiten glatt geschliffenes Glas, Puppenhausmöbel oder Briefbeschwerer und arrangiert sie mit solcher Akribie auf Tabletts oder dekorativen Holzplatten, dass die Assemblagen an die Vitrinen in völkerkundlichen Sammlungen erinnern. Dadurch, dass sie die Formen in die

Hand nimmt und bearbeitet, saugt sie ihre Geschichten in sich auf. Gefundene und angefertigte Objekte sind oft kaum zu unterscheiden; das verwirrt unser Zeit- und Raumgefühl: Hat sie die glatten, runden Formen am Strand aufgelesen oder selbst gegossen?[7] Gelegentlich findet man in ihren Ausstellungen Vitrinen mit solchen Assemblagen. Whiteread erwähnte einmal, die Objekte seien mit ihren Zeichnungen und damit auch mit ihrem »Denkprozess«[8] verknüpft und gäben ihr die Möglichkeit, Ideen zu sammeln und auszuprobieren.

Die Arrangements erinnern zudem an André Bretons Atelier, in dem bis zu seiner Auflösung 2003 sorgfältig gruppierte Kunstwerke, natürliche Gegenstände

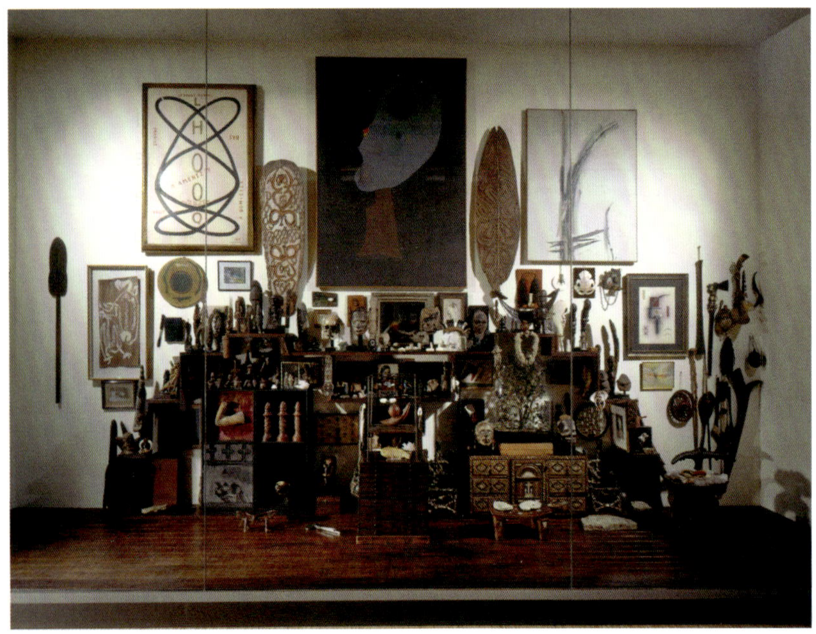

Wand in der Wohnung in der Rue Fontaine, Paris, in der André Breton von 1922 bis zu seinem Tod 1966 lebte und arbeitete; heute im Centre Pompidou, Paris

und ethnografische Stücke zu sehen waren. Bretons Sammlung wurde zum Inbegriff der ästhetischen Sensibilität der Pariser Intellektuellenkreise, die Mitte des 20. Jahrhunderts die Geheimnisse der Welt in historischen, exotischen und mystischen Erfahrungen zu ergründen versuchten. Eine weitere Parallele besteht vielleicht zu Hanne Darbovens Installation *Kulturgeschichte 1880–1983* (1980–1983), die, wie der Titel andeutet, mit 1590 Werken auf Papier und 19 Plastiken anhand von Volkskultur, politischen und geschichtlichen Ereignissen die Kulturgeschichte der Moderne nachzeichnet. Die von Whiteread gesammelten Gegenstände sind irgendwo zwischen diesen beiden Beispielen angesiedelt. Sie kartieren ein ganz spezifisches Leben in London, genauer gesagt, im Londoner Osten mit seinem unbändigen Durcheinander von Geschichte, Armut, Energie und Kreativität. Zugleich sucht und findet sie die Sachen in einem Umfeld, das gleichermaßen von Hoch- und Volkskultur und der kollektiven Erfahrung des Stadtlebens geprägt ist. Mit solchen kleinen, akkuraten Arrangements testet Whiteread Ideen für Textur, Farbe und Gewicht neuer Plastiken: Sie stellt Kiesel, Metallstäbe und Löffel zusammen, nimmt sie wieder auf und ordnet sie anders an. Sie betrachtet sie still über Monate oder Jahre, während eine Idee für ein neues Werk allmählich Gestalt annimmt. Neben diesen Studio-Assemblagen entstand 2013 eine schlichte kleine Werkgruppe mit dem Titel *Some are abject objects*. Auch diese »erbärmlichen Dinge« – zerknüllte Blechdosen, Altmetall, Verpackungsmüll – finden sich nach einer Transformation gereinigt und besonnen arrangiert im Atelier wieder.

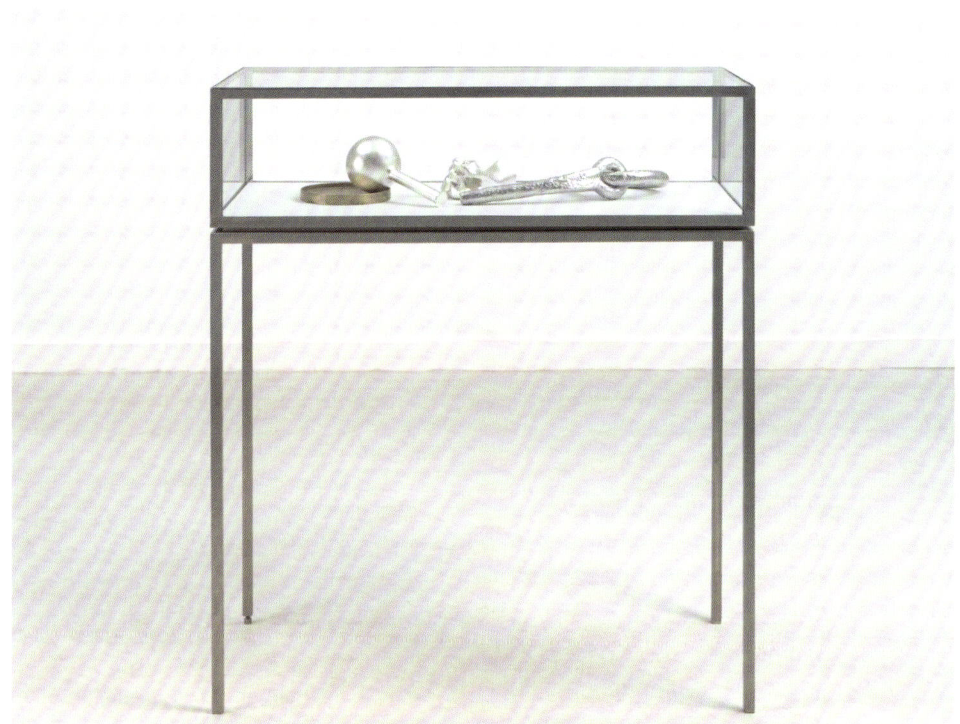

Some are abject objects (II) 2013
Glas, Stahl, Gips, Messing, Knochen, Platin und Blatt-Weißgold (Vitrine und vier Objekte)
112,5 × 100 × 50 cm
Courtesy Gagosian, London

Ihre Materialien wie Glas, Knochen, Platin und Blatt-Weißgold verweisen auf die alchemistische Transformation, denen sie diese Objekte unterzieht. Sie behandelt sie mit äußerster Sorgfalt und Behutsamkeit, als sei dies nötig, gerade weil sie sie »erbärmlich« nennt. Whiteread unterstreicht damit ihre Haltung als Künstlerin, für die jedes Material interessant ist, selbst wenn andere es nicht beachten.

Die Faszination, die Alltagsdinge auf Whiteread ausüben, lässt sich auch als persönlicher Ausdruck einer Weltsicht deuten, für die das Material wichtiger ist als Sprache. Da dieser Ansatz auch der Arbeit der Psychoanalytikerin Melanie

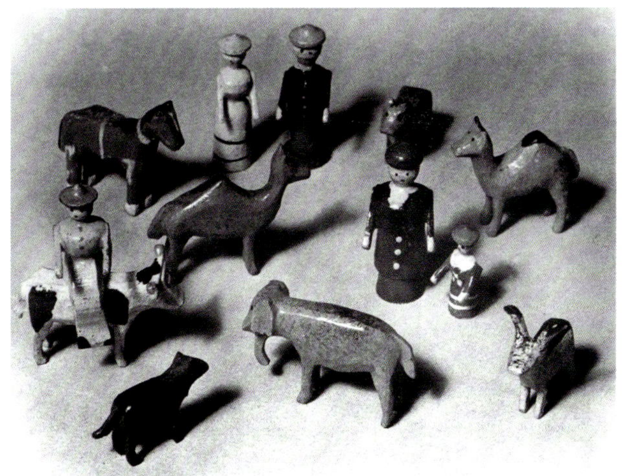

Foto von Spielzeugen, wie sie Melanie Klein bei der Analyse von Kindern einsetzte.
Wellcome Library, London

Klein zugrunde lag, gibt uns deren Theorie der Spieltherapie vielleicht eine Möglichkeit, der Funktion von Whitereads Assemblagen auf die Spur zu kommen. Kleins Konzept entstand in den 1960er-Jahren vor dem Hintergrund der Objektbeziehungstheorie, derzufolge die Art, wie wir unser Leben und unsere Beziehungen zu anderen gestalten, von unseren frühkindlichen Erfahrungen geprägt ist. Klein gab traumatisierten Kindern schlichte Holzspielzeuge und beobachtete, wie

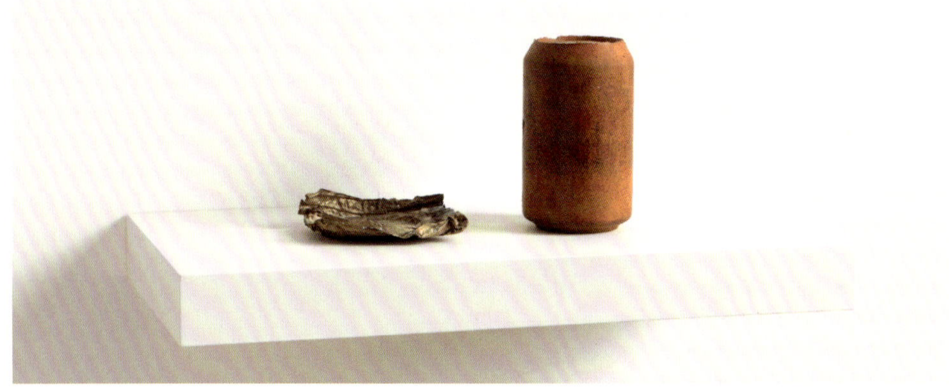

CAN II 2010

sie damit umgingen. Das Spiel gab der Analytikerin auch ohne sprachliche Äußerungen Anhaltspunkte für das Verhältnis des Kindes generell zur physischen Welt und für seine Reaktion auf das traumatische Erlebnis.

Diese Konzentration auf nonverbale Kommunikations- und Ausdrucksweisen durch die Manipulation von Gegenständen ist vor allem angesichts des großen Auftragswerks *Embankment* (2005) in der Turbinenhalle der Tate Modern aufschlussreich. Seit Fertigstellung der Installation lehnt Whiteread konsequent jedes großformatige Werk ab, das nur mit vielen Helfern zu bewerkstelligen wäre, und wendet sich stattdessen wieder Atelierprojekten zu, die sie von der Idee bis zur Ausführung ganz allein kontrollieren kann, um nach ihren eigenen Worten wieder »Künstlerin anstatt Produzentin« zu sein.[9] In den Jahren vor der Entstehung von *Embankment*, für das sie Tausende durchscheinender Polyethylenabgüsse von Pappkartons in der Turbinenhalle auftürmte, schuf sie eine Reihe von Gipsplastiken auf Basis derselben Kastenform, die von ihren Erfahrungen beim Aussortieren der Besitztümer ihrer kurz zuvor verstorbenen Mutter herrührte. Um die emotionale Wucht der Trauer geht es auch in *Une mort très douce* von 1964 (dt. *Ein sanfter Tod*), in dem Simone de Beauvoir die letzten Tage ihrer todkranken Mutter ebenso schildert wie ihren eigenen Umgang damit. Vor allem den häuslichen Gegenständen misst sie dabei große Bedeutung bei. Unmittelbar nach dem Tod der Mutter heißt es bei de Beauvoir:

> Angesichts ihrer Basttasche mit den Wollknäueln und einer unvollendeten Strickarbeit, [...] ihrer Schere, ihres Fingerhutes überkam uns die Rührung. Bekanntlich üben ja die Dinge eine große Macht aus; in ihnen versteinert sich das Leben und ist darin gegenwärtiger als in irgendeinem seiner Augenblicke. Verwaist und unnütz lagen sie auf meinem Tisch und warteten darauf, sich in überflüssigen Plunder zu verwandeln oder eine andere Bestimmung anzunehmen.[10]

Aus diesem Blickwinkel zeigt sich die enge Verknüpfung zwischen Whitereads Regal-Arrangements, die ihre Schachtelplastiken ablösten, und den »abject objects« in ihrem Atelier. Wurden gefundene und gegossene Objekte zuvor zu Forschungszwecken angeordnet und kombiniert, ohne vollwertige Kunstwerke zu werden, durchliefen sie nun einen Wandlungsprozess, der ihnen eine andere Bestimmung gibt. Arbeiten wie *LINE UP* (2007/08; S. 172) und *Scatter* (2008; S. 167) bestehen aus kunterbunten Abgüssen von Alltagsgegenständen wie Pappröhren, Verpackungsmaterialien und anderen Dingen aus Haushaltsschränken, doch die banalen Formen werden erforscht, aufgestört und verwandelt. Die Regalbretter, auf denen Whiteread sie anordnet, sind integraler Bestandteil der Werke und erheben die Kleinplastiken auf eine physische Höhe, die ihnen mehr Präsenz und Status verleiht, als würden sie durch das »in ihnen erstarrte Leben« zu Sinnbildern für die Flüchtigkeit des Lebens.

Die erste der limitierten Editionen, die Whiteread im Laufe der Jahre schuf, war *Untitled (Yellow Torso)* (1991; S. 80) aus Dentalgips, die jüngste ist *Pallet* (2016), der Bronzeabguss eines Kartonbodens mit Abdrücken der Blechdosen, die zuvor darauf standen. Am häufigsten beschäftigt sich Whiteread im Rahmen ihren Editionen allerdings mit banalen Architekturelementen wie runden Türknäufen aus Keramik oder Metall, wie man sie in viktorianischen Häusern findet, und Lichtschaltern – vom einzelnen Kippschalter bis zur industriellen Schalterleiste. Im Vergleich zu anderen Objekten in ihrem Repertoire sind diese wohl am einfachsten nachzuvollziehen: Wie viele Male am Tag drehen wir einen Türknauf oder betätigen einen Lichtschalter? Diese Gesten und Texturen sind uns durch und durch vertraut, in unserem motorischen Gedächtnis fest verankert. Zu diesem Augenblick des körperlichen Kontakts mit einem Objekt sagt Whiteread: »Meine Arbeiten sind eng mit dem Körper und der Berührung durch Menschen verknüpft. Sei es eine Berührung durch mich, jemand anders oder eine ganze Familie – wichtig ist, dass der Gegenstand benutzt wurde.«[11]

Auch wenn sie eindeutig als Schalter und Türknäufe erkennbar sind, werden diese Formen durch die Verwandlung in eine Plastik nachhaltig verändert. Die zusammengefügten, aus biegsamem, wabbeligem Gummi gegossenen Türknäufe sind nach innen gekehrt. Bei den Schaltern entsteht in einem komplexen Gussverfahren eine korrekt ausgerichtete Grundplatte für die Schalter und Schrauben, doch die Kippschalter selbst sind versenkt und büßen damit ihre Funktion ein. Ihre Nutzlosigkeit weckt in uns das beklemmende Gefühl, dass mit der uns vertrauten Welt irgendetwas nicht stimmt. Alltagsgegenstände werden uns unheimlich.

Als der Psychologe Ernst Jentsch das Unheimliche 1906 erstmals als »etwas Unbekanntes« definierte, war der Begriff negativ besetzt. Für Sigmund Freud war es etwas, das uns vertraut und fremd zugleich ist: »Unheimlich [ist] alles, was im Geheimnis, im Verborgenen bleiben sollte und hervorgetreten ist«.[12] Genau dieses Gefühl vermitteln Werke wie Man Rays *Cadeau (Geschenk)* von 1921, ein schlichtes Bügeleisen, das er durch eine Reihe Nägel in der Plättfläche in ein ebenso unnützes wie beängstigendes Objekt verwandelte, oder Meret Oppenheims berühmtes

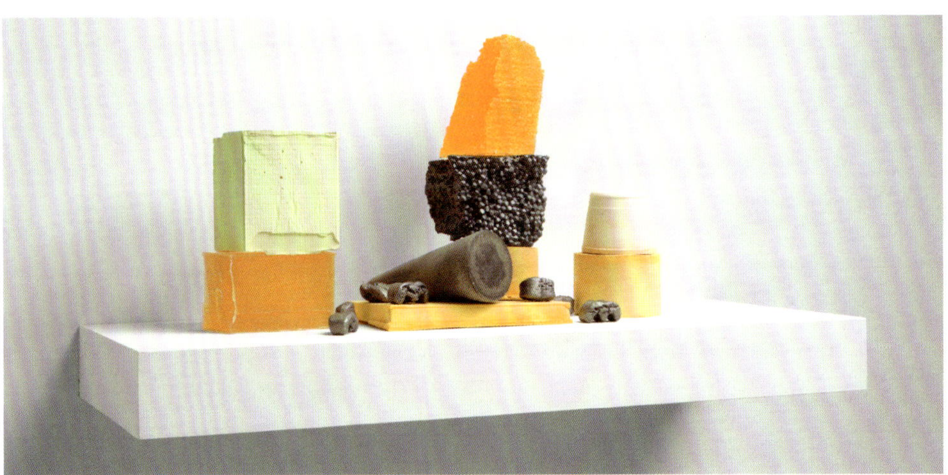

Scatter 2008

Déjeuner en fourrure (*Frühstück im Pelz*; 1936), das mit Teetasse und Pelz eine Verquickung von Tast- und Temperaturempfindungen impliziert. Das Gleiche gilt für Marcel Duchamps *Feuille de figue femelle* (*Weibliches Feigenblatt*; 1950), das trotz des züchtigen Titels wie der unverblümte Abdruck einer Vagina wirkt, doch ist der Maßstab falsch und das »Positiv« in Wahrheit eine freihändig gestaltete Model, von der Duchamp Abdrücke nahm. In Whitereads Editionen sehen wir die geheimen Wohn-Räume, die schon 1988 in ihrer Ausstellung in der Carlisle Gallery in Erscheinung traten, nun vollkommen entblößt, so subtil und fremd, dass man sie leicht übersehen oder mit dem Original verwechseln könnte.

Bei einem Besuch in ihrem Studio zeigte uns Whiteread kürzlich zwischen Dosen, Steinen und Miniatur-Fensterrahmen ein Fundstück, das sie fasziniert: eine mit Wasser gefüllte, amerikanische Vorratsdose aus den 1970er-Jahren, die sie in einem Trödelladen entdeckte. »Sie ist so alt, dass das Wasser darin hart geworden ist«, erklärte sie, und als sie den Behälter schüttelte, hörten wir die versteinerte Flüssigkeit dumpf gegen die Dosenwände schlagen. »Ohne sie in die Hand zu nehmen, käme man darauf gar nicht.« Wie alle Objekte, die sie für ihre Arbeit auswählt, trägt auch dieses ein Geheimnis in sich, eine bekannte oder imaginäre unsichtbare Qualität, die es sie zu erforschen drängt. Intuitiv begreift sie die emotionale Macht der Dinge, die uns umgeben: dass eine Wärmflasche auf kalten Laken uns an einen geliebten Menschen erinnern oder ein banales Möbelstück uns augenblicklich in unser Elternhaus zurückversetzen kann. Die Geheimnisse, denen sie auf der Spur ist, sind mit universellen Erfahrungen verknüpft. Sie spiegeln unsere tiefsten, frühesten Gefühle, die oft zu überwältigend oder ungreifbar sind, um sie in Worte zu fassen. Mit dem komprimierten Lexikon ihrer Materialien und Techniken bringt Whiteread das verborgene Innerste der Dinge zum Sprechen und verleiht damit – allem Chaos und allen Traumata des Lebens zum Trotz – der Welt und unserem Verhältnis zu den Gegenständen und Räumen, die unseren Platz in ihr prägen, einen Sinn.

RECHTE SEITE:
Rachel Whitereads Atelier 2017

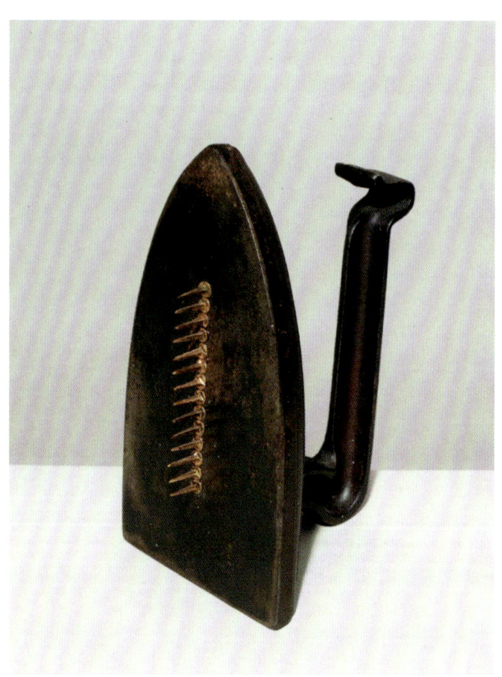

Man Ray
Cadeau 1921, Replik in limitierter Auflage 1972
Bügeleisen und Nägel
17,8 × 9,4 × 12,6 cm
Tate. Presented by the Tate Collectors Forum 2002

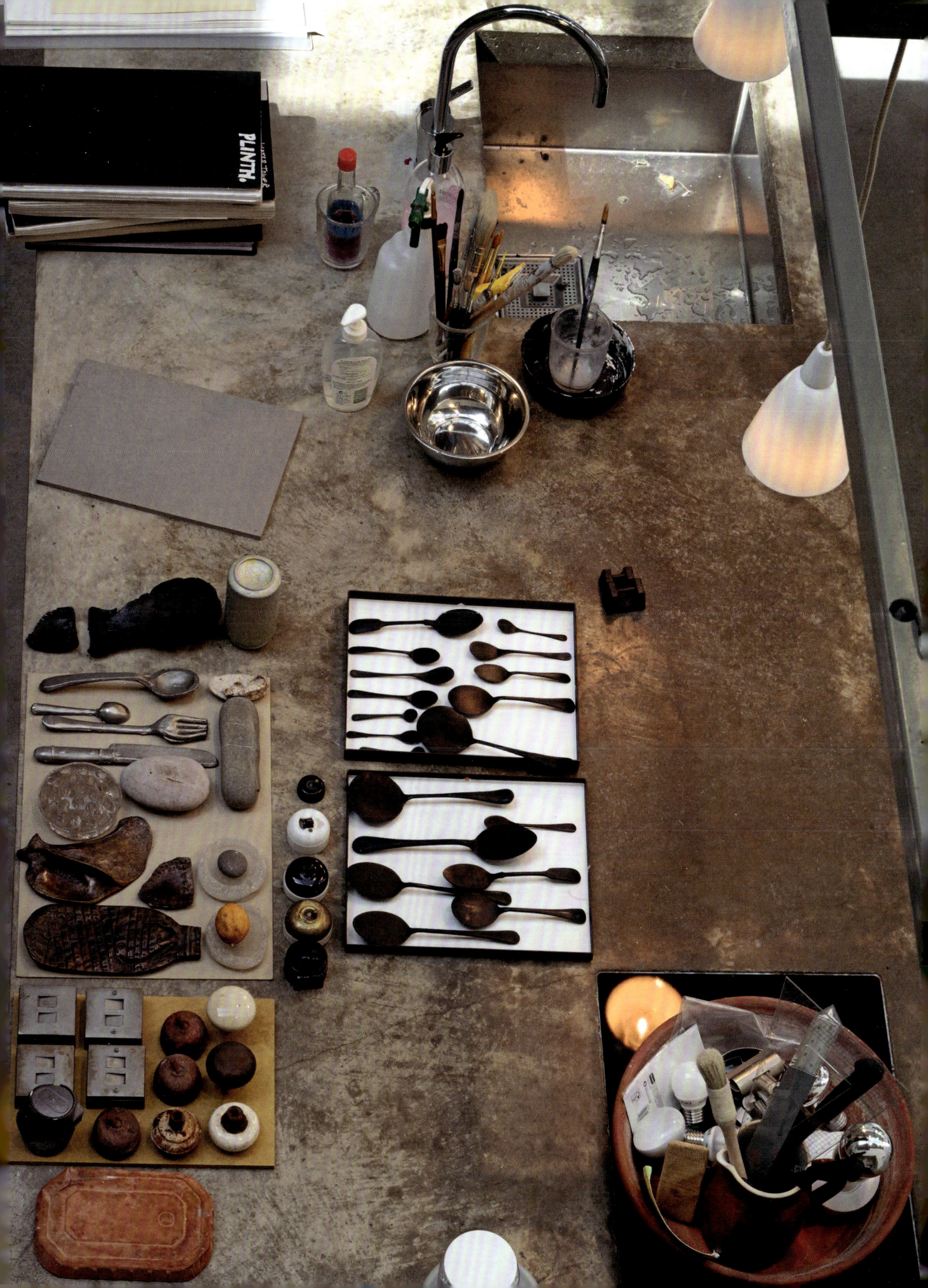
PLINTH.

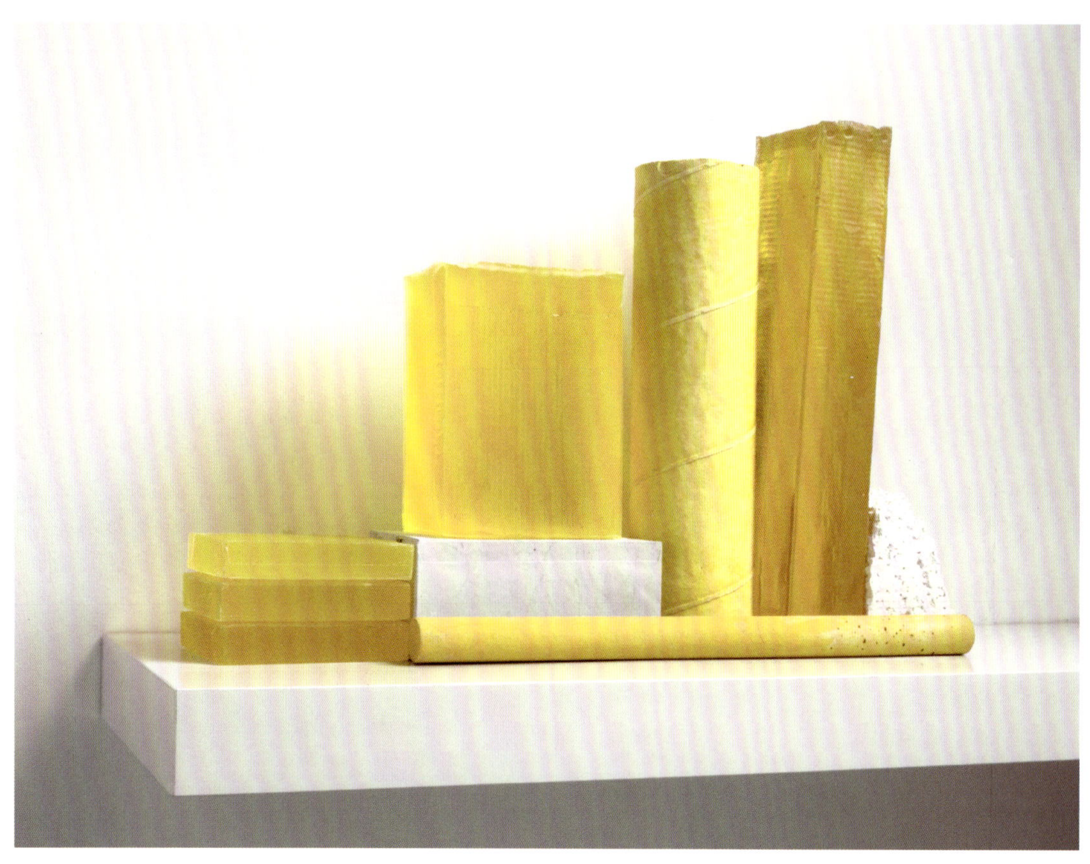

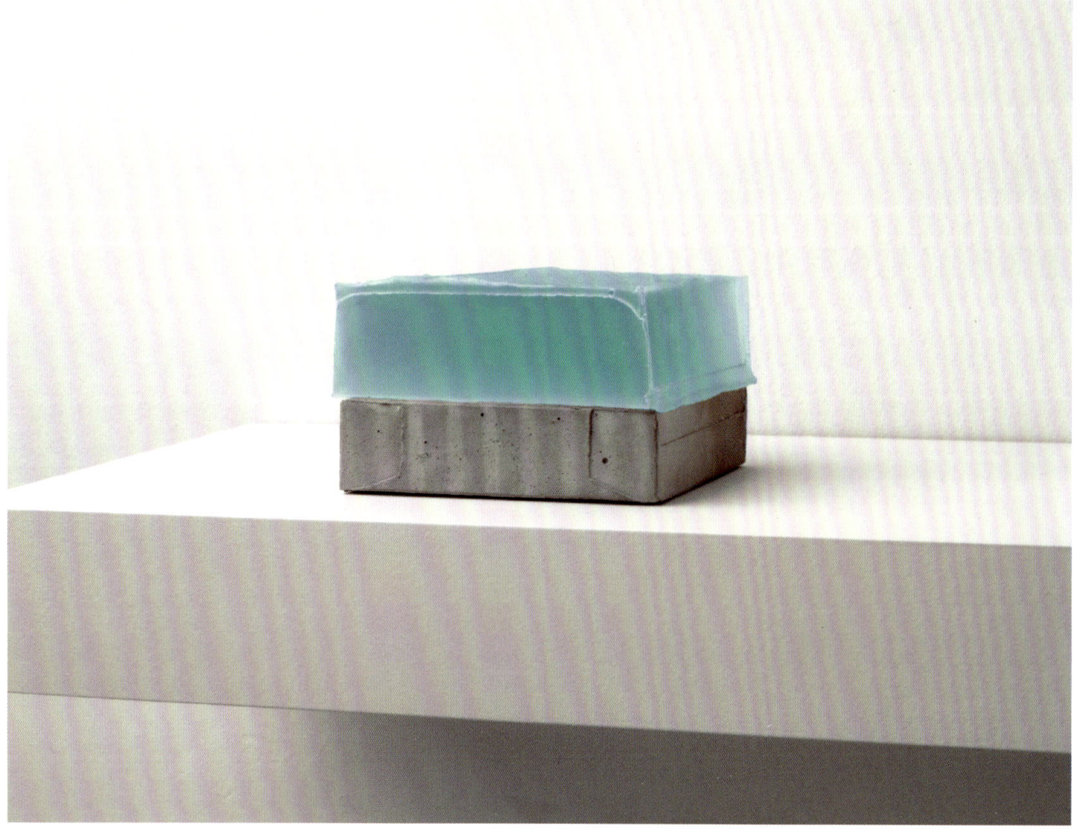

YELLOW STAND UP 2007/08

BLUE 2007–2008

S. 172/173:
LINE UP 2007/08

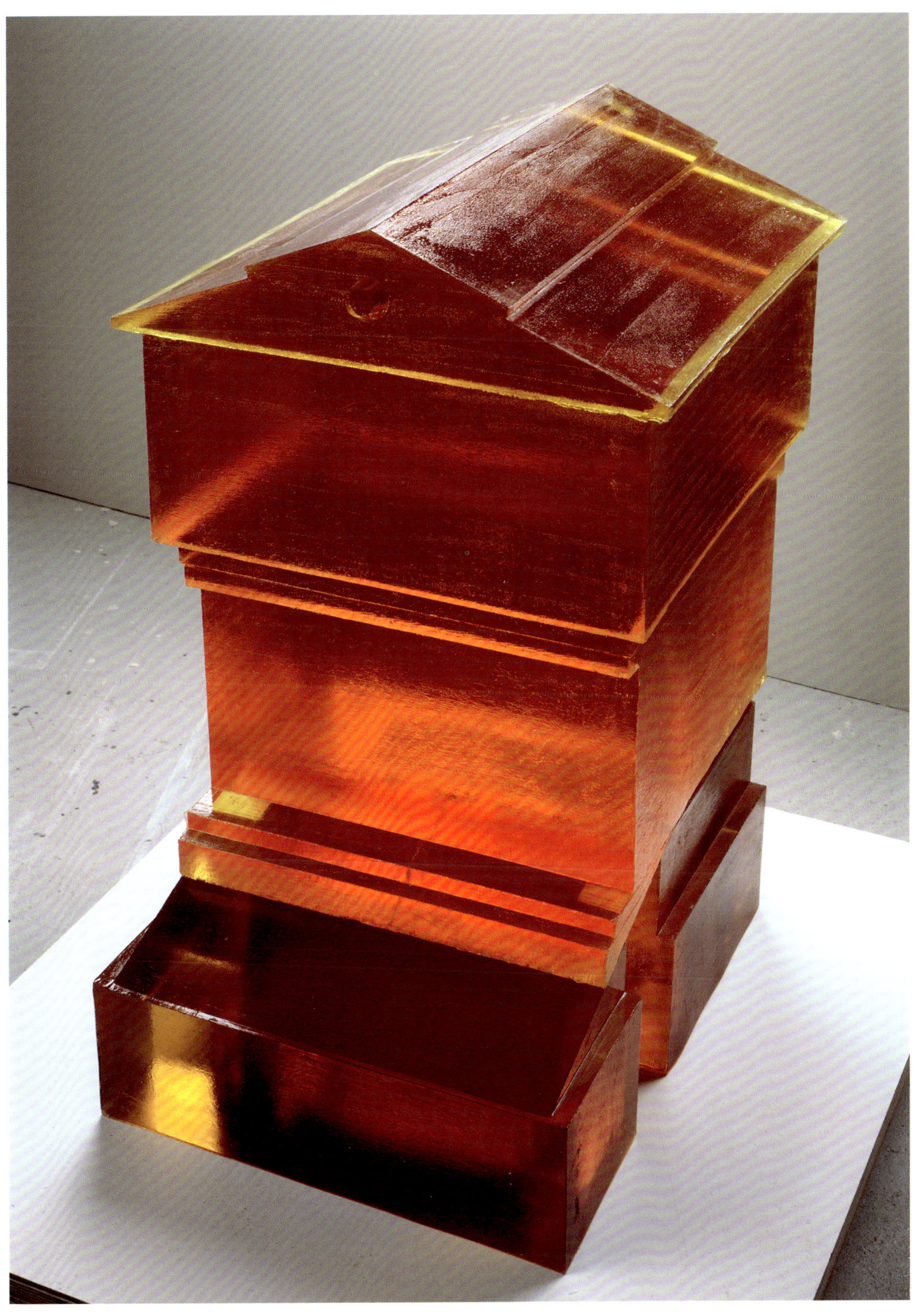

Untitled (Hive) II 2007/08

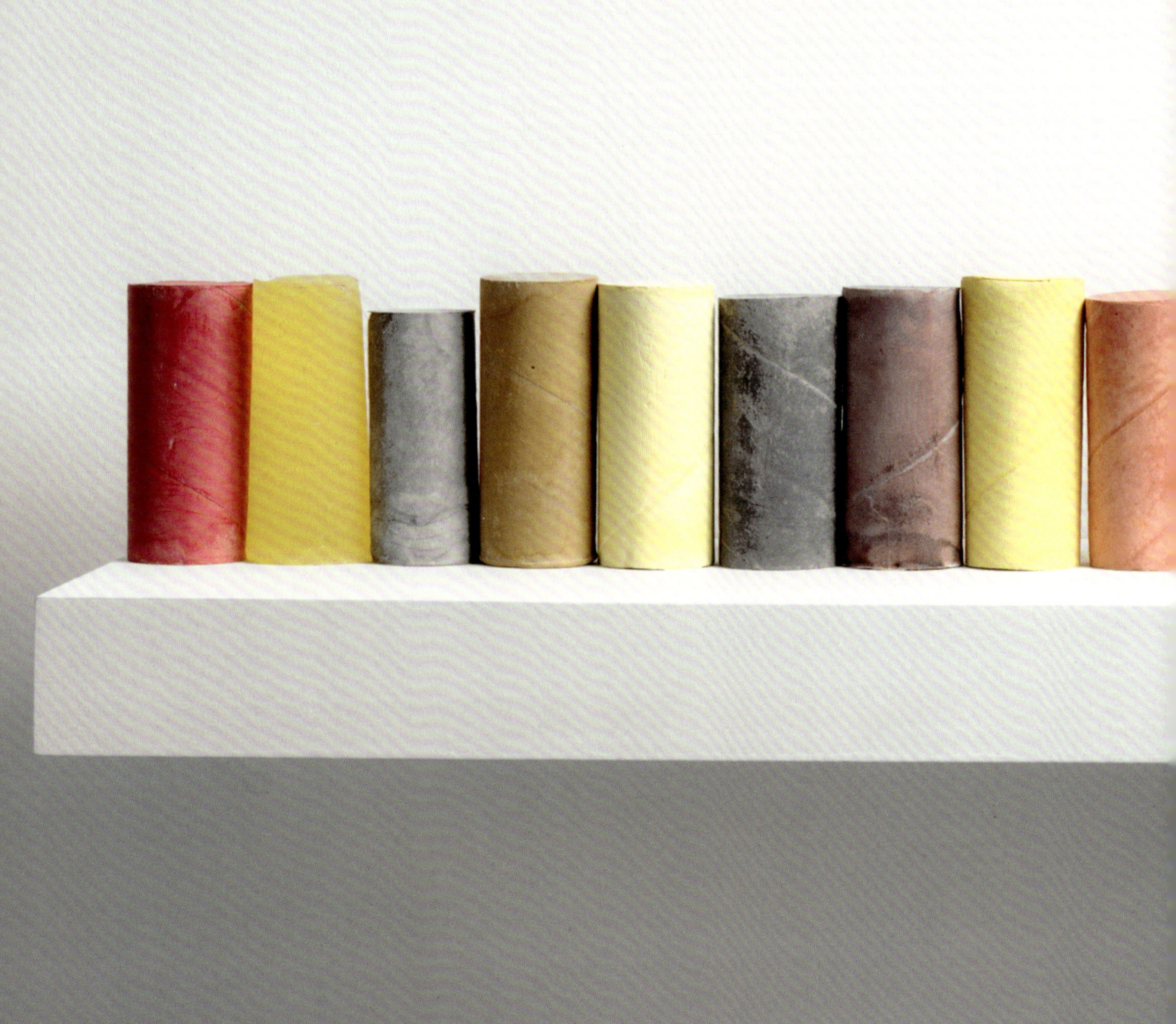

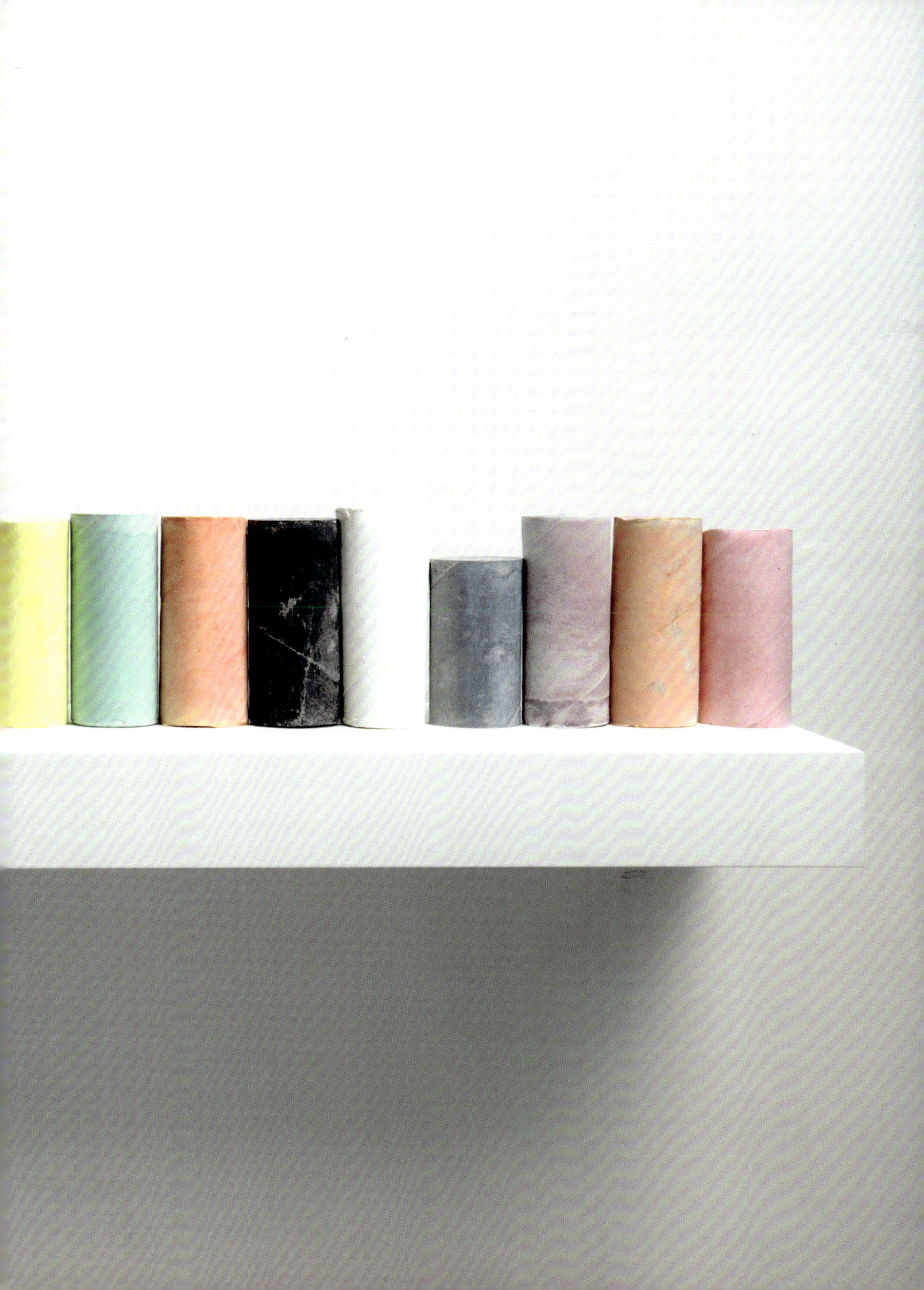

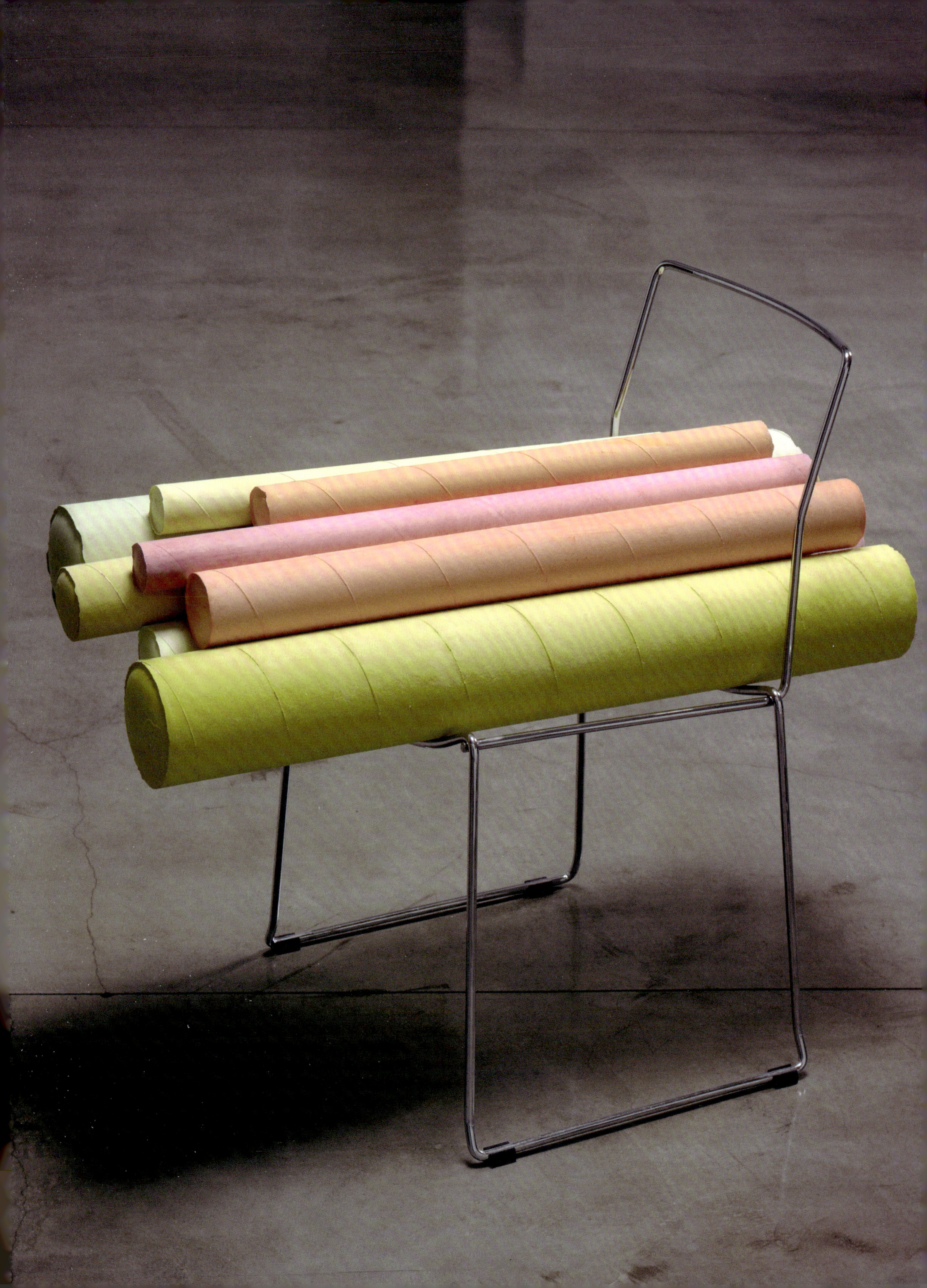

Farbe

Als ich sieben war, durfte ich mir die Farben für mein Kinderzimmer selbst aussuchen. Freier Wille. »Lila und Orange« war das Farbschema, das ich mir wünschte. Es gefiel mir.

Als ich vierzehn war, änderte ich das Farbschema in Dunkelblau mit Weiß. Seither lebe und arbeite ich in weißen Räumen.

Farbe verwirrt mich. Jeden Tag, wenn ich aufstehe, muss ich darüber nachdenken. Was ich anziehen soll, welche Farbe. Schwarz ist immer eine gute Wahl …

Dann bringe ich meinen Jungen zur Schule, farblich ziemlich eintönig – East End-Baustellen und dann ein grüner Park, alles ganz unkompliziert.

Dann an die Arbeit, im Atelier und im Haus – alle Wände sind weiß – ist einfacher so.

Dann nachdenken, zeichnen, Bleistift, Tusche, weiße Farbe, alles ganz einfach, kein Grund zur Aufregung. Wie schlichen sich die Farben ein – durch Materialien? Formen, Wahrnehmungen, Gefühle?

Collage – das ist praktisch, um die Farbentscheidungen anderer Leute zu übernehmen. Heißt das, ich bin aus dem Schneider?

Ich liebe Farbe, aber man muss zu viele Entscheidungen treffen.

Bin ich Ästhetin? Ist Farbe für mich bei meiner Arbeit ein Muss – oder einfach nur ein Produkt dessen, über das ich nachdenke?

Ich versuche, mich damit nicht aufzuhalten. Täte ich das, würde ich nur noch Schwarz und Weiß verwenden.

Rachel Whiteread
Mai 2007

DRILL 2008

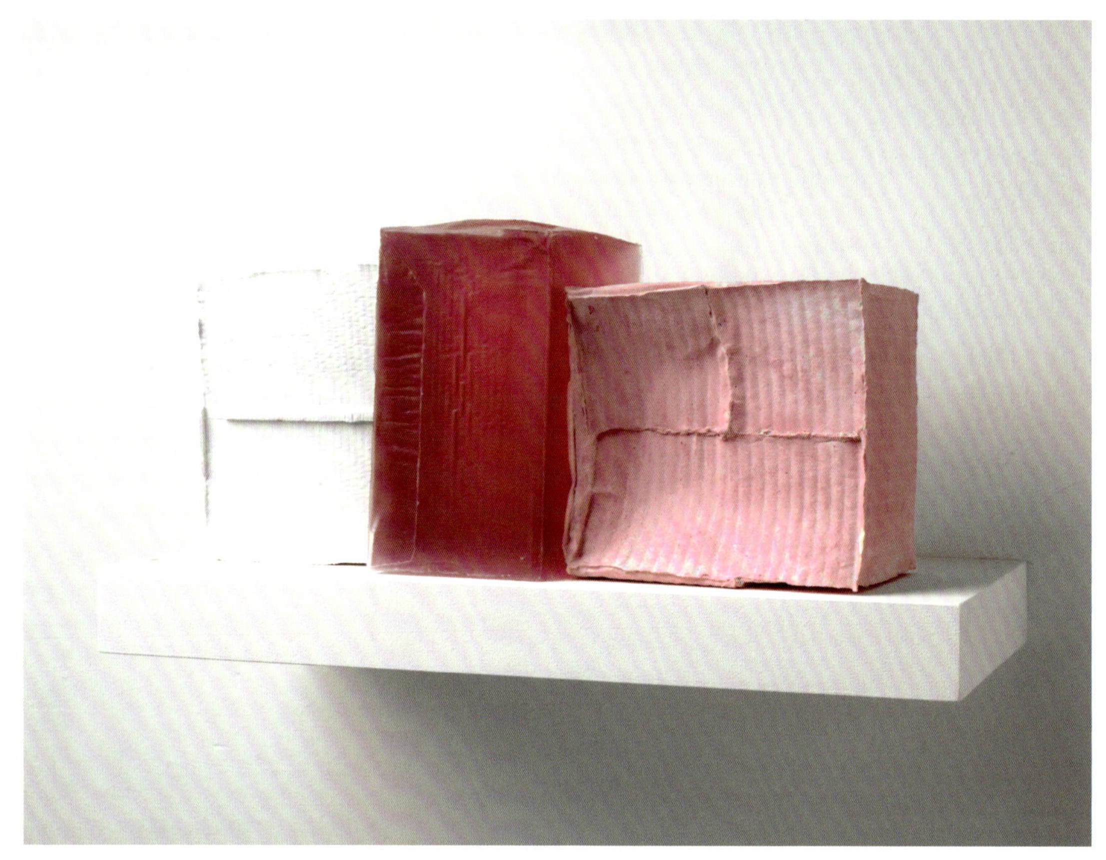

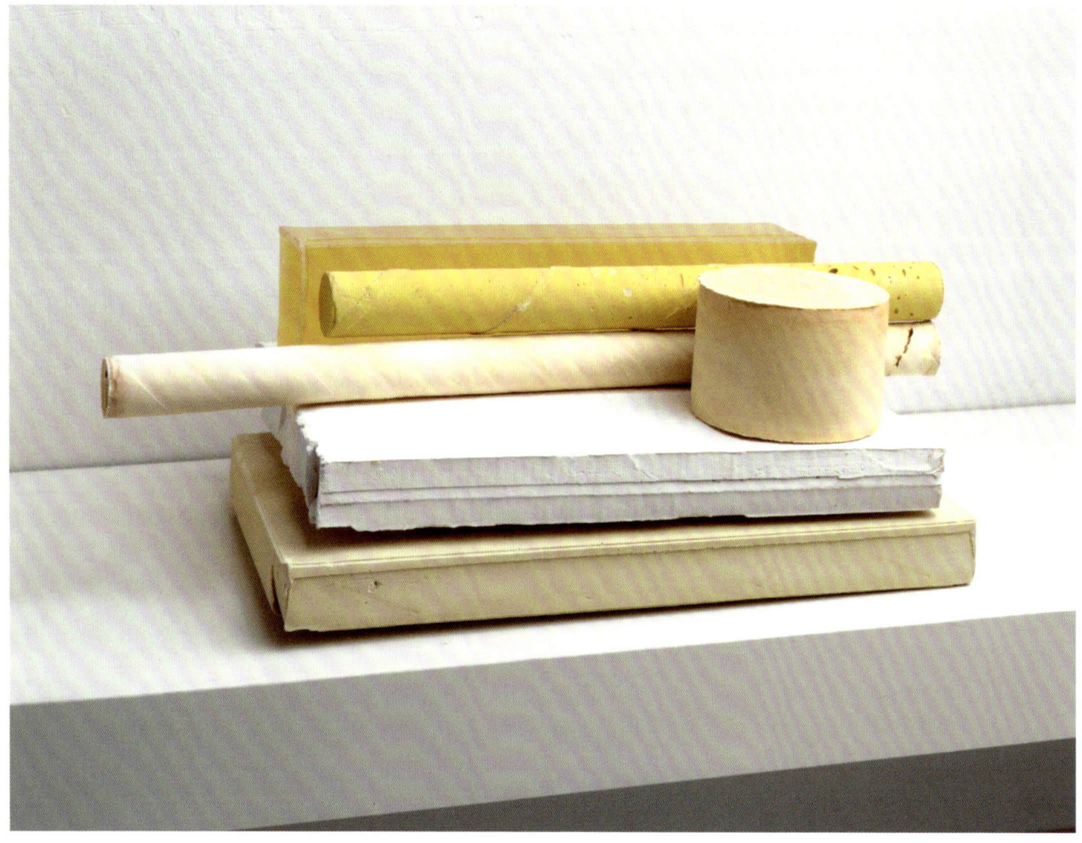

PINK 2008

TRIVIA 2008

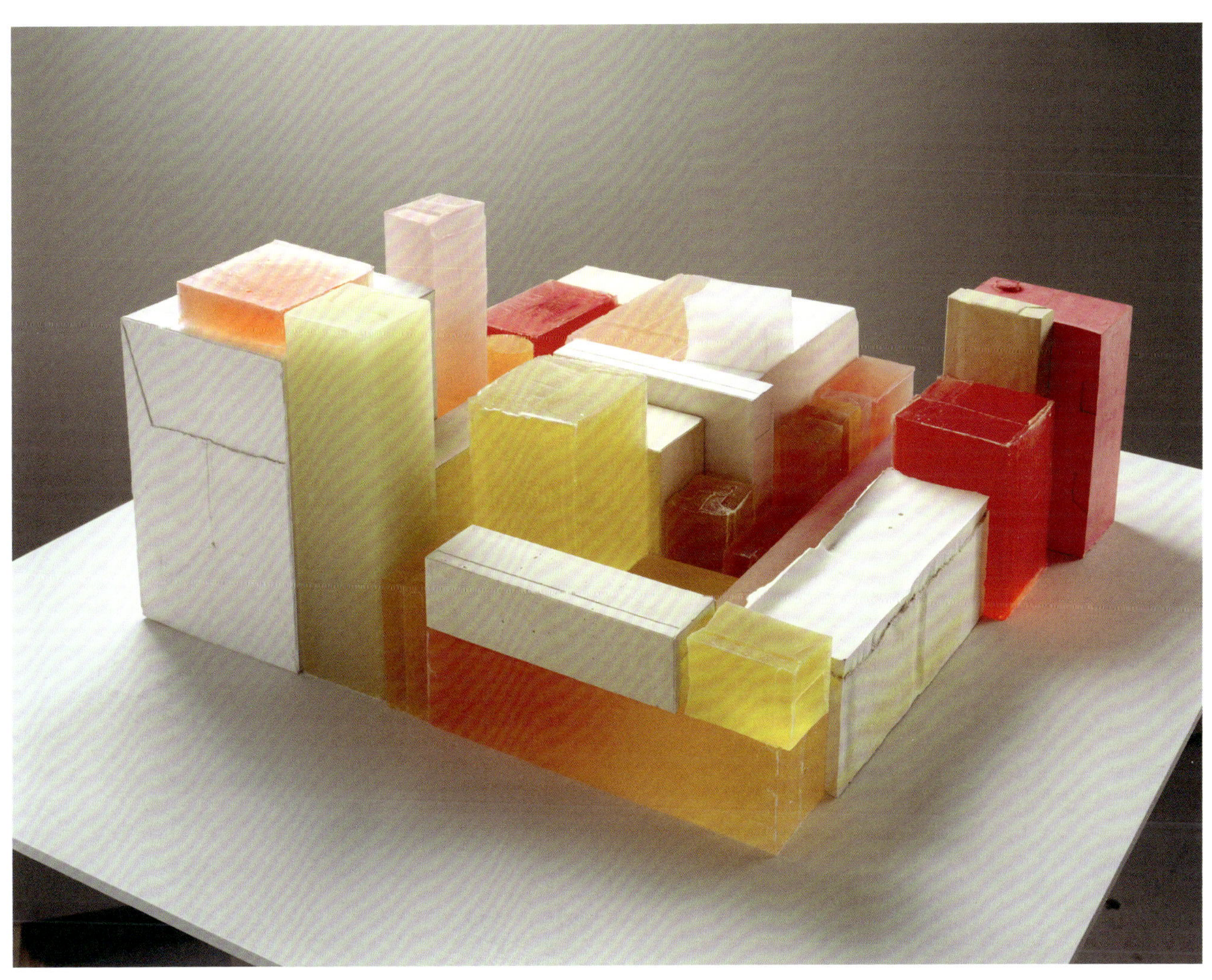

Untitled (Mix) 2007/08

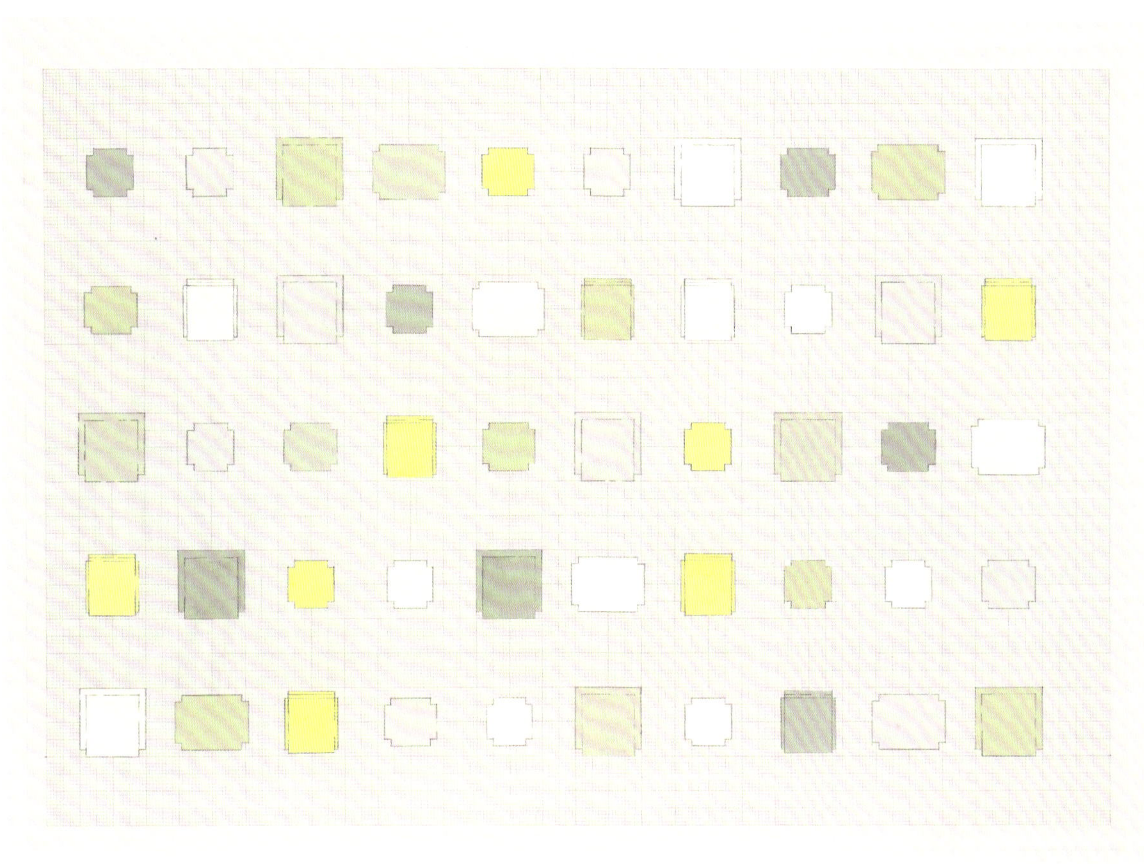

50 Stone, Cement, Plaster 2010

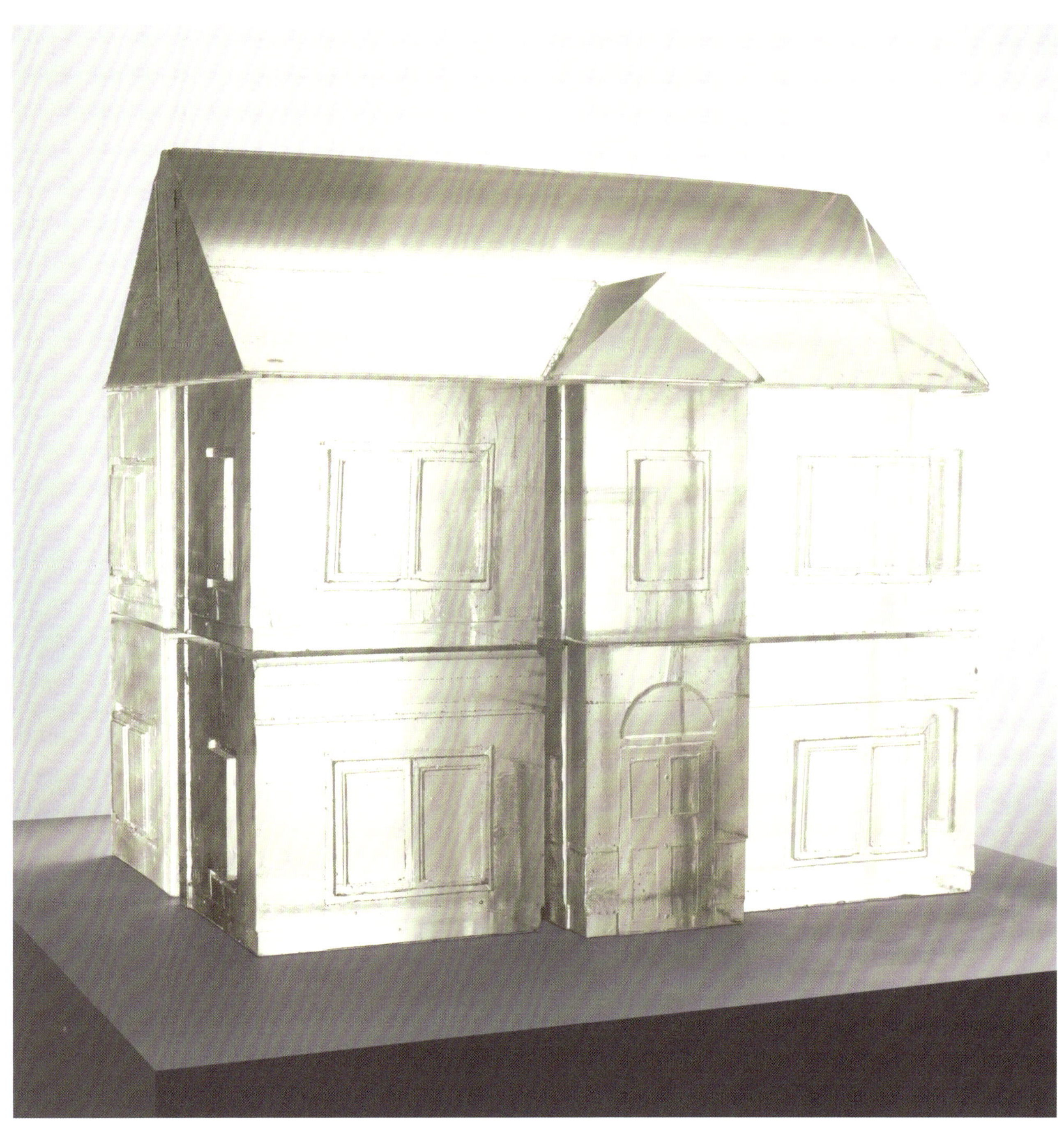

Ghost, Ghost II 2009

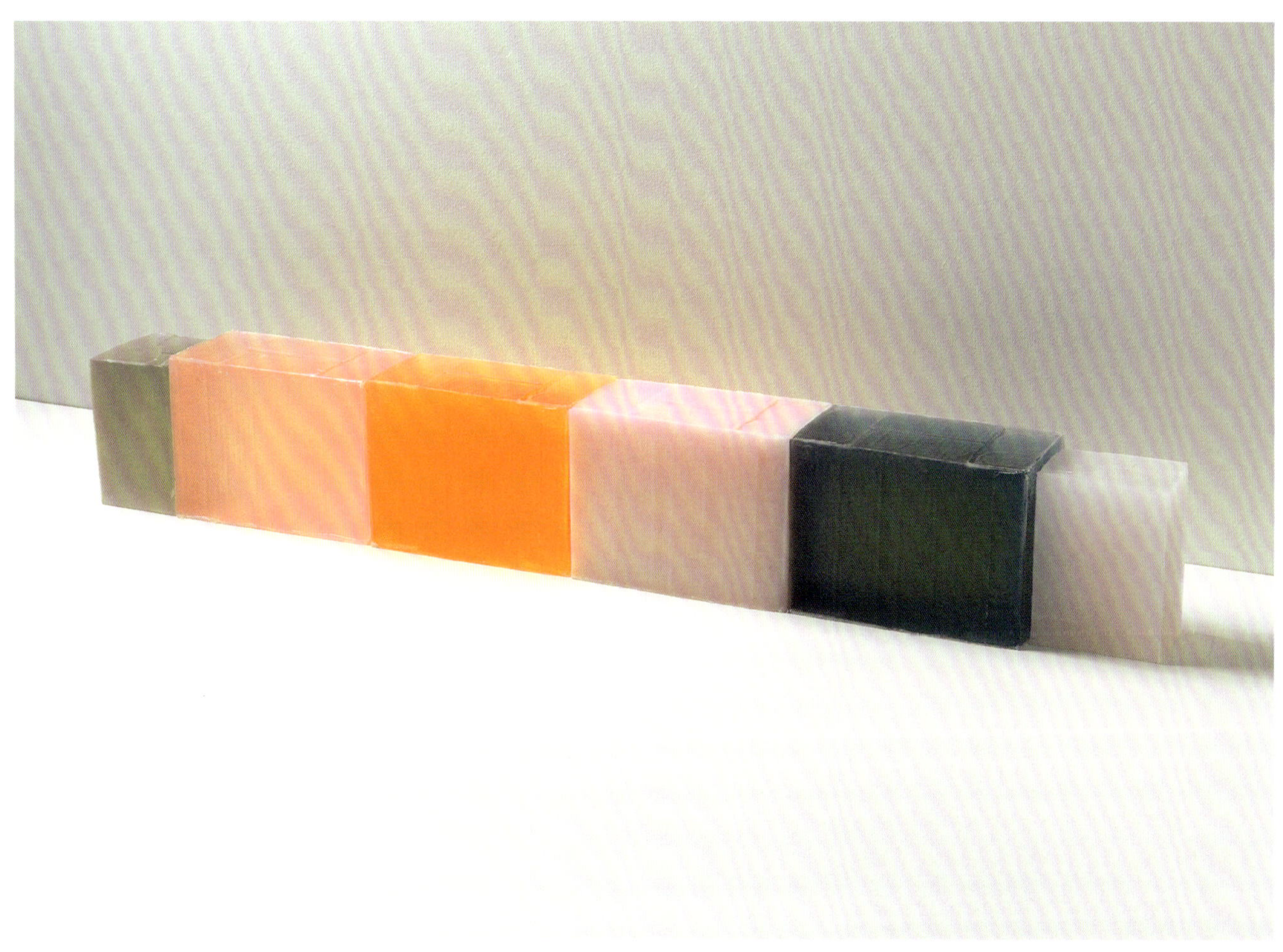

GREY, PINK, YELLOW, GREY 2010

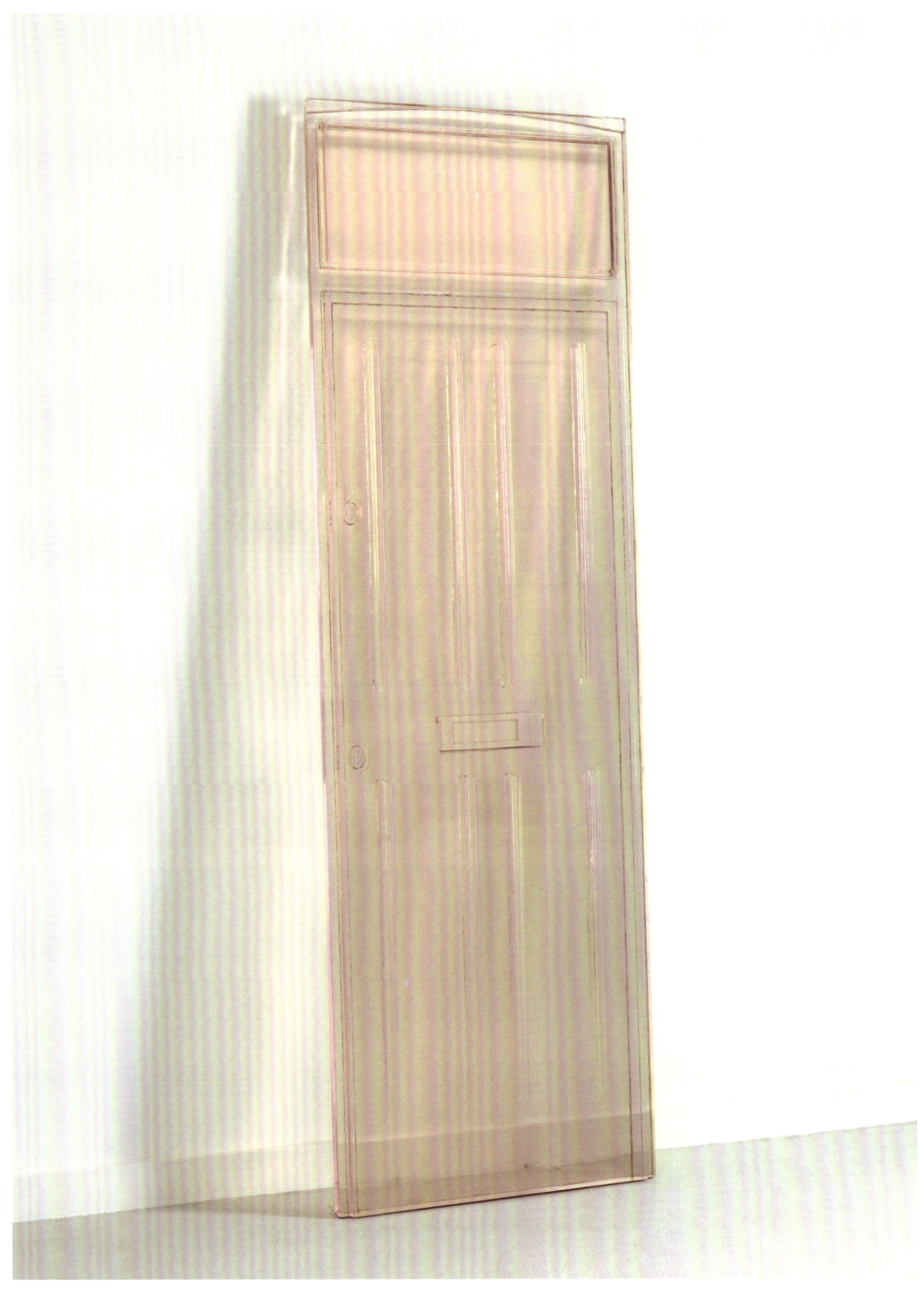

DOORWAY / 2010

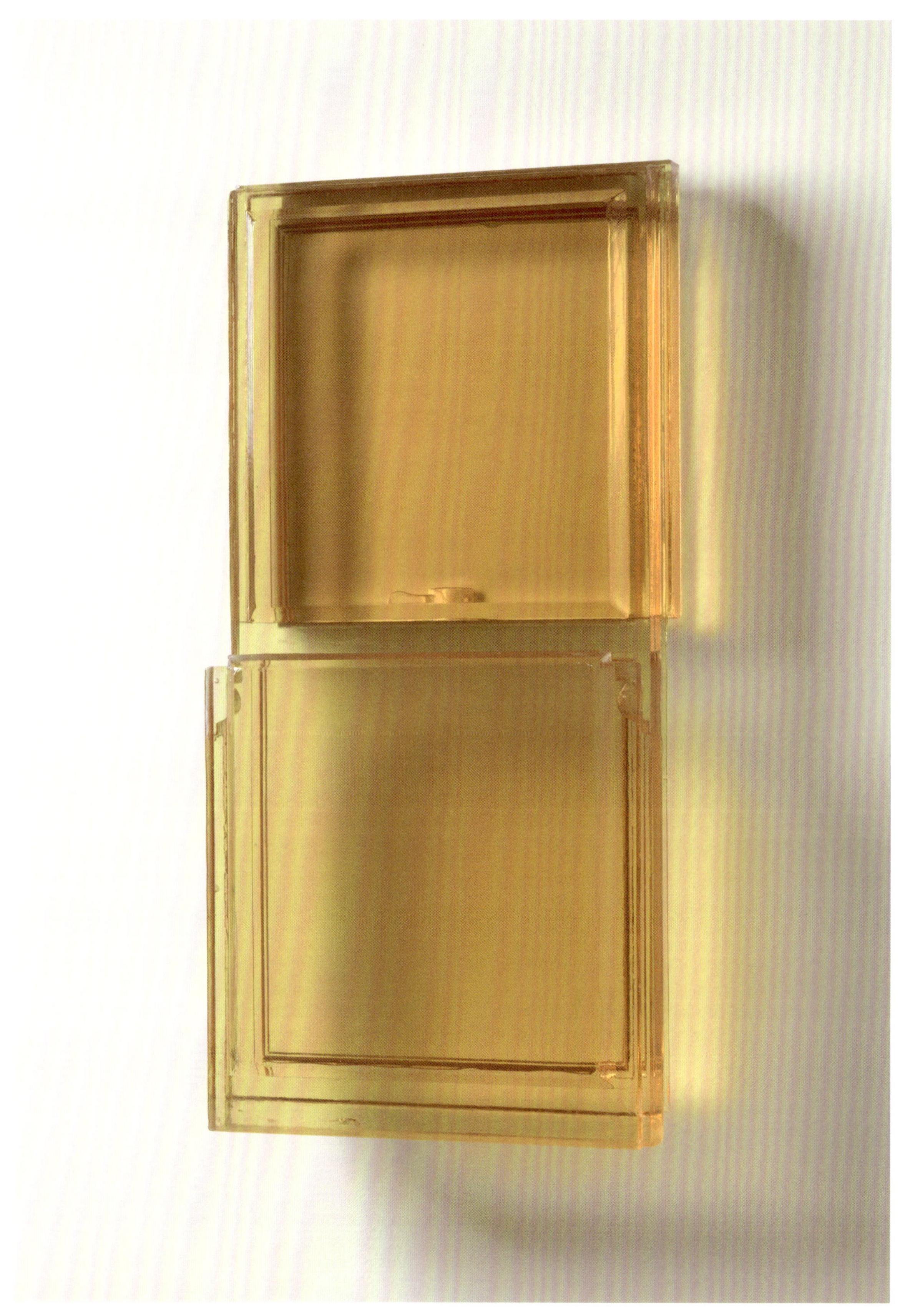

LIGHT II 2010

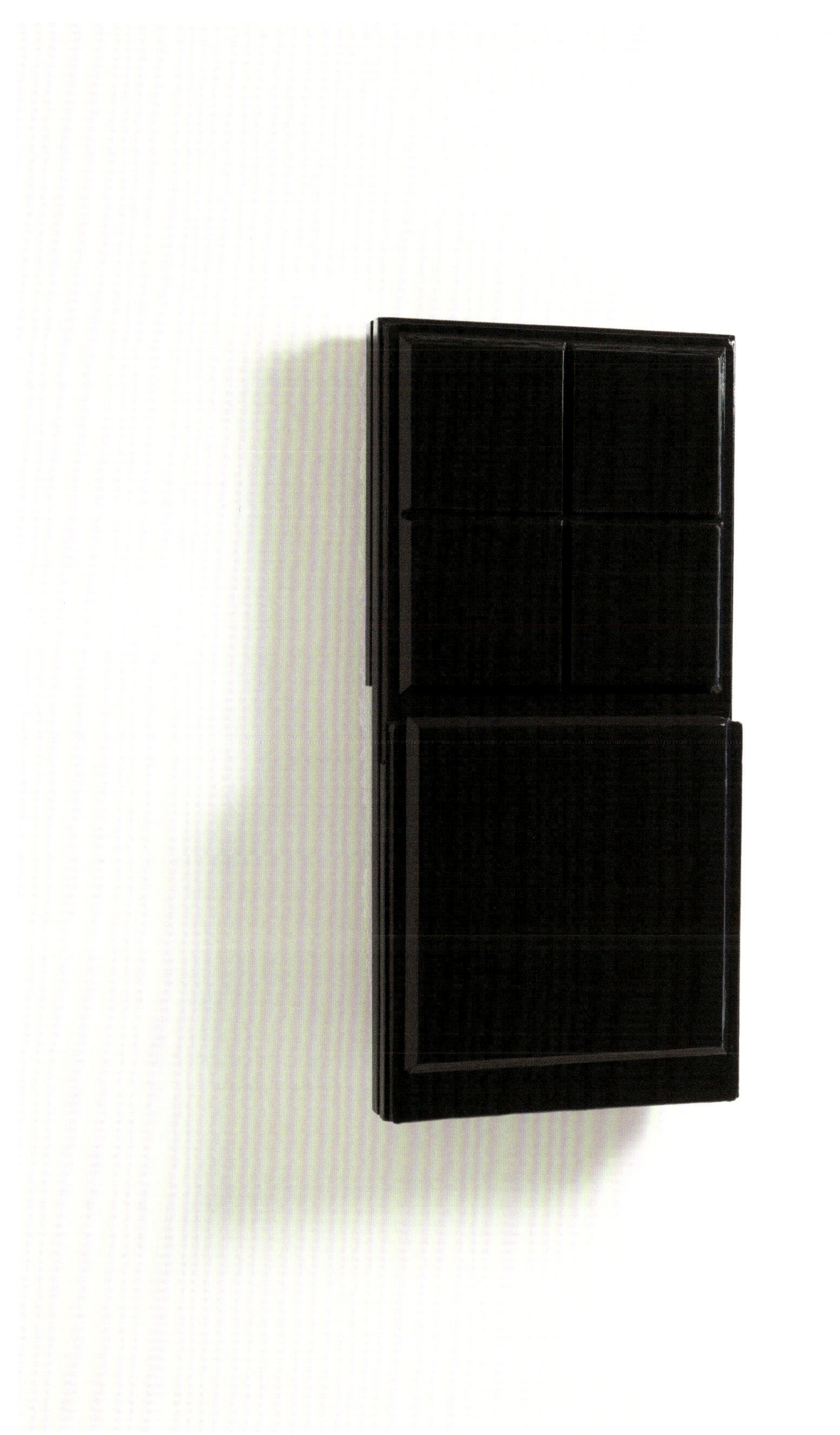

NIGHT GLASS 2011

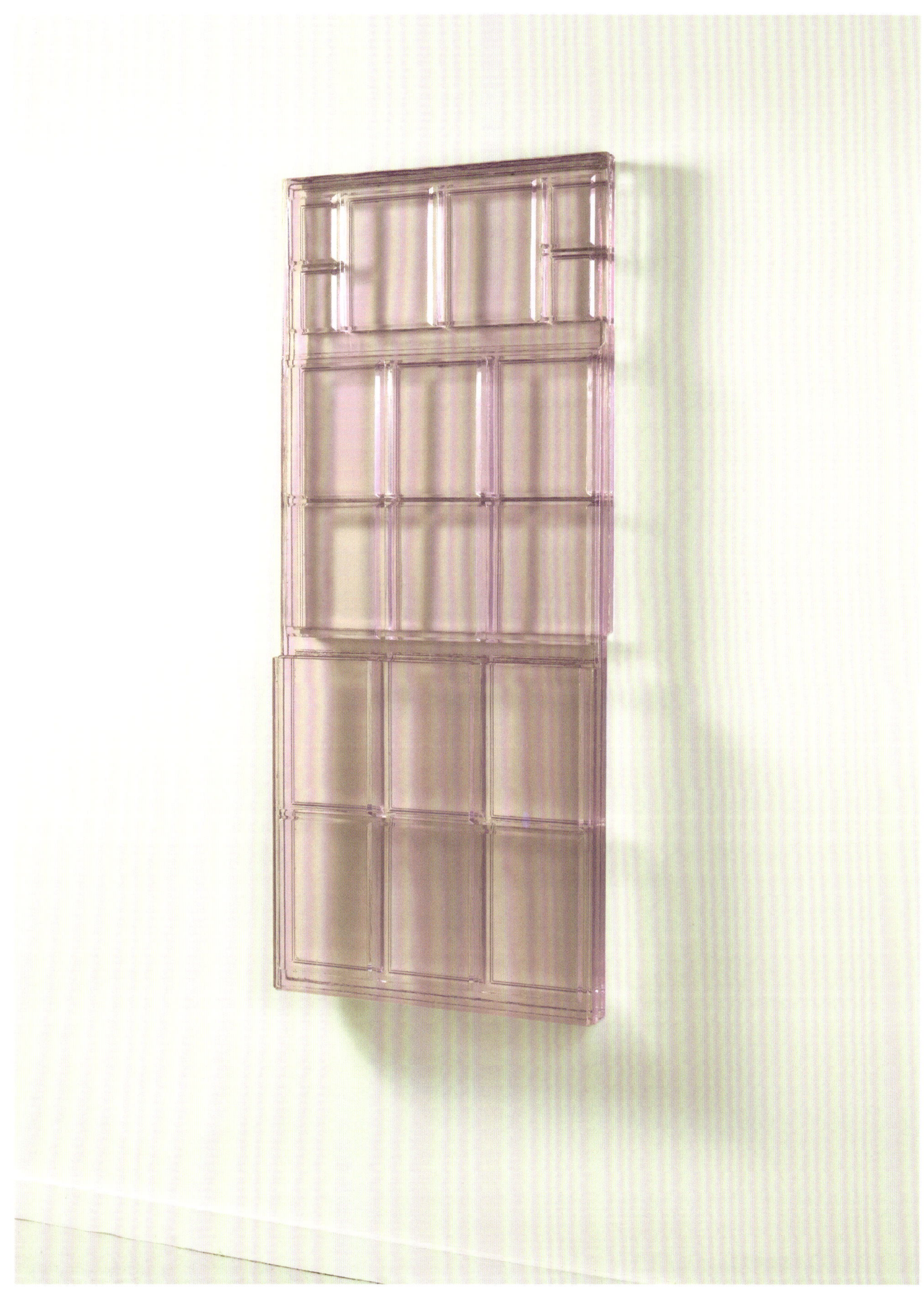

A.M. 2011

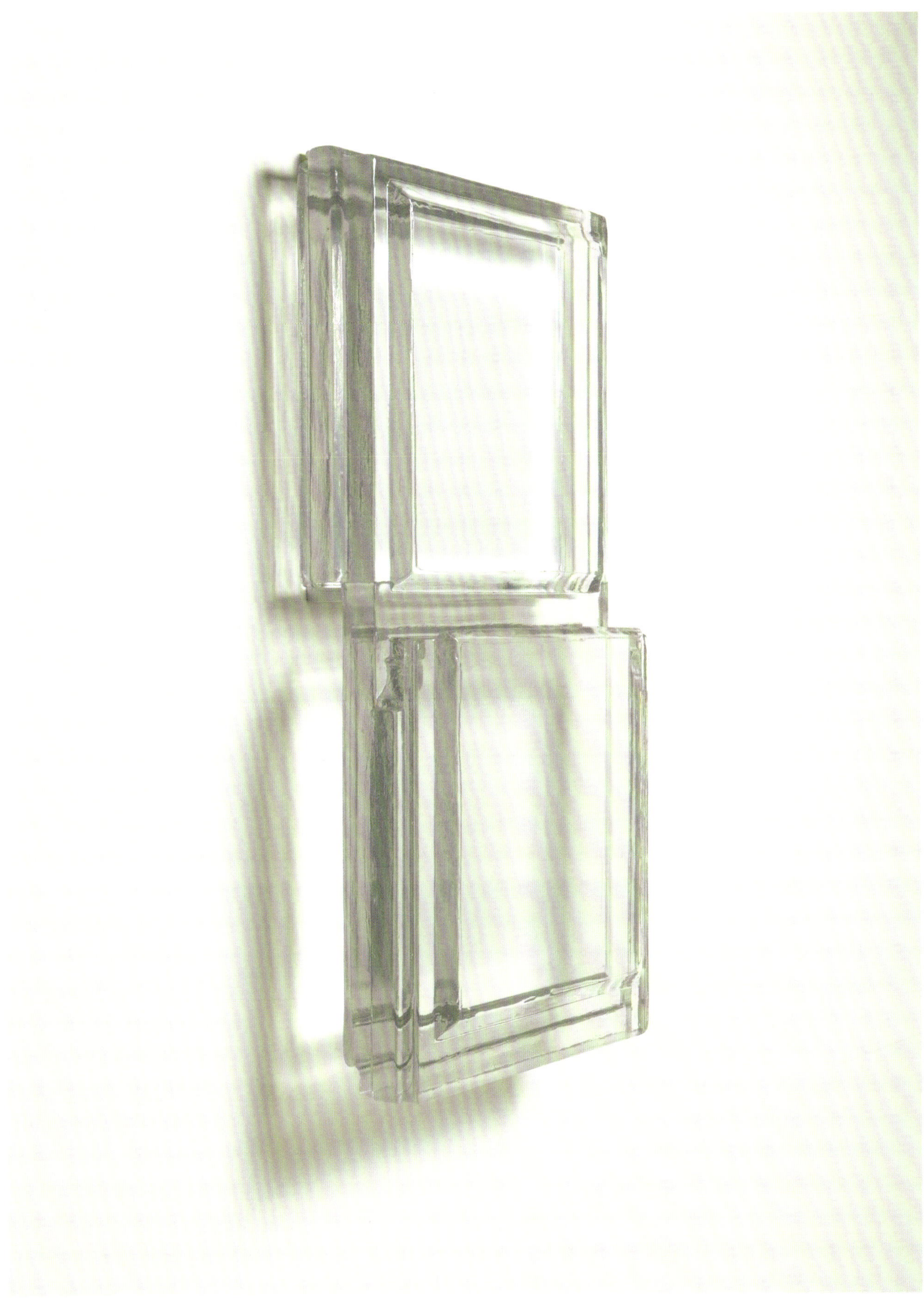

SPY 2011

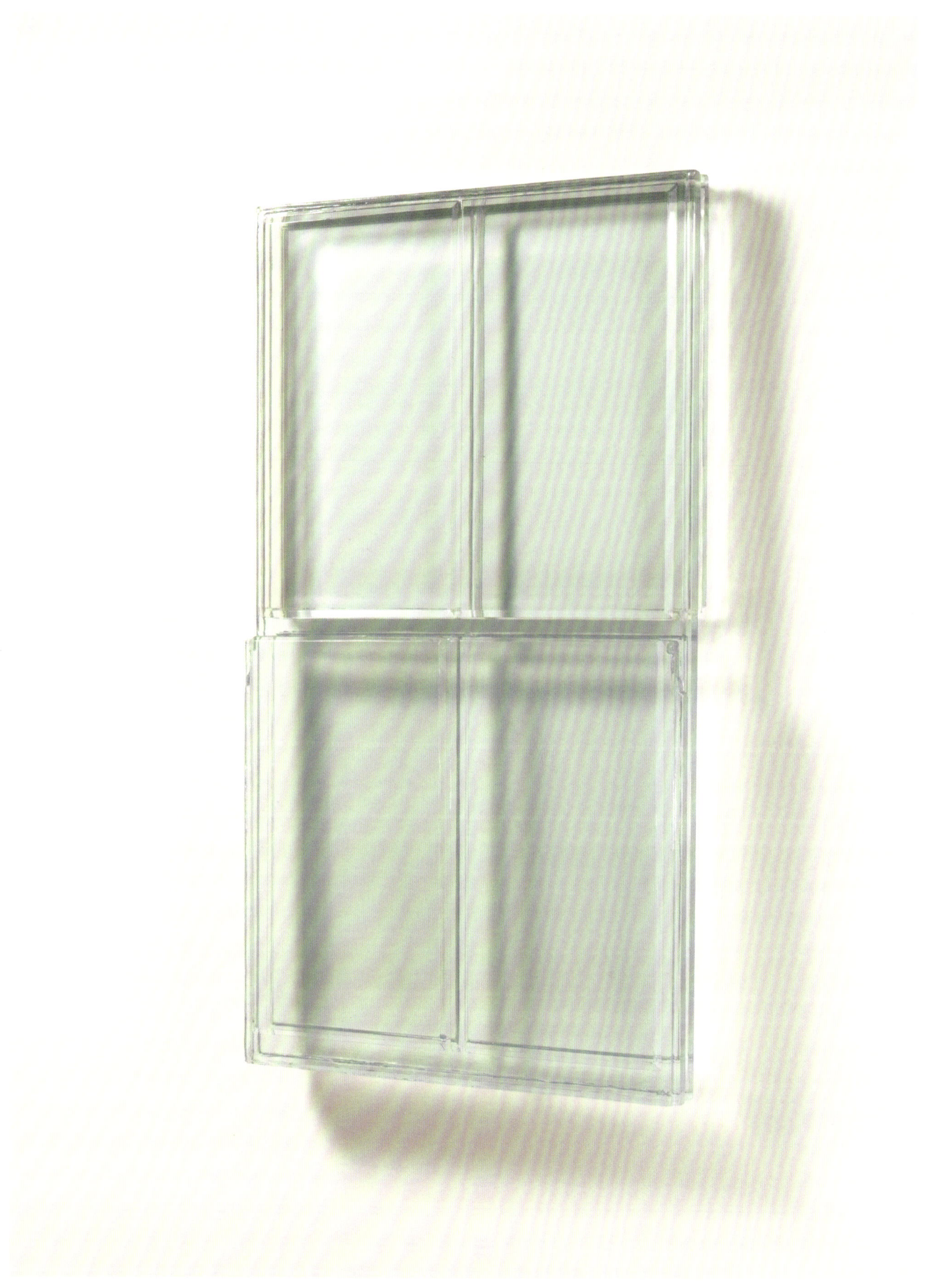

Haze 2012

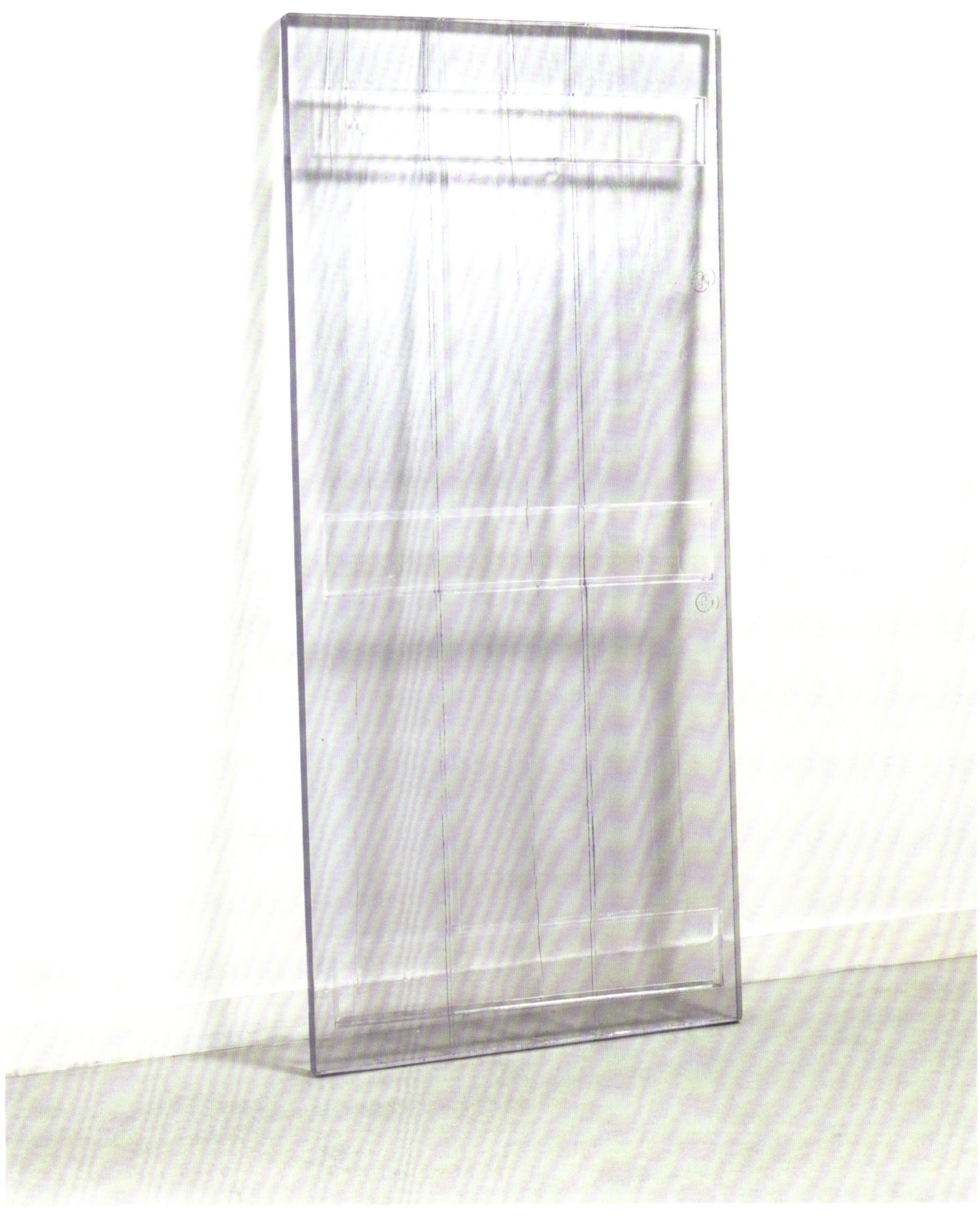

circa 1610 (I) 2012

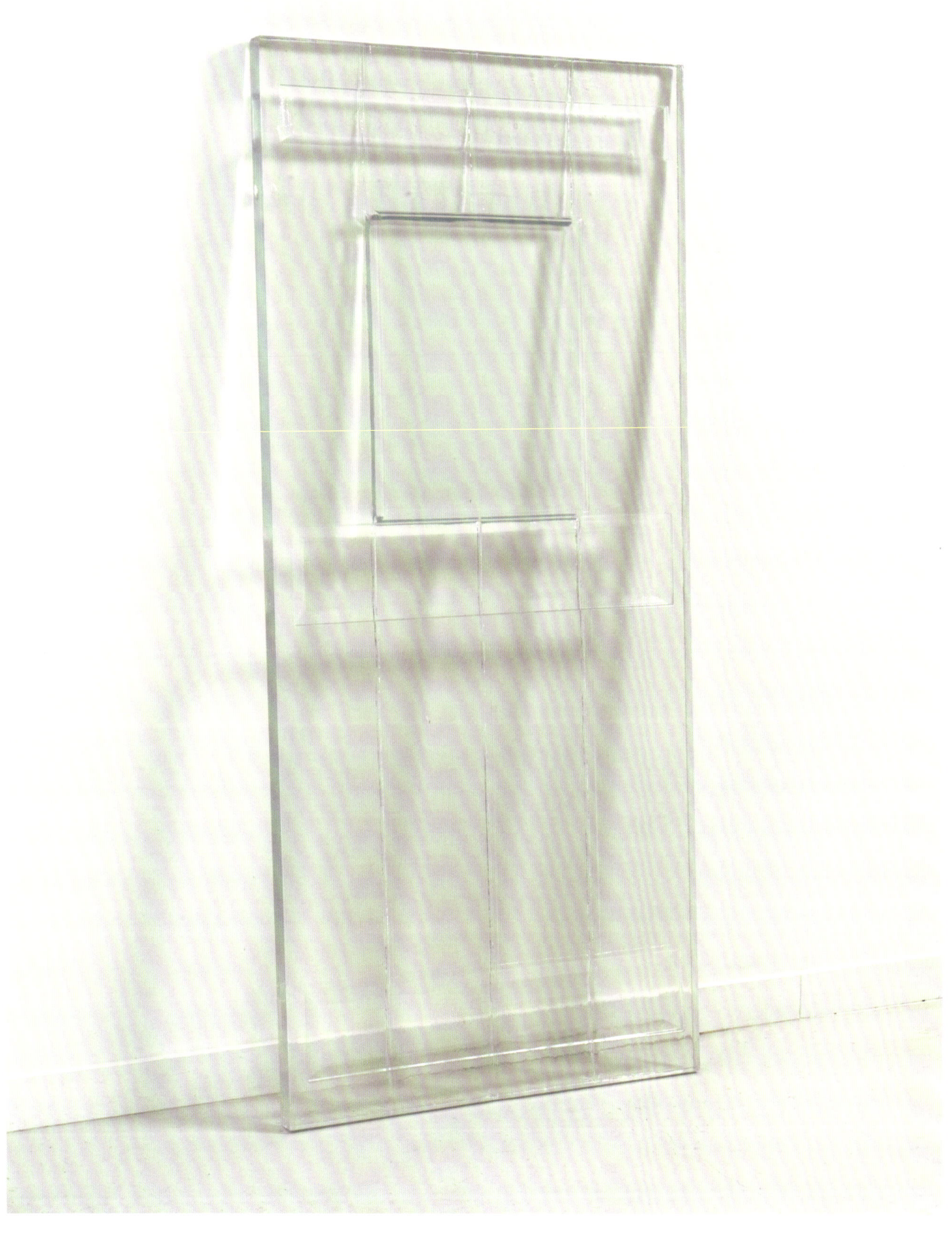

circa 1760 (I) 2012

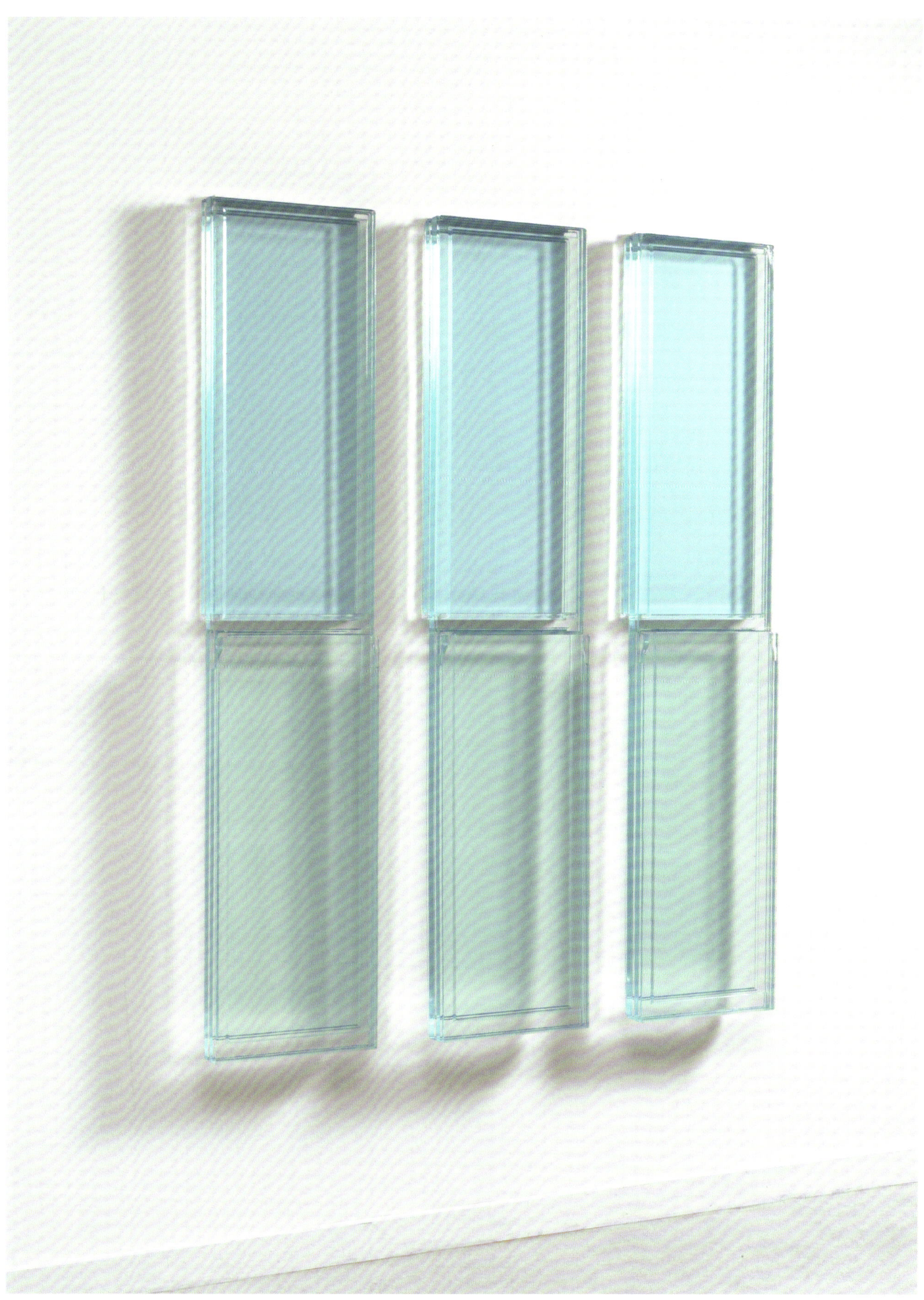

LOOK, LOOK, LOOK 2012

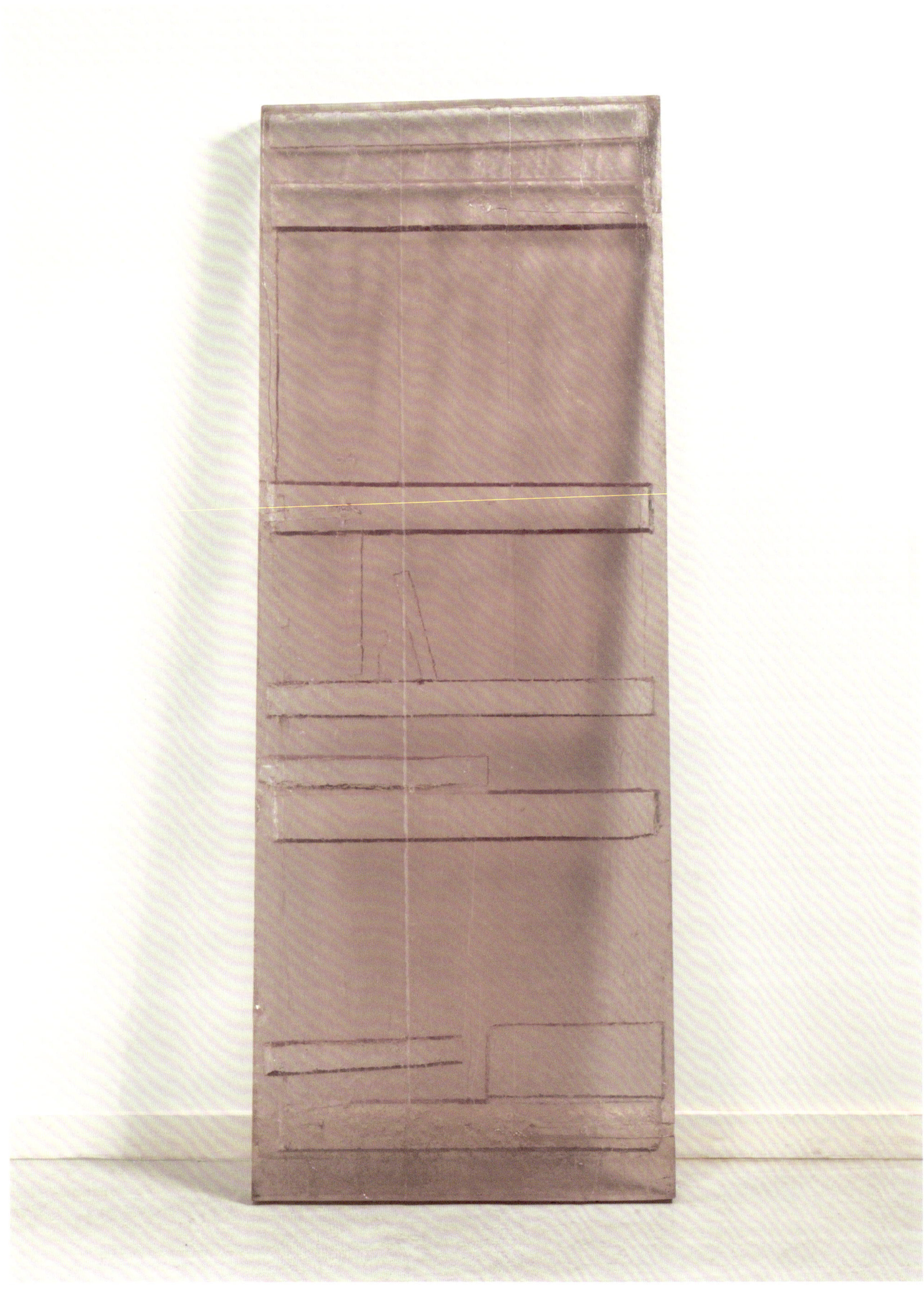

circa 1665 (I) 2012

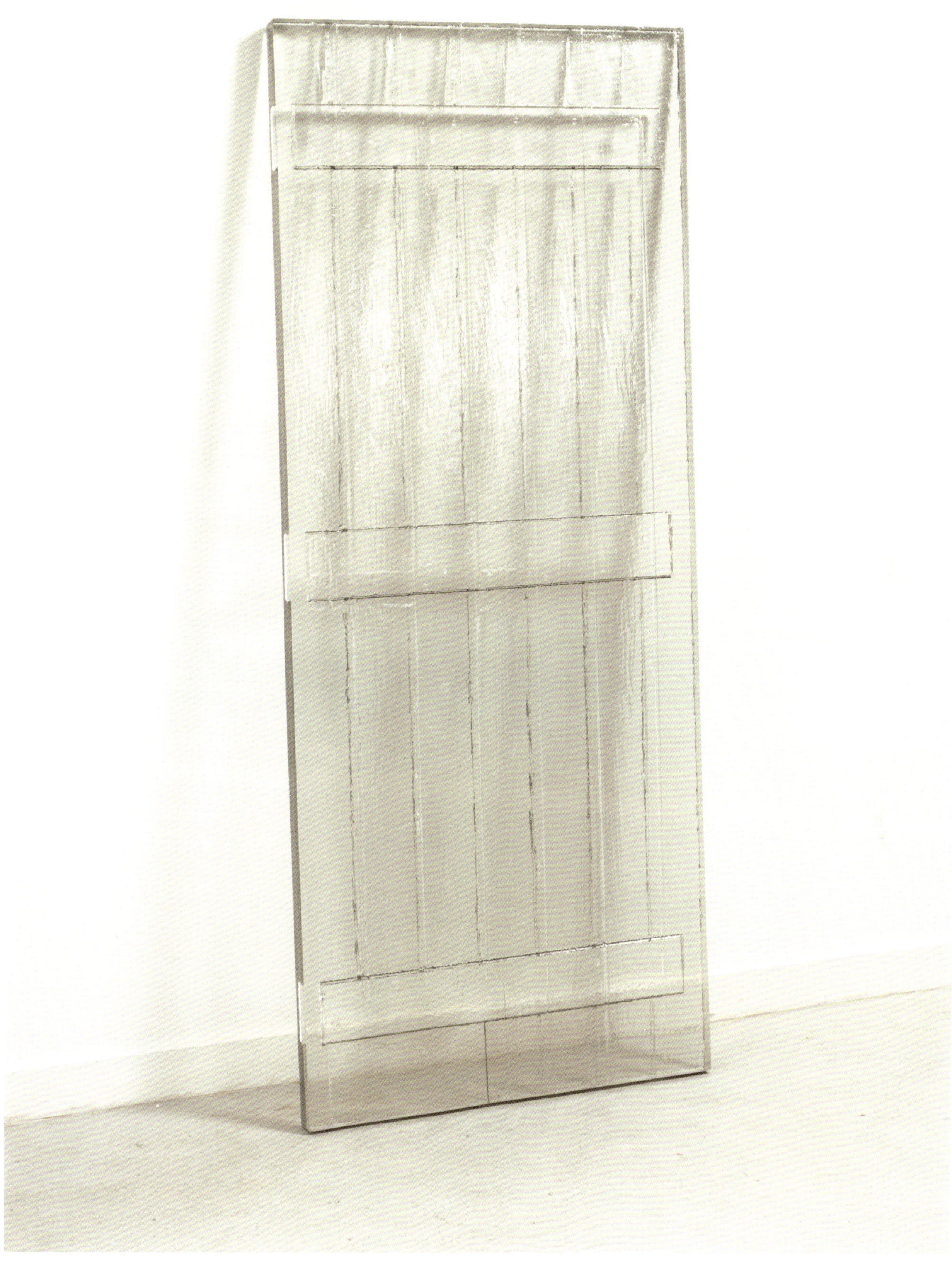

circa 1858 (I) 2012

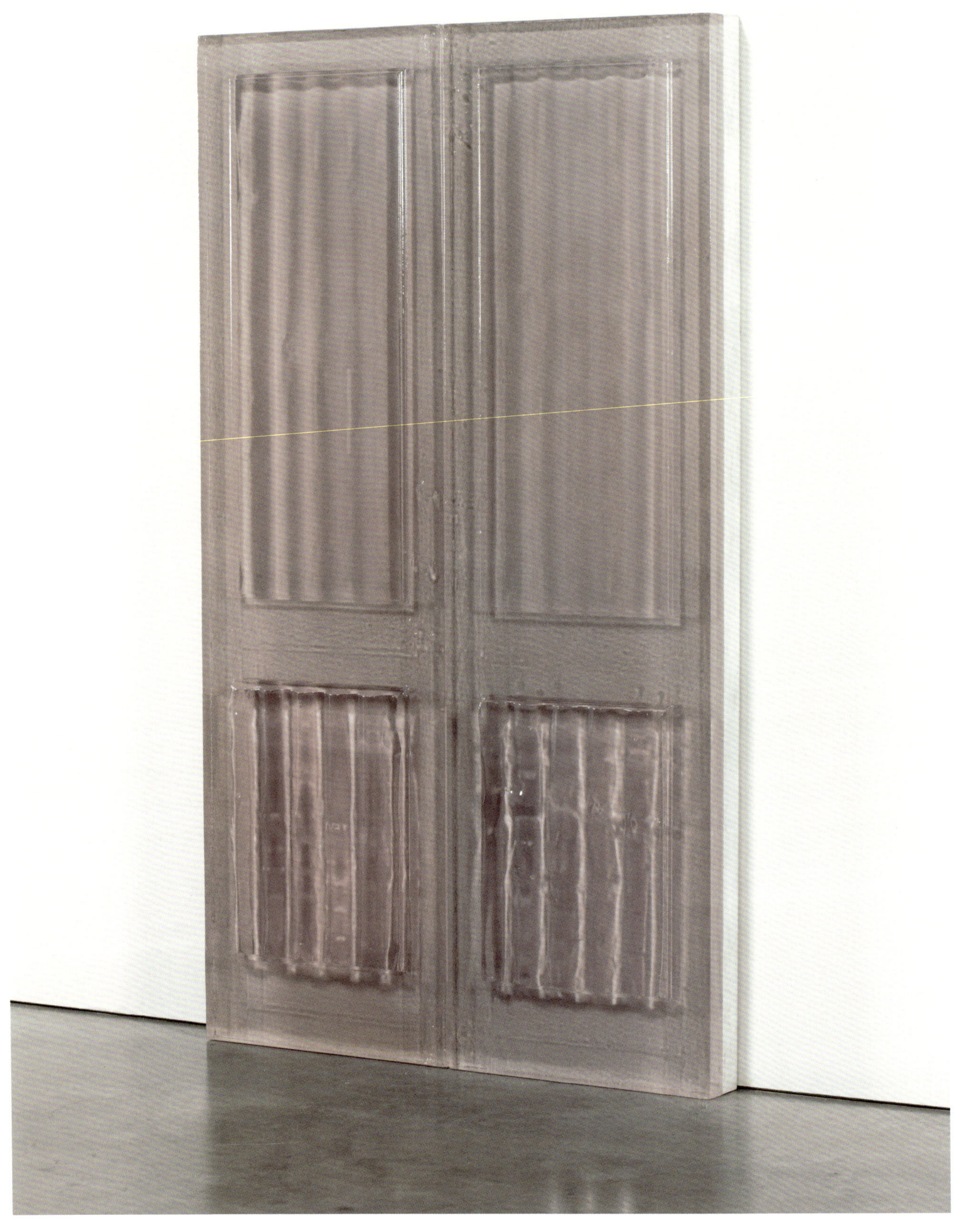

Untitled (Curtains) 2015

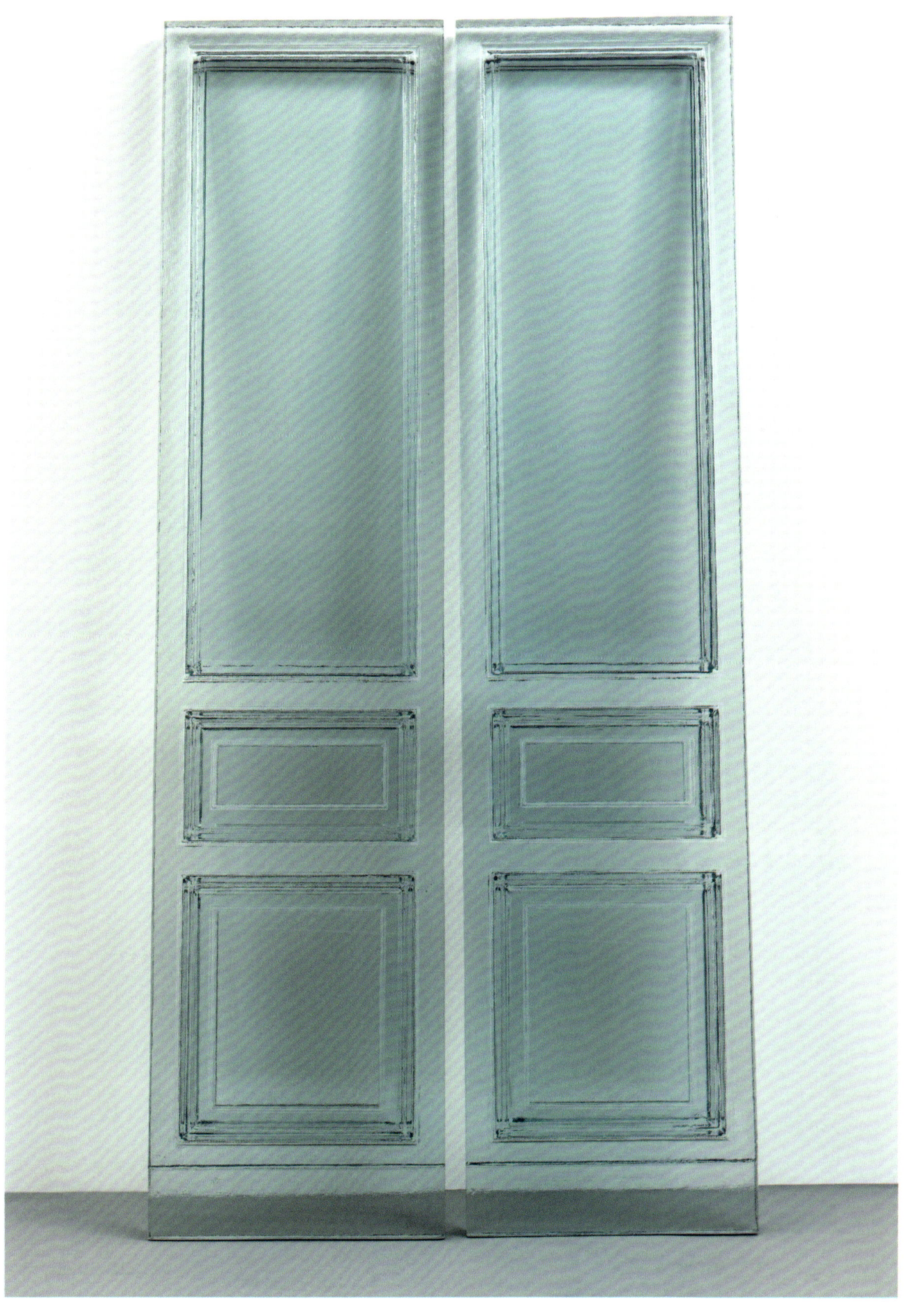

Due Porte 2016

Brian Dillon

The Dream Site

Rachel Whitereads Kunstwerke im öffentlichen Raum

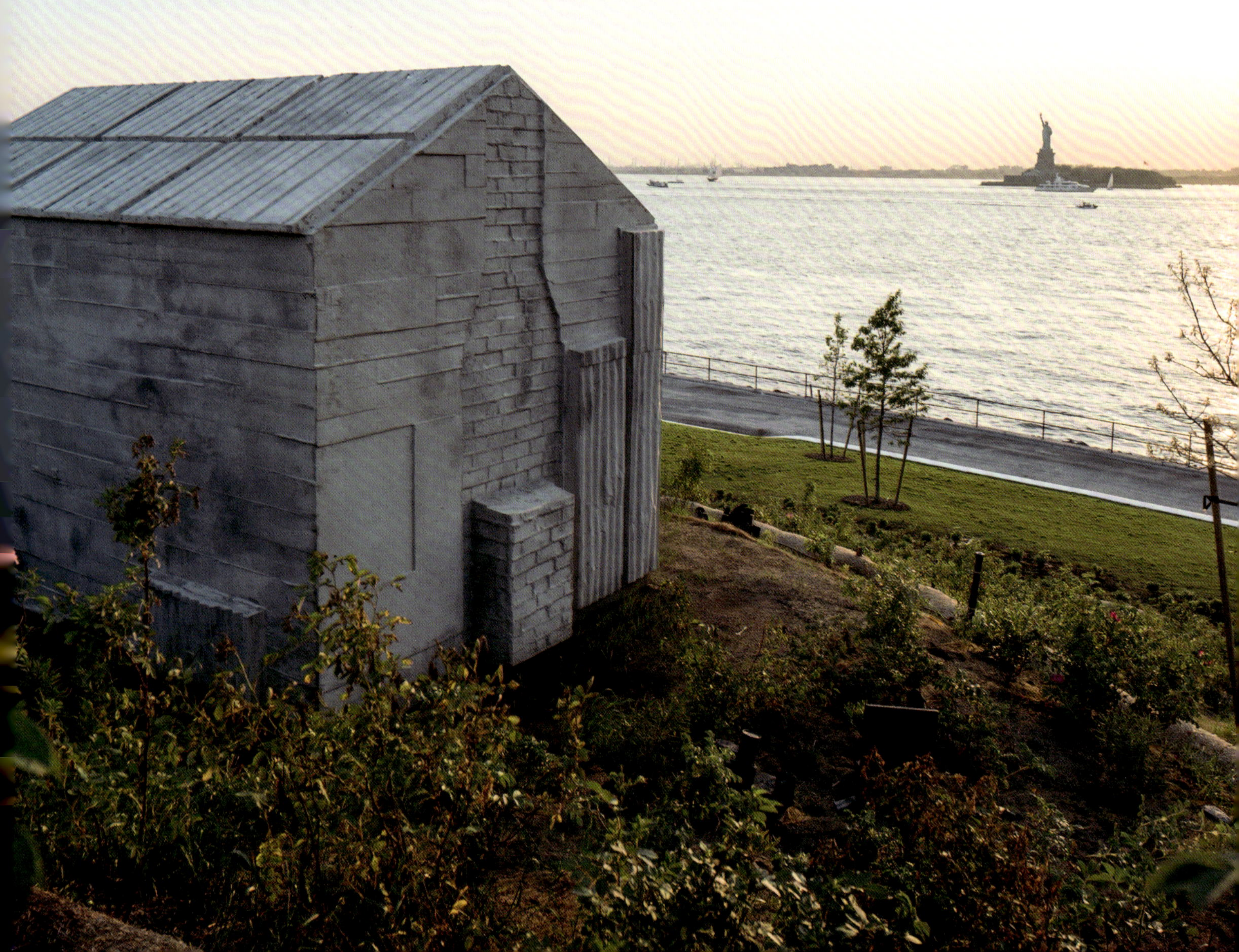

In Italo Calvinos Roman *Die unsichtbaren Städte* von 1972 führt der Entdecker Marco Polo dem alternden Mongolenkaiser Kublai Khan anhand von 55 imaginären Städten die fantastische Beschaffenheit seines riesigen Reichs vor Augen, vom dreifachen Laudomia, das die Stadt der Lebenden, der Toten und der Ungeborenen zugleich ist, über die Metropole Chloe, in der die Menschen auf den Straßen einander nicht kennen, bis zur zweifachen Stadt Valdrada am Ufer eines Sees, deren eine lediglich die Spiegelung der anderen im Wasser ist. Calvinos Städte haben tiefe Risse und verändern sich ständig:

> Die Stadt Sofronia ist aus zwei halben Städten zusammengesetzt. In der einen befinden sich die große Achterbahn mit den Steilkuppen, das fliegende Karussell, die Todesbahn mit den Motorradfahrern kopfüber, die Zirkuskuppel mit dem Trapezgehänge in der Mitte. Die andere halbe Stadt ist aus Stein und Marmor und Zement, mit der Bank, den Werkhallen, den großen Häusern, dem Schlachthof, der Schule und allem übrigen. Die eine der halben Städte steht fest, die andere ist provisorisch, und wenn ihr Aufenthalt vorüber ist, nagelt man sie ab, montiert sie ab und schafft sie fort, um sie auf dem freien Gelände einer anderen halben Stadt wiederaufzubauen.[1]

Wie in Calvinos kapriziös-ironischem Universum zu erwarten, wird ausgerechnet die solide Hälfte mit den Ministerien, Fabriken und Krankenhäusern in regelmäßigen Abständen abgerissen und anderswo wiederaufgebaut, während die schäbige Jahrmarkthälfte stehen bleibt.

Fasste man Sofronia als Allegorie für Kunst im öffentlichen Raum auf, welche der beiden Hälften würden dann die Skulpturen, Denkmäler und Installationen bilden – die scheinbar immerwährende Stadt der reißerischen Vergnügungen oder die Stadt der bürgerlich-wirtschaftlichen Realität, die in regelmäßigen Abständen abgerissen und wiederaufgebaut wird? Die interessantere Frage in Bezug auf öffentlichen Werke von Künstlern wie Rachel Whiteread lautet allerdings: In welcher der beiden Städte würden wir lieber wohnen? Vielleicht gehört Kunst im öffentlichen Raum, sei sie monumental und vertraut oder neuartig und profan, über die gewohnte alltägliche Stadt hinaus einer zweiten, imaginären an: einer Stadt, die in den Ritzen und Fugen der ersten lebt, losgelöst über ihr schwebt oder unter ihr begraben liegt. Bei Whitereads Werken, die sich im intimen wie im monumentalen Maßstab so intensiv mit bewohnten (nicht nur häuslichen) Räumen auseinandersetzen, fragt man sich unwillkürlich, wie es sich wohl anfühlen mag, darin zu sein oder gar zu wohnen: in einem von Whitereads Gartenschuppen-Abgüssen der Serie *Detached* (2012; S. 204/205) zu leben oder neben einem norwegischen See in *Boathouse* (2010; S. 201) eingemauert zu sein; für alle sichtbar im transparenten Kunstharzblock *Monument* (2001; S. 114) auf dem leeren vierten Sockel am Londoner Trafalgar Square zu hocken, oder, um das bekannteste Beispiel zu nennen, im Inneren (oder doch Äußeren?) ihres spukhaften *House* (1993; S. 77–79) zu sein. In der Tat besitzen ihre Abgüsse von Innenräumen, Gebäuden und Infrastrukturelementen etwas Monumentales, Denkmalhaftes. Sie stecken voller physischer, politischer und kultureller Geschichten, doch wie alle Denkmäler beziehen sie sich auch auf die Zukunft. Sie fragen, in welcher Art von Räumen wir leben möchten, und damit zugleich, wie die Welt rings um diese Räume beschaffen sein soll.

Cabin 2016

Whitereads *Water Tower* (1998; S. 15) war ursprünglich auf dem Dach eines Gebäudes am West Broadway, Ecke Grand Street in SoHo, New York, installiert.

Die privaten Wassertürme gehören zu den Dingen, die beim ersten Besuch in New York ins Auge springen, sobald man sich an die unfassbare Höhe der Wolkenkratzer und das Gewimmel in den Straßen gewöhnt hat. Die großen Bottiche wirken anfangs geheimnisvoll, doch weiß man erst einmal, um was es sich handelt, hält man sie unwillkürlich für antiquierte Vorrichtungen, die sich an ihre Existenz klammern. Wer auf Schritt und Tritt solche hölzernen oder metallenen Wassertanks entdeckt, könnte meinen, die Behälter seien alt und nicht mehr in Gebrauch. Tatsächlich jedoch sind die meisten der insgesamt 15 000, die es noch in New York gibt, nicht älter als 30 Jahre, denn etwa so lange hält ein hölzerner Wassertank. In New York gibt es zwei Firmen (Rosenwach und Issek), die seit Jahrzehnten solche Hochspeicher bauen und erneuern. Gespeist werden die Tanks aus 19 Seen und Staubecken im Bundesstaat New York. Die Stadt ist lediglich verpflichtet, das Trinkwasser bis zum Gehweg vor dem Haus zu liefern, doch wie es in alle Stockwerke gelangt, ist Sache des Hauseigentümers. Die ersten Wasserspeicher dieser Art entstanden Ende des 19. Jahrhunderts, als die Gebäude immer höher wurden, der Wasserdruck aber nicht über den sechsten Stock hinausreichte. Die meisten bestehen aus Zedernholz, das beim ersten Befüllen aufquillt und dann dicht ist, und stehen auf Metallständern. In den Medien taucht gelegentlich die Frage auf, wie gesund Trinkwasser aus jahrzehntealten Holzbottichen sei, in denen sich Tauben und Eichhörnchen tummeln könnten. Selbst Obdachlose richten sich manchmal im Spalt zwischen Tank und Dach häuslich ein.

Adrienne Rich beschreibt in ihrem Gedicht »An Atlas of the Difficult World« von 1991 im Abschnitt »The Dream-Site« ein luftiges, utopisches New York dicht unter dem Sternenhimmel: »Some rooftop, water-tank looming, street-racket

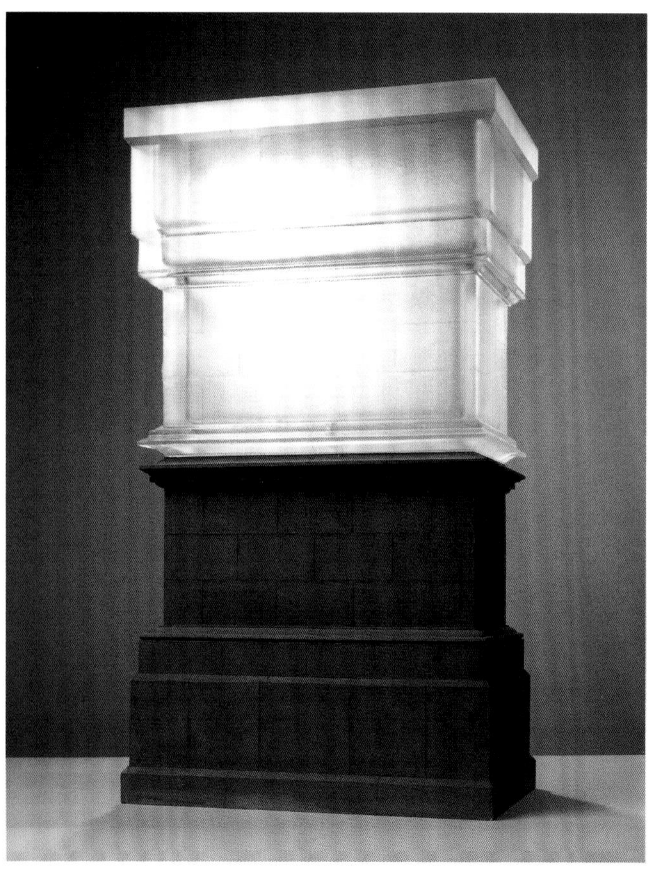

Untitled (Trafalgar Square Plinth)
1999

strangely quelled/and others known and unknown there, long sweet summer evenings on the tarred roof: leaning back your head to the nightvault swarming with stars.«[7] Die Wassertanks bilden eine alternative Stadt nicht allzu hoch über der Straße (bei den später errichteten, noch höheren Gebäuden löste man das Leitungsproblem anders). Diese Stadt verheißt ein unkompliziertes Leben in menschlicherem Maßstab, weit weg von der geschäftigen Metropole darunter. Die Wassertürme sind Speicher, ohne die ein Gutteil der Stadt nicht funktionieren könnte, zugleich jedoch Relikte oder Denkmäler, die je nach Neugier oder Vertrautheit sichtbar oder unsichtbar werden, und Modellsiedlungen für ein zweites New York, das geradewegs den *Unsichtbaren Städten* entsprungen sein könnte.

Auf einer Postkarte an Louise Neri, die den Begleitband zu dem Werk herausgab (*Looking Up*), überzeichnete Whiteread eine Abbildung der Freiheitsstatue mit ihrem Wasserturm, sodass er das berühmte (und oft bemühte) Sinnbild für Ankunft und Neuanfang in Amerika und New York für sich reklamierte. Auch das Werk selbst, das im Jahr darauf in SoHo errichtet wurde, war monumental: Auf einem metallenen Fassgestell ruhte der 4,5 Tonnen schwere Kunstharzabguss vom Inneren eines solchen Wassertanks, leuchtete bei Tagesanbruch und Sonnenuntergang wie von innen heraus und verblasste in der Dämmerung zu metallischem Grau. Doch welches Denkmal besteht schon nur aus Licht, wie es hier ab und an der Fall zu sein schien? Oder aus Wasser in einem seiner Aggregatszustände, als rage eine 3,7 Meter hohe, 2,7 Meter tiefe Eiswalze hoch über den Straßen auf? Vor dem Umzug auf das Dach des Museum of Modern Art soll *Water Tower* an seinem ersten Standort leicht zu übersehen gewesen sein, sofern das Licht nicht in bestimmten Winkeln auftraf oder man sich ihm von der falschen Seite näherte. Es war also ein Denkmal von kolossalen Dimensionen, dessen Errichtung und Material außerordentlichen Ehrgeiz erforderte (es war damals der größte Kunstharzguss dieser Art), das dennoch unsichtbar werden und mit seiner Umgebung oder der Textur der Stadt verschmelzen konnte wie irgendein fernes Detail der Skyline. Sah man aber genau hin, wirkte es in seiner moderaten Höhe sicher wie ein außerirdisches Wesen, selbstbezogen und geheimnisvoll, geradezu einsam zwischen den übrigen Strukturen dort oben.

*

Im Lateinischen bezeichnet *monumentum* ein Denkmal, sei es Statue, Gebäude oder Grab, das dem Gedenken an etwas dient, auch ein historisches Schriftstück oder ein literarisches Werk mit Vergangenheitsbezug. Ein Monument soll etwas dokumentieren, erhalten und schützen; es stellt sicher, dass Vergangenes bewahrt wird und vor allem der Toten gedacht wird. In einem Essay über das *Vietnam Veterans Memorial* in Washington, D.C., schrieb der Philosoph und Kunstkritiker Arthur C. Danto: »Wir errichten Denkmäler, damit wir uns stets erinnern, aber Mahnmale, damit wir niemals vergessen.« Dennoch verlieren offenbar die meisten, wenn nicht alle Denkmäler praktisch im Augenblick ihrer Errichtung an Bedeutung: Statt auf das komplexe historische Ereignis, die Person oder Epoche, für die das Ehrenmal steht, konzentrieren wir uns auf das massive, eindringliche, aber stumme *Ding*. Zudem neigen Monumente dazu, im Gewebe der Stadt oder Landschaft um sie herum unterzugehen und, je älter und vertrauter, desto anonymer zu werden. Der Schriftsteller William H. Gass sagte dazu: »Das Monumentale ringt mit der Dialektik von Dauerhaftigkeit und Verleugnung.«

»Dauerhaftigkeit und Verleugnung«: Das Begriffspaar gilt auch für das ästhetisch und politisch umstrittene Terrain des Trafalgar Square, den ersten Standort für Whitereads *Monument* (2001; S. 114). An dieser Stelle standen einst die Royal Mews, die königlichen Pferdeställe und Kutscherhäuser. Nach Plänen des Architekten John Nash wurden sie Ende der 1820er-/ Anfang der 1830er-Jahre abgerissen und die Fläche in einen Platz umgewandelt. 1835 wurde er nach der Schlacht bei Trafalgar benannt, knapp ein Jahrzehnt später kam die Nelsonsäule hinzu, die vier Bronzelöwen erst 1867. Auf drei der vier Sockel stehen Statuen von Georg IV., General Sir Charles James Napier und Major-General Sir Henry Havelock. (Die beiden letzteren Namen dürften weder Londonern noch Touristen geläufig sein; beide Herren taten sich in der ersten Hälfte des 19. Jahrhunderts in Indien als Militärführer und treue Diener der Kolonialmacht hervor.) Trafalgar Square ist eine Touristenattraktion, war aber auch Schauplatz großer Ereignisse wie 1945 der Jubelfeier am Tag der Befreiung, in den 1960er-Jahren der Demonstrationen für nukleare Abrüstung und 1990 der Proteste gegen die Poll Tax (Kopfsteuer). *Monument* war die dritte Auftragsarbeit im Rahmen eines Projekts, das den leeren vierten Sockel im Wechsel mit verschiedenen Werken besetzte. Durch die Umkehrung der Sockelform verdichtete *Monument* das Licht der Stadt auf die gleiche Weise wie *Water Tower*. Es wurde zu einer Vision, zu einer Erscheinung aus einer zweiten, alternativen Stadt – zum winzigen Fragment von etwas, das den konkret und sinnbildlich zweigeteilten Städten Calvinos sehr nahekam. Und als Denkmal? Alles, was eine Gedenkskulptur ausmacht, schien *Monument* im gleichen Atemzug zu erfüllen, zu verspotten und zu befreien.

Im Oktober 2000 errichtete Whiteread das *Holocaust-Mahnmal* (S. 103) auf einem Platz, der im mittelalterlichen Wien einst das Zentrum des jüdischen Lebens bildete. »Nazijäger« Simon Wiesenthal, der sich energisch für ein Mahnmal zum Gedenken an die 65 000 in Wien und in Konzentrationslagern ermordeten österreichischen Juden eingesetzt hatte, erklärte bei der Enthüllung, eine solche Skulptur dürfe »nicht schön« sein, sondern müsse »wehtun«. Whitereads Mahnmal ist eine knapp vier Meter hohe Konstruktion aus Beton und Stahl mit einer Grundfläche von zehn mal sieben Metern. Die Verkleidung besteht aus den Betonabgüssen gleichförmiger Bücher, die mit dem Rücken zur Raummitte wie in Regalen angeordnet stehen – gleichermaßen ein Verweis auf das Selbstverständnis der Juden als »Volk des Buches« und auf die Praxis, Bücher auf diese Weise zu lagern. Am Sockel stehen alphabetisch aufgelistet die Namen der Konzentrationslager, in denen österreichische Juden ermordet wurden. An einer Seite verschließt eine Flügeltür aus Beton die Bibliothek für alle Zeiten. Der Regenabfluss auf dem Dach ist mit einer Rosette kaschiert, die zugleich als diskreter Fingerzeig auf die grausamen Mechanismen der Gaskammern dient. Diese »namenlose Bibliothek« unterscheidet sich im Detail deutlich von Whitereads Abgüssen von Innenräumen: Die Regalbretter, auf denen die Bücher zu stehen scheinen, fehlen, und die Kanten, an denen die Buchreihen aufeinandertreffen, schließen nicht nahtlos aneinander an. Der Vergleich mit deutschen Weltkriegsbunkern liegt zwar nahe, zumal Whiteread bei ihren Vorarbeiten unter anderem den Atlantikwall besichtigte, doch weigert sich ihr Werk an solchen Stellen, sich als massive Präsenz zu behaupten, wie es ein Denkmal eigentlich tut, selbst wenn es dem angemahnten Grauen nachempfunden ist. Offensichtlich bietet erst dieser Rückzug in sich selbst dem Denkmal eine Möglichkeit, den erinnerten Ereignissen gerecht zu werden.

*

Wenn Whitereads öffentliche Skulpturen und Mahnmale augenscheinlich dazu einladen, uns in ihr Inneres hineinzuversetzen, dann stellt sich die berechtigte Frage, was darin eigentlich geschieht. Eine Antwort liegt auf der Hand: Es sind hermetische und imaginäre Räume zum Nachdenken. Die Vorstellung, zerfallene oder provisorische Gebäude fernab der Gesellschaft begünstigten tiefschürfende Gedanken, hat eine lange Tradition, denkt man nur an all die Schriftsteller und Philosophen, die sich in Hütten, Schuppen und Verschläge zurückzogen. Henry David Thoreau etwa bezog im Juli 1845 ein selbstgezimmertes Blockhaus in einem Waldstück, das seinem Freund Ralph Waldo Emerson gehörte:

> Bevor der Winter kam, baute ich einen Kamin und schützte die schon regendichten Wände meines Hauses mit schlechten, noch grünen Schindeln aus den ersten Brettern jedes Stammes. Ihre Ränder musste ich mit dem Hobel glätten. So habe ich nun ein gut geschindeltes und verputztes Haus, zehn Fuß breit, fünfzehn lang und acht Fuß hoch, mit Bodenkammer und Stube, einem großen Fenster auf jeder Seite, mit zwei Falltüren und dem Backsteinkamin gegenüber der Eingangstür.[3]

In diesem extrem schlichten Haus lebte Thoreau zwei Jahre lang nach dem Grundsatz der Einfachheit, Unabhängigkeit und Authentizität und entwickelte sich dabei zu dem Schriftsteller, der er sein wollte.

2016 vollendete Whiteread *Cabin* (S. 194, 210), ihr erstes dauerhaft installiertes Werk im öffentlichen Raum in den USA. *Cabin* ist teilweise als Hommage an Thoreau zu verstehen, insbesondere an die Passage in *Walden oder Leben in den Wäldern* (1854), in der Thoreau über seine Einsamkeit nachsinnt: »Ein köstlicher Abend ist das heut! Der ganze Körper ist ein einziger Sinn und saugt durch jede Pore Entzücken ein. Mit seltener Ungebundenheit bewege ich mich in der Natur, bin ein Teil ihrer selbst.«[4] Whitereads Plastik auf einem künstlichen Hügel auf Governors Island ist der Betonabguss einer typisch neuenglischen Blockhütte. Die Insel im New Yorker Hafen, vormals Militärbasis, wurde zu Beginn des 20. Jahrhunderts durch Bauschutt erheblich erweitert und war vollkommen flach, bis man sie im 21. Jahrhundert in einen öffentlichen Park umwandelte und vier Hügel aufschüttete, von denen aus man auf die Skyline des gut 700 Meter entfernten Manhattan blickt. Auf dem Discovery Hill steht Whitereads *Cabin*, ein massives, monumentales Objekt, das sich in die lange Tradition amerikanischer Vorstellungen von Natur, Einsamkeit und Zivilisation einfügt – wenn auch nicht nur romantischer Art, denn Whiteread dachte dabei auch an die Holzhütte des »Unabombers« Theodore John Kaczynskis in Montana.

Beim Stichwort Hütten könnte man auch an den Philosophen Martin Heidegger denken, der sich 1922 in Todtnauberg im Schwarzwald eine Berghütte bauen ließ, um dort über Landschaft, Bauen, Wohnen und Denken zu reflektieren. (Hannah Arendt bezeichnete die Hütte als sein »Mauseloch«, in das er sich zurückziehe.) Whitereads Arbeiten geografisch und symbolisch näher kommt das sieben mal acht Meter große Häuschen, das Ludwig Wittgenstein 1913 im norwegischen Skjolden am Ende des längsten und tiefsten Fjords der Erde baute. Bertrand Russell, sein Freund und Mentor in Cambridge, erinnerte sich: »Ich sagte, es werde sehr einsam dort sein, aber er erwiderte, er prostituiere ja nur seinen Geist, wenn er mit intelligenten Leuten spreche.« Das Haus war der erste von mehreren entlegenen Rückzugsorten in Wittgensteins Leben. In späteren Jahren entfloh er der Hochschulwelt zum »letzten dunklen Fleck«, den er an der Westküste Irlands entdeckt hatte. Der Gedanke an Wittgenstein drängt sich geradezu auf, wenn man vor Whitereads *Boathouse* (2010; S. 201) am Seeufer bei Røykenvik in Norwegen steht. Es ist der Innenabguss eines schlichten großen Bootshauses, das an eben dieser Stelle stand. Whiteread selbst bezeichnet das Werk als eine ihrer »shy sculptures«, weil es bei aller Massivität doch etwas zurückhaltend wirkt. Es umschließt einen Raum, den wir uns als Ort für tiefe Gedanken und sinnende Blicke auf den See gut vorstellen können. In gewisser Weise sind alle provisorischen Gebäude wie Hütten und Schuppen einerseits Räume, in denen konkrete geistige oder körperliche Arbeit verrichtet wird, zugleich aber Orte, an denen man wie von einer Vogelbeobachtungshütte aus einfach (im Sinne von tiefschürfend) beobachten und nachdenken kann. Die drei Innenabgüsse von Gartenschuppen, die Whitereads Serie *Detached* bilden, rücken die bescheidensten Gebäude des häuslichen Umfelds als eine Art Denkmäler der Nachdenklichkeit in den Blick.

Oft werden Whitereads Arbeiten, vor allem ihre Werke im öffentlichen Raum, Denkmäler und Mahnmale, primär als mnemonisch aufgefasst, denn die Oberflächen ihrer Innenabgüsse sind voller indexartiger Spuren und imaginärer Erinnerungen an den jeweiligen früheren Raum. Versucht man aber, sich in das Innere dieser Plastiken hineinzuversetzen, stellt man fest, dass sie auch die Möglichkeit enthalten, dass es sich dabei um Zeitmaschinen handelt, mit denen man in die Vergangenheit, aber auch in die Zukunft steuern kann. Das gilt selbst für ein Werk wie *House*, das 1993 die Stelle des Hauses 135 Grove Road im East Londoner Viertel Bow einnahm: ein Werk, das wesentlich aus einem verloren gegangenen privaten und öffentlichen Raum schöpft (dem einst bewohnbaren Innenraum, der nicht mehr existierenden Straße), und das selbst wieder verschwinden musste. *House* spricht heute aus der nahen Vergangenheit zu uns und regt uns dazu an, über die Zukunft der Stadt als private und öffentliche Lebenswelt nachzudenken, und zwar ganz konkret darüber, wie es sich anfühlen wird, an einem Ort zu leben, ihn zu bewohnen, wenn das Konzept dessen, was einen Ort ausmacht, doch so brüchig geworden ist. In Whitereads Werken können wir bei aller Monumentalität leben und darüber nachdenken, *wie* wir leben möchten.

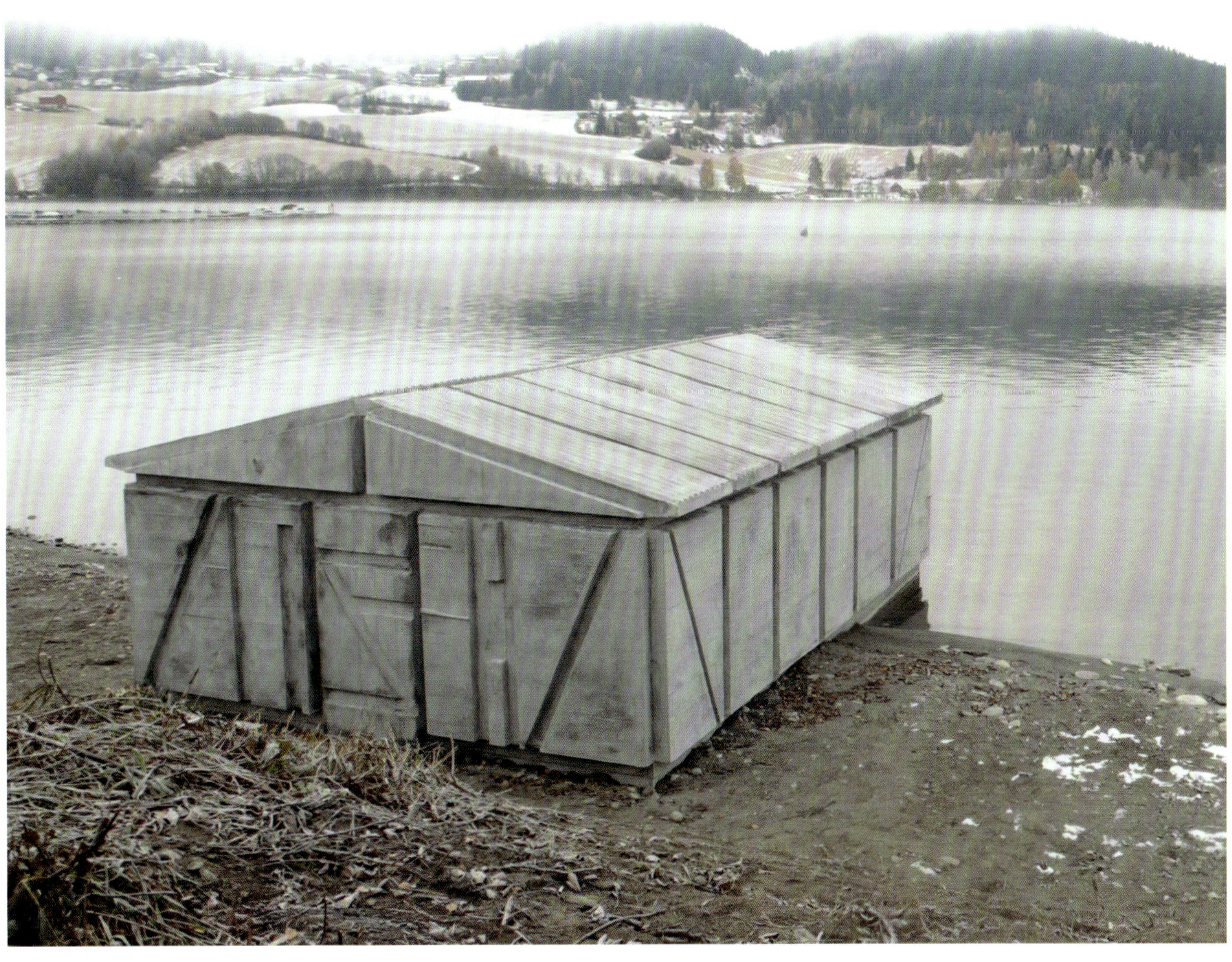

Boathouse 2010

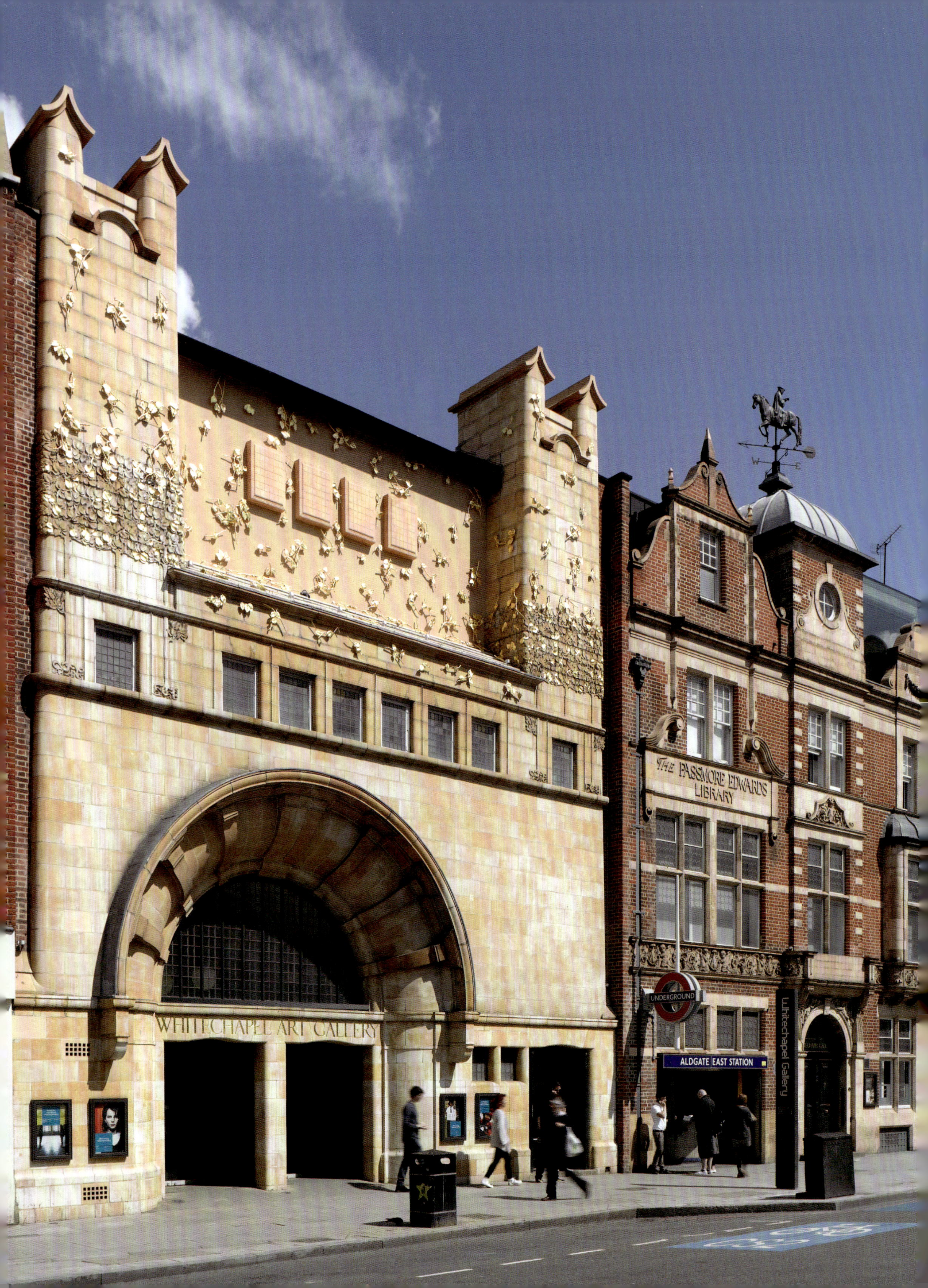

WHITECHAPEL ART GALLERY
THE PASSMORE EDWARDS LIBRARY
UNDERGROUND
ALDGATE EAST STATION
Whitechapel Gallery

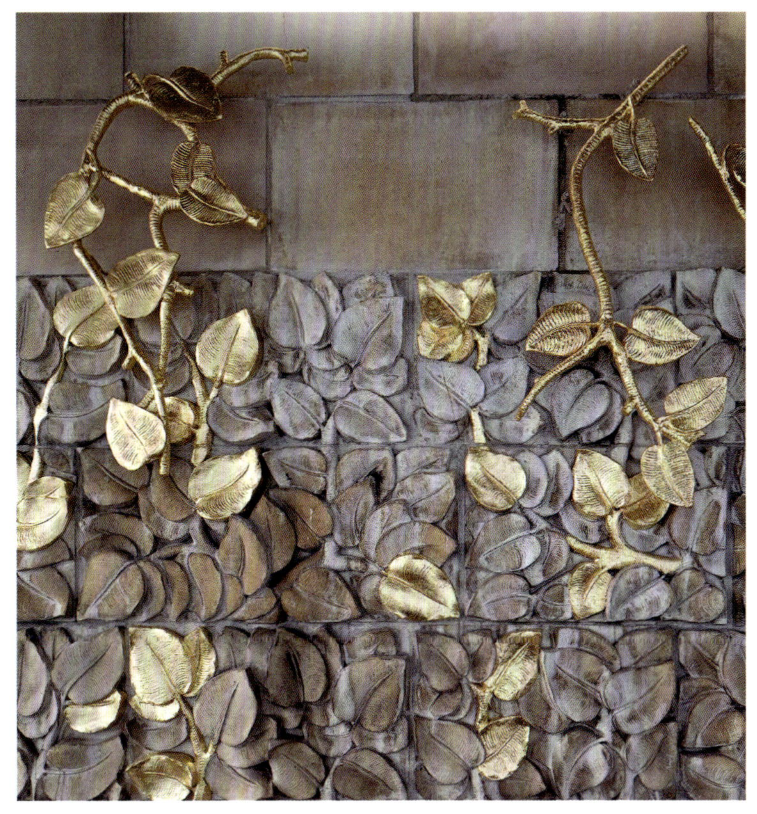

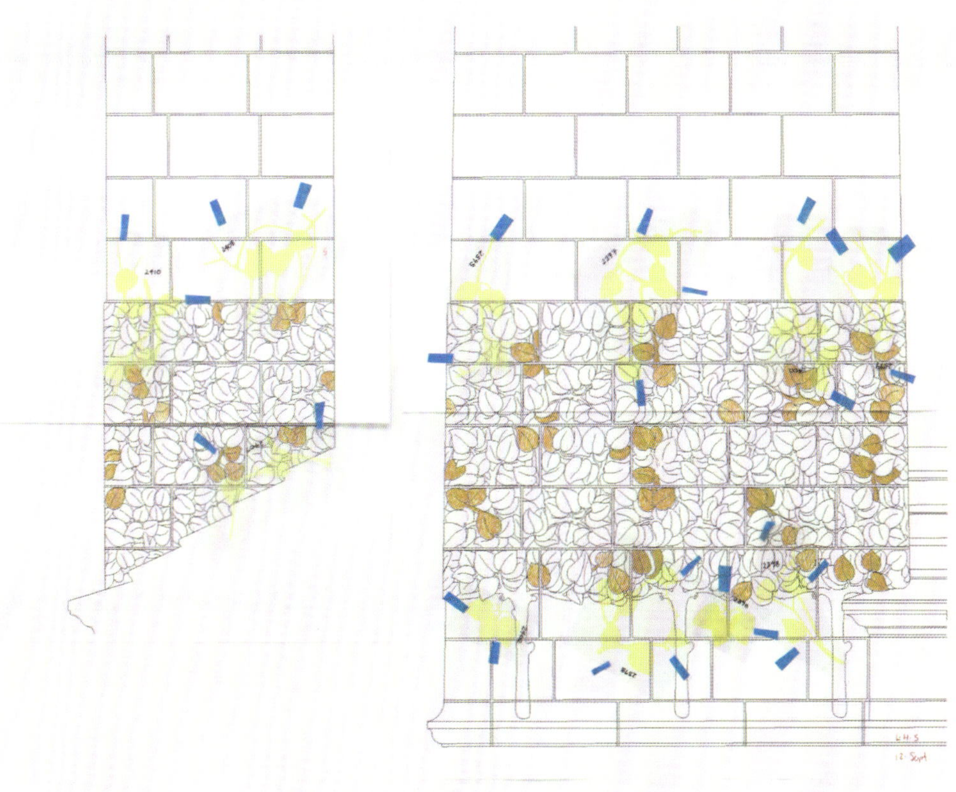

Tree of Life 2012 (Detail)

Skizzen für den linken Risalit 2011

LINKE SEITE: *Tree of Life* 2012

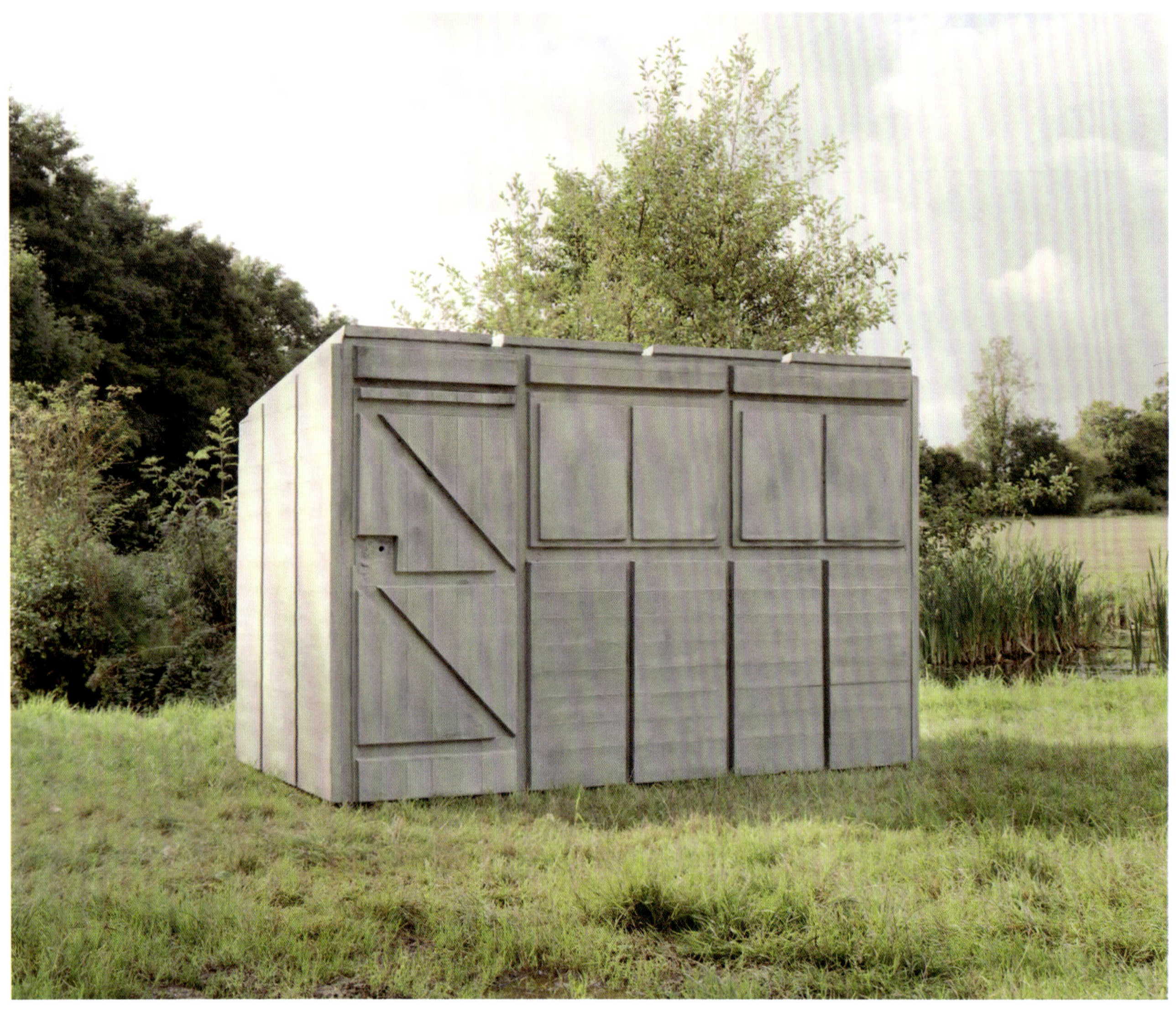

Detached III 2012

RECHTE SEITE: Detail

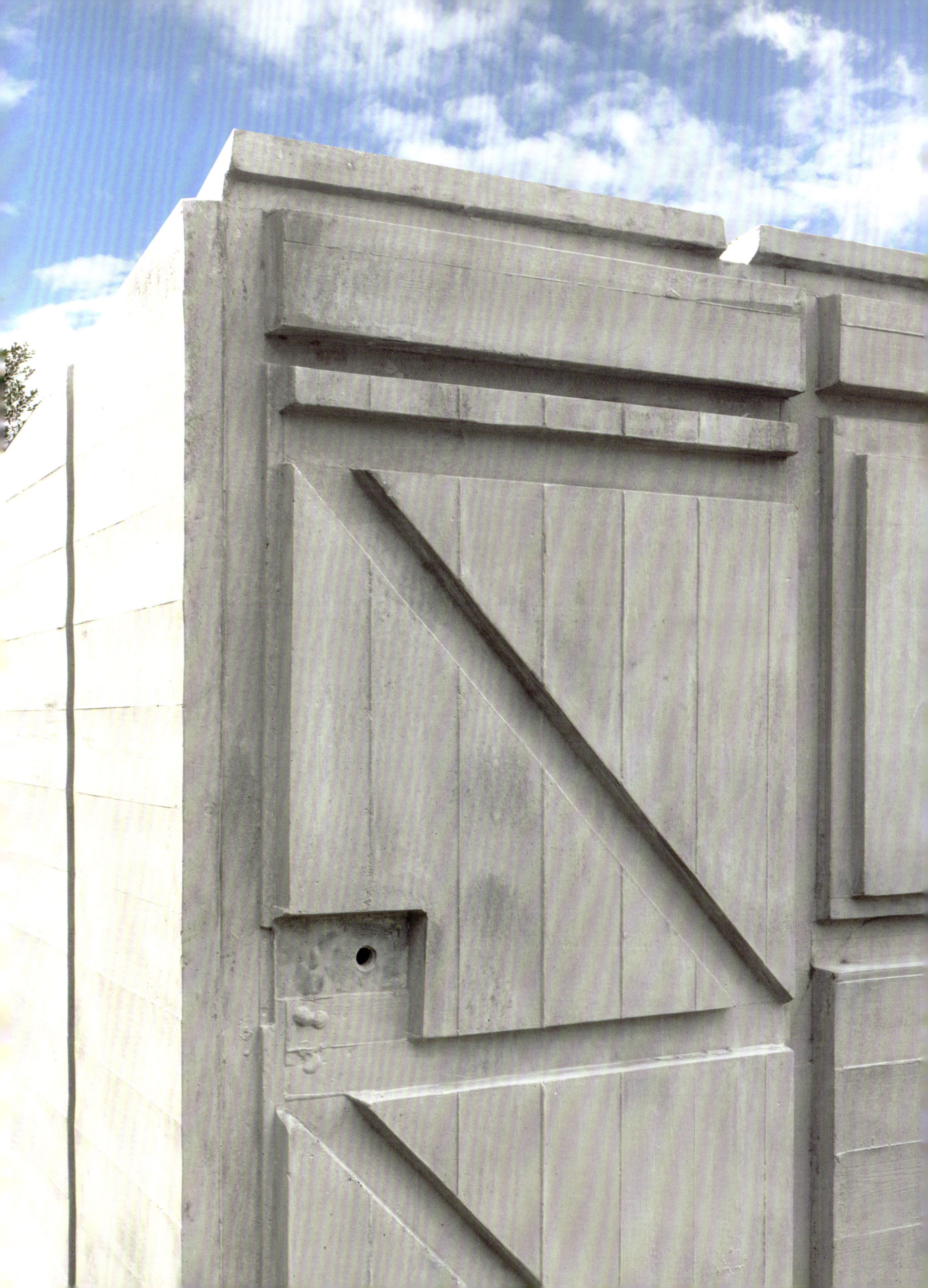

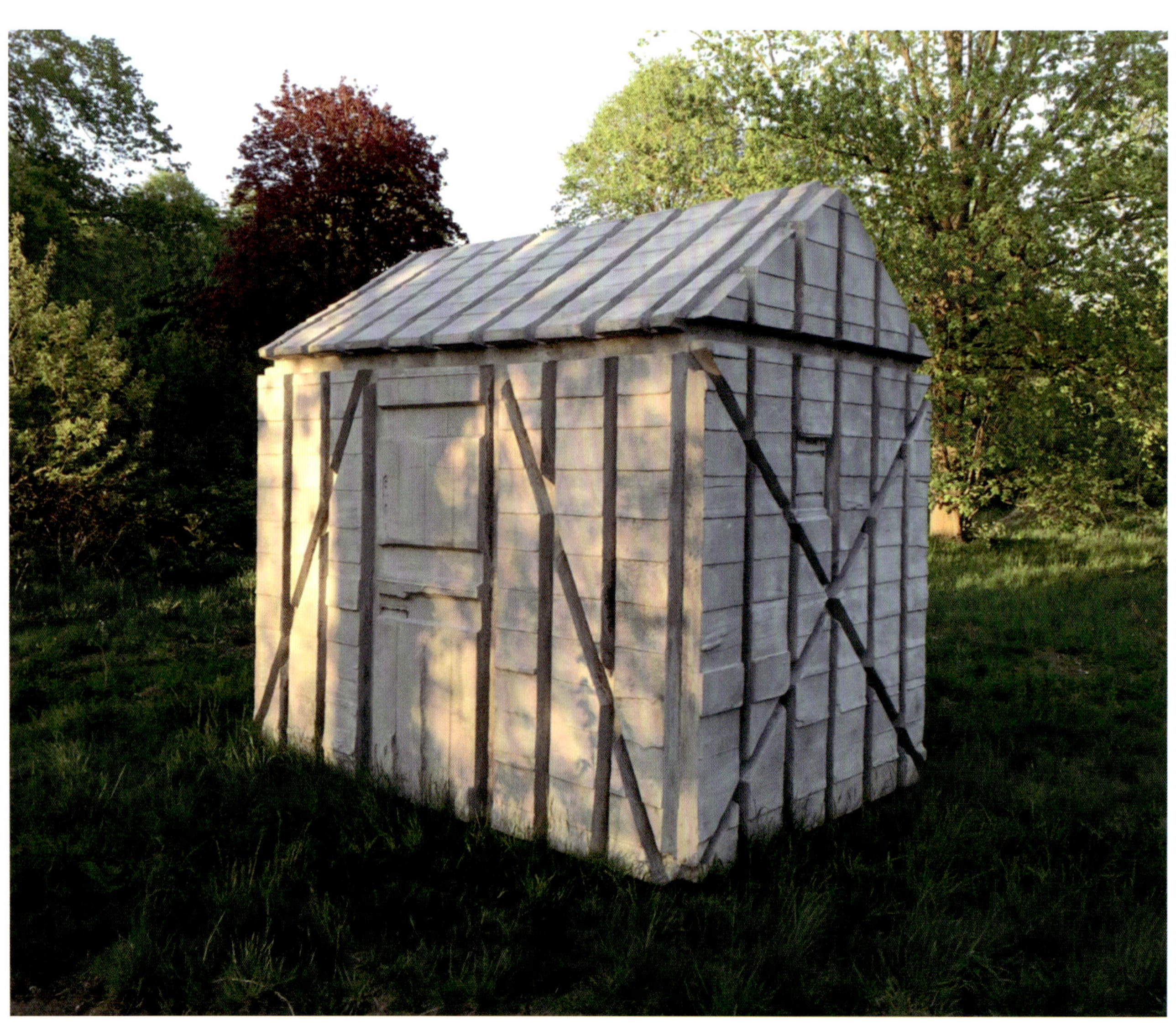

Houghton Hut 2012

So I hid my song

in a disused shed. No wait, that's not right, first I hid
my song in a tin,

and then the tin I hid in a sock, and the sock in a shoebox,
and the shoebox in a hatbox, and the hatbox

in the box that the breadbin came in.
So I concealed that box among a rummage of others

of hundreds of sizes and sounds-when-you-shook-them,
in that shed above-mentioned.

and I'd begun to walk away when I turned and I saw
that the shed was all lit with the sun,

and I resolved there and then that I must squirrel the shed
under the ground in a dilapidated field

where dirt grew and ephemera lay scattered about
like butter.

And once I'd buried the shed then I hid the whole field
in the blue-red mountains,

sliding it into a slot that I'd made beneath trees and foxes
and ants.

And then those mountains I shoved, like that, upside down
in the sopping wet bed of the sea,

and the sea I secreted beneath a particular sky, and the sky
under space,

and space I buried beneath that pernickety edge of nothing.
And now it's still not safe.

Mark Waldron
London 2013

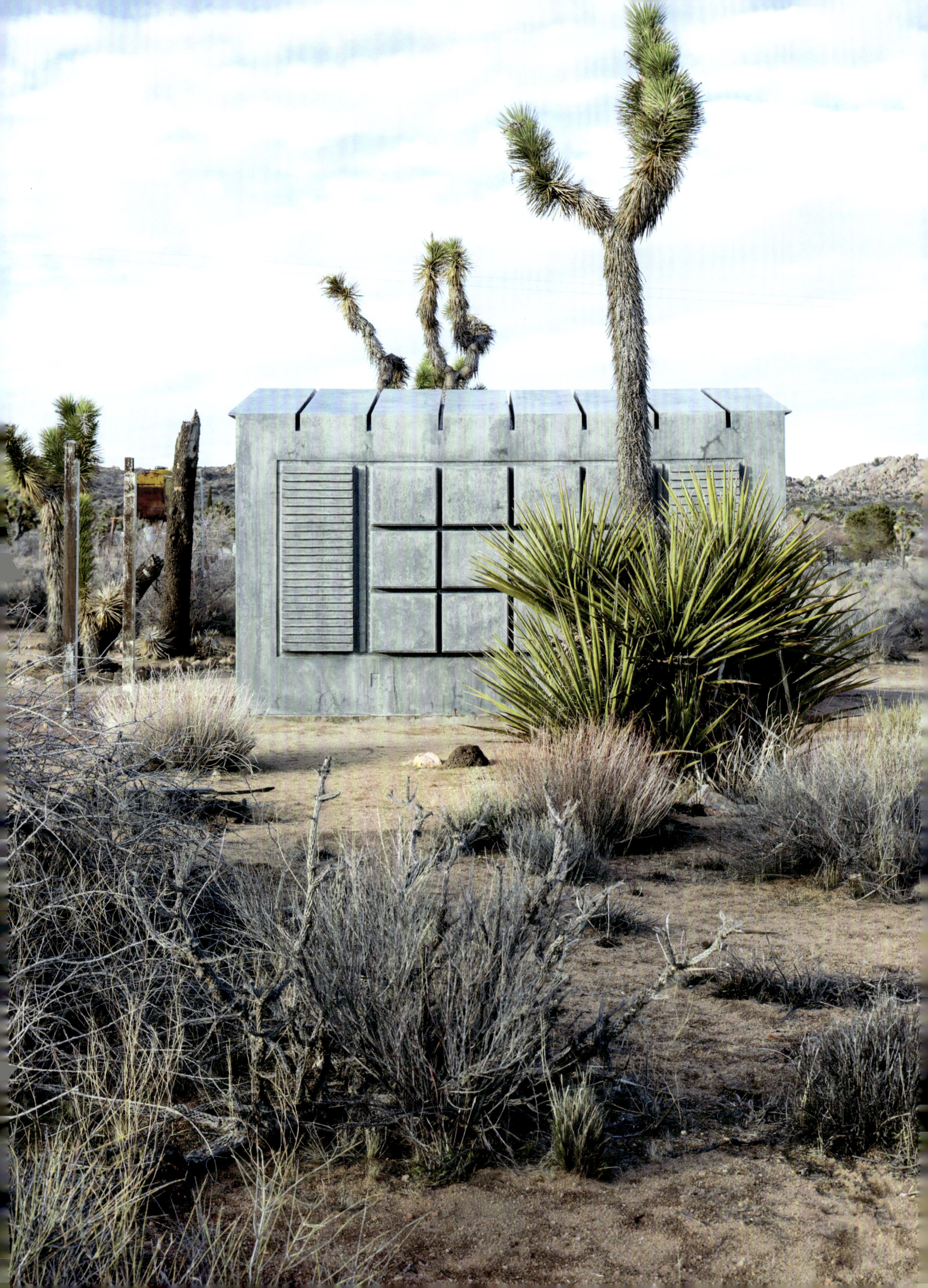

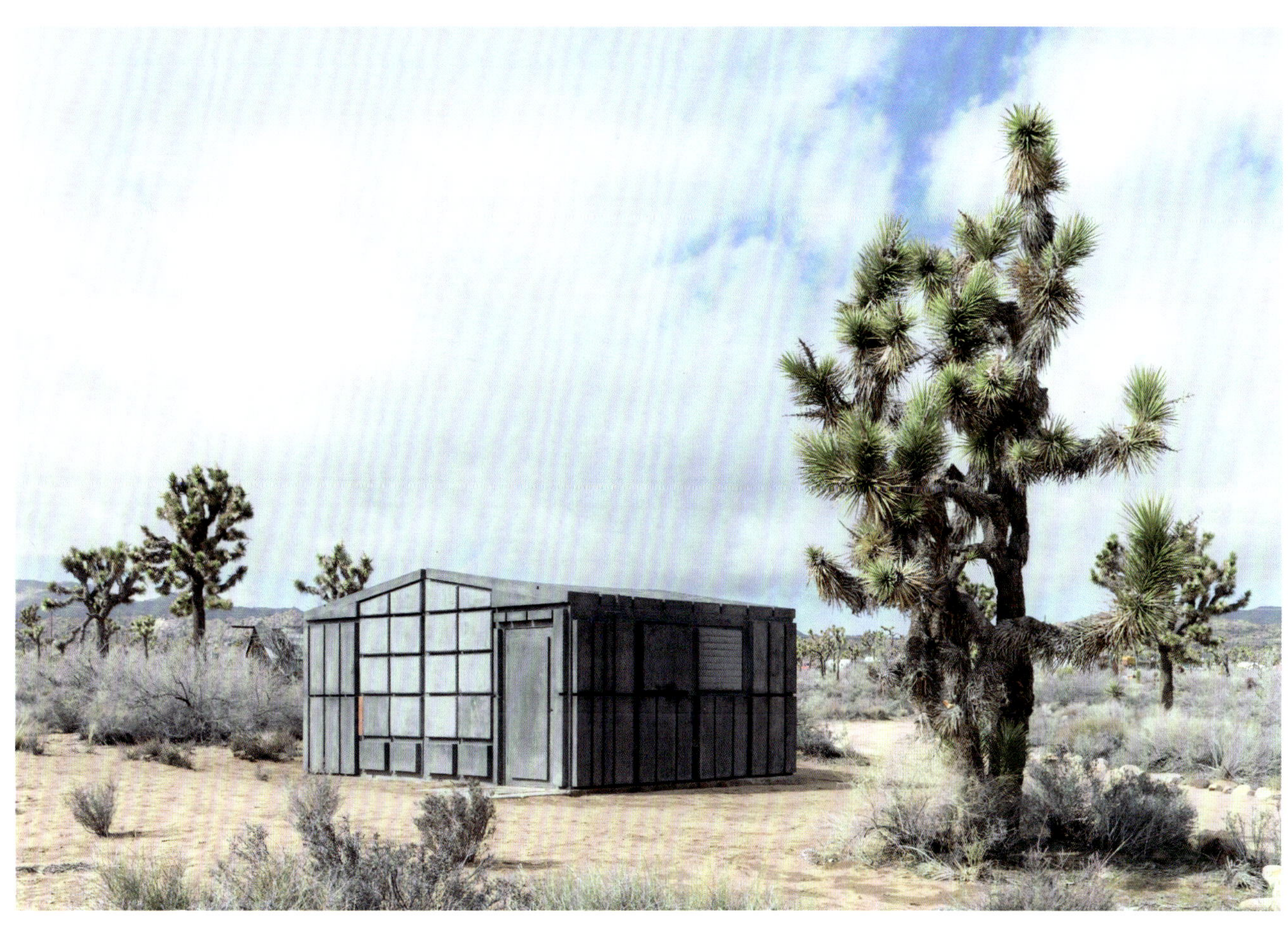

Shack II 2016

LINKE SEITE: *Shack I* 2014

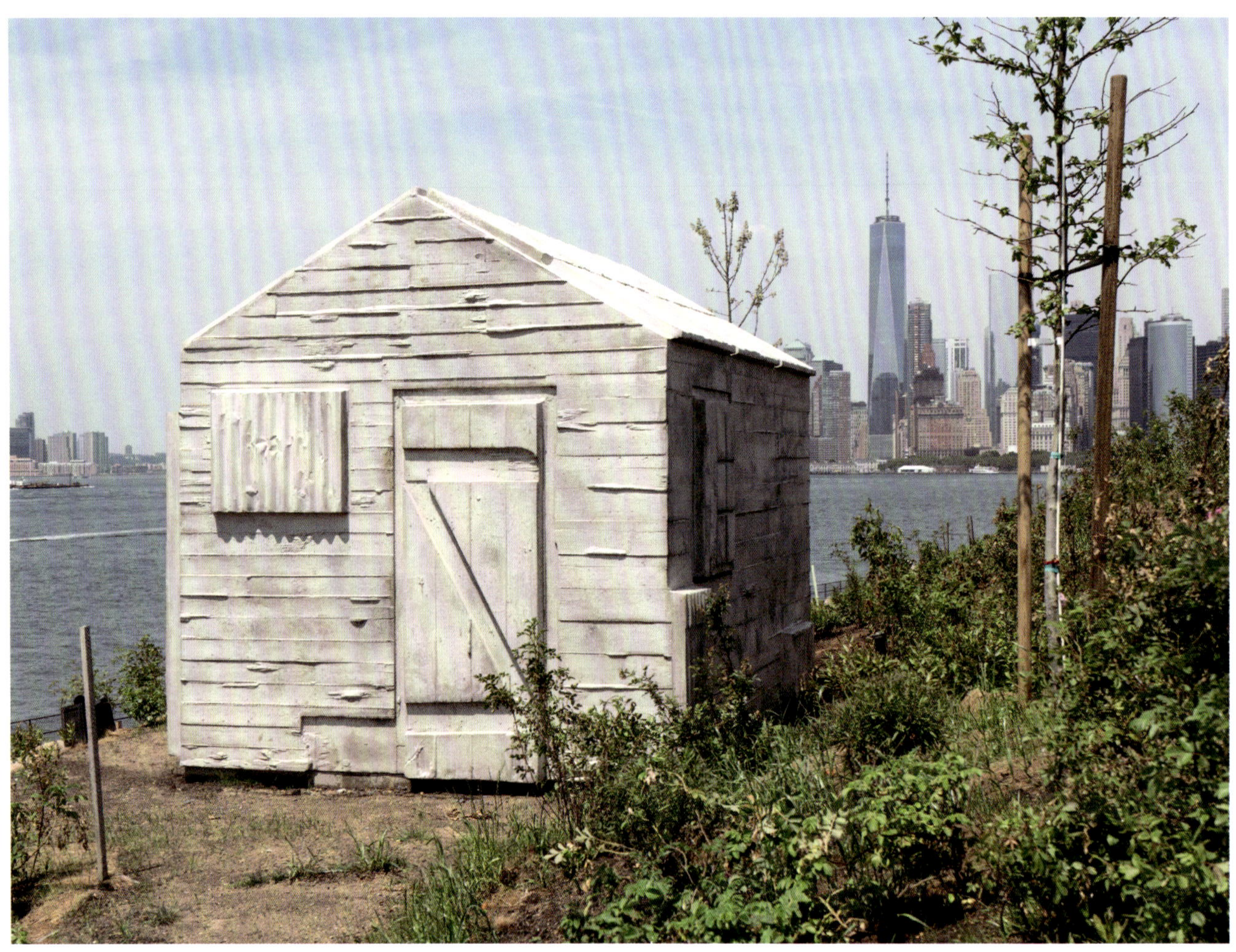

Cabin 2016

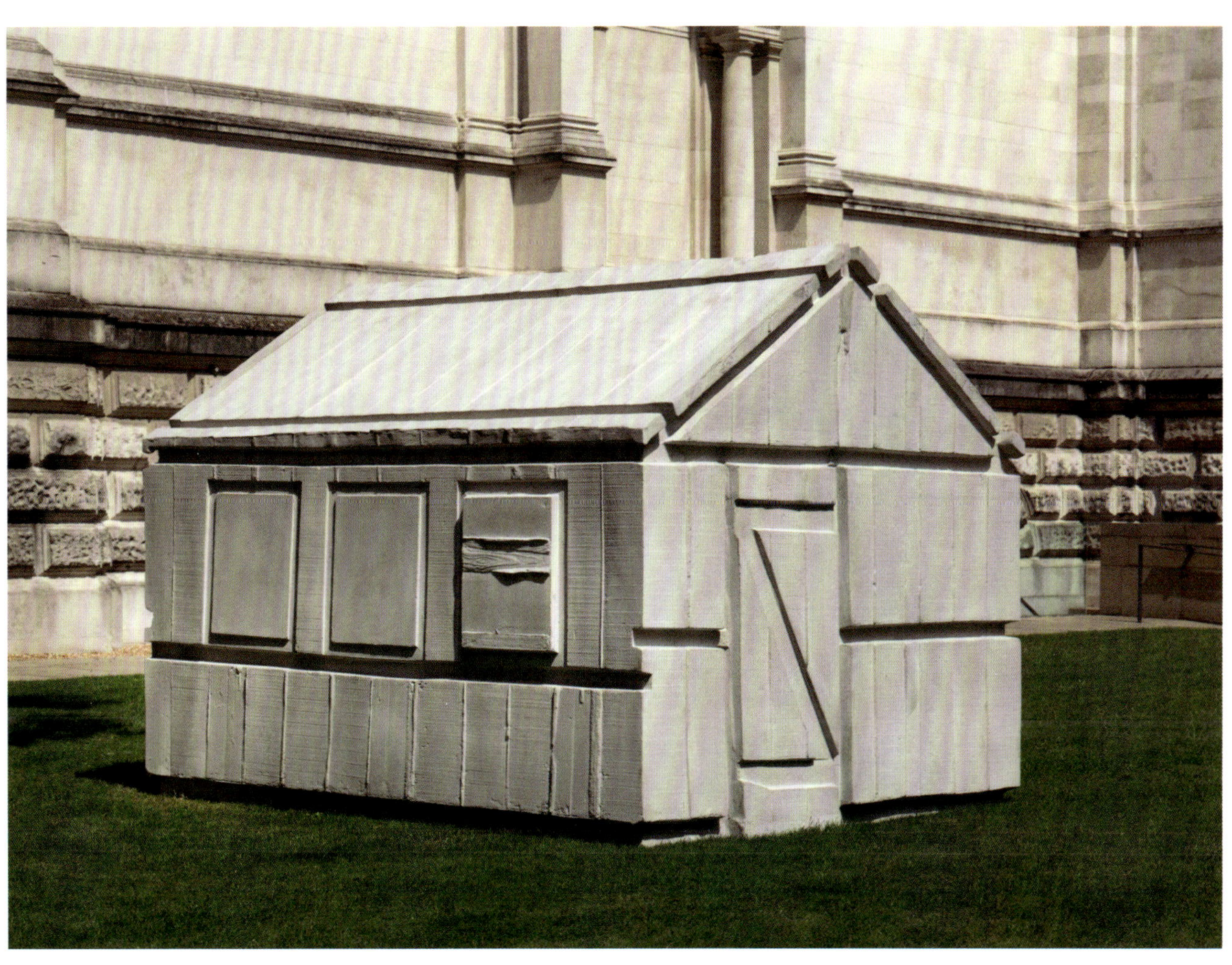

Chicken Shed 2017

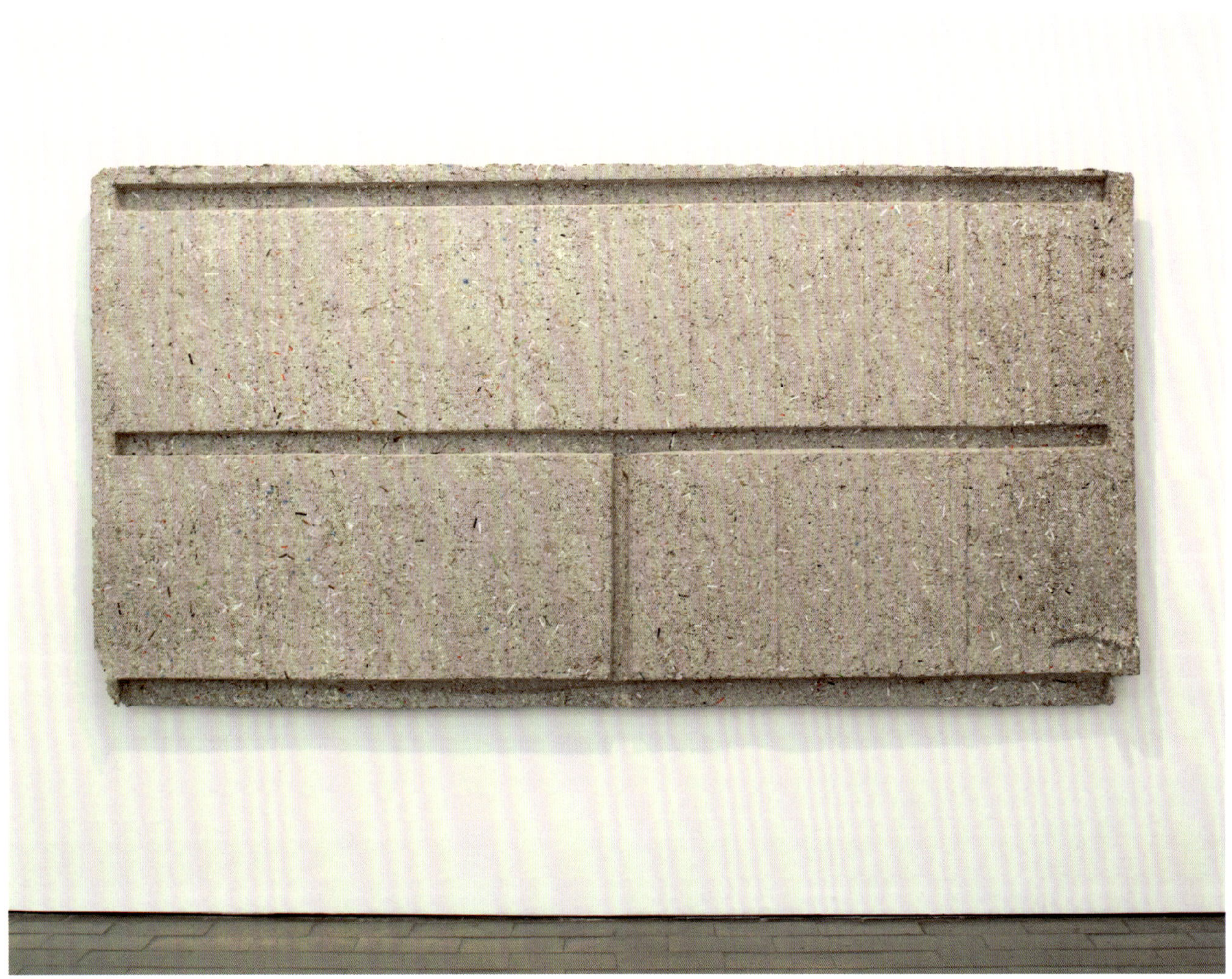

Wall (Beams) 2017

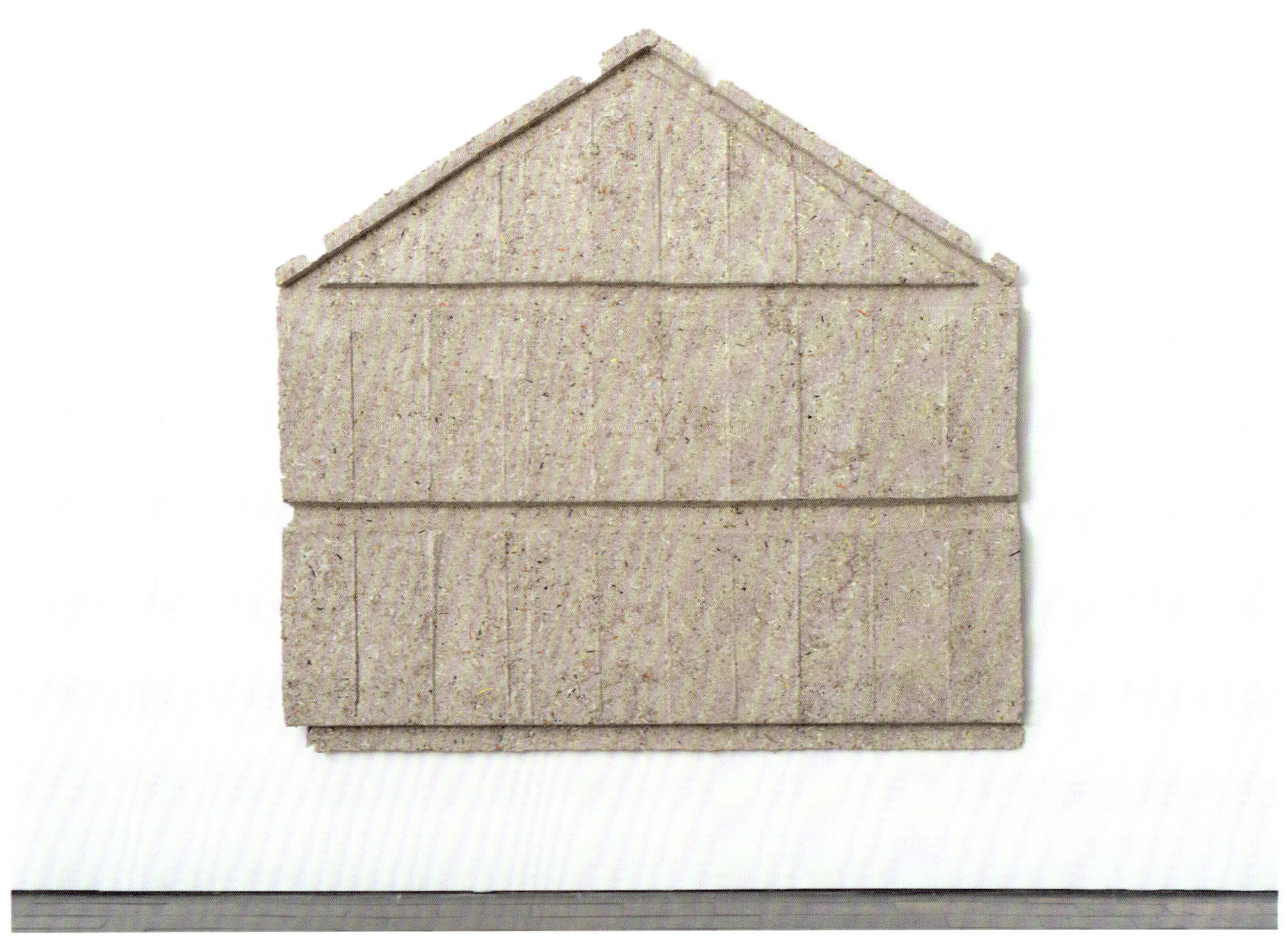

Wall (Apex) 2017

Anhang

Texte der Künstlerin

S. 63

My Nanna's House – Ilford

A bungalow, with tomato plants in a greenhouse
A ticking clock, a bright front room
The smell of boiled potatoes and meat and gravy
Bourneville chocolate and whist drives, strange knitted women covering toilet paper rolls
Terracotta tiles
Ladybirds
Geraniums
Packs of cards
Rough material on the sofa
Lemon coloured bath mat
Blue bathroom suite
Aluminium saucepans
Gingham tablecloth over a blue laminated table
Pebbledashed walls
Leaded stained glass windows on the front door

Rachel Whiteread
2007

S. 175

Colour

When I was 7, I was allowed to chose the colours for my bedroom. Free will. »Lilac and orange« was my chosen colour scheme. I loved it.

When I was 14, I changed the colour scheme to dark blue and white. Ever since then I have lived and worked in white rooms.

Colour confuses me. Every day, when I get up, I have to think about it. What to wear, what colour. Black is always a good choice …

Then I walk my boy to school, pretty bland colour-wise – East End building sites and then a green park, all quite straightforward.

Then to work, the studio and house – all walls are white – easier that way.

Then thinking, making drawings, pencil, ink, white paint, easy enough not to get too worried. How did colour creep in, through materials? Form, sensation, emotion?

Collage – that's good for using other people's colour decisions. Does that mean I've been let off the hook?

I love colour, but there are too many decisions to make.

Am I an aesthete? Is colour about necessity for me in my work – or is it simply a product of what I am thinking about?

I try not to dwell on it; if I did, I would only ever use black and white.

Rachel Whiteread
Mai 2007

Anmerkungen

Sofern nicht anders vermerkt, stammen die Übersetzungen von Zitaten aus der Literatur von den Übersetzerinnen der jeweiligen Beiträge.

Materielle Kultur
Ann Gallagher

1 Am selben Abend wurde Whiteread von der K Foundation als »schlechteste« Künstlerin des Jahres ausgezeichnet. Das auf ein gerahmtes Brett genagelte Preisgeld von 400 000 britischen Pfund in bar wurde um ein Haar in Brand gesetzt, als die Künstlerin seine Annahme auf den Stufen der Tate Gallery verweigerte. Nach einem Ultimatum der K Foundation, die das Geld zu verbrennen drohte, nahm Whiteread es an und spendete 10 000 Pfund an die Obdachlosenorganisation SHELTER. Der Rest ging an bedürftige Künstler. Ein Komitee, bestehend aus David Batchelor, Mark Wallinger, Alison Wilding und der Künstlerin selbst, prüfte die nach einer Anzeige in *Art Monthly* eingehenden Anträge und bewilligte Beihilfen an Sara Byers, Damien Duffy, Sarah Jones, Paul Noble, Emma Rushton, Matthew Tickle, Keith Wilson, Elizabeth Wright und Colin Richards für den Albany Art Trust des HM Prison Albany.

2 Alex Potts, »Sculpture and the Everyday Life of Things«, in: *Rachel Whiteread* (Ausst.-Kat. Gagosian Gallery, London), London 2005, S. 18.

3 *Looking Up. Rachel Whiteread's Water Tower*, hg. von Louise Neri, New York 1999, Frontispiz.

4 Die Carlisle Gallery befand sich von 1986 bis 1989 auf der City Road im Stadtteil Islington.

5 Rachel Whiteread im Gespräch mit Andrea Rose, in: *Rachel Whiteread*, hg. von Ann Gallagher (Ausst.-Kat. Britischer Pavillon der 47. Biennale von Venedig), London 1997.

6 Adrian Forty, *Concrete and Culture. A Material History*, London 2012.

7 Hal Foster, Rosalind Krauss, Yve-Alain Bois und Benjamin Buchloh, *Art Since 1900. Modernism, Antimodernism, Postmodernism*, London 2004, S. 635.

8 George Orwell, *1984*, Hamburg 2013, S. 7 (Übers. Michael Walter).

Vies Trouvées (Gefundene Leben)
Molly Donovan

1 E-Mail von Graham Whatley an die National Gallery of Art, Washington D.C., 14.1.2013.

2 Zwar erhielt sie 1991 nicht den Turner Prize für *Ghost*, dafür aber 1993 für *House*.

3 Als Whiteread die Arbeit an *Ghost* aufnahm, war die Fassade von 486 Archway Road mit Autoreifen verhängt, als Protest eines Künstlers gegen die geplante Straßenverbreiterung.

4 Rachel Whiteread, Video der National Gallery of Art, Washington, Interview mit der Autorin, 12.10.2008, https://www.nga.gov/content/ngaweb/Collection/art-object-page.131285.html#relatedpages (abgerufen am 21.9.2017).

5 Unterstützt wurde sie von ihrem Lebensgefährten Marcus Taylor und ihren Nachbarn, dem Künstler Alan Marriott und seiner kleinen Tochter Hannah.

6 E-Mail von Graham Whatley an die Autorin, 6.2.2017.

7 Whatley schrieb: »Es gab keine Zentralheizung, und nachts wurde es in den Schlafzimmern richtig frisch. Also kamen Wärmflaschen in die Betten.«

8 Whiteread 2008, Video der National Gallery (wie Anm. 4).

9 Charlotte Mullins, »Traces of Life«, in: *Rachel Whiteread*, London 2004, S. 23f. Beihilfen gewährten die Greater London Arts Association und der Elephant Trust.

10 Rosalind Krauss, »X Marks the Spot«, in: *Rachel Whiteread: Shedding Life*, hg. von Fiona Bradley, (Ausst.-Kat. Tate Gallery Liverpool/Museo Nacional Centro de arte Reina Sofia, Madrid), Liverpool 1996, S. 76.

11 Das Modell entstand 1962, das endgültige Werk 1968.

12 Robert Morris, »Anmerkungen über Skulptur. Teil 2«, in: *Kunsttheorie im 20. Jahrhundert. Künstlerschriften, Kunstkritik, Kunstphilosophie, Manifeste, Statements, Interviews*, hg. von Charles Harrison und Paul Wood, Bd. 2, Ostfildern-Ruit 1998, S. 1005 (Übers. Jürgen Blasius).

13 *Tony Smith: Two Exhibitions of Sculpture* (Ausst.-Kat. Wadsworth Atheneum, Hartford/The Institute of Contemporary Art, University of Pennsylvania), New York 1966/67, o. S.

14 Tony Smith, in: Hayden Herrera, »Master of the Monumentalists«, in: *Time*, 13.10.1967, S. 84, zit. in: Robert Storr, »A Man of Parts«, in: *Tony Smith: Architect, Painter, Sculptor*, New York 1998, S. 11. Siehe zu weiteren Beispielen für Verbindungen zwischen Minimalismus und Tod bzw. anthropomorphen Geometrien den Vortrag von Jane McFadden, »Los Angeles to New York: Dwan Gallery, 1959–1971, VI: Some Art Is Hard to See: Field Trips with Virginia Dwan«, https://player.fm/series/national-gallery-of-art-audio-1450497/los-angeles-to-new-york-dwan-gallery-1959-1971-vi-some-art-is-hard-to-see-field-trips-with-virginia-dwan (abgerufen am 21.9.2017).

15 Siehe Fraser Ward, »Undead Painting: Life after Life in the 1980s«, in: Helen Molesworth, *This Will Have Been: Art, Love, & Politics in the 1980s*, New Haven 2012, S. 50–63.

16 Siehe die scharfsinnige Erörterung der politischen Dimension von Whitereads Schaffen, mit einer Fallstudie zu *House* (1993), von Angela Dimitrakakis, »Gothic Public Art and The Failures of Democracy«, in: *The Art of Rachel Whiteread*, hg. von Chris Townsend, London 2004.

17 Rachel Whiteread, E-Mail an die Autorin, 10.3.2015.

18 Siehe Sigmund Freud, »Das Unheimliche«, in: *Sigmund Freud. Studienausgabe*, hg. von Alexander Mitscherlich, Angela Richards und James Strachey, Frankfurt a. M. 1982, Bd. 4, S. 241–274.

19 Mullins 2004 (wie Anm. 9), S. 23.

20 André Breton, *L'Amour fou* (1937), München 1970, S. 28 (Übers. Friedhelm Kemp).

21 André Breton, *Nadja*, Frankfurt a. M. 2002, S. 9 (Übers. Bernd Schwibs).

22 Hal Foster, *Compulsive Beauty*, Cambridge (MA) 1993, S. 44.

23 Whiteread 2008, Video der National Gallery of Art (wie Anm. 4).

24 André Breton, »Surrealistische Situation des Gegenstands«, in: *Imagination. Internationale Ausstellung bildnerischer Poesie* (Ausst.-Kat. Museum Bochum), Bochum 1978, S. 48.

25 Liam Gillick, *Rachel Whiteread: Ghost* (Ausst.-Kat. Chisenhale Gallery, London), London 1990, o. S.

26 Wichtige neuere Forschungen zur Unterscheidung von Dada und Surrealismus haben formale und thematische Anliegen abgesteckt: Leah Dickerman, *Dada* (Ausst.-Kat. Centre Pompidou, Musée National d'Art Moderne, Paris/National Gallery of Art, Washington), Washington 2006; Margaret Iverson, »Readymade, Found Object, Photograph«, in: *Art Journal*, Bd. 63, Nr. 2, 2005, S. 44–57. Zu Unterschieden zwischen dem frühen und dem späten Duchamp, gesehen aus dem Blickwinkel von Bildhauern der Nachkriegszeit, u. a. Whiteread, siehe Helen Molesworth, »Duchamp: By Hand, Even« in: *Part Object Part Sculpture* (Ausst.-Kat. Wexner Center for the Arts, Columbus [OH]), Columbus 2005.

27 Marcel Duchamp, »Die ›Readymades‹ präzisieren«, in: *Marcel Duchamp. Die Schriften*, hg. und übers. von Serge Stauffer, Zürich 1981, Bd. 1, S. 100.

28 Zur erforderlichen Behutsamkeit im Umgang mit biografischem Wissen siehe Julie Ault, *Felix Gonzalez-Torres*, Göttingen 2006, S. ix-xii. Darin zitiert sie aus: Adam Phillips, *Darwins Würmer und Freuds Tod. Über den Sinn des Vergänglichen*, Göttingen 2007, S. 93.
29 E-Mail von Graham Whatley an die National Gallery of Art, Washington, 14.1.2013.
30 Ebd.
31 Rod Stewart, *Rod. Die Autobiografie*, München 2012, S. 13 (Übers. Johanna Wais).
32 Für eine vergleichende kontextuelle Einordnung von *Untitled (Room 101)* siehe Chris Townsend, »Live as if Someone is Always Watching You. George Orwell's Rachel Whiteread's and the BBC's versions of Room 101«, in: Townsend (Hg.) 2004 (wie Anm. 16), S. 197–213.
33 Kimiko de Freytas-Tamurajan, »George Orwell's ›1984‹ Is Suddenly a Best-Seller«, in: *New York Times*, 25.1.2017, https://www.nytimes.com/2017/01/25/books/1984-george-orwell-donald-trump.html (abgerufen am 21.9.2017)
34 George Orwell, *1984*, Hamburg 2013, S. 28 (Übers. Michael Walter).
35 Ebd., S. 138f.

House
Rachel Whiteread & James Lingwood im Gespräch mit Ann Gallagher

1 Ein von der Thatcher-Regierung 1983 aufgelegtes Programm zur Förderung von Existenzgründerinnen und Existenzgründern (Anm. d. Ü.).
2 Rechtsextreme Partei in Großbritannien (Anm. d. Ü.).

Kunst als Denkmal
Harald Krejci

1 Simon Wiesenthal (Hg.), *Projekt: Judenplatz Wien. Zur Konstruktion von Erinnerung*, Wien 2000. Zu den Wettbewerbsbeiträgen siehe *Judenplatz Wien 1996: Wettbewerb Mahnmal und Gedenkstätte für die jüdischen Opfer des Naziregimes in Österreich, 1938–1945* (Ausst.-Kat. Kunsthalle Wien), Wien/Bozen 1996. Detaillierte Informationen zur Baugeschichte des Mahnmals und zur Gedenkstätte in Gerhard Milchram (Hg.), *Judenplatz. Ort der Erinnerung*, Wien 2000.
2 Zur kunsthistorischen Debatte über Denkmalkultur und Whitereads Denkmal siehe Mechtild Widrich, »The Willed and the Unwilled Monument: Judenplatz Vienna and Riegl's Denkmalpflege«, in: *Journal of the Society of Architectural Historians*, Bd. 72, Nr. 3, September 2013, S. 382–398.
3 Wolfgang Kos, »Erinnerungspolitik und Ästhetik. Bemerkungen zu den Konflikten und nicht geführten Debatten um Rachel Whitereads Mahnmal für Wien«, in: Wiesenthal (Hg.) 2000 (wie Anm. 1).
4 Kos 2000 (wie Anm. 3), S. 75.
5 Andrea Schlieker, »Ein Buch muss die Axt sein für das gefrorene Meer in uns«, in: Wiesenthal (Hg.) 2000 (wie Anm. 1), S. 39–70, sowie Milchram (Hg.) 2000 (wie Anm. 1), S. 20–32.
6 Beatriz Colomina, »Ich träumte, ich sei eine Wand«, in: *Rachel Whiteread. Transient spaces* (Ausst.-Kat. Deutsche Guggenheim Berlin), Berlin 2001, S. 71–86 (Übers. Bernhard Geyer, Uta Goridis).
7 Zit. nach Craig Houser, »Wenn Wände sprechen könnten: Ein Interview mit Rachel Whiteread«, in: Ausst.-Kat. Berlin 2001 (wie Anm. 6), S. 52.
8 Zit. nach ebd., S. 59.
9 Zu den Zusammenhängen von Minimal Art und Rachel Whitereads Kunst mit Bezug auf das »Monument« siehe Gerald Schröder, »›A Pause in the City‹. Rachel Whitereads Reflexionen des Monuments«, in: Carsten Ruhl (Hg.), *Mythos Monument. Urbane Strategien in Architektur und Kunst seit 1945*, Bielefeld 2011, S. 267–289.
10 Siehe dazu ebd.
11 Ebd., S. 271.
12 Ebd., S. 281.
13 Ebd.

Sinn und Sinnlichkeit
Lynn Zelevansky

1 *Sense and Sensibility: Women Arts and Minimalism in the Nineties*, 16.6.–11.9. 1994, Museum of Modern Art, New York. Ebenfalls in dieser Ausstellung vertreten waren Polly Apfelbaum, Mona Hatoum, Rachel Lachowicz, Jac Leirner, Claudia Matzko und Andrea Zittel.
2 Ich assistierte William Rubin bei der Ausstellung *Picasso and Braque: Pioneering Cubism*, MoMA, New York, 1989, und war Herausgeberin des zweiten Bandes des Kataloges *Picasso and Braque: A Symposium* mit den Protokollen des Symposiums vom 10.–15. 11.1989 am MoMA.
3 Als Junior Curator hätte ich am New Yorker MoMa an sich lediglich eine kleine *Projects*-Schau betreuen dürfen, doch experimentierte das Museum damals gerade mit einem mittleren Format und musste ein Zeitfenster füllen – und ich hatte dafür eine Idee. Robert Storr war seinerzeit am MoMa Kurator für Zeitgenössische Kunst. Mit Genehmigung von Kirk Varnedoe, dem damaligen Chefkurator für Malerei und Bildhauerei, half er der Ausstellung über alle bürokratischen Hürden hinweg.
4 Ein Vertreter der Stadt nannte es einen »Auswuchs«. Zit. in: Chris Townsend, »Introduction: When We Collide: History and Aesthetics, Space and Signs, in the Art of Rachel Whiteread«, in: Chris Townsend (Hg.): *The Art of Rachel Whiteread*, London 2004, S. 19.
5 Ebd., S. 18.
6 Damals erzählte mir Whiteread, sie habe es »satt, über sich selbst zu sprechen«, und wünsche sich, »zu anderen Themen überzugehen«; Lynn Zelevansky, *Sense and Sensibility: Women Arts and Minimalism in the Nineties*, (Ausst.-Kat. Museum of Modern Art, New York) New York 1994, S. 28. Werke wie *Holocaust Memorial* und *Monument* sind deshalb nicht autobiografisch, die Berge weißer Pappkarton-Abgüsse, die sie 2005 unter dem Titel *Embankment* in der Turbinenhalle der Tate Modern aufstapelte, hingegen schon, denn sie leiten sich von einem Karton ab, den Whiteread nach dem Tod ihrer Mutter in ihrem Elternhaus fand. Die Abgüsse sind sozusagen als Tribut an ihre Mutter und ihre Kindheit zu verstehen.
7 Vgl. z.B. Rachel Whiteread in: Jane Burton »Concrete Poetry«, in: *Artnews*, Mai 1999, S. 157: »Den wichtigsten Einfluss auf mich hatten sicher die amerikanischen Minimalisten.«
8 Siehe z.B. Hans Ulrich Obrist, »Conversation with Rachel Whiteread«, in: *RES*, Nr. 10, August 2013, S. 60.
9 Suzaan Boettger, *Earthworks: Art and the Landscape of the Sixties*, Berkeley/London 2002, S. 1f.
10 Ausst.-Kat. New York 1994 (wie Anm. 6), S. 28.
11 Craig Houser, »Wenn Wände sprechen könnten: Ein Interview mit Rachel Whiteread« in: *Rachel Whiteread. Transient Spaces* (Ausst.-Kat. Deutsche Guggenheim Berlin) Berlin 2001, S. 54 (Übers. Bernhard Geyer, Uta Goridis).
12 Zitate und Verweis auf Le Corbusier siehe R. O. Carley, »Design and Build to Destroy: Rachel Whiteread's Untitled (Room) and its Representations«, in: Lynn Churchill und Dianne Smith (Hg.): *Interior: A State of Becoming*, Tagungsband, Perth, 6.–9.9.2012. Ich danke Molly Donovan für den Hinweis auf diesen Artikel.
13 Whiteread nennt ihr Werk »durch und durch systematisch«; es gehe dabei um die »Vorstellung von einem Raum«, siehe Houser 2001 (wie Anm. 11) , o. S.
14 Das äußerte Whiteread mehrmals, vgl. z.B. Bice Curiger, »In the Studio: Rachel Whiteread and Bice Curiger in Conversation«, in: *Tate, Etc.*, Nr. 20, 2010, S. 60–69.
15 Vgl. Michael Kimmelman, »Critic's Notebook. Behind Sealed Doors, Opening Up the Past«, in: *The New York Times on Line*, 30.10.2000. Einwände gegen das Denkmal äußerten auch die rechtspopulistische Freiheitliche Partei Österreichs (FPÖ) als damalige Regierungspartei, Anwohner des

Judenplatzes, die sich sorgten, der Platz könnte verwüstet oder von Neonazis vereinnahmt werden, und von Juden, die die Entscheidung für eine nichtjüdische Künstlerin bemängelten oder Bedenken trugen, das Denkmal könnte Krawalle auslösen.

16 Francesca Gavin, »Rachel Whiteread: 1993's most controversial artist on what it feels like to make a masterpiece«, in: *Dazed Digital*, www.dazeddigital.com//artsandculture/article/16859/1/rachel-whiteread (abgerufen am 14.9.2017).

17 *Monument* stand 2001 sechs Monate lang auf dem Granitsockel.

18 Maeve Kennedy, »Acclaim greets Trafalgar Square sculpture«, in: *The Guardian*, 5.6.2001, https://www.theguardian.com/arts/pictures/image/0,8543,-10604720077,00.html (abgerufen am 14.9.2017).

19 Als Studentin war ich selbst Mitglied von Citizens for Local Democracy.

20 David Raskin, *Donald Judd*, New Haven 2010, S. 89.

21 Vgl. Ausst.-Kat. New York 1994 (wie Anm. 6), S. 29, dort zit. nach Robert Pincus-Witten, »Gordon Matta-Clark: Art in the Interrogative«, in: *Gordon Matta-Clark: A Retrospective* (Ausst.-Kat. Museum of Contemporary Art, Chicago), Chicago, 1985, S. 11.

22 Ich danke Jane McFadden für die Genehmigung, aus ihrem unveröffentlichten Vortrag »Some Art is Hard to See. Field Trips with Virginia Dwan« zu zitieren, den sie am 19.11.2016 in der National Gallery of Art, Washington D.C., beim öffentlichen Symposium im Rahmen der Ausstellung *Los Angeles to New York: Dwan Gallery, 1959–1971* gehalten hat. Die Informationen zu Dwan und ihren Künstlern stammen aus McFaddens Manuskript.

23 Ebd.

24 Simon Hattenstone: »Ghosts of Childhood Past«, in: *The Guardian*, 10.5.2008, https://www.theguardian.com/artanddesign/2008/may/10/art.culture (abgerufen am 14.9.2017).

25 Vgl. etwa ihre Aussage in Burton 1999 (wie Anm. 7), S. 155, »*House* hat mich geschockt, denn mir war schon klar, dass es kontrovers aufgenommen werden würde, aber nicht, *wie* kontrovers! […] Ich war am Boden zerstört über das Aufsehen. Ich konnte damit überhaupt nicht umgehen und habe mich zum Schluss nur noch verkrochen.«

26 Louisa Buck, »The Mistress of Negative Space«, in: *Art Newspaper*, November 2005, S. 38. Whiteread erwähnt, dass ihr Vater Geograf war und sie sich seit ihrer Kindheit der »negativen Auswirkungen des Menschen auf die Natur« bewusst gewesen sei.

27 Ebd.

28 Über das *Gran Boathouse* in Gran, Norwegen, hinaus stellte sie weitere Schuppen in England und in der kalifornischen Wüste in der Nähe des Joshua Tree National Park auf.

29 Charlotte Burns, »Rachel Whiteread. It's My Mission to Make Things More Complicated«, in: *The Guardian*, 21.7.2016, S. 4, https://www.theguardian.com/artanddesign/2016/jun/21/rachel-whiteread-cabin-governors-island (abgerufen am 14.9.2017).

Aus einem Guss
Briony Fer

1 Rainer Maria Rilke in einem Brief an seine Frau Clara Westhoff vom 2.9.1902, in: Rainer Maria Rilke: *Briefe aus den Jahren 1892 bis 1904*, hrsg. von Ruth Sieber-Rilke und Carl Sieber, Leipzig 1939, S. 256.

2 Eine interessante Erörterung dieses Phänomens findet sich in Mari Lending, »Proust and Plaster«, in: *AA Files*, Nr. 67, 2013, S. 46–48.

3 David Batchelor, *The Luminous and the Grey*, London 2014, S. 50, vgl. dort auch die Diskussion auf S. 54.

4 Eine eingehende Besprechung dieses Werks und seiner Bezüge zu Eva Hesses Arbeiten findet sich in meinem Essay »Treading Blindly, or the Excessive Presence of the Object«, in: *Art History*, Bd. 20, Nr. 2, Juni 1997, S. 268–288.

5 Vgl. über Rachel Whiteread und Architektur, Anthony Vidler, *Warped Space. Art, Architecture and Anxiety in Modern Culture*, Boston 2000.

6 Georges Perec, *Espèces d'Espaces*, Paris 1974. Dt. *Träume von Räumen*, Zürich/Berlin (2. Aufl.) 2016, S. 65 (Übers. Eugen Helmlé).

7 Gespräch mit Rachel Whiteread.

8 Perec 2016 (wie Anm. 6), S. 11.

Die Macht der Dinge
Linsey Young

1 Rachel Whiteread im Gespräch mit John Tusa, 21.12.2010, https://farticulate.wordpress.com/2010/12/21/21-december-2010-post-rachel-whiteread-selected-sculptures-interview/ (abgerufen am 6.10.2017).

2 Interview mit Andrea Rose, in: *Rachel Whiteread: British Pavilion*, hg. von Ann Gallagher (Ausst.-Kat. 47. Biennale von Venedig, The British Arts Council) London 1997, S. 33.

3 Sie gießt die Gummiflaschen mit Gips, Kunstharz oder Aluminium aus, bearbeitet sie, lässt sie stehend oder hängend aushärten und zieht danach das Gummi vom Abguss ab.

4 »Rachel Whiteread in Conversation with Iwona Blazwick«, in: *Rachel Whiteread: Sculptures*, hg. von Jan Debbaut (Stedelijk Van Abbemuseum, Eindhoven) Eindhoven 1992, S. 8.

5 Vladimir Nabokov, *Lolita*, Hamburg 1959, S. 13 (Übers. Helen Hessel).

6 Ausst.-Kat. Eindhoven 1992 (wie Anm. 4), S. 13.

7 Diese Objekte wurden 2011 in der Ausstellung *Rachel Whiteread Drawings* im Hammer Museum, Dallas, und in der Tate Britain als eine von der Künstlerin selbst kuratierte Auswahl in Plexiglasvitrinen sowie im Begleitkatalog als visueller Essay gezeigt. 2008 waren sie zudem in der Gagosian Gallery in Beverly Hills, Kalifornien, zu sehen.

8 »The Process of Drawing is like Writing a Diary: It's a Nice Way of Thinking About Time Passing«, Rachel Whiteread im Gespräch mit Bice Curiger, http://www.tate.org.uk/context-comment/articles/process-drawing-writing-diary-its-nice-way-thinking-about-time-passing (abgerufen am 6.10.2017).

9 James Lawrence: »Sculptural Common Sense«, in: *Rachel Whiteread* (Ausst.-Kat. Gagosian Gallery, Beverly Hills) o. O. 2008, S. 7.

10 Simone de Beauvoir, *Ein sanfter Tod*, Reinbek bei Hamburg 1965, S. 109 (Übers. Paul Mayer).

11 Charlotte Mullins, *Rachel Whiteread*, London 2004, S. 73.

12 Sigmund Freud, *Das Unheimliche* (1919), Bremen 2012, S. 18.

The Dream Site
Brian Dillon

1 Italo Calvino, *Die unsichtbaren Städte*, München 1977, S. 71 (Übers. Heinz Riedt).

2 »Irgendein Dach, dräuender Wassertank, seltsam gedämpft Straßengeräusche / und andere, bekannte, dort unbekannte; lange milde Sommerabende auf dem geteerten Dach: du lehnst den Kopf zurück in die Sternenschwärme des Nachtgewölbes.«

3 Henry David Thoreau, *Walden oder Leben in den Wäldern*, Köln 2009, S. 46 (Übers. Anneliese Dangel).

4 Ebd., S. 126.

Autorinnen und Autoren

Brian Dillon ist Autor und Kritiker sowie Herausgeber der britischen Ausgabe des Magazins *Cabinet*.

Molly Donovan ist Kuratorin für Kunst von 1975 bis heute an der National Gallery of Art, Washington, D.C.

Briony Fer ist Professorin für Kunstgeschichte am University College London.

Ann Gallagher ist Direktorin der Sammlung britische Kunst an der Tate.

Harald Krejci ist Kurator der Sammlung 20. Jahrhundert im Belvedere/21er Haus, Wien.

James Lingwood ist Leiter von Artangel.

Linsey Young ist Kuratorin für Gegenwartskunst an der Tate.

Lynn Zelevansky ist Direktorin des Carnegie Museum of Art, Pittsburgh.

Bibliografie

MONOGRAFIEN UND AUSSTELLUNGSKATALOGE

2015 *Testament*, Rachel Whiteread und Com Toibin, Galleria Lorcan O'Neill, Rom

2013 *Rachel Whiteread: Detached*, Briony Fer, mit einem Gedicht von Mark Waldron, Ausst.-Kat. Gagosian Gallery, London

2011 *Rachel Whiteread: Long Eyes*, Molly Nesbit, Ausst.-Kat. Luhring Augustine, New York

2010 *Rachel Whiteread: Drawings*, hg. von Allegra Pesenti, mit Beiträgen von Ann Gallagher und Allegra Pesenti, Ausst.-Kat. Hammer Museum, Los Angeles

2008 *Rachel Whiteread*, James Lawrence, Ausst.-Kat. Gagosian Gallery, Los Angeles

2007 *Whiteread*, Mario Codognato und David Batchelor, Ausst.-Kat. MADRE, Museo d'arte contemporanea Donnaregina, Neapel
Whiteread, Fernando Francés, Mario Codognato und David Batchelor, Ausst.-Kat. CAC Centro de Arte Contemporáneo de Málaga, Málaga

2005 *Rachel Whiteread: Embankment*, Catherine Wood und Gordon Burn, Ausst.-Kat. Tate Modern, London
Rachel Whiteread: Plastiken und Zeichnungen/Sculpture and Drawing, Kornelia von Berswordt-Wallrabe und Rachel Whiteread, Ausst.-Kat. Staatliches Museum Schwerin
Rachel Whiteread: Sculpture, Alex Potts, Ausst.-Kat. Gagosian Gallery, London
Rachel Whiteread: Walls, Doors, Floors and Stairs, hg. von Eckhard Schneider, mit Beiträgen von Mario Codognato, Richard Cork und Richard Noble, Ausst.-Kat. Kunsthaus Bregenz

2004 *The Art of Rachel Whiteread*, hg. von Chris Townsend, London
RW: *Rachel Whiteread*, Charlotte Mullins, London
Rachel's Book, Rachel Whiteread, London

2003 *Rachel Whiteread*, hg. von Paulo Venancio Filho und Ann Gallagher, Ausst.-Kat. Museu de Arte Moderna do Rio de Janeiro, Museu de Arte Moderna de São Paulo

2002 *Rachel Whiteread*, hg. von Christiane Schneider, Ausst.-Kat. Haunch of Venison, London

2001 *Rachel Whiteread: Transient Spaces*, Lisa Denison, Craig Houser, Beatriz Colomina, A. M. Homes und Molly Nesbit, Ausst.-Kat. Deutsche Guggenheim Berlin
Rachel Whiteread, Lisa G. Corrin, Patrick Elliott, Andrea Schlieker, London, Ausst.-Kat. Serpentine Gallery, London, National Galleries of Scotland, Edinburgh

2000 *Der Judenplatz – ein Ort der Erinnerung*, hg. von Gerhard Milchram, mit Beiträgen von Simon Wiesenthal, Andreas Palffy, Andrea Schlieker, Paul Mitchel, Doris Schoen, Reinhard Pohanka, Museum Judenplatz, Wien
Projekt: Judenplatz Wien, hg. von Simon Wiesenthal, Wien

1999 *Looking up: Rachel Whiteread's Water Tower: a project of the Public Art Fund*, hg. von Louise Neri, mit Beiträgen von Neville Wakefield, Tom Eccles, Luc Sante, Molly Nesbitt, Public Art Fund, New York, Zürich

1998 *Rachel Whiteread, with »Music for torching« a story by A. M. Homes*, Ausst.-Kat. Anthony d'Offay Gallery, London

1997 *Rachel Whiteread. British Pavilion XLVII Venice Biennale*, hg. von Ann Gallagher, mit einem Interview von Andrea Rose, Ausst.-Kat. British Council, London
Rachel Whiteread, Rosalind Krauss, Bartomeu Marí, Stuart Morgan, Michael Tarantino, Ausst.-Kat. Museo Nacional Centro de Arte Reina Sofía, Madrid
Rachel Whiteread: Shedding Life, hg. von Fiona Bradley, mit Beiträgen von Stuart Morgan, Bartomeu Marí, Rosalind Krauss, Michael Tarantino, Ausst.-Kat. Tate Liverpool

1996 *Rachel Whiteread: Skulpturen/Sculptures 1988–1996, Prix Eliette Von Karajan '96*, hg. von Dietgard Grimmer, mit Beiträgen von Harald Szeemann, Lorand Heygi, Dietgard Grimmer, Salzburg/Wien

1995 *Rachel Whiteread: House*, hg. von James Lingwood, mit Beiträgen von Jon Bird, Doreen Massey, Iain Sinclair, Richard Shone, Neil Thomas, Anthony Vidler, Simon Witney, London
Rachel Whiteread: House, with photographs by John Davies, Artangel Trust, London
Rachel Whiteread: Sculpture, Pier Luigi Tazzi, Ausst.-Kat. British School, Rom

1994 *Rachel Whiteread*, hg. von Thomas Kellein, Ausst.-Kat. Kunsthalle Basel

1993 *Rachel Whiteread: Plaster Sculptures*, David Batchelor, Ausst.-Kat. Luhring Augustine, New York, Karsten Schubert Ltd, London
Rachel Whiteread: Gouachen/Goaches, hg. von Friedrich Meschede, Ausst.-Kat. DAAD Galerie, Berlin
Rachel Whiteread, hg. von Beryl Wright, Ausst.-Kat. Museum of Contemporary Art, Chicago

1992 *Rachel Whiteread: Sculptures*, hg. von Jan Debbaut, mit einem Essay von Stuart Morgan und einem Interview von Iwona Blazwick, Ausst.-Kat. Stedelijk Van Abbemuseum, Eindhoven
Rachel Whiteread: Escultures, Jorge Luis Marzo, Ausst.-Kat. Fundació la Caixa de Pensiones, Barcelona

1990 *Rachel Whiteread: Ghost*, Liam Gillick, Ausst.-Kat. Chisenhale Gallery, London

SAMMELSCHRIFTEN

2016 *Alt-Architecture*, Ausst.-Kat. Caixa-Forum Barcelona
Art in the Making: Artists and their Materials from the Studio to Crowdsourcing, Glenn Adamson und Julia Bryan-Wilson, London
Artrage! The Story of the BritArt Revolution, Elizabeth Fullerton, London
Concrete Inspirations, Ausst.-Kat. Arup, London
MashUp: The Birth of Modern Culture, hg. von Daina Augaitis, Bruce Grenville und Stephanie Rebick, Ausst.-Kat. Vancouver Art Gallery, London
Sculpture on the Move: 1946–2016, Ausst.-Kat. Kunstmuseum Basel
Art Visionaries, Mark Getlein und Annabel Howard, London

2015 *Drawing in the Twenty-First Century: The Politics and Poetics of Contemporary Practice*, hg. von Elizabeth A. Pergam, Abingdon
Ladies' Knight: A Female Perspective on Chess, Ausst.-Broschüre World Chess Hall of Fame, Saint Louis
Schlaflos. Das Bett in Geschichte und Gegenwartskunst/Sleepless: The Bed in History and Contemporary Art, hg. von Agnes Husslein-Arco, Ausst.-Kat. Belvedere Museum, Wien
Women Artists: The Linda Nochlin Reader, hg. von Maura Reilly, London

Zabludowicz Collection: 20 Years, hg. von Paul Luckraft und Elizabeth Neilson, Ausst.-Kat. Zabludowicz Collection, London

2014 *Art Lovers: histoires d'art dans la collection Pinault/Stories of Art in the Pinault Collection*, hg. von Martin Bethenod, Paris
Arte na cidade: História contemporânea, Mário Caeiro, Temas e Debates – Círculo de Leitores, Lissabon
Body and Void: Echoes of Moore in Contemporary Art, Anita Feldman, Ausst.-Kat. Henry Moore Foundation, Perry Green
The Distaff Side, Melva Bucksbaum, Ausst.-Kat. The Granary, Sharon, Connecticut
»Do Ho Suh's Karmic Journey« in: *Do Ho Suh Drawings*, Rochelle Steiner, München/London/New York
»Drawing Form and Space«, in: *Contemporary Drawing: from the 1960s to Now*, Katharine Stout, London
Einblicke – Ausblicke: 100 Spitzenwerke im neuen LWL-Museum für Kunst und Kultur Münster, hg. von Hermann Arnhold, LWL-Museum für Kunst und Kultur, Münster, Köln
The Elements of Sculpture: A Viewer's Guide, Herbert George, London
Love Story: Sammlung Anne & Wolfgang Titze, hg. von Agnes Husslein-Arco, mit Beiträgen von Clayton Press, Anne de Boismilon und Loïc Malle, Ausst.-Kat. Winterpalais und 21er Haus Belvedere, Wien, Nürnberg
Please Enter, Ausst-Kat. Franklin Parrasch Gallery, New York
Post Pop: East meets West, hg. von Marco Livingstone, Ausst-Kat. Tsukanov Family Foundation, London
»Rachel Whiteread: Le monument en question«, Valérie Dupont, in: *Le monumental: Une valeur de la sculpture, du romantisme au post-modernisme*, hg. von Sophie Barthélémy, Ausst.-Kat. Musée des Beaux-Arts de Dijon
Ruin Lust: Artists' Fascination with Ruins, from Turner to the Present Day, Brian Dillon, Ausst.-Kat. Tate Britain, London
Show Time: The 50 Most Influential Exhibitions of Contemporary Art, Jens Hoffmann, London
Surface: Matters of Aesthetics, Materiality, and Media, Giuliana Bruno, Chicago
The Twenty-First Century Art Book, Jonathan Griffin, Paul Harper und David Trigg, London

2013 *100 Works of Art That Will Define Our Time*, Kelly Grovier, London
»From Death to Death and Other Small Tales«, Lucy Askew, in: *From Death to Death and Other Small Tales: Masterpieces from the Scottish National Gallery of Modern Art and the D. Daskalopoulos Collection*, Ausst.-Kat. National Galleries of Scotland, Edinburgh
»Homecoming and the Half-Remembered: Environmental Amnesia, the Uncanny and the Path Home«, Forrest Clingerman, in: *Resisting the Place of Belonging*, hg. von Daniel Boscaljon, Farnham
Living with Art, Mark Getlein, New York
»Memory and History – Memorializing War«, in: *Art Since 1980: Charting the Contemporary*, Peter Kalb, London
MoMA Highlights: 350 Works from The Museum of Modern Art, Museum of Modern Art, New York
»Mourning States and Their Minimalist Citizens: On European Memorial Culture«, in: *The Way of the Shovel: On the Archaeological Imaginary in Art*, Dieter Roelstraete, Museum of Contemporary Art, Chicago
Outdoor art: la sculpture et ses lieux, Joëlle Zask, Paris
The Reckoning: Woman Artists of the New Millennium, Eleanor Heartney, Helaine Posner, Nancy Princenthal und Sue Scott, München/London/New York
Sculpture Now, Anna Moszynska, London

2012 *Contemporary Art in the United Kingdom*, John Slyce, London
Decade: Contemporary Collecting 2002–2012, Douglas Dreishpoon, Louis Grachos und Heather Pesanti, Ausst.-Kat. Albright-Knox Art Gallery, Buffalo
»Larger than Life«, in: *Albright-Knox Art Gallery: Highlights from the Collection*, Mariann W. Smith, Albright-Knox Art Gallery, Buffalo
Sanctuary: Britain's Artists and Their Studios, hg. von Hossein Amirsadeghi, London
What Is Contemporary Art?: A Children's Guide, Jacky Klein und Suzy Klein, London

2011 *Contemporary Art: World Currents*, Terry Smith, London
»House 1993«, Charlotte Mullins, in: *Towards a New Interior: An Anthology of Interior Design Theory*, hg. von Lois Weinthal, New York
Made in the UK: Contemporary Art from the Richard Brown Baker Collection, Jan Howard und Judith Tannenbaum, Ausst.-Kat. Museum of Art, Rhode Island School of Design, Providence
Making Art: Form and Meaning, Terry Barrett, New York
Women War Artists, Kathleen Palmer, Ausst.-Kat. Imperial War Museum, London

2010 *1985–2010: Luhring Augustine*, Allan Schwartzman, Ausst.-Kat. Luhring Augustine, New York
Crash: Homage to JG Ballard, hg. von Mark Francis und Kay Pallister, Ausst.-Kat. Gagosian Gallery, London
History of Modern Art, H. H. Arnason und Elizabeth C. Mansfield, New Jersey
Printmaking: A Contemporary Perspective, Paul Coldwell, London
Speaking of Art: Four Decades of Art in Conversation, William Furlong, London

2009 *Automatic Cities: The Architectural Imaginary in Contemporary Art*, Robin Clark und Giuliana Bruno, Ausst.-Kat. Museum of Contemporary Art, San Diego
British Subjects: Identity and Self-Fashioning 1967–2009, Louise Yelin, Ausst.-Kat. Neuberger Museum of Art, Purchase, New York
elles@centrepompidou: Artistes femmes dans la collection du Musée National d'Art Moderne, Centre de Création Industrielle, Camille Morineau, Ausst.-Kat. Centre Pompidou, Paris
Erlebte Räume – Im Alltag und in der Kunst: Rachel Whiteread und Gregor Schneider, Karina Pauls, Oberhausen
San Francisco Museum of Modern Art: 75 Years of Looking Forward, hg. von Janet Bishop, Corey Keller und Sarah Roberts, Ausst.-Kat. San Francisco Museum of Modern Art
Seeing Ghosts: 9/11 and the Visual Imagination, Karen Engle, Montreal
Skáklist: 32 Pieces: The Art of Chess, Mark Sanders, Julia Royse und Larry List, Ausst.-Kat. Listasafn Reykjavíkur, Reykjavík

2008 *Art & Today*, Eleanor Heartney, London/New York
End Game: British Contemporary Art from the Chaney Family Collection, Ausst.-Kat. Museum of Fine Arts Houston
The Lining of Forgetting: Internal and External Memory in Art, hg. von Xandra Eden, Ausst.-Kat. Weatherspoon Art Museum, Greensboro
Manufractured: The Conspicuous Transformation of Everyday Objects, Steven Holt und Mara Holt Skov, San Francisco
Psycho Buildings: Artists Take On Architecture, hg. von Ralph Rugoff, mit Beiträgen von Brian Dillon, Jane Rendell u.a., Ausst.-Kat. Hayward Gallery, London
Sonsbeek 2008: Grandeur, Bas Heijne u.a., Ausst.-Kat. Thieme Art, Deventer
Sparks! The William T. Kemper Collecting Initiative, Jan Schall und Robert Storr, Ausst.-Kat. Nelson-Atkins Museum of Art, Kansas City
Stations: 100 Meisterwerke zeitgenössischer Kunst, Amelie von Heydebreck, Köln
The $12 Million Stuffed Shark: The Curious Economics of Contemporary Art and Auction Houses, Don Thompson, London

2007 *Action Post-Pop: Damien Hirst, Gilbert & George, Douglas Gordon, Rachel Whiteread, Dexter Dalwood*, Paulo

Cunha e Silva, Ausst.-Kat. Galeria Mário Sequeira, Braga
Artworks: The Progressive Collection, hg. von Dan Cameron, Toby Devan Lewis und Katherine Solender, New York
Atlas of Contemporary Art for Use by Everyone, Denis Gielen, Musée des arts contemporains au Grand-Hornu, Luxemburg
Fast Forward: Contemporary Collections for the Dallas Museum of Art, hg. von María de Corral und John R. Lane, Ausst.-Kat. Dallas Museum of Art
Global Feminisms: New Directions in Contemporary Art, hg. von Maura Reilly und Linda Nochlin, Brooklyn Museum, New York
Guggenheim Collection: 1940s to Now, Valerie L. Hillings, Ausst.-Kat. National Gallery of Victoria, Melbourne
Impulse: Works on Paper from the Logan Collection, Kent Logan, Logan Collection Vail, San Francisco
La città che sale: We Try to Build the Future, Danilo Eccher und Odile Decq, Ausst.-Kat. Museo d'arte contemporanea Sannio, Benevento
»Mapping Traces: Rachel Whiteread«, in: *Conversations on Sculpture*, hg. von Glenn Harper und Twylene Moyer, Hamilton
Responding to Kahn: A Sculptural Conversation, Timothy Applebee, Ausst.-Kat. Yale University Art Gallery, New Haven

2006 *The Art of Chess*, Ausst.-Kat. Gary Tatintsian Gallery, Inc., Moskau
Espacio interior/Inner Space, Ausst.-Kat. Consejería de Cultura y Deportes, Madrid
No. 1: First Works of 362 Artists, Francesca Richer und Matthew Rosenzweig, London
Tate Modern: The Handbook, hg. von Frances Morris, London

2005 *Drawing from the Modern 3: 1975–2005*, Jordan Kantor, Ausst.-Kat. The Museum of Modern Art, New York
Light Sculpture/Scultura leggera, Ausst.-Kat. 503 Mulino, Vicenza
Part Object Part Sculpture, hg. von Helen Molesworth, Ausst.-Kat. Wexner Center for the Arts, Columbus
The Snow Show, hg. von Lance Fung, London
Sweet Dreams: Contemporary Art and Complicity, Johanna Drucker, Chicago

2004 *Art Editions 4*, Edition Schellmann, New York
Design ≠ Art: Functional Objects from Donald Judd to Rachel Whiteread, Barbara Bloemink und Joseph Davey Cunningham, London
PLOP: Recent Projects of the Public Art Fund, Tom Eccles, Anne Wehr und Jeffrey Kastner, London
Singular Forms (Sometimes Repeated): Art from 1951 to the Present, Elizabeth Franzen, Ausst.-Kat. Solomon R. Guggenheim, New York
Supernova: Art of the 1990s from the Logan Collection, hg. von Madeleine Grynsztejn, Ausst.-Kat. San Francisco Museum of Modern Art

2003 *Out of Minimalism: The Referential Cube: Contextualizing Sculptures by Antony Gormley, Anish Kapoor & Rachel Whiteread*, Malin Hedlin Hayden, Uppsala
»The Age of Anxiety and Beyond: The End of Modernism and the Birth of Postmodernism«, in: *The Western Humanities*, Roy T. Matthews und F. DeWitt Platt, New York
An International Legacy: Selections from Carnegie Museum of Art, Sheryl Conkelton und Elizabeth Thomas, Ausst.-Kat. Oklahoma City Art Museum
The Contingent Object of Contemporary Art, Martha Buskirk, Cambridge. Massachusetts
Days Like These: Tate Triennial Exhibition of Contemporary British Art, 2003, Judith Nesbitt und Jonathan Watkins, Ausst.-Kat. Tate Britain, London
History of Modern Art: Painting Sculpture, Architecture, Photography, H. H. Arnason und Peter Kalb, New York
Pletskud: Værker fra Astrup Fearnley Samlingen, Christian Gether und Gunnar B. Kvaran, Ausst.-Kat. ARKEN Museum for Moderne Kunst, Ishøj
Understanding Art, Lois Fichner-Rathus, Belmont
Undomesticated Interiors: Photographing Undomesticated Interiors, Ausst.-Kat. Smith College Museum of Art, Northampton

2002 *Off Limits: 40 Artangel Projects*, James Lingwood und Michael Morris, London
Art Tomorrow, Edward Lucie-Smith, Paris
Jeff Wall, Rachel Whiteread, Ausst.-Kat. Kukje Gallery, Seoul
The Logan Collection, a Portrait of Our Times: A Collector's Odyssey and Philosophy, Kent Logan, Logan Collection, Vail, San Francisco
The Physical World: An Exhibition of Painting and Sculpture, hg. von Jessie Washburne-Harris und Donald Kennison, Ausst.-Kat. Gagosian Gallery, New York
To Be Looked At: Painting and Sculpture from the Museum of Modern Art, New York, hg. von Kynaston McShine und Anne Umland, Ausst.-Kat. Museum of Modern Art, New York

2001 *Art Past, Art Present*, David G. Wilkins, Bernard Schultz und Katheryn M. Linduff, New York
Field Day: Sculpture from Britain, Ausst.-Kat. Taipei Museum of Fine Arts, Taipeh
Public Offerings, Yilmaz Dziewior und Paul Schimmel, Ausst.-Kat. Museum of Contemporary Art, Los Angeles
Von Rodin bis Baselitz: Der Torso in der Skulptur der Moderne, hg. von Kathrin Elvers-Švamberk und Wolfgang Brückle, Ausst.-Kat. Staatsgalerie Stuttgart
Women Artists: Künstlerinnen im 20. und 21. Jahrhundert, hg. von Uta Grosenick, Köln

2000 *Die Gegenwart des Vergessens*, Anda Rottenberg und Hanne Zech, Ausst.-Kat. Neues Museum Weserburg, Bremen
At Memory's Edge: After-Images of the Holocaust in Contemporary Art and Architecture, James E. Young, New Haven
Catalogo de la Collecion de Arte Contemporaneo Fundacion »la Caixa«, Ausst.-Kat. Caixa-Forum Barcelona
HausSchau – Das Haus in der Kunst, hg. von Zdenek Felix, Ausst.-Kat. Deichtorhallen Hamburg
Modern Art: painting, sculpture, architecture, Sam Hunter, John Jacobus und Daniel Wheeler, New York
Modern Contemporary Art at MoMA since 1980, hg. von Kirk Varnedoe, Paola Antonelli und Joshua Siegel, Ausst.-Kat. Museum of Modern Art, New York
Subtraction: Aspects of Essential Design (Design Process), Alexander Gelman, Brighton
Vanitas: Meditations on Life and Death in Contemporary Art, John B. Ravenal, Ausst.-Kat. Virginia Museum of Fine Arts, Richmond

1999 *Art at the Turn of the Millennium*, hg. von Burkhard Riemschneider und Uta Grosenick, Köln
Contemporary Women Artists, hg. von Laurie Collier Hillstrom und Kevin Hillstrom, Detroit
House of Sculpture, Michael Auping, Ausst.-Kat. Modern Art Museum of Fort Worth
Now It's My Turn to Scream: Works by Contemporary British Artists from the Logan Collection, Kent Logan und Roger Bevan, Ausst.-Kat. San Francisco Museum of Modern Art
Threshold: Invoking the Domestic in Contemporary Art, Helen Altman, Ausst.-Kat. Contemporary Art Center of Virginia, Virginia Beach
Young British Art: The Saatchi Decade, hg. von Jonathan Barnbrook, London

1998 *Dust Breeding: Photographs, Sculpture and Film*, Ausst.-Kat. Fraenkel Gallery, San Francisco
Emotion : junge britische und amerikanische Kunst aus der Sammlung Goetz, hg.

von Zdenek Felix, Ausst.-Kat. Deichtorhallen Hamburg
PhotoImage: Printmaking 60s to the 90s, Clifford S. Ackley, Ausst.-Kat. Museum of Fine Arts, Boston
Sensation: junge britische Künstler aus der Sammlung Saatchi, hg. von Brooks Adams und Jörg Makarinus, Ausst.-Kat. Hamburger Bahnhof, Berlin

1997 *Art from the UK: Angela Bulloch, Willie Doherty, Tracey Emin, Douglas Gordon, Mona Hatoum, Abigail Lane, Sarah Lucas, Sam Taylor-Wood, Rachel Whiteread.*, hg. von Ingvild Goetz, Ausst.-Kat. Sammlung Goetz, München
Dimensions Variable: New Work for the British Council Collection, Ann Gallagher, British Council, London
The Hirshhorn Collects: Recent Acquisitions 1992–1996, Jane McAllister und Nancy Eickel, Ausst.-Kat. Hirshhorn Museum and Sculpture Garden, Washington
Longing and Memory, Lynn Zelevansky, Ausst.-Kat. Los Angeles County Museum of Art
Material Culture: The Object in British Art of the 1980s and 90s, Michael Archer und Greg Hilty, Ausst.-Kat. Hayward Gallery, London
Scene of the Crime, Ralph Rugoff, Anthony Vidler und Peter Wollen, Ausst.-Kat. Hammer Museum, Los Angeles
Zeitgenössische Skulptur – Projekte in Münster 1997, hg. von Klaus Bussmann, Ausst.-Kat. Westfälisches Landesmuseum, Münster
Women Artists: An Illustrated History, Nancy G. Heller, New York

1996 *Distemper: Dissonant Themes in the Art of the 1990s*, Neal David Benezra und Olga M. Viso, Ausst.-Kat. Hirshhorn Museum and Sculpture Garden, Washington
From Figure to Object: A Century of Sculptors' Drawings, Ausst.-Kat. Frith Street Gallery and Kartsen Schubert, London

1995 *4th International Istanbul Biennial: Orientation*, Ausst.-Kat. Istanbul Foundation for Culture and Arts
Art editions: Editionen heutiger Kunst: Druckgraphik, Objekte, Wandarbeiten, Edition Schellmann, Köln
Brilliant!: New Art from London, Ausst.-Kat. Walker Art Center, Minneapolis
British Art of the 80s and 90s: The Weltkunst Collection, Ausst.-Kat. Irish Museum of Modern Art, Dublin
Carnegie International 1995, Richard Armstrong, Ausst.-Kat. Carnegie Museum of Art, Pittsburgh
Contemporary British Art in Print: The Publications of Charles Booth-Clibborn and His Imprint The Paragon Press 1986–95, Jeremy Lewison und Duncan Macmillan, Ausst.-Kat. Scottish National Gallery of Modern Art, Edinburgh
Contemporary British Sculpture: From Henry Moore to the 90s, Keith Patrick und Maite Lores, Ausst.-Kat. Auditorio de Galicia, Santiago de Compostela, Fundação de Serralves, Porto
Das Schwere und das Leichte: Künstlerinnen des 20. Jahrhunderts; Skulpturen, Objekte, Installationen, Angela Ziesche, Ostfildern
Double mixte: Barry X Ball, Lynne Cohen, Pascal Convert, Rachel Whiteread, Ausst.-Kat. Galerie nationale du Jeu de Paume, Paris
Here and Now: Serpentine Gallery 1970–1995, Ausst.-Kat. Serpentine Gallery, London
New Art In Britain, Ausst.-Kat. Muzeum Sztuki, Łódź
Proem: Drawings towards Sculptures, Ausst.-Kat. Rubicon Gallery, Dublin
Yksityinen / julkinen = Private / public: ARS 95, Ausst.-Kat. Nykytaiteen museo, Helsinki

1994 *Art Unlimited: Multiples of the 1960s and 1990s from the Arts Council Collection*, Ausst.-Kat. South Bank Centre, London
Seeing the Unseen, hg. von Peter Fleissig Ausst.-Kat. nVisible Museum, London
Shark Infested Waters: The Saatchi Collection of British Art in the 90s, Sarah Kent, London
Sense and Sensibility: Women Artists and Minimalism in the 90s, hg. von Lynne Zelevansky, Ausst.-Kat. Museum of Modern Art, New York

1993 *Drawing the Line against AIDS*, Ausst.-Kat. American Foundation for AIDS Research, New York
Junge britische Kunst: Zehn Künstler aus der Sammlung Saatchi, Werner Krüger, Ausst.-Kat. Art Cologne, Köln
Made Strange: új Brit szobrászat / New British Sculpture, hg. von Neray Katalin, Ausst.-Kat. Ludwig Múzeum, Budapest
Passagenarbeiten / Passageworks, hg. von Lars Nittve, Ausst.-Kat. Rooseum Center for Contemporary Art, Malmö
The Sublime Void: On the Memory of the Imagination, hg. von Bart Cassiman, Ausst.-Kat. Koninklijk Museum voor Schone Kunsten Antwerpen

1992 *documenta IX*, hg. von Roland Nachtigäller, Ausst.-Kat. Kassel, Stuttgart
Doubletake: Collective Memory and Current Art, hg. von Lynne Cooke, Bice Curiger und Greg Hilty, Ausst.-Kat. Hayward Gallery, London
Lea Andrews, Keith Coventry, Anya Gallacio, Damien Hirst, Gary Hume, Abigail Lane, Sarah Lucas, Steven Pippin, Marc Quinn, Marcus Taylor, Rachel Whiteread, Liam Gillick, Ausst.-Kat. Gladstone Gallery, New York
New Voices: New Works for the British Council Collection, Ausst.-Kat. British Council, London
Signes des temps, Ausst.-Kat. Fondation BMW, Paris
Skulptur-Konzept, Ausst.-Kat. Galerie Ludwig, Krefeld
Small Medium Large Life Size, Ausst.-Kat. Museo d'Arte Contemporanea Prato
Tišina: protislovne oblike resnice = Silence: Contradictory Shapes of Truth, Ausst.-Kat. Moderna Galerija, Ljubljana
Unfair '92, Ausst.-Kat. Karsten Schubert, Köln
The Saatchi Collection: young British artists: John Greenwood, Damien Hirst, Alex Landrum, Langlands & Bell, Rachel Whiteread, Sarah Kent, Saatchi Collection, London

1991 *Confrontaciones: Arte último británico y español*, Ausst.-Kat. Instituto de la Juventud, Madrid

Biografie und Ausstellungsverzeichnis

Geboren 1963 in Ilford, England; lebt und arbeitet in London

AUSBILDUNG

1985–1987, Slade School of Fine Art, London (Bildhauerei)
1982–1985, Brighton Polytechnic, Brighton (Malerei)

EINZELAUSSTELLUNGEN

2017 *Rachel Whiteread*, Galleria Lorcan O'Neill, Rom

2015 *Rachel Whiteread: Looking In*, Luhring Augustine, New York
Rachel Whiteread: Looking Out, Luhring Augustine Bushwick, New York

2014 *Rachel Whiteread*, Gagosian Gallery, Genf
Rachel Whiteread: Study for Room, Museo d'Arte Moderna di Bologna, Bologna

2013 *Rachel Whiteread: Detached*, Gagosian Gallery, London

2011 *Rachel Whiteread: Long Eyes*, Luhring Augustine Gallery, New York
Rachel Whiteread: Looking On, Galleria Lorcan O'Neill, Rom

2010 *Rachel Whiteread: Drawings*, Armand Hammer Museum of Art and Culture Center, Los Angeles; weitere Stationen: Nasher Sculpture Center, Dallas; Tate Britain, London
Rachel Whiteread, Gagosian Gallery, London
Rachel Whiteread, Galerie Nelson-Freeman, Paris

2009 *Rachel Whiteread*, Portland Art Museum, Portland

2008 *Rachel Whiteread*, Gagosian Gallery, Beverly Hills
Rachel Whiteread, Museum of Fine Arts, Boston

2007 *Rachel Whiteread*, August Seeling Preis, Lehmbruck Museum, Duisburg
Rachel Whiteread, Centro Arte Contemporáneo, Málaga
Rachel Whiteread: New Sculptures and Drawings, Galleria Lorcan O'Neill, Rom
Rachel Whiteread, Museo d'Arte Contemporanea Donnaregina (MADRE), Neapel

2006 *Rachel Whiteread: Bibliography*, Luhring Augustine, New York

2005 *The Unilever Series: Rachel Whiteread: EMBANKMENT*, Tate Modern, London
Rachel Whiteread: Plastiken und Zeichnungen, Staatliches Museum Schwerin
Rachel Whiteread: Sculpture, Gagosian Gallery, London
Walls, Doors, Floors and Stairs, Kunsthaus Bregenz

2004 *Rachel Whiteread: Etchings*, Yorkshire Sculpture Park, Wakefield
Rachel Whiteread, Museu de Arte Moderna, Rio de Janeiro, weitere Sation: Museu de Arte Moderna de São Paulo

2003 *Rachel Whiteread: Untitled (Room 101)*, Victoria and Albert Museum, London
Rachel Whiteread, Gallery Koyanagi, Tokio
Rachel Whiteread, Luhring Augustine Gallery, New York

2002 *Rachel Whiteread*, Haunch of Venison, London

2001 *Monument*, Fourth Plinth Project, Trafalgar Square, London
Rachel Whiteread, Serpentine Gallery, London; weitere Station: Scottish National Gallery of Modern Art, Edinburgh
Rachel Whiteread: Transient Spaces, Deutsche Guggenheim, Berlin; weitere Station: Solomon R. Guggenheim Museum, New York

2000 *Holocaust Memorial*, Judenplatz, Wien
Rachel Whiteread: Watertower Drawings, Luhring Augustine Gallery, New York
Rachel Whiteread: Daybed, A/D Gallery, New York

1999 *Rachel Whiteread*, Luhring Augustine, New York

1998 *Rachel Whiteread*, Anthony d'Offay Gallery, London
Water Tower, Public Art Fund, West Broadway/Grand Street, New York

1997 *Rachel Whiteread*, Palacio Velázquez, Centro de Arte Reina Sofía, Madrid
Britischer Pavillon, 47. Biennale Venedig

1996 *Rachel Whiteread: Demolished*, Karsten Schubert Limited, London (Kooperation mit Charles Booth-Clibborn)
Rachel Whiteread: Sculptures, Luhring Augustine Gallery, New York
Rachel Whiteread: Skulpturen/Sculptures 1988–1996, Prix Eliette von Karajan 1996, Max-Gandolph-Bibliothek, Salzburg; weitere Station: Herbert von Karajan Centrum, Wien
Rachel Whiteread: Shedding Life, Tate Gallery, Liverpool

1995 *Rachel Whiteread: Sculptures*, British School at Rome, Rom
Rachel Whiteread: Untitled (Floor), Karsten Schubert, London

1994 *Rachel Whiteread: Zeichnungen*, Galerie Aurel Scheibler, Köln
Rachel Whiteread: Skulpturen/Sculptures, Kunsthalle Basel; weitere Stationen: Institute of Contemporary Art, Philadelphia; Institute of Contemporary Art, Boston
Rachel Whiteread: Drawings, Luhring Augustine Gallery, New York

1993 *The Essex Girl Lecture*, Bruno Brunnet Fine Arts, Berlin, Galerie Claire Burrus, Paris
House, Auftragsarbeit für ARTangel Trust und Beck's, London
Rachel Whiteread, Museum of Contemporary Art Chicago
Rachel Whiteread: Gouachen, daadgalerie, Berlin
Rachel Whiteread: Plaster Sculptures, Luhring Augustine, New York

1992 *Rachel Whiteread*, Karsten Schubert, London
Rachel Whiteread: Escultures, Sala Montcada de la Fundación »la Caixa«, Barcelona
Rachel Whiteread: Recent Sculpture, Luhring Augustine, New York
Rachel Whiteread: Sculpturen 1990–1992, Stedelijk Van Abbemuseum, Eindhoven
Rachel Whiteread: Sculptures, Centre Cultural, Fundación Caja Pensiones, Barcelona

1991 *Rachel Whiteread*, Arnolfini Gallery, Bristol
Rachel Whiteread: Sculptures, Karsten Schubert, London

1990 *Ghost*, Chisenhale Gallery, London

1988 *Rachel Whiteread*, Carlisle Gallery, London

GRUPPENAUSSTELLUNGEN

2017 *The Beginning of Everything: Drawings from the Janie C. Lee, Louisa Stude Sarofim, and David Whitney Collections*, Menil Collection, Houston
Concrete Inspirations, Arup, London
Gravity & Grace, Aspen Art Museum, Aspen, Colorado
Gray Matters: Art en grisaille, Wexner Center for the Arts, Columbus, Ohio

2016 *Alt-Architecture*, »la Caixa« Foundation, Barcelona

Aspects of Minimalism, Guild Hall Museum, East Hampton, New York
Found, Foundling Museum, London
MashUp: The Birth of Modern Culture, Vancouver Art Gallery
Masterworks from the Hirshhorn Collection, Hirshhorn Museum and Sculpture Garden, Washington, D.C.
A Material Legacy: Nancy A. Nasher and David J. Haemisegger Collection of Contemporary Art, Nasher Museum of Art, Duke University, Durham, North Carolina; weitere Station: Princeton University Art Museum, Princeton
Paper in Profile: Mixografia and Taller de Gráfica Mexicana, Georgia Museum of Art, University of Georgia, Athens
Plane.Site, Gagosian Gallery, San Francisco
Sculpture on the Move 1946–2016, Kunstmuseum Basel
Transparency, Yorkshire Sculpture Park, Wakefield

2015 *As Casas na Coleção do CAM: Houses in the CAM Collection*, Fundação Calouste Gulbenkian – Centro de Arte Moderna, Lissabon
Endless House: Intersections of Art and Architecture, Museum of Modern Art, New York
Ladies' Knight: A Female Perspective on Chess, World Chess Hall of Fame, Saint Louis
The World is Made of Stories: Works from the Astrup Fearnley Collection, Astrup Fearnley Museet, Oslo
Carte Blanche to Luhring Augustine, Galerie Patrick Seguin, Paris
Chromophobia, Gagosian Gallery, Genf
Horror Vacui, Gagosian Gallery, Athen
No Place Like Home: Selections From the Sue and John Wieland Collection of Contemporary Art, Brigham Young University Museum of Art, Provo, Utah
On Paper: Spin, Crinkle, Pluck, Baltimore Museum of Art
Pliage/Fold, Gagosian Gallery, Paris
The Presence of Absence, Berloni Gallery, London
Schlaflos. Das Bett in Geschichte und Gegenwartskunst, 21er Haus, Wien
White, Museum of Contemporary Art Jacksonville, Florida
With Space in Mind: Sculptors' Prints, Alan Cristea Gallery, London
Zabludowicz Collection: 20 Years, Zabludowicz Collection, London
Prototypology: An Index of Process and Mutation, Gagosian Gallery, Rom

2014 *Post-pop: East Meets West*, Saatchi Gallery, London
Horror vacui, Gagosian Gallery, Athen
Love Story: Sammlung Anne & Wolfgang Titze, 21er Haus und Winterpalais, Wien
Art Lovers, Grimaldi Forum, Monaco
Body and Void: Echoes of Henry Moore in Contemporary Art, Henry Moore Foundation, Perry Green
Branched: Trees in Contemporary Art, Museum Sinclair-Haus, Bad Homburg
The House, Faggionato, London
Please Enter, Franklin Parrasch Gallery, New York
Pliage/Fold, Gagosian Gallery, Paris
Ruin Lust, Tate Britain, London
Something Old, Something New, Something Borrowed, Something Blue, Fondazione Sandretto Re Rebaudengo, Turin

2013 *The End of the Twentieth Century*, Neue Nationalgalerie, Hamburger Bahnhof – Museum für Gegenwart, Berlin
Atlas, Mucha, Kahrs, Whiteread, Luhring Augustine, New York, Luhring Augustine Bushwick, New York
The Distaff Side, The Granary, Sharon, Connecticut
Drawing Line into Form: Works on Paper by Sculptors from the collection of BNY Mellon, Tacoma Art Museum, Tacoma, Washington
From Death to Death and Other Small Tales: Masterpieces from The Scottish National Gallery of Modern Art and the D. Daskalopoulos Collection, Scottish National Gallery of Modern Art, Edinburgh
Homebodies, Museum of Contemporary Art Chicago

2012 *Contemporary British Sculpture*, Van de Weghe Fine Art, New York
DECADE: Contemporary Collecting 2002–2012, Albright-Knox Art Gallery, Buffalo
The Family in British Art, Millennium Gallery, Sheffield
Family Matters, Laing Art Gallery, Newcastle
The Feverish Library, Friedrich Petzel Gallery, New York
The Floor Show: Gravity and Materials, Gagosian Gallery, Beverly Hills
In Living Color, FLAG Art Foundation, New York
Matters of Fact, Center for Curatorial Studies, Hessel Museum of Art, Annandale-on-Hudson, New York
Micro-Mania, Gagosian Gallery, Paris
The Near and the Elsewhere, PM Gallery, London

2011 *Dwelling*, Marianne Boesky Gallery, New York
The House without the Door, David Zwirner, New York
Made in the UK: Contemporary Art from the Richard Brown Baker Collection, Museum of Art, Rhode Island School of Design, Providence
Nod Nod Wink Wink: Conceptual Art in New Mexico and Its Influences, Harwood Museum of Art, Taos, New Mexico

2010 *Abstraction and the Human Figure in CAM's British Art Collection*, Centro de Arte Moderna, Lissabon
Display of works from the Gulbenkian Collection of Modern British Art, Centro de Arte Moderna, Lissabon
Crash: Homage to JG Ballard, Gagosian Gallery, London
Mind and Matter: Alternative Abstractions, 1940s to Now, Museum of Modern Art, New York
The Surreal House, Barbican Art Gallery, London
They Knew What They Wanted, Altman Siegel, San Francisco; weitere Stationen: John Berggruen Gallery, San Francisco; Fraenkel Gallery, San Francisco; Ratio 3, San Francisco
Twenty Five, Luhring Augustine, New York

2009 *32 Pieces: The Art of Chess*, Listasafn Reykjavíkur, Reykjavík
Automatic Cities: The Architectural Imaginary in Contemporary Art, Museum of Contemporary Art San Diego
British Subjects: Identity and Self-Fashioning, 1966–2008, Neuberger Museum of Art, Purchase, New York
elles@centrepompidou: Artistes femmes dans la collection du Musée National D'Art Moderne, Centre de Création Industrielle, Musée National d'Art Moderne, Centre Georges Pompidou, Paris
Jonathan Viner's Furniture Show, Fortescue Avenue/Jonathan Viner, London
Mapping the Studio: Artists from the François Pinault Collection, Punta della Dogana, Venedig, weiterer Ort: Palazzo Grassi, Venedig

2008 *END GAME—British Contemporary Art from the Chaney Family Collection*, Museum of Fine Arts Houston
Limited Editions: Boetti, Beuys, Burgin, Dine, Fulton, Havekost, Hirst, Hume, Marden, Paolini, Quinn, Sandback, Schifano, Tremlett, Tuttle, Whiteread, Galleria Alessandra Bonomo, Rom
The Lining of Forgetting: Internal and External Memory in Art, Weatherspoon Art Museum, University of North Carolina, Greensboro; weitere Station: Austin Museum of Art
Psycho Buildings: Artists Take On Architecture, Hayward Gallery, London
Darwin's Canopy, Natural History Museum, London
Der große Wurf. Faltungen in der Gegenwartskunst, Kunstmuseum Krefeld
Sparks! The William T. Kemper Collecting Initiative, Nelson-Atkins Museum of Art, Kansas City

2007 *2 x 4*, Luhring Augustine, New York
Action/Post-Pop, Galeria Mário Sequeira, Braga, Portugal
The Goss-Michael Collection: The New Foundation, Goss-Michael Collection, Dallas

Guggenheim Collection: 1940s to Now, National Gallery of Victoria, Melbourne
La città che sale: We Try to Build the Future, Museo d'Arte Contemporanea Sannio, Benevento, Italien
Rachel Whiteread and Robert Burns' Breakfast Table, Ingleby Gallery, Edinburgh
Conversations, Kettle's Yard, University of Cambridge, England
Gehen, bleiben, Kunstmuseum Bonn
Light, Winchester Cathedral
Remix the collection, Albright-Knox Art Gallery, Buffalo
New Dimensions, John Berggruen Gallery, San Francisco
The Office, Tanya Bonakdar Gallery, New York
Ready-Made, Yvon Lambert, New York
Responding to Kahn: A Sculptural Conversation, Yale University Art Gallery, New Haven, Connecticut

2006 *The Art of Chess*, Gary Tatintsian Gallery, Moskau
Eccentric Modern, *Foundation To-Life, Inc.*, Exhibition Space, Mount Kisco, New York
Espacio Interior / Inner Space, Consejería de Cultura y Deportes, Madrid
The Guggenheim Collection, Bundeskunsthalle, Bonn
More than the World: Works from the Astrup Fearnley Collection, Astrup Fearnley Museet, Oslo
Out of Line: Drawings from the Collection of Sherry and Joel Mallin, Herbert F. Johnson Museum of Art, Cornell University, Ithaca, New York
Pure, Sean Kelly Gallery, New York

2005 *The Art of Chess*, Luhring Augustine, New York
Bidibidobidiboo, Fondazione Sandretto Re Rebaudengo, Turin
The Experience of Art, Italienischer Pavillon, 51. Biennale Venedig
Part Object Part Sculpture, Wexner Center for the Arts, Columbus, Ohio
Scultura leggera – Light Sculpture, 503 mulino, Vicenza
Works on Paper, Gagosian Gallery, Beverly Hills
John Berggruen Gallery, San Francisco

2004 *Design ≠ Art: Functional Objects from Donald Judd to Rachel Whiteread*, Cooper-Hewitt, National Design Museum, New York
Singular Forms (Something Repeated): Art from 1951 to the Present, Solomon R. Guggenheim Museum, New York
The Snow Show, Kemi, Finnland; Rovaniemi, Finnland
Supernova: Art of the 1990s from the Logan Collection, San Francisco Museum of Modern Art

2003 *Days Like These*, Tate Triennial Exhibition of Contemporary British Art 2003, Tate Britain, London
Pletskud: Værker fra Astrup Fearnely Samlingen, ARKEN Museum for Moderne Kunst, Ishøj, Dänemark
Readings, Tina Kim Gallery, New York
Serious Play / Metaphorical Gestures, Austrian Cultural Forum, New York
Undomesticated Interiors, Smith College Museum of Art, Northampton, Massachusetts
Uneasy Space – Interactions with Twelve Artists, SITE Santa Fe

2002 *Beautiful Productions: Parkett Collaborations and Editions since 1984*, Irish Museum of Modern Art, Dublin
Blast to Freeze: British Art in the 20th Century, Kunstmuseum Wolfsburg; weitere Station: Les Abattoirs, Toulouse
Conversation? Recent Acquisitions of the Van Abbemuseum, »The Factory« Athens School of Fine Arts, Piraeus
Jeff Wall, Rachel Whiteread, Kukje Gallery, Seoul
The Photogenic: Photography through Its Metaphors in Contemporary Art, Institute of Contemporary Art, Philadelphia
A Physical World: An Exhibition of Painting and Sculpture, Gagosian Gallery, New York
Realitetsfantasier: Post-Modern Art from the Astrup Fearnley Collection, Astrup Fearnley Museet, Oslo
Sphere: Loans from the Invisible Museum, Sir John Soane's Museum, London
Thinking Big: Concepts for 21st Century British Sculpture, Peggy Guggenheim Collection, Venedig
To Be Looked At: Painting and Sculpture from the Collection, MoMA QNS, New York

2001 *New to the Modern: Recent Acquisitions from the Department of Drawings*, Museum of Modern Art, New York
Beautiful Productions: Art to Play, Art to Wear, Art to Own, Whitechapel Gallery, London
Field Day: Sculpture from Britain, Taipei Fine Arts Museum, Taipeh (Kooperation mit dem British Council)
Century City, Tate Modern, London
Collaborations with Parkett: 1984 to Now, Museum of Modern Art, New York
Double Vision, Galerie für Zeitgenössische Kunst Leipzig
The Language of Things, Kettle's Yard, Cambridge, England
Lost & Found 2, Kulturhuset, Stockholm
Electrify Me!, Friedrich Petzel Gallery, New York
Monets Vermächtnis: Serie – Ordnung und Obsession, Hamburger Kunsthalle
Public Offerings, Museum of Contemporary Art, Los Angeles
Rodin bis Baselitz: Der Torso in der Skulptur der Moderne, Staatsgalerie Stuttgart

2000 *Amnesia: Die Gegenwart des Vergessens*, Neus Museum Weserburg, Bremen
Ant Noises, Saatchi Gallery, London
Between Cinema and a Hard Place, Tate Modern, London
Group Show, Galeria Mário Sequeira, Braga, Portugal
HausSchau – Das Haus in der Kunst, Deichtorhallen Hamburg
L'ombra della ragione: L'idea del sacro nell'identità Europea, Galleria d'Arte Moderna, Bologna
Le temps, vite, Musée National d'Art moderne, Centre Georges Pompidou, Paris
Longing and Memory, Los Angeles County Museum of Art, Los Angeles
Open Ends: 11 Exhibitions of Contemporary Art from 1960 to Now, Museum of Modern Art, New York
Potent: Present: Selections from the Vicki and Kent Logan Collection, California College of the Arts, San Francisco
Sincerely Yours, Astrup Fearnley Museet, Oslo
Untitled (Sculpture), Luhring Augustine, New York
Vanitas: Meditations on Life and Death in Contemporary Art, Virginia Museum of Fine Arts, Richmond
Works on Paper, Timothy Taylor Gallery, London
Mario Sequeira Gallery, Parada Tibaes Braga, Portugal
Threshold: Invoking the Domestic in Contemporary Art, Contemporary Art Center of Virginia, Virginia Beach
Art at MoMA since 1980, Museum of Modern Art, New York

1999 *20 Years/20 Artists*, Aspen Art Museum, Colorado
House of Sculpture, Modern Art Museum of Fort Worth, Texas; weitere Station: Museo de Arte Contemporáneo de Monterrey, Mexiko
Infra-Slim Spaces – The Physical and Spiritual in the Art of Today, Birmingham Museum of Art, Alabama
Inner Eye: Contemporary Art from the Marc and Livia Strauss Collection, Samuel P. Harn Museum of Art, Gainesville, Florida
Le musée à l'heure anglaise: Sculptures de la collection du British Council 1965–1998, Musée des Beaux-Arts de Valenciennes, Frankreich
Now It's My Turn to Scream: Works by Contemporary British Artists from the Logan Collection, Haines Gallery, San Francisco
Please Touch, SCP, London; weitere Station: Lighthouse, Glasgow
Self-portrait: Loans from the invisible Museum, Mercer Union, Toronto
Sensation: Young British Artists From the Saatchi Collection, Brooklyn Museum of Art, New York
Works on Paper, Timothy Taylor Gallery, London

Le Musée a l'heure anglaise: Sculptures de la collection du British Council 1965–1998, Musée des Beaux-Arts de Valenciennes, Frankreich
The Shape of the Century: 100 Years of Sculpture in Britain, Canary Wharf, London
Ten for the Century: a view of sculpture in Britain, De La Warr Pavillion, Marina Bexhill-on-Sea, East Sussex, England

1998 *Claustrophobia*, Ikon Gallery, Birmingham, England; weitere Stationen: Middlesbrough Art Gallery, Middlesbrough, England; Mappin Art Gallery, Sheffield, England; Dundee Contemporary Art Center, Dundee, Schottland; Cartwright Hall, Bradford, England
Die Parkett-Künstlereditionen im Museum Ludwig, Museum Ludwig, Köln
Displacements: Miroslaw Balka, Doris Salcedo, Rachel Whiteread, Art Gallery of Ontario, Toronto
Dust Breeding – Photographs, Sculpture and Film, Fraenkel Gallery, San Francisco
Emotion – Junge britische und amerikanische Kunst aus der Sammlung Goetz, Deichtorhallen Hamburg
Fifty Years of British Sculpture, NatWest Group Art Collection, London
Family, Invisible Museum, Edinburgh
Inaugural Exhibition, Luhring Augustine, New York
Milestones in British Sculpture, Skulptur im Schlosspark Ambras, Innsbruck
REAL/LIFE: New British Art, Tochigi Prefectural Museum of Fine Arts, Utsunomiya, Japan; weitere Stationen: Fukuoka Asian Art Museum, Fukuoka, Japan; Hiroshima City Museum of Contemporary Art; Museum of Contemporary Art, Tokio; Ashiya City Museum of Art and History, Ashiya, Japan
Thinking Aloud, Kettle's Yard, Cambridge, England; weitere Stationen: Cornerhouse, Manchester; Camden Arts Centre, London
Towards Sculpture, Fundação Calouste Gulbenkian – Centro de Arte Moderna, Lissabon
Wounds, Moderna Museet, Stockholm
Guarene Arte 98 + ZONE, Palazzo Re Rebaudengo per l'Arte Contemporanea, Turin
An Exhibition for Children, 242 Inc., New York

1997 *Art from the UK: Rachel Whiteread, Abigail Lane, Douglas Gordon*, Sammlung Goetz, München
Dimensions Variable, New Works for the British Council Collection, Helsinki City Art Museum; weitere Stationen: Stockholm; Kiew; Warschau; Chemnitz; Prag; Zagreb; Darmstadt; Vilnius; Budapest; Bratislava; Bukarest
The Hirshhorn Collects: Recent Acquisitions 1992–1996, Hirshhorn Museum and Sculpture Garden, Washington, D.C.
Longing and Memory, Los Angeles County Museum of Art, Los Angeles
Material Culture: The Object in British Art of the 1980s and 90s, Hayward Gallery, London
Rubber, Robert Miller Gallery, New York
Sensation: Young British Artists from the Saatchi Collection, Royal Academy of Arts, London; weitere Station: Neue Nationalgalerie im Hamburger Bahnhof, Berlin
Simple Form, Henry Art Gallery, Seattle
Skulptur Projekte, Münster

1996 *Ace! Arts Council Collection New Purchases*, Hatton Gallery, Sunderland, England
Bild-Skulpturen Skulpturen-Bild: Neuere Aspekte plastischer Kunst in der Sammlung Jung, Suermondt-Ludwig-Museum, Aachen
Brilliant: New Art from London, Contemporary Arts Museum Houston
Defining the 90s, Museum of Contemporary Art North Miami, Florida
Distemper: Dissonant Themes in the Art of the 1990s, Hirshhorn Museum and Sculpture Garden, Washington, D.C.
Exposure, Luhring Augustine, New York
Handmade Readymades, Bertha and Karl Leubsdorf Art Gallery at Hunter College, New York
Judenplatz 1996. Mahnmal und Gedenkstätte für die jüdischen Opfer des Naziregimes in Österreich 1938–1945, Kunsthalle Wien
L'informe: Modernism against the Grain, Musée National d'Art Moderne, Centre Georges Pompidou, Paris
Un siècle de sculpture anglais, Galerie Nationale du Jeu de Paume, Paris
Works on Paper from the Weltkunst Collection of British Art of the 80s and 90s, Irish Museum of Modern Art, Dublin

1995 *4th International Istanbul Biennale*, İstanbul Kültür Sanat Vakfı, Istanbul
Ars '95, Nykytaiteen Museo Kiasma, Helsinki
Arte Inglese: A New Generation, Galleria Marabini, Bologna
Brilliant: New Art from London, Walker Art Center, Minneapolis
British Abstract Art, Part 2: Sculpture, Flowers East Gallery, London
British Art of the 80s and 90s: The Weltkunst Collection, Irish Museum of Modern Art, Dublin
Contemporary British Sculpture: From Henry Moore to the 90s, Auditorio de Galicia, Santiago de Compostela; weitere Station: Fundação de Serralves, Porto
Carnegie International 1995, Carnegie Museum of Art, Pittsburgh
Group Show, CAPC Musée d'Art Contemporain de Bordeaux
Contemporary British Art in Print: The Publications of Charles Booth-Clibborn and His Imprint The Paragon Press 1986–95, Scottish National Gallery of Modern Art, Edinburgh; weitere Station: Yale Center for British Art, New Haven, Connecticut
Drawing the Line: Reappraising Drawing Past and Present, Whitechapel Gallery, London; weitere Station: Southampton City Art Gallery
Five Rooms: Richard Hamilton, Reinhard Mucha, Bruce Nauman, Bill Viola, Rachel Whiteread, Anthony d'Offay Gallery, London
Générique 2: Double mixte (Barry X Ball, Lynne Cohen, Pascal Convert, Rachel Whiteread), Galerie Nationale du Jeu de Paume, Paris
Here and Now, Serpentine Gallery, London
New Art in Britain, Muzeum Sztuki, Łódź
Prints and Drawings: Recent Acquisitions 1991–1995, British Museum, London
Pro'em: Drawings towards Sculptures, Rubicon Gallery, Dublin

1994 *Art Unlimited: Multiples from the 1960s and 1990s from the Arts Council Collection*, Southbank Centre, London; weitere Station: Centre for Contemporary Arts, Glasgow
Artists' Impressions: Richard Long, Victor Burgin, Antony Gormley, Helen Chadwick, Ian McKeever, Adam Lowe, Grenville Davey & Rachel Whiteread, Kettle's Yard, Cambridge, England
Drawing on Sculpture, Cohen Gallery, New York
Drawings: Louise Bourgeois, Eva Hesse, Asta Groeting, Roni Horn, Kathy Temin, Rosemarie Trockel, Rachel Whiteread, Frith Street Gallery, London
England's Dreaming, Institute of Contemporary Art, Tokio
GIFT, The InterArt Center, New York
Sculpture, Luhring Augustine, New York
Re Rebaudengo Collezione, Radiomarelli, Turin
Seeing the Unseen, nVisible museum, Thirty Shepherdess Walk, London
Sense and Sensibility: Women and Minimalism in the 90s, Museum of Modern Art, New York
Visione Britannica: Notions of Space, Valentina Moncada, Rom

1993 *A Decade of Collecting: Patrons of New Art Gifts 1983–1993*, Tate Gallery, London
Der andere Maßstab: Skulpturen (Marcel Broodthaers, Eduardo Chillida, Barry Flanagan, Gunther Förg, Guido Geelen, Hubert Kiecol Vladimir Skoda, Rosemarie Trockel, William Turnbull, Andreas Urteil and Rachel Whiteread), Galerie Sabine Knust, München
Drawing the Line against AIDS, Peggy Guggenheim Collection, Venedig; weitere Station: Guggenheim Museum SoHo, New York

Five Works: Keith Coventry, Michael Landy, Bridget Riley, Rachel Whiteread and Alison Wilding, Karsten Schubert, London
In Site: New British Sculpture, Museet for Samtidskunst, Oslo
Junge britische Kunst: Zehn Künstler aus der Sammlung Saatchi, Art Cologne, Köln
Karsten Schubert und Aurel Scheibler, Aurel Scheibler, Köln
Made Strange: New British Sculpture, Ludwig Múzeum – Kortárs Művészeti Múzeum, Budapest
New Voices: Jeunes Artistes Britanniques, Musée National d'Histoire et d'Art, Luxemburg
Passageworks: Genevieve Cadieux, Lili Dujourie, Dan Graham, Asta Groting, Gary Hill and Rachel Whiteread, Rooseum Centre for Contemporary Art, Malmö
The Sublime Void: An Exhibition on the Memory of the Imagination, Koninklijk Museum voor Schone Kunsten Antwerpen
Then and Now: Twenty-Three Years at the Serpentine Gallery, Serpentine Gallery, London
Turner Prize Exhibition: Hannah Collins, Vong Phaophanit, Sean Scully, Rachel Whiteread, Tate Gallery, London
Visione Britannica, Valentina Moncada, Rom; Pino Casagrande, Rom
Whiteness and Wounds: Claudia Cuesta, Sarah Seager and Rachel Whiteread, Power Plant, Toronto

1992 *The Boundary Rider*, Sydney Biennale
Contemporary Art Initiative: Contemporary Works of Art Bought with the Help of the National Art Collections Fund, Kiddell Gallery, Sotheby's, London
documenta IX, Kassel
Doubletake: Collective Memory and Current Art, Hayward Gallery, London; weitere Station: Kunsthalle Wien
Fifth Anniversary Show, Karsten Schubert, London
A Group Show: Lea Andrews, Keith Coventry, Anya Gallacio, Liam Gillick, Damien Hirst, Gary Hume, Abigail Lane, Sarah Lucas, Steven Pippin, Marc Quinn, Marcus Taylor and Rachel Whiteread, Barbara Gladstone Gallery and Stein Gladstone Gallery, New York
Katharina Fritsch, Robert Gober, Reinhard Mucha, Charles Ray & Rachel Whiteread, Luhring Augustine Gallery, New York
Lili Dujourie, Jeanne Silverthorne, Pia Stadtbaumer, Rachel Whiteread, Christine Burgin, New York
London Portfolio: Dominic Denis, Angus Fairhurst, Damien Hirst, Langlands & Bell, Michael Landy, Nicholas May, Marc Quinn, Marcus Taylor, Gavin Turk, Rachel Whiteread and Craig Wood, Karsten Schubert, London
Skulptur-Konzept: Carl Andre, Pedro Cabrita Reis, Tony Cragg, Dan Flavin, Donald Judd, Richard Long, Wilhelm Mundt, Ulrich Ruckreim, Serge Spitzer, Rachel Whiteread, Galerie Ludwig, Krefeld
Summer Group Show: Robert Barry, Keith Coventry, Angus Fairhurst, Michael Landy, Stephen Prina, Bridget Riley, Rachel Whiteread and Alison Wilding, Karsten Schubert, London
Tišina: protislovne oblike resnice = Silence: Contradictory Shapes of Truth, Moderna Galerija, Ljubljana
Young British Artists I: John Greengood, Damien Hirst, Alex Landrum, Langlands & Bell, Rachel Whiteread, Saatchi Collection, London
New Voices: Recent Drawings for the British Council Collection, Centre de Conference Albert Borchette, Brüssel (21 weitere Stationen bis 1997)

1991 *Broken English: Angela Bulloch, Ian Davenport, Anya Gallaccio, Damien Hirst, Gary Hume, Michael Landy, Sarah Staton and Rachel Whiteread*, Serpentine Gallery, London
Confrontaciones: Arte último británico y español, Palacio de Velázquez, Museo Nacional Centro de Arte Reina Sofía, Madrid
Katharina Fritsch, Robert Gober, Reinhard Mucha, Charles Ray, Rachel Whiteread, Luhring Augustine, New York
Kunst Europa, Kunstverein Pforzheim im Reuchlinhaus, Pforzheim
Marina Abramovic, Kate Blacker, Marie Bourget, Angela Bulloch, Leslie Foxcroft, Paola Pezzi, Tessa Robins, Kay Rosen, Yoko Terauchi, Marylin Weber, Rachel Whiteread, Victoria Miro Cork Street, London
Metropolis, Martin-Gropius-Bau, Berlin
Turner Prize Exhibition: Ian Davenport, Anish Kapoor, Fiona Rae and Rachel Whiteread, Tate Gallery, London

1990 *British Art Show*, McLellan Galleries, Glasgow; weitere Stationen: Leeds City Art Gallery, Leeds; Hayward Gallery, London
A Group Show: Mat Collishaw, Hanne Darboven, Angus Fairhurst, Günther Förg, Michael Landy and Rachel Whiteread, Karsten Schubert, London

1989 *Concept 88, Reality 89*, University of Essex Gallery, Essex
Einleuchten, Deichtorhallen Hamburg
Whitechapel Open, Whitechapel Gallery, London

1988 *Riverside Open*, Riverside Studios, London
London Influence, Slaughterhouse Gallery, London

1987 *Whitworth Young Contemporaries*, Whitworth Art Gallery, Manchester

AUFTRAGSARBEITEN UND WERKE IM ÖFFENTLICHEN RAUM

2017 *Flat Pack House*, Botschaft der Vereinigten Staaten von Amerika, London

2016 *Cabin*, Governors Island, New York

2012 *Tree of Life*, Whitechapel Gallery, London

2012 *Houghton Hut*, Houghton Hall, London

2010 *Boathouse*, Gran, Norwegen

2005 *Embankment*, Tate Modern, London

2001 *Monument*, Trafalgar Square, London

2000 *Holocaust-Mahnmal*, Judenplatz, Wien

1998 *Water Tower*, New York

1997 *Untitled (Books)*, LWL – Museum für Kunst and Kultur, Münster

1993 *House*, 193 Grove Road, London (1994 zerstört)

AUSZEICHNUNGEN

2007 August Seeling-Preis, Freundeskreis Wilhelm Lehmbruck Museum, Duisburg

2006 Verleihung des Ordens Commander of the British Empire (CBE)

2004 McBean Distinguished Lectureship and Residency, San Francisco Art Institute

2003 Kunstpreis der NORD/LB, Hannover

1997 Beste Nachwuchskünstlerin, Biennale Venedig

1993 Turner Prize, Tate Gallery, London

1992 DAAD-Stipendium, Berlin

Verzeichnis der ausgestellten Werke

Maßangaben: Höhe × Breite × Tiefe

Schlüssel der Veranstaltungsorte:
Tate Britain (TB)
21er Haus, Museum für Zeitgenössische Kunst, Wien (21er)
National Gallery of Art, Washington (NGA)
Saint Louis Art Museum, Missouri (SLAM)

Die Angaben können nach Drucklegung Änderungen unterliegen.

Closet 1988
Gips, Holz und Filz 160 × 88 × 37 cm
Courtesy die Künstlerin
TB / 21er / NGA / SLAM (S. 26)

Mantle 1988
Gips und Glas 61 × 120 × 53 cm
Courtesy die Künstlerin
TB / 21er / NGA / SLAM (S. 27)

Shallow Breath 1988
Gips und Styropor 185 × 90 × 20 cm
Courtesy die Künstlerin
TB / 21er / NGA / SLAM (S. 28)

Torso 1988
Gips 8,9 × 16,9 × 27 cm
Courtesy die Künstlerin
TB / 21er / NGA / SLAM (S. 29)

Flap 1989
Gips und Holz 75 × 91 × 75 cm
Collection Gail and Tony Ganz
TB / 21er / NGA / SLAM (S. 31)

Flap 1989
Lack und Grafit auf Papier 38 × 50 cm
Collection Gail and Tony Ganz
NGA / SLAM (S. 30)

Ghost 1990
Gips auf Stahlgerüst 269 × 355,5 × 317,5 cm
National Gallery of Art, Washington, DC.
Gift of the Glenstone Foundation
NGA (S. 49)

Cell 1990
Gips 123 × 125,5 × 52 cm
Collection Gail and Tony Ganz
TB / 21er (S. 32)

Untitled (Square Sink) 1990
Gips 107 × 101 × 86,5 cm
Collection Gail and Tony Ganz
TB / 21er (S. 33)

Ether 1990
Gips 109 × 87,5 × 203 cm
Astrup Fearnley Collection, Oslo
TB / 21er (S. 34)

Untitled (Bath) 1990
Gips und Glas 103 × 209,5 × 105,5 cm
Collection Gail and Tony Ganz
NGA / SLAM (S. 35)

Ghost 1990
Tinte auf Millimeterpapier 21 × 29,5 cm
Galleria Lorcan O'Neill, Rom
TB / NGA / SLAM (S. 37)

Ghost 1990
Tinte und Acryl auf Millimeterpapier
21 × 29,5 cm
Galleria Lorcan O'Neill, Rom
TB / NGA / SLAM (S. 37)

Studie für *Ether* 1990
Tinte auf beschichtetem Papier 25,5 × 47 cm
Courtesy die Künstlerin
TB / NGA / SLAM (S. 36)

Untitled (Black Bed) 1991
Urethan 30 × 188 × 137 cm
Courtesy der Künstlerin, Luhring Augustine, New York, und Gagosian Gallery
TB / 21er / NGA / SLAM (S. 50)

Untitled (Yellow Bed, Two Parts) 1991
Dentalgips 168,5 × 69,2 × 71 cm
Hirshhorn Museum and Sculpture Garden, Smithsonian Institution, Washington, DC.
Museum Purchase 1993
NGA (S. 51)

Untitled (Amber Bed) 1991
Kautschuk 191,5 × 93 × 15,5 cm
Carré d'art, Musee d'art contemporain de Nîmes
TB / 21er (S. 54)

Untitled (Yellow Torso) 1991
Gelber Dentalgips (wachsfrei)
10 × 18 × 26,5 cm
Courtesy die Künstlerin
TB / 21er / NGA / SLAM (S. 80)

Studie für *House* 1991
Tinte, Acryl und Korrekturflüssigkeit auf Millimeterpapier 29,5 × 42 cm
Courtesy die Künstlerin
TB / NGA / SLAM (S. 60)

Studie für *Sloping Bed* 1991
Acryl und Tinte auf Transparentpapier
29,5 × 41,5 cm
Courtesy die Künstlerin
TB / NGA / SLAM (S. 53)

Untitled (Double Mattress Yellow) 1991
Bleistift, Tinte, Acryl und Aquarell auf Millimeterpapier 29,5 × 42 cm
Courtesy die Künstlerin
TB / NGA / SLAM (S. 52)

Untitled (Amber Mattress) 1992
Kautschuk 111,7 × 92,7 × 109,2 cm
Privatsammlung
NGA / SLAM (S. 55)

Untitled (Air Bed II) 1992
Polyurethankautschuk 122 × 197 × 23 cm
Tate. Purchased with assistance from the Patrons of New Art through the Tate Gallery Foundation 1993 (S. 61)

Untitled (Torso) 1992
Gips 10 × 17 × 13 cm
Iwona Blazwick Collection
TB / 21er / NGA / SLAM (S. 82)

Untitled (Wax Torso) 1992
Wachs 25,4 × 35,6 × 17 cm
Courtesy die Künstlerin
TB / 21er / NGA / SLAM (S. 81)

Furniture 1992–1997: *Bathtub*, London, 1997; *Wardrobe and Bed*, London, 1992; *Three Piece Suite with Radiator*, London, 1992; *Mattress*, Athen, 1993
Vier Fotografien auf Farbpositivpapier
20,3 × 25,4 cm
Collection Sherry and Joel Mallin
NGA (S. 158)

Green Bed 1992
Tinte, Korrekturflüssigkeit und Aquarell auf Papier 45,5 × 30,5 cm
TB / NGA / SLAM
Tate. Purchased with assistance from the Art Fund and The Michael Harry Sacher Charitable Trust 2011 (S. 58)

Studie (Blau) für *Floor* 1992
Korrekturflüssigkeit, Tinte und Aquarell auf Papier 42 × 59,5 cm
TB / NGA / SLAM
Tate. Presented anonymously in memory of Adrian Ward-Jackson 1994 (S. 56)

Studie für *House* 1992
Korrekturflüssigkeit und Bleistift auf Farbkopie (zweiteilig) 60 × 42 cm
Courtesy die Künstlerin
TB / NGA / SLAM (S. 62)

Studie für *Wax Floor* 1992
Tinte, Korrekturflüssigkeit und Aquarell auf Millimeterpapier 45,6 × 30,4 cm
TB / NGA / SLAM
Tate. Purchased with assistance from the Art Fund and The Michael Harry Sacher Charitable Trust 2011 (S. 59)

Untitled 1992
Tinte und Korrekturflüssigkeit auf Papier
66,8 × 27,9 cm
TB / NGA / SLAM
Tate. Presented by the artist 2010 (S. 57)

Untitled (Clear Torso) 1993
Polyurethanharz 10 × 18 × 25,5 cm
Courtesy die Künstlerin
TB / 21er / NGA / SLAM (S. 83)

Untitled (Torso) 1993
Kautschuk 7 × 18 × 26 cm
Privatsammlung
TB (S. 88)

House Fotografien von John Davies 1993
12 Fotografien, Silbergelatineabzüge auf Papier 62 × 81,5 cm; dreiteilig: 69 × 81,5 cm
Courtesy die Künstlerin
TB / 21er / NGA / SLAM (S. 68–69)

Studie für *Platform* 1993
Tinte und Korrekturflüssigkeit auf Papier 72 × 50 cm
Courtesy die Künstlerin
TB / NGA / SLAM

Studie für *Floor* (Braun/Schwarz) 1993
Tinte auf Papier 38 × 28 cm
Courtesy die Künstlerin
TB / NGA / SLAM (S. 56)

Studie für *Room* 1993
Tinte und Korrekturflüssigkeit auf Millimeterpapier 100 × 72 cm
Courtesy die Künstlerin
TB / NGA / SLAM (S. 60)

House 1993/94
Video, 28 min.
Courtesy die Künstlerin und Artangel
Auftrag und Produktion Artangel
TB / 21er / NGA

Table and Chair (Clear) 1994
Gießharz 69 × 102 × 75 cm
Courtesy die Künstlerin
TB / 21er (S. 94)

Table and Chair (Green) 1994
Kautschuk und Styropor 68 × 122 × 83 cm
Collection Gail and Tony Ganz
NGA / SLAM (S. 94)

Untitled (White Slab) 1994/2017
Kautschuk 206 × 80 × 14 cm
Courtesy die Künstlerin
TB / 21er / NGA / SLAM (S. 89)

Untitled (Floor) 1994/95
Gießharz 20,4 × 274,5 × 393 cm
Tate. Purchased 1996
TB / 21er (S. 95)

Maquette for Holocaust Memorial 1995
Mischtechnik 25 × 52,5 × 75 cm
Courtesy die Künstlerin
TB / 21er / NGA / SLAM (S. 96)

Untitled (Clear Torso – Up) 1995
Polyurethanharz 11 × 19 × 28,5 cm
Courtesy die Künstlerin
TB / 21er / NGA / SLAM (S. 84)

Untitled (One Hundred Spaces) 1995
Gießharz
Maße variabel (100 Einzelteile)
Pinault Collection
TB (S. 104–105)

Untitled (Twenty-Five Spaces) 1995
Gießharz
Maße variabel (25 Einzelteile)
41,5 × 28 × 28,5 cm bis
41,5 × 46 × 51 cm
Privatsammlung
NGA / SLAM (S. 106)

Untitled (Pink Torso) 1995
Rosa Dentalgips 10 × 17,5 × 27,5 cm
Courtesy die Künstlerin
TB / 21er / NGA / SLAM (S. 85)

Untitled (Plaster Table) 1995/96
Gips 73 × 322 × 61 cm
Collection Lin Lougheed
NGA (S. 107)

Stairs 1995
Korrekturflüssigkeit auf schwarzem Papier
29,5 × 21 cm
Gagosian Gallery, London
TB / NGA / SLAM (S. 90)

Stairs 1995
Korrekturflüssigkeit auf schwarzem Papier
29,5 × 21 cm
Gagosian Gallery, London
TB / NGA / SLAM (S. 90)

Stairs 1995
Korrekturflüssigkeit auf schwarzem Papier
29,5 × 21 cm
Gagosian Gallery, London
TB / NGA / SLAM (S. 91)

Stair Space III 1995
Gießharz, Tinte und Korrekturflüssigkeit auf Papier 59,4 × 42 cm
Tate. Presented by the artist 2010
TB (S. 93)

Untitled (Stairs) 1995
Lack und Tinte auf Millimeterpapier
105 × 80 cm
Collection Gail and Tony Ganz
NGA / SLAM (S. 92)

Untitled (Rubber Plinth) 1996
Kautschuk und Styropor 68,5 × 76 × 86,5 cm
Courtesy die Künstlerin
TB / 21er / NGA / SLAM (S. 108)

Untitled (Yellow Bath) 1996
Kautschuk und Styropor 80 × 207 × 115 cm
Carnegie Museum of Art, Pittsburgh.
The Henry L. Hillman Fund 1996
NGA / SLAM (S. 109)

Fotomontage des *Holocaust-Mahnmals* 1996
Fotografie, Gouache und Lack auf Karton
36,2 × 50,7 cm
Wien Museum
21er (S. 99)

Fotomontage des *Holocaust-Mahnmals* 1996
Fotografie, Gouache und Lack auf Karton
62,2 × 87,5 cm
Wien Museum
21er (S. 99)

Zeichnung der Buchelemente für das *Holocaust-Mahnmal* 1996
Tinte auf Millimeterpapier 62,2 × 87,5 cm
Wien Museum
21er (S. 100)

Perspektivische Ansicht und Detail des *Holocaust-Mahnmals* 1996
Tinte, Bleistift und Korrekturflüssigkeit auf Millimeterpapier 59,4 × 84 cm
Wien Museum
21er (S. 100)

Door A (Holocaust-Mahnmal)
»Faked through drawing –/ possible door 1.6.96 something like« 1996
Papier und Millimeterpapier auf Karton
29,7 × 21 cm
Wien Museum
21er (S. 100)

Door B (Holocaust-Mahnmal)
»possible door« 1996
Bedrucktes Papier, Grafitstift, Tinte und Millimeterpapier auf Karton 29,7 × 21 cm
Wien Museum
21er (S. 100)

Light Switches 1996–1998
Zwei Fotografien auf Farbpositivpapier
20 × 25 cm
Collection Sherry and Joel Mallin
NGA (S. 110)

Door 1996–1998
Fotografie auf Farbpositivpapier 20 × 25 cm
Collection Sherry and Joel Mallin
NGA (S. 110)

Untitled (Book Corridors) 1997
Gips und Stahl 222 × 427 × 523 cm
Kunstsammlung Nordrhein-Westfalen, Düsseldorf
Ehemals Ackermans. Ankauf 2004
TB / 21er (S. 112)

Bins 1997–1998: *Bin*, Coney Island, 1998; *Bin*, Manhattan, 1997; *Bin*, Coney Island, 1998; *Bin*, Umbrien, 1998; *Bin*, Cinque Terre, 1998; *Bin*, Manhattan, 1998
Sechs Fotografien auf Farbpositivpapier
20 × 25 cm
Collection of Sherry and Joel Mallin
NGA (S. 111)

Book Corridors (Vertical) 1997
Bleistift und Tinte auf Papier 101 × 67 cm
Galleria Lorcan O'Neill, Rom
TB / NGA / SLAM (S. 112)

Untitled (Enema) 1998
Beton 10,1 × 17 × 32 cm
Courtesy die Künstlerin
TB / 21er / NGA / SLAM (S. 86)

Untitled (Nine Tables) 1998
Beton und Styropor
Gesamtmaße 68,5 × 387,4 × 421,5,
je 68,5 × 111,8 × 60,5 cm
Tate. Presented by the Tate Collectors Forum 2003
TB / 21er (S. 126–127)

Trafalgar Square Project 1998
Bleistift, Tinte und Acryl auf Aquarellpapier
57 × 79 cm
Gagosian Gallery, London
TB / NGA / SLAM (S. 124)

Trafalgar Square Project 1998
Fotomontage und Acryl 36 × 55,5 cm
Courtesy die Künstlerin
TB / NGA / SLAM

Demolished 1996
Zwölf Zweifarbsiebdrucke 49 × 74 cm
British Council Collection: TB;
Collection of Sherry and Joel Mallin
NGA / SLAM (S. 22)

Untitled (Library) 1999
Dentalgips, Styropor, Faserplatte und Stahl
286 × 535 × 244 cm
Hirshhorn Museum and Sculpture Garden, Smithsonian Institution, Washington, DC. Joseph H. Hirshhorn Purchase Fund 2000
NGA (S. 113)

Untitled (Silver Torso) 1999
Gips und Blattsilber 11 × 16 × 20 cm
Courtesy die Künstlerin
TB / 21er / NGA / SLAM (S. 87)

Untitled (Trafalgar Square Plinth) 1999
Gips und Gießharz, Auflage 15 + 3 E.A.
(zweiteilig) 90 × 25 × 52 cm
Privatsammlung, UK
TB (S. 196)

Untitled (Trafalgar Square Plinth) 1999
Gips und Gießharz, Auflage 15 + 3 E.A.
(zweiteilig) 90 × 25 × 52 cm
Michael and Ilene Salcman
NGA / SLAM

Untitled 2000
Gips, Styropor und Stahl 164 × 34 × 22 cm
Privatsammlung, Los Angeles
SLAM (S. 113)

Studie für *(White)* 2000
Bleistift und Gouache auf Papier 67 × 51 cm
Tate. Purchased with assistance from the Art Fund and The Michael Harry Sacher Charitable Trust 2011
TB / NGA / SLAM (S. 125)

Studie für *Bronze Floor* 2000
Gouache und Grafit auf Papier 67 × 102 cm
Lenore and Bernard Greenberg
NGA / SLAM (S. 140)

Untitled (Stairs) 2001
Gips, Fiberglas und Holz 375 × 220 × 580 cm
Tate. Purchased from funds provided by the Art Fund and Tate Members 2003
TB / 21er (S. 128)

Untitled (Domestic) 2002
Mischtechnik 676 × 583,9 × 245,1 cm
Collection Albright-Knox Art Gallery, Buffalo, New York. Owned jointly by Albright-Knox Art Gallery, Buffalo; George B. and Jenny R. Matthews Fund and Carnegie Museum of Art, Pittsburgh; The Henry L. Hillman Fund 2006
NGA / SLAM (S. 129)

Untitled Floor (Thirty six) 2002
Aluminiumguss 2,8 × 407 × 407 cm
Courtesy die Künstlerin, Luhring Augustine, New York
TB / 21er / NGA / SLAM (S. 141)

Untitled (Nets) 2002
Geätztes Neusilberblech
84,5 × 70,5 × 3,2 cm
National Gallery of Art, Washington, DC. Gift of the Collectors Committee and Gail and Benjamin Jacobs
NGA (S. 159)

Untitled (Nets) 2002
Geätztes Neusilberblech
84,5 × 70,5 × 3,2 cm
National Gallery of Art, Washington, DC. Gift of the Collectors Committee and Gail and Benjamin Jacobs
NGA (S. 159)

Untitled (Nets) 2002
Geätztes Neusilberblech
84,5 × 70,5 × 3,2 cm
National Gallery of Art, Washington, DC. Gift of the Collectors Committee and Gail and Benjamin Jacobs
NGA (S. 159)

Untitled (Nets) 2002
Geätztes Neusilberblech
84,5 × 70,5 × 3,2 cm
National Gallery of Art, Washington, DC. Gift of the Collectors Committee and Gail and Benjamin Jacobs
NGA (S. 159)

Untitled (Nets) 2002
Geätztes Neusilberblech
84,5 × 70,5 × 3,2 cm
National Gallery of Art, Washington, DC. Gift of the Collectors Committee and Gail and Benjamin Jacobs
NGA

Untitled (Room 101) 2003
Gips, Holz und Metall 300 × 643 × 500 cm
Musee National d'Art Moderne, Centre Pompidou, Paris. Purchased with the support of the Friends of the National Museum of Modern Art and the Clarence Westbury Foundation 2009
TB / 21er (S. 142–143)

Stairs 2003
Papier, Gouache und Grafit 66,5 × 51 cm
Tate. Purchased with assistance from the Art Fund and The Michael Harry Sacher Charitable Trust 2011
TB / NGA / SLAM (S. 138)

IN OUT– II 2004
Gipsputz auf Aluminiumgerüst
213 × 91 × 10,5 cm
Collection of Fotene Demoulas and Tom Coté
TB / 21er / NGA / SLAM (S. 144)

IN OUT– IV 2004
Gipsputz auf Aluminiumgerüst
197 × 76 × 10 cm
Anna and Ralph Goldenberg
TB / 21er / NGA / SLAM (S. 145)

IN OUT – VI 2004
Gipsputz auf Aluminiumgerüst
202 × 79 × 10 cm
Beth Rudin DeHolzy
TB / 21er / NGA / SLAM (S. 146)

IN OUT– X 2004
Gipsputz auf Aluminiumgerüst
214 × 91 × 10 cm
Privatsammlung
TB / 21er / NGA / SLAM (S. 147)

CONTENTS 2005
Gips (14-teilig) 122 × 310 × 350 cm
San Francisco Museum of Modern Art. Purchased, by exchange, through gifts of Harriet Lane Levy; Lily Lawlor; Albert M. Bender; Maurine Church Coburn; Mrs. Winifred Yelland Phelps; Mr. and Mrs. Forrest Engelhart; Mrs. Charles de Young Elkus; R.E. Lewis; Miss Bess Replogle; Dr. and Mrs. Leon Kolb; Andre Kahn-Wolf; Mrs. Walter Camp; the Carnegie Corporation and anonymous donors.
TB / 21er / NGA (S. 150)

FLOWERS 2005
Gips und Holz (vier Gipselemente, eine Holzpalette) 41 × 120 × 120 cm
Courtesy Gagosian Gallery, London
TB / 21er (S. 148)

FOSSILS 2005
Gips, Holz und Aluminium (sieben Elemente, ein Wandbord) 23 × 90 × 25 cm
Privatsammlung, UK
NGA / SLAM (S. 151)

INDEX 2005
Gips (zweiteilig) 27 × 29,5 × 26 cm
Courtesy die Künstlerin, Luhring Augustine, New York, USA
NGA / SLAM (S. 152)

LEAN 2005
Gips (siebenteilig) 201 × 248 × 66 cm
Gagosian Gallery, London
TB / 21er / NGA / SLAM (S. 149)

STUDY 2005
Gips und Holz (14 Gipselemente, ein Stuhl, ein Tisch) 91,5 × 187 × 54 cm
Kravis Collection
NGA (S. 153)

TARE 2005
Gips und Kunststoff (eine Kunststoffpalette, vier Gipselemente) 59 × 120 × 80 cm
Courtesy die Künstlerin, Luhring Augustine, New York, USA
NGA (S. 154)

Closet and Boxes 2005
Bleistift und Collage auf Papier 42 × 29,5 cm
Gagosian Gallery, London
TB / NGA / SLAM (S. 139)

CABINET V 2006
Metall und Gips (ein Schränkchen, 48 Elemente) 45 × 47 × 44,5 cm
Collection Glenn and Amanda Fuhrman, New York, courtesy the FLAG Art Foundation
NGA / SLAM (S. 155)

Orange, Red and Green 2006
Collage und Grafit auf Aquarellpapier
15,2 × 10,5 cm
Gagosian Gallery, London
TB / NGA / SLAM (S. 156)

BLUE 2007/08
Gips, Pigment, Gießharz, Holz und Metall (zwei Elemente, ein Wandbord)
11,5 × 40 × 20 cm
Courtesy die Künstlerin
TB / 21er / NGA / SLAM (S. 170)

Line Up 2007/08
Gips, Pigment, Gießharz, Holz und Metall (18 Elemente, ein Wandbord)
17 × 90 × 25 cm
Privatsammlung, New York, USA
TB / 21er / NGA / SLAM (S. 172–173)

Untitled (Hive) II 2007/08
Gießharz (zweiteilig) 81 × 51 × 64 cm
Collection of Marguerite Steed Hoffman
TB / 21er / NGA / SLAM (S. 171)

Untitled (Mix) 2007/08
Gips, Pigment und Gießharz (39 Elemente)
32 × 67,5 × 61 cm
Ronnen Family Collection
NGA / SLAM (S. 177)

YELLOW STAND UP 2007/08
Gips, Pigment, Gießharz, Holz und Stahl (neun Elemente, ein Wandbord)
36,5 × 60 × 25 cm
Courtesy die Künstlerin
TB / 21er / NGA / SLAM (S. 170)

Two Windows 2007
Gouache und Grafit auf Papier 38 × 28 cm
Tate. Purchased with assistance from the Art Fund and The Michael Harry Sacher Charitable Trust 2011
TB / NGA / SLAM (S. 157)

DRILL 2008
Gips, Pigment, Stahl und Kautschuk (13 Elemente, ein Stuhl) 75,5 × 57 × 100 cm
Fundacion Helga de Alvear, Caceres, Spanien
TB / 21er / NGA / SLAM (S. 174)

PINK 2008
Gips, Pigment, Gießharz, Holz und Metall (drei Elemente, ein Wandbord)
19,5 × 40 × 20 cm
Collection of Bridgitt and Bruce Evans
TB / 21er / NGA / SLAM (S. 176)

SCATTER 2008
Gips, Pigment, Gießharz, Weichstahl, Holz und Metall (16 Elemente, ein Wandbord)
28,5 × 60 × 25 cm
Collection of Bridgitt and Bruce Evans
TB / 21er / NGA / SLAM (S. 167)

TRIVIA 2008
Gips, Pigment, Gießharz, Weichstahl, Holz und Metall (sechs Elemente, ein Wandbord)
28,5 × 60 × 25 cm
Courtesy die Künstlerin
TB / 21er / NGA / SLAM (S. 176)

Pink 2008
Collage und Tintenstift auf Aquarellpapier
15,2 × 10,5 cm
Courtesy Gagosian Gallery, London
TB / NGA / SLAM (S. 156)

Ghost, Ghost II 2009
Polyurethan (14-teilig) 77 × 85 × 62,5 cm
Agnes Gund Art Collection, New York
TB / 21er / NGA (S. 179)

CAN II 2010
Gips mit Eisenoxid, Bronze, Holz und Metall (zwei Elemente, ein Wandbord)
15 × 40 × 20 cm
Courtesy die Künstlerin
TB / 21er / NGA / SLAM (S. 166)

DOORWAY I 2010
Gießharz 234 × 75,5 × 8 cm
Collection Albright-Knox Art Gallery, Buffalo, New York. Bequest of Arthur B. Michael, by exchange and Gift of Mrs. Georgia M.G. Forman, by exchange 2011
NGA / SLAM (S. 181)

GREY, PINK, YELLOW, GREY 2010
Gießharz (sechs Elemente)
16 x 107 x 11,5 cm
N. Hackerman
NGA / SLAM (S. 180)

LIGHT II 2010
Gießharz 70 × 35 × 14,5 cm
Mary und Harold Zlot
TB (S. 182)

50 Stone, Cement, Plaster 2010
Gouache und Bleistift auf Millimeterpapier
59 × 84 cm
Gagosian Gallery, London
TB / NGA / SLAM (S. 178)

Tree of Life Sketch 2010
Tinte auf computergeneriertem Bild
49 × 60 × 4 cm
Gagosian Gallery, London
TB / NGA / SLAM

A.M. 2011
Gießharz 161 × 70 × 14,5 cm
Collection Glenn and Amanda Fuhrman NY, courtesy the FLAG Art Foundation
TB / 21er / NGA / SLAM (S. 184)

Night Glass 2011
Bemaltes Fiberglas 102 × 50 × 155 cm
Collection Ernesto Esposito
TB / 21er / NGA / SLAM (S. 183)

Spy 2011
Gießharz 70 × 35 × 13,5 cm
Privatsammlung
TB / 21er / NGA / SLAM (S. 185)

Visualisations of Left Hand Pillar 2011
Tinte, Acetat und Abdeckband auf computergeneriertem Bild (zweiteilig)
67,9 × 87 × 4,4 cm
Courtesy Gagosian Gallery, London
TB / NGA / SLAM (S. 203)

circa 1610 (I) 2012
Gießharz 178 × 81 × 5 cm
Marissa Sackler, New York, USA
TB / 21er / NGA / SLAM (S. 187)

circa 1665 (I) 2012
Gießharz 212 × 84 × 8,5 cm
Privatsammlung
TB / 21er / NGA / SLAM (S. 190)

circa 1760 (I) 2012
Gießharz 186 × 85 × 6 cm
Collection Mark & Naudia Mache, Vancouver
TB / 21er (S. 188)

circa 1858 (I) 2012
Gießharz 190 × 79 × 60 cm
Privatsammlung
TB / 21er / NGA / SLAM (S. 191)

Haze 2012
Gießharz 142 × 80 × 15,5 cm
Privatsammlung
NGA (S. 186)

LOOK, LOOK, LOOK 2012
Gießharz
Drei Platten, je 189,5 × 39,5 × 15 cm
Privatsammlung
TB / 21er / NGA / SLAM (S. 189)

DETACHED III 2012
Beton und Stahl 196,2 × 171,4 × 294 cm
Saint Louis Art Museum, Missouri.
Purchased 2017
SLAM (S. 204–205)

Untitled (Blue) 2012
Blattsilber, Karton, Zelluloid und Grafit auf Papier 42 × 29,5 cm
Galleria Lorcan O'Neill, Rom
TB / 21er / NGA / SLAM (S. 23)

Untitled (Green) 2012
Blattsilber, Karton, Zelluloid und Grafit auf Papier 42 × 29,5 cm
Galleria Lorcan O'Neill, Rom
TB / 21er / NGA / SLAM (S. 23)

Untitled (Violet) 2012
Blattsilber, Karton, Zelluloid auf Papier 42 × 29,5 cm
Galleria Lorcan O'Neill, Rom
TB / 21er / NGA / SLAM (S. 23)

Untitled (Curtains) 2015
Gießharz und Kompositzement
Zwei Platten, Gesamtmaße 198 × 117 × 16 cm
Collection of Diane and Bruce Halle
NGA (S. 192)

Due Porte 2016
Gießharz
Zwei Platten, je 255 × 61,5 × 12 cm
Galleria Lorcan O'Neill, Rom
TB / 21er (S. 193)

Wall (Apex) 2017
Papiermaschee 214 × 227 × 8,5 cm
Courtesy die Künstlerin
TB / 21er / NGA / SLAM (S. 213)

Roof (Beams I) 2017
Papiermaschee 146 × 296,8 cm
Courtesy die Künstlerin
TB / 21er

Roof (Beams II) 2017
Papiermaschee 146,5 × 296,4 cm
Courtesy die Künstlerin
TB / 21er

Wall (Three Windows)
Papiermaschee 146 × 277,5 cm
Courtesy die Künstlerin
TB

Chicken Shed 2017
Beton 217 × 230 × 280 cm
Courtesy die Künstlerin, Galleria Lorcan O'Neill, Rom
TB (S. 211)

Register

Seitenzahlen in *kursiver* Schrift verweisen auf Abbildungen.

Bildnachweis

Copyrights

© für die abgebildeten Werke bei Rachel Whiteread 2017, mit Ausnahme von:

© Carl Andre / VAGA, New York / DACS, London 2017, S. 132
© Eleanor Antin, S. 115
Louise Bourgeois © The Easton Foundation / VAGA, New York / DACS, London 2017, S. 44
André Breton © ADAGP, Paris and DACS, London 2017, S. 164
© John Davies, S. 68/69
© Gautier Deblonde, S. 16, 19
© Michael Heizer. Courtesy der Künstler und Gagosian, S. 119
© The Estate of Eva Hesse. Courtesy Hauser & Wirth, S. 116, 137
© The Estate of Nancy Holt / DACS, London / VAGA, New York 2017, S. 120
© Agnes Martin / DACS, London 2017, S. 134
© The Estate of Gordon Matta-Clark / ARS, New York / DACS, London 2017, S. 136
© Bruce Nauman / ARS, New York / DACS, London 2017, S. 133
© Claes Oldenburg, S. 117
© Man Ray Trust / ADAGP, Paris / DACS, London 2017, S. 45, 168
Tony Smith © ARS, New York and DACS, London 2017, S. 43

Abbildungsrechte

Sämtliche Abbildungen Courtesy die Künstlerin / Gagosian, London / Luhring Augustine, New York / Galleria Lorcan O'Neill, mit Ausnahme von:

Courtesy Artangel. Foto: The Tarmac Group, S. 72
Courtesy Artangel. Foto: Edward Woodman, S. 71 (links)
Courtesy die Künstlerin, S. 8, 11, 12, 13, 41, 64, 71 (rechts), 77, 78/79, 161
Courtesy die Künstlerin und Mike Bruce, S. 151, 152, 155, 166, 170, 171, 172/173, 174, 176, 177, 179, 180, 181, 182, 184, 185, 186, 187, 189, 190, 191
Courtesy die Künstlerin und Ronald Feldman Fine Arts, New York, S. 115
Courtesy die Künstlerin und Gagosian, S. 119
Courtesy die Künstlerin und the Trust for Governors Island. Foto: Timothy Schenck, S. 194, 210
Courtesy die Künstlerin. Foto: Werner Kaligofsky im Auftrag der Stadt Wien für den Judenplatz, S. 103
Courtesy die Künstlerin und Røykenvik Gran Kommune, Norwegen, S. 201
Courtesy die Künstlerin und Whitechapel Gallery, London, S. 202, 203 (oben)
Iwan Baan, S. 208, 209
Courtesy Chisenhale Gallery, S. 38
Gautier Deblonde, S. 16, 19
Courtesy Kay Eliasson. Foto: James Thomas Whatley, S. 40
Courtesy Hauser & Wirth, S. 116
Courtesy Melanie Klein Trust, S. 165 (unten)
© Stichting Kröller-Müller Museum, S. 133
Courtesy Galleria Lorcan O'Neill, S. 24, 193, 206, 212, 213
Courtesy the Estate of Gordon Matta-Clark and David Zwirner, New York / London, S. 136
Fred W. McDarrah / Getty Images, S. 117
© The Museum of Modern Art, New York / Scala, Florenz, S. 137
Courtesy Anthony d'Offay, S. 162
Courtesy Parafin, London, S. 120
Courtesy Paragon | Contemporary Editions Ltd., S. 22
© Centre Pompidou, MNAM-CCI, Dist. RMN-Grand Palais / Philippe Migeat, S. 164
Prudence Cuming Associates, S. 88
© RMN-Grand Palais / Agence Bulloz, S. 130
© Scala, Florence – Courtesy Ministero Beni e Att. Culturali, S. 42
© Tate 2017, S. 56 (oben), 57, 59, 61, 93, 126/127, 128, 132, 134, 138, 168
© Tate 2017. Foto: Lucy Dawkins, S. 58, 125, 157
© Tate 2017. Foto: Andrew Dunkley, S. 142/143, 211
© Tate 2017. Foto: Joe Humphrys, S. 46
© Tate 2017. Foto: Marcus Leith, S. 2, 20, 21, 82, 122/123, 160, 169
© Tate 2017. Foto: Seraphina Neville, S. 9
Courtesy the National Gallery of Art, Washington D.C., S. 43, 49
Courtesy the National Gallery of Art, Washington D.C. Foto: Ric Blanc, S. 159
© Wien Museum, S. 99, 100

Dieser Katalog erscheint anlässlich der Ausstellung

Rachel Whiteread

12. September 2017 – 21. Januar 2018
Tate Britain, London

7. März – 29. Juli 2018
21er Haus, Museum für zeitgenössische Kunst, Wien

16. September 2018 – 13. Januar 2019
National Gallery of Art, Washington

17. März – 9. Juni 2019
Saint Louis Art Museum, Missouri

Die Ausstellung ist ein Gemeinschaftsprojekt der Tate Britain und der National Gallery of Art, Washington

Projektmanagement englische Originalausgabe: Alice Chasey
Bildredaktion: Deborah Metherell
Gestaltung: Sara De Bondt unter Mitarbeit von Sam Baldwin
Publikationsmanagement Belvedere / 21er Haus: Eva Lahnsteiner
Projektmanagement Hirmer: Karen Angne
Lektorat und Satz: Barbara Delius, Textilien·Lektorat und Producing, Berlin
Übersetzung: Ursula Fethke, Köln (Vorwort S. 4/5, Gallagher, Donovan, Gespräch Whiteread/Lingwood/Gallagher), Birgit Lamerz-Beckschäfer, Datteln (Zelevansky, Fer, Young, Dillon, Werkliste)
Lithografie: DL Imaging Ltd, London
Produktion: Bill Jones
Papier: 170 g/m2 FSC Gardamatt
Schriften: Agipo, Albertus
Druck und Bindung: Graphicom SPA, Italien

Printed and bound in Italy

Bibliografische Information der Deutschen Nationalbibliothek:
Die Deutsche Nationalbibliothek verzeichnet diese Publikation in der Deutschen Nationalbibliografie; detaillierte bibliografische Daten sind im Internet über http://www.dnb.de abrufbar.

englische Originalausgabe:
First published 2017 by order of the Tate Trustees
By Tate Publishing, a division of Tate Enterprises Ltd, Millbank, London SW1P 4RG www.tate.org.uk/publishing

deutsche Ausgabe:

ISBN 978-3-7774-3009-6

www.hirmerverlag.de

Umschlagabbildung vorne: *Due Porte*, 2016 (siehe S. 193)
hinten: *Line Up*, 2007/08 (siehe S. 172/173)

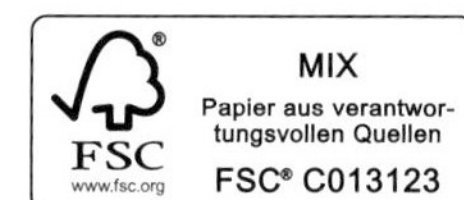

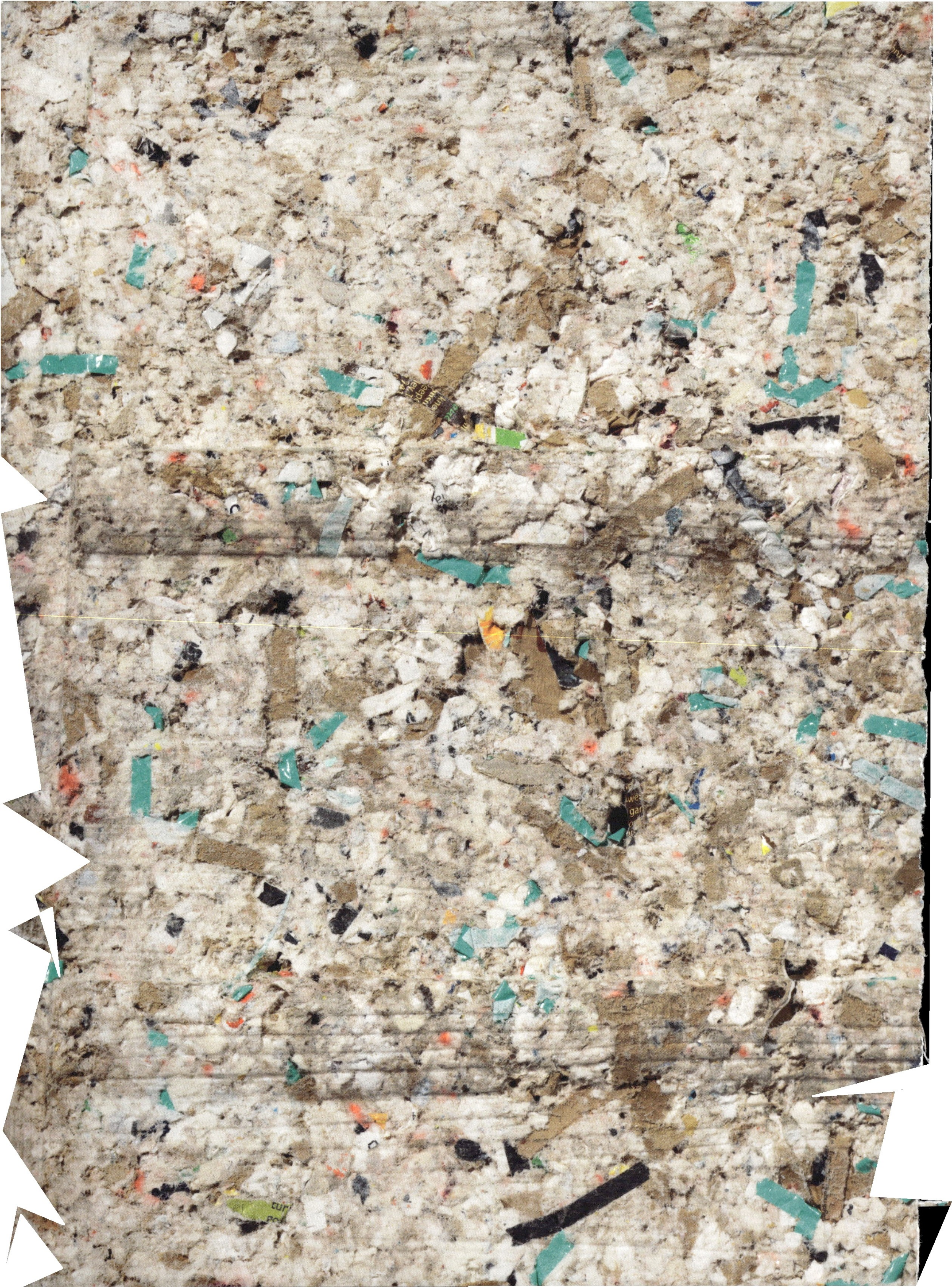